TEREZA DÓRO

MANUAL PRÁTICO DE PROCESSO PENAL

Dados Internacionais de Catalogação na Publicação (CIP)
(Câmara Brasileira do Livro, SP, Brasil)

Dóro, Tereza N. R.
Manual prático de processo penal / Tereza Dóro. — 6. ed. — São Paulo : Ícone, 2006.

Bibliografia.
ISBN 85-274-0860-0

1. Direito penal 2. Processo penal I. Título.

06-0500 CDU-343.1

Índices para catálogo sistemático:

1. Processo penal : Direito penal 343.1

TEREZA DÓRO

MANUAL PRÁTICO DE PROCESSO PENAL

6ª Edição

Ícone editora

(1ª edição – 1994)
(2ª edição – 1996)
(3ª edição – 1999)
(4ª edição – 2001)
(5ª edição – 2003)

Produção
Ícone Editora
São Paulo — SP

Preparação e Capa
Meliane Moraes

Revisão
Rosa Maria Cury Cardoso

Diagramação
Nelson Mengue Surian

ÍCONE EDITORA LTDA.
Rua Anhangüera, 56/66
CEP 01135-000 — São Paulo — SP
Tel./Fax.: (11) 3392-7771
www.iconelivraria.com.br
E-mail: editora@editoraicone.com.br

Ao Nivaldo, meu marido, amigo,
companheiro e cúmplice, a quem devo tudo.

Ao Dr. Pedro Pessotto Neto, dedicado amigo,
que comigo colaborou decisivamente, revendo
e atualizando a segunda edição.

Sistematização da Obra

Em princípio, convém esclarecer que este livro é um trabalho projetado para fins didáticos.

Visando oferecer ao leitor a oportunidade de resolver suas dúvidas na prática forense penal por meio de consultas rápidas e eficientes, esta obra foi elaborada da seguinte forma:

a) introdução do tema de maneira coloquial e acessível;

b) legislação pertinente à matéria;

c) apresentação de jurisprudência;

d) alguns modelos de petições, contratos, procurações e outras formas processuais.

Este esquema de apresentação do trabalho vem confirmado por recursos gráficos, sendo eles: tamanho e tipo de letra e limite do texto, na área para ele destinada.

Nos modelos de petições, o leitor vai encontrar indicado, entre parênteses, (deixar espaço). Este recurso visa economizar espaço no projeto gráfico desta obra, sendo que, na prática, deve-se deixar um espaço suficiente para o despacho.

Ainda no início das petições, o leitor vai encontrar entre parênteses, (qualificar). Também um recurso gráfico, visando a economia de espaço. Na prática, deve-se qualificar os envolvidos de forma completa, citando nome, nacionalidade, estado civil, profissão, endereço e documentos.

As expressões usadas em primeira e segunda instâncias, bem como alguns pronomes de tratamento, constantes das peças processuais deste livro são diferenciados com relação à sua abreviação, isso porque optou-se por manter na íntegra os diversos modelos práticos, fruto da contribuição dos alunos da Faculdade de Direito da PUC Campinas.

Apresentação

Janeiro de 1970.

O Pátio dos Leões da Universidade Católica de Campinas, ainda não Pontifícia, exibia altivamente a beleza de sua arquitetura. No jardim interno, a saudosa e romântica fonte ainda em franca atividade.

Esperava eu oportunidade de efetuar inscrição ao vestibular, quando, ao meu lado, no corredor que leva à Secretaria de Direito, vi uma moça irrequieta e extrovertida, trajando roupas simples, à cata de informações mais precisas sobre o certame, de quem pudesse dá-las.

Conversamos.

Em poucos minutos, descobrimos que nosso objetivo era o mesmo, ou seja, buscávamos, com aquele entusiasmo da juventude, o ingresso na Faculdade de Direito.

Sonhávamos com a Justiça, com um futuro promissor, com melhores dias para o povo e a Nação oprimida.

Contou-me ela, em breves considerações, sobre a sua vida difícil de até então e da decisão de voltar às origens, na velha e mágica Campinas, ainda provinciana apesar dos laivos de metrópole.

Tinha um emprego necessário na Fepasa e, como eu, era candidata a uma vaga no período noturno do Curso de Bacharelado.

Nascia ali uma amizade que se perpetuaria pelos próximos vinte e quatro anos.

Tereza Nascimento Rocha, mais tarde unida a Nivaldo Dóro, em casamento feliz de corpo e espírito.

Acompanhei seus passos e seu impressionante crescimento.

De burocrata da Fepasa a Escrevente do 2º Cartório Criminal de Campinas e da colação de grau ao início do exercício da advocacia.

Aluna brilhante, aprovada com méritos, nascia combativa advogada com predileção pela área criminal.

Não fazia, no entanto, advocacia de gabinete. Ao contrário, como dedicada advogada criminal, assumia a defesa de seus patrocinados a partir de eventuais prisões em flagrante.

Passava da teoria à prática verdadeira, iniciada nas fétidas celas dos presídios e nas acanhadas e pouco acolhedoras acomodações dos Distritos Policiais.

A resistência era evidente. Mulher, advogada e sobretudo intransigente profissional na defesa de seus clientes, a maioria dos quais representados por parcela marginalizada pela sociedade (pobres, prostitutas etc.), vencia, como venceu, todos os obstáculos impostos por aqueles que faziam do arbítrio, da prevaricação ou do comodismo o meio de vida, sem compromisso com a causa nacional ou social.

Da larga experiência amealhada no exercício da advocacia, da batalha diuturna pelo respeito à parte e ao profissional da advocacia, ganhou notoriedade no meio forense, tendo exercido, a convite do Departamento de Assistência Judiciária da PUC Campinas, do qual fui Coordenador, o cargo de "Advogada Orientadora".

Seus pendores para o magistério apareciam, então, nitidamente: didática, vontade de transmitir, vigor na comunicação. Dali ao ingresso para o corpo docente da Faculdade de Direito foi um passo.

Assim, por concurso público foi nomeada e nos anos em que vem exercendo o magistério, nas específicas cadeiras de "Direito Processual Penal" e "Prática Forense Penal", tem revelado franqueza, dedicação e competência, unanimemente reconhecidas por toda a comunidade acadêmica.

O esperado sucesso, tão grande, compeliu-a a aceitar o convite para transformar suas disputadas aulas numa obra de cunho essencialmente prático, segundo o enfoque desejável de sua disciplina. Está concluído o trabalho, certamente o primeiro de uma série que advirá.

Pediu-me ela para lê-lo e tecer considerações, quaisquer que fossem, a respeito de sua validade. O convite, que muito me honrou, reflete o respeito recíproco que marca a nossa vintenária amizade e a sinceridade com que, sem rebuços, nos questionamos e nos criticamos.

Cuida-se, como o leitor perceberá desde logo, de uma obra didática, essencialmente prática, voltada para o exercício da advocacia criminal.

A preocupação, como dito, residiu na documentação de rápidos conceitos legais e doutrinários sobre o processo penal, seguidos de notas de jurisprudência atual e pertinente e de modelos das variadas peças processuais relativas ao assunto tratado.

Os conceitos, propositadamente, são transmitidos em linguagem simples e direta, sem o objetivo de aprofundamento no tema, à guisa de primeiras lições e com a finalidade de dar ao leitor noções gerais necessárias no dia-a-dia e de grande valia, notadamente, na graduação e nos primeiros anos do exercício da advocacia, diante de um Código anacrônico e confuso, cuja necessidade de revisão é notória.

Difícil imaginar, para quem conhece a autora, concebê-la em toda a sua inteireza, nos estreitos limites de uma obra. A experiência, sem dúvida, valeu e os leitores, por certo, poderão atestar esta minha conclusão, extraída sem exageros.

Mais do que apresentar o *Manual*, apenas uma parte da profícua obra da autora, quis trazer ao leitor um pouco da mulher comprometida com a causa do ensino e com a causa social: uma mulher de muitas obras, de muita verdade e de muita dedicação. E dizer que difícil não é, a um ser inteligente e de boa vontade, realizar os seus objetivos. Difícil é vencer sem abdicar dos princípios intransigentes que inspiram os ideais. Difícil é triunfar rompendo com as convenções. Difícil é vencer como ela venceu, sem deixar, em momento algum, de ser Tereza.

Jamil Miguel

Juiz de Direito (aposentado),
Professor da Pontifícia Universidade Católica
de Campinas e Diretor de sua Faculdade de Direito

Prefácio à Primeira Edição

Este livro é uma homenagem a todos os alunos que por mim passaram nestes vários anos de magistério e que comigo conviveram dentro e fora da universidade, trocando experiências, amizade e lições de vida.

Das longas conversas sobre o biótipo do criminalista, surgiu a idéia de perpetuar os conceitos profissionais, ampliando, com toda humildade, para o maior número possível de interessados, os fundamentos da profissão tão amada.

O estudo ininterrupto dos Direitos Penal e Processual Penal, através da leitura reiterada e constante dos mais eminentes doutrinadores e a necessidade de sintetizar esse aprendizado para melhor didática deram-me a coragem exigida para, em breves palavras, recordar parte do que foi dito em classe, desde a matéria em si, fundamental ao exercício da profissão, como a própria forma de se encarar a realidade do Direito Criminal no Brasil.

O sagrado e obrigatório direito de defesa, tão exigido em nossa legislação, ficará enormemente prejudicado, na medida em que o advogado não tenha consciência da seriedade de sua função, da independência com que deve agir e da coragem exigida para enfrentar com firmeza arbitrariedades e abusos que infeliz, mas, certamente, ocorrerão em todos os níveis e não só, como se imagina, na esfera policial.

As especializações são necessárias, como em qualquer profissão, devendo ser evitada, em respeito ao próprio nome do profissional, a advocacia tipo "clínica geral", isso porque se presume que a pessoa habituada a desempenhar determinada tarefa, faça-a com maior perfeição do que alguém que a execute eventualmente. Isso não quer dizer que o especialista se enclausure em sua especialidade, pois o Direito Penal e a ciência jurídica no todo se relacionam com as demais ciências, mas o conhecimento maior de determinada área possibilita, sem sombra de dúvidas, melhor rendimento naquilo que se propõe a fazer.

A especialidade é tão necessária que leva até à recusa de um patrocínio para o qual o profissional não se sinta totalmente habilitado.

Embora muitas vezes, em razão de sua própria atividade, o advogado tenha que ser amigo, conselheiro e confidente, não pode, em hipótese alguma, sob pena de prejudicar o trabalho e o cliente, permitir que esses fatos se transformem em amizade, mantendo a distância necessária para que a confiança e o respeito não desapareçam.

O advogado criminalista não deve se prestar a favores pessoais, tais como intermediar correspondência ou entregar encomendas a presos.

O excesso de causas, a falta de funcionários, a escassez de varas ou de juízos impedem que no dia-a-dia profissional as autoridades às quais se dirige um pedido tenham o tempo que seria ideal para lerem grandes peças processuais. Dessa forma, as petições ou os pedidos devem ser claros, diretos e sintéticos, para que o destinatário, em poucos segundos, tenha uma idéia do que se requer.

Não é preciso nem recomendável o uso de linguagem rebuscada, porque a autoridade geralmente não lê enxertos que não interferem no conteúdo do pedido.

O trabalho do advogado se resume em uma obrigação de fazer e não de obter resultados, motivo pelo qual, independendo de seu empenho o sucesso de uma causa, não deve jamais prometer vitória ao cliente, por mais procedente que pareça o pedido.

O pagamento de honorários condicionados ao sucesso poderá trazer graves conseqüências, tais como o inconformismo do cliente, que passará a denegrir o nome e o trabalho do profissional.

Igualmente entendemos ser absurdo o convênio firmado entre o Estado e a OAB para defesa de réus pobres, nos moldes como vem sendo feito, exatamente por atrair, para essa área, recém-formados sem qualquer assessoria especializada ou profissionais sem a experiência criminal necessária para bem desempenhar tão árdua função.

Em conseqüência, o que não raramente acontece, são advogados submetidos ao comando de juízes e promotores experientes na área criminal e o réu praticamente indefeso.

Esses rápidos raciocínios são fruto de incontáveis debates com alunos, quando tentamos transmitir o amor pelo Direito Penal, a importância do Direito Processual Penal e da Prática Forense Penal e as dificuldades que surgem no exercício dessa profissão.

Este despretensioso trabalho procura facilitar a prática e o dia-a-dia do criminalista, sem se apegar a profundos conhecimentos jurídicos, mas, ao contrário, seguindo os passos dos grandes mestres, em linguagem simples, sintetizar e facilitar o estudo e o eventual desempenho profissional de colegas não-afeitos à matéria.

Prefácio à Segunda Edição

A revisão da primeira edição já estava praticamente pronta quando, aos 26.09.1995, foi sancionada e publicada a Lei 9.099/95 que alterou profundamente o estudo, o ensino e a aplicabilidade dos Direitos Penal e Processual Penal, totalmente modificados pelo rompimento de vários princípios, dentre eles o do *nulla poena sine judicio*, vez que agora se permite a aplicação de pena sem processo e a transação penal, alteradora do princípio da legalidade.

O objetivo da parte criminal da Lei 9.099/95 é o de agilizar a justiça penal, transformando o juiz em mediador, resgatando a credibilidade no Poder Judiciário, preocupando-se direta e efetivamente com a vítima e evitando a pena privativa de liberdade para autores de infrações consideradas de pequena gravidade.

Assim, em razão das profundas alterações havidas, é evidente que inúmeros dispositivos penais e processuais foram radicalmente modificados.

Na medida em que forem expostos os temas antigos que tenham sido atingidos pela atual Lei dos Juizados Especiais, as observações necessárias serão feitas, com os respectivos esclarecimentos.

Reiteramos, diante da importância do tema, a necessidade de que o profissional da advocacia exerça sua função de maneira digna e corajosa, a fim de não ceder ou se omitir diante dos abusos e arbitrariedades com as quais, infelizmente, há de se deparar.

Por isso, a nosso ver, é imperioso que o advogado conheça plenamente seus direitos e prerrogativas, motivo pelo qual fizemos constar do apêndice os arts. 6º e 7º do Novo Estatuto da OAB, Lei 8.906, de 4 de julho de 1994.

Prefácio à Quinta Edição

A promulgação e vigência de mais algumas leis esdrúxulas, que demonstram a irresponsabilidade, falta de discussão técnica e critérios científicos com que são elaboradas, exigem que haja um novo prefácio a esta modesta obra, para que se possam tecer rápidos comentários sobre elas, mostrando seus pontos mais controvertidos e que já estão causando problemas aos aplicadores do Direito.

Começando pela Lei 10.054, de 07 de dezembro de 2000, que dispõe sobre a identificação criminal, vê-se que o legislador, sem demonstrar qual o critério usado, "pinçou" alguns delitos, dentre tantos existentes, para fazer com que os indiciados ou acusados por eles, sejam obrigatoriamente identificados criminalmente, ainda que portem documento civil, idôneo, de identidade.

Além disso, num desconhecimento total das regras do Código de Processo Penal vigente, concede ao civilmente identificado, que esteja sendo autuado em flagrante por qualquer crime que não esteja elencado entre os que exigem obrigatoriamente a identificação criminal, o prazo de 48 horas para apresentar sua identidade, esquecendo-se de que o delegado tem apenas 24 horas, a partir da prisão, para lavrar o Auto e remeter sua cópia, com todos os dados referentes ao autuado, incluindo a identificação, ao juiz criminal.

Outra Lei, demagógica e inoportuna, a de nº 10.258, de 11 de julho de 2001 surgiu no cenário nacional para disciplinar a prisão especial, acrescentando cinco parágrafos à redação do art. 295 do CPP e separando os detentos em duas espécies, os especiais e os comuns, dando aos primeiros, embora apenas no papel, é necessário dizer, condições mínimas de dignidade para o cumprimento da pena, o que, sem dúvida é direito de todos os presos e não só dos considerados especiais.

Finalmente, a pior delas, a mais mal elaborada, a que tem mais imperfeições técnicas, a ponto de confundir mandato com mandado, passou a viger, em fevereiro de 2002. Trata-se da Lei 10.409/02, que dispõe sobre a prevenção, o tratamento, a fiscalização o controle e a repressão à produção, ao uso e ao tráfico ilícitos de produtos, substâncias ou drogas ilícitas que causem dependência física ou psíquica, assim elencados pelo Ministério da Saúde, e dá outras providências.

Essa Lei deveria revogar a Lei 6.368/76, porém, em razão de suas aberrantes falhas, acabou por fazer com que ambas as leis vigorem conjuntamente.

Isso porque, dentre outros fatos, ela não elenca a relação de delitos que abrange, de modo que se é obrigado a recorrer à Lei 6.368, para saber quais são os tipos delituosos.

Além disso, cria um sobrestamento de processo que, na realidade, é um arquivamento de inquérito: prevê dois interrogatórios na fase judicial, sendo o primeiro impossível de se realizar, em razão da incompatibilidade entre os prazos previstos, enfim, seu surgimento no mundo jurídico criou tanta confusão, que parte da doutrina entende que ela é inteiramente inaplicável, enquanto outros juristas concluem que a Lei 6.368 deve ser aplicada nas omissões da nova legislação e naquilo em que não for conflitante com ela.

Enfim, novamente estão, os que militam na área penal, às voltas com leis processuais completamente ininteligíveis, inaplicáveis e que exigem providências imediatas e enérgicas dos setores interessados, para que se possa voltar a advogar na esfera criminal, com um mínimo de dignidade e uniformidade legislativa.

Sumário

Capítulo I

DA PRISÃO

Capítulo II

Do *Habeas Corpus*

Capítulo III

Do Inquérito Policial

Capítulo IV

Da Prescrição

Capítulo V

Das Medidas Cautelares

Capítulo VI

Da Ação Penal

Capítulo VII

Das Formas Procedimentais

Capítulo VIII

Da Ação Civil *Ex Delicto*

Capítulo IX

DO JUIZADO ESPECIAL CRIMINAL (LEI 9.099/95)

Capítulo X

DOS RECURSOS

Capítulo XI

Das Exceções, das Incompatibilidades e dos Impedimentos

Capítulo XII

Da Revisão

Apêndice

Capítulo I

Da Prisão

1. *Da prisão em flagrante;* 2. *Da prisão especial;* 3. *Da prisão domiciliar;* 4. *Da prisão preventiva;* 5. *Da prisão temporária;* 6. *Da sentença de pronúncia;* 7. *Da sentença condenatória recorrível.*

A prisão, antes da condenação trânsita, pode ocorrer por várias razões, a saber:

1. Da Prisão em Flagrante

Prisão em virtude de flagrante significa prisão no momento em que o delito está acontecendo ou acabou de acontecer e não necessita, para sua efetivação, de ordem judicial. O art. 302 do CPP esclarece o que seja flagrante, dispondo:

> Código de Processo Penal
>
> Art. 302. Considera-se em flagrante delito quem:
>
> I – está cometendo a infração penal;
>
> II – acaba de cometê-la;
>
> III – é perseguido, logo após, pela autoridade, pelo ofendido ou por qualquer pessoa, em situação que faça presumir ser autor da infração;
>
> IV – é encontrado, logo depois, com instrumentos, armas, objetos ou papéis que façam presumir ser ele autor da infração.

Os incisos I e II desse artigo tratam do flagrante real, situação em que o agente está praticando o delito ou acabou de praticá-lo.

O quase-flagrante está expresso no inciso III e ocorre quando o agente é perseguido e preso, logo após o fato, fazendo presunção de ser ele seu autor. Nesse caso, a perseguição tem que ser imediata e ininterrupta, embora sem prazo estabelecido de durabilidade. Todavia, quanto mais tempo durar essa perseguição, mais difícil será provar sua continuidade.

A última hipótese desse artigo trata do flagrante presumido, quando geralmente não há testemunhas oculares, mas presunção de autoria gerada pela apreensão de objetos, armas, instrumentos ou papéis relacionados ao delito e em posse do agente.

Providências após a lavratura do flagrante

Após a autuação pela autoridade mais próxima à do local da prisão o preso será qualificado, pregressado e identificado.[1]

A Lei 10.054 de 7 de dezembro de 2000 dispõe sobre a identificação criminal e tem o seguinte teor:

> Art. 1º. O preso em flagrante delito, o indiciado em inquérito policial, aquele que pratica infração penal de menor gravidade (art. 61, *caput* e parágrafo único do art. 69 da Lei 9.099 de 26 de setembro de 1995), assim como aqueles contra os quais tenha sido expedido mandado de prisão judicial, desde que não identificados civilmente, serão submetidos à identificação criminal, inclusive pelo processo datiloscópio e fotográfico.
>
> Parágrafo único. Sendo identificado criminalmente, a autoridade policial providenciará a juntada dos materiais datiloscópico e fotográfico nos autos da comunicação da prisão em flagrante ou nos do inquérito policial.

[1] Ver, sobre identificação: "Identificação criminal compulsória: inconstitucionalidade do inciso I do art. 3º da Lei 10.054, de 7 de dezembro de 2000". Artigo de Rogério Marcolini *in Boletim IBCCrim nº 99* de fevereiro de 2001, p. 13. Ver: "A Nova Regulamentação da Identificação Criminal". Artigo de Gustavo Henrique Righe Ivahy Badaró *in Boletim IBCCrim* nº 100, outubro de 2001, p. 9.

Art. 2º. A prova de identificação civil far-se-á mediante apresentação de documentos de identidade reconhecidos pela legislação.

Art. 3º. O civilmente identificado por documento original não será submetido a identificação criminal, exceto quando:

I – estiver indiciado ou acusado pela prática de homicídio doloso, crimes contra o patrimônio praticados mediante violência ou grave ameaça, crime de receptação qualificada, crimes contra a liberdade sexual ou crime de falsificação de documentos públicos;

II – houver fundada suspeita de falsificação ou adulteração do documento de identidade;

III – o estado de conservação ou a distância temporal da expedição do documento apresentado impossibilite a completa identificação dos caracteres essenciais;

IV – constar de registros policiais o uso de outros nomes ou diferentes qualificações;

V – houver registro de extravio do documento de identidade;

VI – o indiciado ou acusado não comprovar, em quarenta e oito horas, sua identificação civil.

Art. 4º. Cópia do documento de identificação civil apresentada deverá ser mantida nos autos da prisão em flagrante quando houver, e no inquérito policial, em quantidade de vias necessárias.

Art. 5º. Esta Lei entra em vigor na data de sua publicação.

Sobre essa Lei muito se tem falado, chegando mesmo a 3ª Sub-Secção da Ordem dos Advogados do Brasil, em Campinas/SP a oficiar ao senhor Delegado Seccional de Polícia (ofício até a data de atualização deste livro não respondido) questionando sobre a orientação que S. Exa. daria aos Delegados de Polícia, em razão do que dispõe o inciso VI, do art. 3º, que permite ao indiciado, preso em flagrante, fornecer prova de sua identidade, em 48 horas.

O problema surge na medida em que a cópia do flagrante deve seguir, imediatamente após a lavratura, para o Fórum, sob pena de ser a prisão ilegal. Assim, se alguém que está sendo autuado em flagrante requerer as quarenta e oito horas para fornecer sua identidade, o delegado fica legalmente impedido de identificá-lo criminalmente, não tendo como terminar a autuação, lavrando o flagrante sem saber quem é o preso, ou não tendo como autuá-lo. O problema é sério e criará, sem dúvidas, situações de conflito entre advogados e delegados, nos plantões.

Entendemos que a identificação criminal, fora dos casos previstos nos cinco primeiros incisos do art. 3º, ou seja, a identificação criminal de alguém preso em flagrante, acusado de qualquer outro delito não relacionado na citada lei, somente porque não está portando seus documentos, embora tenha requerido o prazo do inciso VI para provar sua identidade, não causa a nulidade da prisão, mas caracteriza abuso de autoridade.

Outro questionamento que se faz a respeito dessa Lei é sobre o critério usado pelo legislador, para escolher, dentre centenas de tipos penais existentes, quais exigem, obrigatoriamente, ainda que o preso prove a sua identidade, que seja identificado criminalmente (art. 3º, I).

Terminada a lavratura será fornecida ao autuado uma cópia da Nota de Culpa, documento essencial à validade do flagrante e que dá ao preso o conhecimento oficial das razões da prisão. Ela deve ser expedida em até 24 horas da prisão, sob pena de transformar a segregação em ato ilegal.

Ao autuado será assegurado o direito ao silêncio, bem como sua família deverá ser avisada da prisão. Além disso, tem ele o direito de ser assistido pelo advogado que indicar.

Ao menor de 21 anos será nomeado curador, pela autoridade policial, não podendo, por motivos óbvios, essa nomeação recair sobre um policial. Sobre esse tema, ver item "H" – Nulidades na prisão em flagrante, p. 24.

Flagrante nos crimes permanentes

Com relação aos casos de prisão em flagrante, deve-se observar que nos crimes permanentes o estado de flagrância existe enquanto não cessar a permanência, porque esse tipo de delito causa uma situação que se prolonga no tempo.

Um exemplo de crime permanente é o previsto no art. 148 do CP, sendo consumativo o instante em que a vítima se vê privada da liberdade de locomoção, perdurando o estado de flagrância enquanto essa privação de liberdade persistir.

Código Penal

Art. 148. Privar alguém de sua liberdade, mediante seqüestro ou cárcere privado:

Pena: reclusão de um a três anos.

§ 1º – A pena é de reclusão de dois a cinco anos:

I – se a vítima é ascendente, descendente ou cônjuge do agente;

II – se o crime é praticado mediante internação da vítima em casas de saúde ou hospital;

III – se a privação da liberdade dura mais de quinze dias;

IV – se o crime é praticado contra menor de 18 anos;

V – se o crime é praticado com fins libidinosos.

§ 2º – Se resulta à vítima, em razão de maus-tratos ou da natureza da detenção, grave sofrimento físico ou moral:

Pena: reclusão de dois a oito anos.

JURISPRUDÊNCIA

A guarda de maconha, decidiu o STF, é delito permanente — Em face disso, é possível a prisão em flagrante enquanto não cessar a permanência. (RHC 53.659 — Damásio Evangelista Jesus — *Decisões anotadas do STF em matéria criminal* — Saraiva, 1978, p. 250).

Agentes presos por crime de posse e guarda de petrechos para falsificação de moeda — Alegada descaracterização por terem sido os pacientes levados ao local onde mantinham a gráfica — Inocorrência — Caráter permanente da infração — RHC — Improvido — STF 96/376.

Traficante de drogas — Prisão em flagrante — Confissão ampla — Apreensão de grande quantidade de entorpecente — Crime de natureza permanente — Ausência de constrangimento ilegal — *Habeas corpus* denegado — Inteligência dos arts. 302 do CPP e 12 da Lei 6.368/76 (TJRJ) — *RT* 546/394.

Prisão em flagrante do acusado por ter sido encontrado no assoalho de sua residência um saco plástico contendo maconha — Delito permanente — Inocorrência de flagrante preparado — *Habeas corpus* denegado (TJMS) — *RT* 591/387.

Posse e guarda — Crime permanente — Consumação que ocorre enquanto não cessada a permanência — Impossibilidade de alegação de flagrante preparado, vez que o delito já estava consumado (STJ) — *RT* 652/358.

Flagrante nos crimes habituais

Já nos chamados crimes habituais, mesmo com sindicância prévia, não é possível a ocorrência de prisão em flagrante porque esse tipo de delito se materializa com a reiteração de determinados atos. Assim, o flagrante retrataria apenas um dos atos criminosos e não o conjunto, que é o elemento exigido para caracterização do delito.

No crime de curandeirismo, previsto no art. 284 do CP, por exemplo, embora possa haver processo, impossível se torna o flagrante, por se tratar de crime habitual.

Código Penal

Art. 284. Exercer o curandeirismo:

I – prescrevendo, ministrando ou aplicando, habitualmente, qualquer substância;

II – usando gestos, palavras ou qualquer meio;

III – fazendo diagnósticos;

Pena: detenção de seis meses a dois anos.

Parágrafo único. Se o crime é praticado mediante remuneração o agente fica também sujeito à multa.

JURISPRUDÊNCIA

Casa de prostituição — Inadmissibilidade — Delito que requer habitualidade — Relaxamento — *Habeas corpus* concedido — Inteligência dos arts. 302 do Código de Processo Penal e 229 do Código Penal (Ement.) — *RT* 490/310.

Ato levado a efeito contra suposto autor do crime de casa de prostituição — Porteiro de hotel que teria permitido o ingresso, no mesmo, de casal para fins libidinosos — Relaxamento da prisão, por inadmissíveis nos delitos habituais — Concessão de *habeas corpus* — Inteligência e aplicação do art. 229 do CP — *RT* 292/102.

PETIÇÃO

(modelo)

Pedido de relaxamento de flagrante

Exmo. Sr. Dr. Juiz de Direito da .... Vara Criminal da Comarca de ......

(deixar espaço)

J. A., brasileiro, casado, técnico de segurança, portador da Cédula de Identidade ...., CPF ...., residente e domiciliado na Rua ......, nº...., Bairro...., nesta cidade e Comarca de ...., por sua advogada e bastante procuradora que esta subscreve, documento anexo (nº ...), vem, mui respeitosamente, à presença de V. Exa., a fim de requerer o *relaxamento* de sua *prisão*, pelos motivos a seguir expostos:

1. *Dos fatos*

O requerente, aos .... de .... de ..., às ...., encontrava-se em frente à loja ...., sita à Rua ...., nº ..., quando foi preso em flagrante por dois policiais, acusado de ter praticado o crime previsto no art. 230 do Código Penal.

Conduzido ao .... Distrito Policial de ...., foi autuado e, em seguida, levado à Cadeia Pública, onde se encontra até a presente data.

Ocorre que, da análise do auto de infração, cuja cópia está anexa, verifica-se que ao requerente foi imputado um crime habitual, que não admite flagrante.

2. *Da nulidade*

a) Ora, os doutores do direito e a própria lei, de maneira clara e indubitável, não permitem flagrante em crime habitual, já que tal delito não se configura como um ato considerado isoladamente;

b) Portanto, a situação do acusado, ora requerente, não ensejaria sua prisão em flagrante, que é nula.

3. *Do pedido*

Ante a presença de um vício nulificador da prisão, qual seja a inexistência da flagrância em crime habitual, reitera como medida de inteira Justiça o pedido de *relaxamento* de sua prisão, a fim de que possa responder por eventual processo em liberdade.

Acresce, outrossim, ser primário e de bons antecedentes, com trabalho fixo na Rua...., nº .... .

Termos em que, com os anexos documentos,

Pede deferimento.

...., ... de .... de ...

(assinatura do advogado)[1]

Flagrante preparado

Da mesma forma que nem todos os delitos autorizam a prisão em flagrante, também há situações que a impedem.

Sendo impossível a consumação de um ato delituoso porque a polícia ou a própria vítima tomou todas as providências para que tal não acontecesse, não se pode falar em ocorrência de crime, que é impossível se não puder se consumar. Isto posto, inexistindo delito, inexiste flagrante, de sorte que a preparação de ambiente e situação que levem o agente a agir pensando estar em atitude delitiva, quando, na realidade, não pode consumar o ato, impede o flagrante, porque se equipara à situação de crime impossível previsto no art. 17 do CP. A esse respeito dispõe o STF:

---

[1] Fabíola de Oliveira Alves.

Súmula 1.145

Não há crime quando a preparação do flagrante pela polícia torna impossível a sua consumação.

Código Penal

Art. 17. Não se pune a tentativa quando, por ineficácia absoluta do meio ou por absoluta impropriedade do objeto, é impossível consumar-se o crime.

JURISPRUDÊNCIA

Configura flagrante preparado, a conduta do agente que é induzido em erro à prática de tentativa impossível, adrede esquematizada pela vítima — *JUTACRIM* 44/366.

Tratando-se de comércio clandestino de entorpecentes, nulo é o flagrante, por preparado, quando a autoridade policial incumbe alguém de proposital aquisição da substância proibida, induzindo, desse modo, o agente à prática delituosa — *JUTACRIM* 51/420.

Flagrante preparado — Escrivão de polícia que exige vantagem indevida para "arquivar" ocorrência — Intervenção de policiais que produzem situação falseada — Nulidade caracterizada — Prisão insubsistente — Vício que, entretanto, não obsta a ação penal por crime de mera conduta, vez que aperfeiçoado anteriormente — Aplicação da Súmula 145 do STF (STJ) — *RT* 658/357.

Flagrante preparado — Crime contra a economia popular — Cambista — Autoridade policial que contrata a compra de ingressos a preço majorado — Atos de execução provocados pela mesma — Aplicação da Súmula 145 do STF (TACrimSP) — *RT* 654/312.

Flagrante preparado — Corrupção ativa — Autoridade policial que, fingindo aceitar o suborno feito por terceiro em nome do paciente, convoca este a comparecer à sua presença — Prisão, então, efetuada — Inadmissibilidade — Concessão de *habeas corpus* para o trancamento da ação penal — Inteligência do art. 333 do CP — *RT* 446/345.

Induzimento por policiais: crime impossível e absolvição – TJSP: "Prisão em flagrante – Flagrante preparado – Caracterização – Entorpecente – Tráfico – Réu induzido por policial militar, à paisana, a vender-lhe drogas – Relaxamento da custódia que se impõe, devido ao evidente constrangimento ilegal (.....) Se o acusado de tráfico de entorpecentes foi preso em flagrante, por ter sido induzido por policial à paisana a vender-lhe drogas, caracterizado está o flagrante preparado, sendo impositivo o relaxamento da custódia devido ao evidente constrangimento ilegal (RT 775/594) (*in* Código de Processo Penal Interpretado, Julio Fabbrini Mirabete, 11ª ed., São Paulo, Atlas, 2003).

PETIÇÕES

(modelo I)

Pedido de relaxamento de flagrante

Exmo. Sr. Dr. Juiz de Direito da .... Vara Criminal de .....

(deixar espaço)

João, (qualificar), por seu procurador regularmente constituído, documento anexo, vem requerer, mui respeitosamente a V. Exa., o *relaxamento de sua prisão em flagrante*, pelas seguintes razões de fato e de direito:

1) O requerente está sendo acusado como incurso nas sanções do art. 155, *caput*, do CP, porque consta do auto de prisão em flagrante (cópia anexa), teria furtado uma caixa de ferramentas do interior do almoxarifado da empresa em que trabalha, ao final do expediente do dia .... último, por volta das ..... horas.

2) Desde então encontra-se preso nas dependências da Cadeia local.

3) Ocorre que, em razão de sucessivos furtos anteriormente sofridos em suas dependências e nos horários de trabalho, a direção da empresa, desconfiando que tais condutas fossem obra de funcionários do turno vespertino, combinou com agentes da polícia civil a preparação de uma armadilha, a fim de elucidar a autoria dos delitos.

Portanto, em vista das circunstâncias em que teria ocorrido o flagrante, nítido o fato de sua prévia preparação a ensejar, indiscutivelmente, a total nulidade do ato policial, vez que é pacífica a jurisprudência nesse sentido, em especial pelo entendimento proferido na Súmula 145 do STF, *in verbis*:

> "Não há crime quando a preparação do flagrante pela polícia torna impossível a sua consumação".

Destarte, requer o acusado o relaxamento de sua prisão em flagrante, a fim de que, solto, possa exercer amplamente seu direito de defesa, assegurado pela Constituição Federal em vigor.

Termos em que,

Pede deferimento.

...., ... de .... de ...

(assinatura do advogado)[2]

(modelo II)

Pedido de relaxamento de flagrante

Exmo. Sr. Dr. Juiz de Direito da .... Vara Criminal de ....

(deixar espaço)

I.P. 000/....

José de Tal, já qualificado nos autos em epígrafe, aos .../.../..., no Restaurante ....., localizado na altura do quilômetro ..... da Rodovia ...., foi preso em flagrante por policiais militares que efetuaram a prisão, após serem comunicados de que há cerca de um mês estaria exigindo da vítima, Antonio de Tal, igualmente qualificado, a quantia de R$....... (por extenso) para fins de possibilitar a transferência do irmão desta, então preso em ...., para a Penitenciária de ...., motivo pelo qual teria incorrido na prática do crime de concussão.

Os policiais, juntamente com a vítima, dirigiram-se ao Restaurante ....., à espera do ora acusado que, lá chegando, localizou Antonio de Tal e, após conversa mantida por alguns minutos, recebeu deste a quantia colocada dentro de um envelope.

O requerente, então, de posse da importância, dirigiu-se ao seu veículo, quando foi detido pelos policiais militares que efetuaram sua prisão em flagrante e apreenderam os objetos que se encontravam em seu poder.

[2] Ricardo Oliveira Regina.

Porém, por tratar-se de crime tipicamente formal, o flagrante é nulo.

Com efeito, o delito em tela, se houve, consumou-se com a exigência da referida importância destinada para fins de transferência do irmão da vítima para outra localidade.

As novas exigências e o recebimento da quantia são mero exaurimento do crime. O flagrante seria regular se o agente tivesse sido surpreendido no momento em que fazia a exigência, o que não é o caso.

Na presente situação, configura-se o crime de concussão, eminentemente formal e que se consuma com o simples fato da exigência da indevida vantagem.

Assim sendo, realizada a prisão dias após, não há falar-se em flagrante.

Isto posto, requer o relaxamento do flagrante e a expedição do competente alvará de soltura, com fundamento no art. 302 do CPP.

Termos em que,

Pede e espera deferimento.

Campinas, ... de .... de ...

(assinatura da advogada)[3]

Flagrante esperado

Ao contrário do exposto anteriormente, se a infração penal for possível de se consumar, ainda que em tese, trata-se de flagrante esperado e a interrupção da atividade criminosa é válida, sendo válido, em conseqüência, o próprio flagrante. Em outras palavras, se a polícia ficar sabendo que haverá um crime em determinado local e hora e ali comparecer, aguardando pelo criminoso e início da execução, vindo a interromper a atividade criminosa, trata-se de flagrante válido, porque esperado.

JURISPRUDÊNCIA

Tráfico de entorpecente — Flagrante preparado — Inocorrência — Vítimas que possibilitam a prisão do acusado comunicando o fato à polícia — Caso de flagrante

---

[3] Priscila Quaini.

esperado — Condenação mantida — Inteligência da Súmula 145 do STF e do art. 12 da Lei nº 6.368/76 — *RT* 554/328.

Prisão do acusado por tráfico de entorpecente — Hipótese não configurada — Caso de flagrante esperado — Indivíduo que agia nas imediações de estabelecimentos de ensino — Fato levado ao conhecimento da polícia — Nulidade repelida — Condenação confirmada — Declaração de voto — Inteligência do art. 12 da Lei nº 6.368/76 (Ement.) — *RT* 581/311.

Diferença entre flagrante preparado e flagrante esperado – TJSC: "Não há que se confundir o flagrante preparado, que é aquele onde a polícia ou um agente provocador induz completamente um terceiro a praticar uma ação delituosa, com o flagrante esperado, que é "onde a atividade policial é apenas de alerta, sem instigar o mecanismo causal da infração, frustrando a sua consumação, quer porque recebeu informações a respeito do provável cometimento do crime, quer porque exercia vigilância sobre o delinqüente". (*in* Código de Processo Penal Interpretado, Júlio Fabbrini Mirabete, 11ª ed., Atlas, p. 749).

Flagrante necessário e facultativo – Considerações sobre flagrante, após a Lei 9.099/95

O flagrante se diz necessário quando realizado por agentes ou autoridades policiais, pois são elas obrigadas, em razão de ofício, a efetivar a prisão de quem esteja em qualquer das situações previstas no art. 302 do CPP (cf. p. 27) e se diz facultativo quando a prisão for realizada por qualquer do povo, nos exatos termos do que dispõe o art. 301 do mesmo estatuto, pois a lei não exige que o cidadão comum se arrisque para prender outrem, podendo fazê-lo, se assim quiser, mas sempre obedecidas as regras do flagrante.

> Código de Processo Penal
>
> Art. 301. Qualquer do povo poderá e as autoridades policiais e seus agentes deverão prender quem quer que seja encontrado em flagrante delito.

Embora esse artigo faculte a qualquer do povo prender quem se encontre em flagrante delito, ao mesmo tempo em que exige que policiais assim o façam, na realidade há pessoas que em razão do cargo que ocupam, gozam de imunidade, motivo pelo qual só podem ser sujeito passivo de prisão em flagrante se acabaram de cometer ou estiverem cometendo um crime inafiançável.

São elas: deputados federais, deputados estaduais, senadores, etc.

Além disso, os representantes diplomáticos, em razão de tratados, podem também gozar do privilégio de não serem presos em flagrante, conforme determina o art. 1°, I, do CPP:

> Código de Processo Penal
>
> Art. 1°. O processo penal reger-se-á, em todo território brasileiro, por este Código, ressalvados:
>
> I – os tratados, as convenções e regras de direito internacional.
>
> ....

Também não podem ser presos em flagrante, exceto se se tratar de crime inafiançável, os juízes e promotores.

Além disso, agora, com a Lei 9.099/95, tem-se que:

> Art. 69. A autoridade policial que tomar conhecimento da ocorrência lavrará termo circunstanciado e o encaminhará imediatamente ao Juizado, com o autor do fato e a vítima, providenciando-se as requisições dos exames periciais necessários.
>
> Parágrafo único. Ao autor de fato que, após a lavratura do termo, for imediatamente encaminhado ao Juizado ou assumir o compromisso de a ele comparecer, não se imporá prisão em flagrante, nem se exigirá fiança.
>
> Art. 70. Comparecendo o autor do fato e a vítima, e não sendo possível a realização imediata da audiência preliminar, será designada data próxima da qual ambos sairão cientes.
>
> Art. 71. Na falta de comparecimento de qualquer dos envolvidos, a Secretaria providenciará sua intimação e, se for o caso, a do responsável civil, na forma dos arts. 67 e 68 desta Lei.

O art. 69 se aplica às infrações de competência do Juizado Especial Criminal e que são as seguintes:

> Art. 60. O Juizado Especial Criminal, provido por Juízes togados ou togados e leigos, tem competência para a conciliação, o julgamento e a execução das infrações penais de menor potencial ofensivo.
>
> Art. 61. Consideram-se infrações penais de menor potencial ofensivo, para os efeitos desta Lei, as contravenções penais e os crimes a que a lei comine pena máxima não superior a um ano, excetuados os casos em que a lei preveja procedimento especial.[4]

Hoje, em razão da Lei 10.259, de 12 de julho de 2001 que instituiu os Juizados Especiais Cíveis e Criminais no âmbito da Justiça Federal, temos a seguinte redação sobre competência e conceito de infrações de menor potencial ofensivo:

> Art. 2º. Compete ao Juizado Especial Federal Criminal processar e julgar os feitos de competência da Justiça Federal relativos às infrações de menor potencial ofensivo.
>
> Parágrafo único. Consideram-se infrações de menor potencial ofensivo, para os efeitos desta Lei, os crimes a que a Lei comine pena máxima não superior a dois anos, ou multa.

Então, está revogado o art. 61 da Lei 9.099/95, de modo que qualquer que seja o procedimento previsto e esteja ele em lei própria ou no CPP, todas as contravenções penais e/ou crimes cuja pena máxima não exceda a dois anos, são de competência do J. E. Criminal, porque definidos como infrações penais de menor potencial ofensivo, sendo passíveis de transação.[5]

---

[4] Ver a esse respeito, a íntegra da Lei dos Juizados Especiais Federais Cíveis e Criminais, Lei 10.259/01

[5] Sobre o assunto, ler: "Lei 9.099/95 *versus* Lei 10.259/01" de Carlos Henrique Maciel. Artigo publicado na *RT* 802/437, agosto de 2002, p. 437; "Nova Competência dos Juizados Criminais e seus Reflexos Práticos", de Luiz Flávio Gomes *in Boletim IBCCrim* nº 110, janeiro 2002, p. 3; "Infração de Menor Potencial Ofensivo: Prevalece o Conceito da Lei 9.099/95, de Silvio de Cillo Leite Loubah *in Boletim IBCCrim* nº 117, agosto de 2002, p. 7; "Ainda sobre a aplicabilidade da Lei dos Juizados Especiais Criminais Federais na Esfera Estadual", de Luís Paulo Sirvinskas *in Boletim IBCCrim* nº 113, abril de 2002, p. 5.

Como se viu pelo art. 69, anteriormente citado, nos casos de competência do juizado criminal, não poderá ser lavrado flagrante se o autor do fato for encaminhado imediatamente ao Juizado ou se se comprometer a comparecer em juízo quando for chamado. Mas, recusando-se a assumir esse compromisso será autuado em flagrante, podendo se beneficiar, se presentes os requisitos, da liberdade provisória ou relaxamento.

No Estado de São Paulo, o Juizado Especial Criminal não está instalado, de modo que os TCOs ou TOs (é a mesma coisa) são distribuídos a uma Vara Criminal, porque seus juízes cumulam ambas as funções. Assim, o art. 70, em São Paulo é letra morta.

> Art. 70. Comparecendo o autor do fato e a vítima, e não sendo possível a realização imediata da audiência preliminar, será designada data próxima da qual ambos sairão cientes.

Se o autor do fato, que esteja evidentemente em liberdade, por qualquer razão deixar de comparecer ao Juizado, será intimado a fazê-lo, mas, agora, com base no art. 79.

> Art. 79. No dia e hora designados para a audiência de instrução e julgamento, se na fase preliminar não tiver havido possibilidade de tentativa de conciliação e de oferecimento de proposta pelo Ministério Publico, proceder-se-á nos termos dos arts. 72, 73, 74 e 75 desta Lei.

Nesse dia será feita a proposta de conciliação que, se aceita, seguirá os ditames do art. 76, *caput,* e seus parágrafos 3º, 4º e 6º.

> Art. 76. Havendo representação ou tratando-se de crime de ação penal pública incondicionada, não sendo caso de arquivamento, o Ministério Público poderá propor a aplicação imediata de pena restritiva de direito ou multa, a ser especificada na proposta.
>
> (...)
>
> § 3º – Aceita a proposta pelo autor da infração e seu defensor, será submetida à apreciação do Juiz.

§ 4º – Acolhendo a proposta do Ministério Público aceita pelo autor da infração, o Juiz aplicará pena restritiva de direitos ou multa, que não importará em reincidência, sendo registrada apenas para impedir novamente o mesmo benefício no prazo de cinco anos.

(...)

§ 6º – A imposição da sanção de que trata o parágrafo 4º deste artigo não constará de certidão de antecedentes criminais, salvo para os fins previstos no mesmo dispositivo, e não terá efeitos civis, cabendo aos interessados propor ação cabível no juízo civil.

No VI Encontro Nacional de Coordenadoria de Juizados Especiais, realizado em Macapá (AP) de 24 a 27 de novembro de 1999, decidiu-se que a multa deve ser fixada em dias-multa, por aplicação subsidiária dos Códigos Penal e de Processo Penal e que cabe transação e suspensão do processo também na ação penal privada.

Se o juiz não acolher a proposta prevista no parágrafo 4º, poderá ser impetrado *habeas corpus*, e, se o autor do fato não cumprir o combinado haverá cobrança de seu valor, através de execução.

Hoje é comum a aplicação de pagamento de cesta básica substitutiva da multa prevista no art. 76.

Se a proposta não for aceita pelo autor de fato, aplica-se o art. 81.

Art. 81. Aberta a audiência, será dada a palavra ao defensor para responder à acusação, após o que o Juiz receberá, ou não, a denúncia ou queixa; havendo recebimento, serão ouvidas a vítima e as testemunhas de acusação e defesa, interrogando-se a seguir o acusado, se presente, passando-se imediatamente aos debates orais e à prolação da sentença.

§ 1º – Todas as provas serão produzidas na audiência de instrução e julgamento, podendo o Juiz limitar ou excluir as que considerar excessivas, impertinentes ou protelatórias.

§ 2º – De todo o ocorrido na audiência será lavrado termo, assinado pelo Juiz e pelas partes, contendo breve resumo dos fatos relevantes ocorridos em audiência e a sentença.

> § 3º – A sentença, dispensado o relatório, mencionará os elementos de convicção do Juiz.

É importante lembrar que o assistente de acusação só pode requerer sua habilitação, DEPOIS de iniciada a ação penal, ou seja, somente após o recebimento da denúncia, o que ocorre nessa audiência prevista no art. 81.

Hoje há decisões sobre o número de testemunhas que podem ser ouvidas, sendo pacífico o entendimento de que "em se tratando de contravenção, as partes poderão arrolar até três testemunhas e, na hipótese de crime, o número admitido é de cinco, ainda que se trate de concurso de crimes (Enunciado 28, do VI Encontro Nacional de Coordenadoria de Juizados Especiais. *Boletim AASP* nº 2.141, p. 6)

Por se tratar de consagração do princípio da celeridade, a lei não permite a concessão de prazo para oferecimento de memoriais, nem pode o juiz, exceto por motivo muito relevante, deixar para sentenciar posteriormente, embora hoje, seja comum a concessão de prazo, em qualquer rito, para oferecimento de memoriais.

A expressão "autoridade policial", referida no art. 69 e que vinha dando margem a interpretações divergentes, foi definida através da Resolução 553 de 27 de novembro de 1995, da Secretaria de Segurança Pública, regulamentando os atos previstos no art. 69 da Lei 9.099/95 ao dispor que:

> Art. 1º. O policial civil ou militar que tomar conhecimento de prática de infração penal deverá comunicá-la, imediatamente, à autoridade policial da Delegacia de Polícia da respectiva circunscrição policial.
>
> Parágrafo único. A comunicação prevista neste artigo, sempre que possível, far-se-á com a apresentação do autor ou autores do fato, da vítima ou vítimas, e da testemunha ou testemunhas.
>
> Art. 2º. A autoridade policial em serviço na Delegacia de Polícia, ao tomar conhecimento da ocorrência, e verificando tratar-se de infração penal de menor potencial ofensivo, com a máxima brevidade, adotará as providências legais pertinentes, nos termos da Lei 9.099, de 1995.
>
> Art. 3º. Esta Resolução entrará em vigor na data de sua publicação.

Além disso, comunicação da E. Presidência do Tribunal de Justiça do Estado de São Paulo, publicada no *DOJ* de 23 de novembro de 1995, dá conta de que:

> Considerando que ao entrar em vigor a Lei Federal 9.099/95 terá aplicação imediata e o Projeto de Lei Estadual criando e regulamentando os Juizados Especiais ainda não estará convertido em Lei;
>
> Considerando a necessidade da elaboração pelo Tribunal de Justiça de orientação para agilização e uniformidade na implantação e operação dos procedimentos previstos na referida lei;
>
> Comunica:
>
> Juizados Especiais Criminais
>
> 1) As Varas de Fórum, Foros Regionais ou Distritais, da Capital e do Interior do Estado, com competência criminal recepcionarão, durante todo o expediente, mediante critério de distribuição, para processo e julgamento as causas que envolvem infrações penais de menor potencial ofensivo, até que sejam instalados os Juizados Especiais Criminais.
>
> 2) Os recursos serão encaminhados ao Tribunal competente. Por não estarem instalados os juizados criminais no Estado de São Paulo, os recursos devem ser encaminhados ao TACrim.[6]

No Estado de São Paulo, a Lei Complementar 851, de 09.12.1998 dispõe sobre o sistema de Juizados Especiais, resolvendo temporariamente o problema.

Finalmente, não pode ser preso em flagrante o motorista que presta socorro à vítima de crime automobilístico culposo, em que se envolveu (art. 301, *caput*, do CTB, que transcreve o anterior art. 123 do CNT, revogado).

> Art. 301. Ao condutor de veículo, nos casos de acidente de trânsito de que resulte vítima, não se imporá a prisão em flagrante, nem se exigirá fiança, se prestar socorro pronto e integral àquela.

[6] Não existe mais, no Estado de São Paulo, o Tribunal de Alçada Criminal, devendo todos os recursos serem encaminhados ao Tribunal de Justiça.

Proibição de flagrante, nos casos da Lei 9.099/95

Todas as disposições referentes à prisão em flagrante permanecem vigentes, abrangendo os casos que originariamente não sejam de competência do Juizado Especial, além de situações que legalmente seriam de sua competência, e que já não mais serão, se o autor do fato não quiser, por exemplo, comparecer imediatamente ao Juizado ou se se recusar a assumir o compromisso de a ele comparecer na data que for designada.

Ainda assim, autuado em flagrante, poderá se beneficiar com as situações previstas na liberdade provisória ou no relaxamento, conforme se expôs anteriormente (p. 17).

Nulidades na prisão em flagrante

Por ser interrupção brusca da liberdade individual, o flagrante se reveste de formalidades essenciais que, inexistentes, tornam a prisão nula, dando causa ao relaxamento.

São alguns exemplos de nulidades no flagrante, as seguintes situações:

A. Comunicação prévia à lavratura do auto. Art. 5º, LXIII, segunda parte, da C.F.

A Constituição Federal determina que a prisão deve ser previamente comunicada, pela autoridade policial, à família do preso ou a pessoa por ele indicada.

Comprovado que não se possibilitou ao preso essa formalidade constitucional, deve ser reconhecida a nulidade.

JURISPRUDÊNCIA

Nulidade por inobservância de requisito constitucional – TJSC: "Face à norma constitucional insculpida no art. 5º, LXIII, é nulo o flagrante em que o preso expressamente manifeste desejo de ser assistido por pessoa da família ou Advogado, não sendo atendido em sua pretensão". (JCAT 64/267) (*in* Código de Processo Penal Interpretado, 8ª ed., Atlas, p. 657).

Não-indicação pelo acusado de advogado ou familiar. – TACRim.SP: "A Constituição Federal não impõe que o flagrante seja assistido por advogado ou pelos familiares do detido, apenas a ele assegurando, se assim desejar, o exercício de tal direito. Desta forma, não há nulidade do flagrante se, uma vez cientificado de seus direitos, o próprio acusado não indica o nome do advogado ou dos familiares a serem avisados de sua prisão". (RT 692/280).

B. Não ser o indiciado ouvido em último lugar, art. 304, *caput*, do Código de Processo Penal.

> Art. 304. Apresentado o preso à autoridade competente, ouvirá esta o condutor e colherá desde logo, sua assinatura, entregando a este cópia do termo e recibo de entrega do preso. Em seguida, procederá à oitiva das testemunhas que o acompanharam e ao interrogatório do acusado sobre a imputação que lhe é feita, colhendo, após cada oitiva suas respectivas assinaturas, lavrando, a autoridade, afinal, o auto. [7]

JURISPRUDÊNCIA

Nulidade — Inquisição de testemunha após o interrogatório do indiciado no auto — Inadmissibilidade — Desrespeito à seqüência lógica ditada pela lei adjetiva penal— Concessão de *habeas corpus* — Inteligência do art. 304 do Código de Processo Penal (TACrimSP — Ement.) — *RT* 489/380.

PETIÇÕES

(modelo I)

Pedido de relaxamento de flagrante

Exmo. Sr. Dr. Juiz de Direito da .... Vara Criminal de ....

(deixar espaço)

---

[7] Redação dada pela Lei 11.113, de 13 de maio de 2005.

F. T., brasileiro, casado, operário, residente e domiciliado nesta cidade, na Rua ... nº ..., por sua procuradora, documento anexo, vem, respeitosamente, à presença de V. Exa., a fim de requerer *relaxamento de sua prisão em flagrante* expondo, para tanto, o que segue:

1) O requerente foi preso e autuado em flagrante, na noite da última terça-feira, sob a acusação de haver infringido o disposto no art. 155 do CP;

2) sem entrar no mérito da acusação, na realidade a prisão não pode persistir, em razão de nulidade insanável existente, qual seja, inversão na ordem de ouvida dos participantes do auto;

3) assim é que, contrariamente ao que determina nossa legislação processual, o indiciado foi ouvido logo após o depoimento do condutor, e antes da oitiva das testemunhas C. M. e A. M.;

4) essa inversão é absolutamente proibida, fulminando de nulidade o ato praticado, conforme pacífico entendimento da doutrina e jurisprudência;

5) a esse respeito, assim se manifestou o Egrégio Tribunal de Alçada Criminal de SP:

> "O indiciado deve ser ouvido em último lugar. A inversão da ordem causa nulidade do auto de prisão em flagrante" (TACrimSP, *RT* 489/380).

6) dessa forma, sendo imprestável o auto, a libertação do requerente para que possa, solto, defender-se de eventual ação penal é medida que se impõe, principalmente por ser primário, de bons antecedentes, ter residência e emprego fixos, conforme se prova com os documentos a esta juntados.

Termos em que,

Pede deferimento.

...., ... de .... de ...

(assinatura do advogado)

(modelo II)

Pedido de relaxamento de flagrante

Exmo. Sr. Dr. Juiz de Direito da .... Vara Criminal da Comarca de ....

(deixar espaço)

Fulano de Tal, devidamente qualificado no auto de prisão em flagrante (cópia anexa), por meio de seu advogado infra-assinado (documento anexo), vem, respeitosamente, à presença de V. Exa., expor e requerer o que segue:

1) Consta da inclusa cópia do auto de prisão em flagrante que no dia .... de .... de 19..., por volta de .... horas, na Rua ...., defronte do ...., o requerente foi surpreendido em flagrante delito por policiais militares que passavam pelo local;

2) segundo logrou-se apurar na ocasião dos fatos, quando foi-lhe imputada a prática do delito, testemunha alguma presenciou o ocorrido;

3) conduzido até a delegacia de polícia, foi inquirido pela autoridade policial, antes de serem ouvidos os seus condutores, desrespeitando-se, assim, a forma de inquirição;

4) não obstante a isso, ouvidos o requerente e seus condutores, respectivamente, o auto foi assinado tão-somente pelos citados indivíduos.

Pelo exposto, estando o auto de prisão em flagrante eivado de nulidades, por não ter sido respeitada formalidade essencial de sua validade, constante do art. 304, *caput*, e § 2º, do CPP, requer a sua invalidação e, conseqüentemente, o *relaxamento da prisão*.

Nestes termos,

Pede deferimento.

...., ... de .... de ....

(assinatura do advogado)[8]

C. Não ser o auto assinado por qualquer um dos que participaram do ato, conforme determina o art. 304, *caput*, *in fine* (cf. item anterior).

Jurisprudência

Nulidade — Crime contra a saúde pública — Posse de entorpecente — Auto sem a assinatura da autoridade policial que o teria presidido — Imprestabilidade — Absolvição decretada — Apelação provida — Inteligência dos arts. 304 do Código de Processo Penal e 281 do Código Penal (TACrimSP) — *RT* 452/401.

[8] Eduardo da Silveira Guskuma.

PETIÇÃO

(modelo)

Pedido de relaxamento de flagrante

Exmo. Sr. Dr. Juiz de Direito da .... Vara Criminal de ....

(deixar espaço)

Proc. nº 00/...

B. T., brasileiro, casado, operário, residente e domiciliado nesta cidade, na Rua ... nº ..., nos autos de processo crime que lhe move a Justiça Pública desta Comarca, perante esse DD. Juízo e respectivo Cartório, por sua procuradora, documento anexo, vem, respeitosamente, à presença de V. Exa., a fim de requerer *relaxamento de sua prisão em flagrante,* pelos motivos que passa a expor:

1) O requerente foi preso aos .../.../... e autuado em flagrante por estar, supostamente, praticando o delito previsto no art. 155 do CP;

2) foram ouvidos, em apartado, o condutor, mais dois policiais e três testemunhas, além do indiciado;

3) ocorre que, conforme se observa da cópia anexa, o auto lavrado ao final dos depoimentos não contém a assinatura da autoridade que teria presidido o ato;

4) essa lacuna processual fere frontalmente o disposto na parte final do *caput* do art. 304 do CPP que, de forma expressa, determina que a autoridade lavre o auto após a oitiva de todos os envolvidos;

5) dessa forma, estando nulo o referido auto de prisão em flagrante, a liberação do preso é medida que se impõe para que, solto, possa se defender, ainda porque não está presente nenhum dos pressupostos que autorizariam eventual decreto de prisão preventiva.

Termos em que,

Pede deferimento.

...., ... de .... de ...

(assinatura do advogado)

D. Não ser o indiciado ouvido na lavratura do auto de prisão em flagrante, art. 304, *caput,* do CPP (cf. p. 47). Não há nulidade se o preso exercer o seu direito constitucional de permanecer calado, porém esse detalhe deve constar do auto.

JURISPRUDÊNCIA

Nulidade — Indiciado não ouvido no auto respectivo — Formalidade essencial — Caso do art. 32 da Lei de Contravenções Penais — Preliminar acolhida — Processo anulado *ab initio* — Inteligência do art. 304 do Código de Processo Penal (TACrimSP — Ement.) — *RT* 517/361.

E. Inexistência de testemunhas presenciais e a não-observância do determinado na parte final do § 2º do art. 304.

Código de Processo Penal

Art. 304. (...)

§ 2º – A falta de testemunhas da infração não impedirá o auto da prisão em flagrante; mas, nesse caso, com o condutor, deverão assinar pelo menos duas pessoas que hajam testemunhado a apresentação do preso à autoridade.

JURISPRUDÊNCIA

Nulidade — Fato não testemunhado — Falta de audiência de duas pessoas que tenham assistido a apresentação do preso à autoridade — Relaxamento — Concessão de *habeas corpus* — Inteligência do art. 304, §§ 2º e 3º do Código de Processo Penal (TJSC) — *RT* 444/405.

Nulidade — Ausência de testemunhas do ato — Indispensabilidade da existência de duas pessoas que assistiram a apresentação do preso à autoridade — Inexistência delas — Concessão de *habeas corpus* — Inteligência do art. 304, § 2º, do Código de Processo Penal (TJSC) — *RT* 447/448.

Ausência de testemunhas do flagrante e da apresentação – TACRim/SP: "Prisão em flagrante. Nulidade. Audição apenas do condutor e dos acusados. Testemunhas meramente instrumentais. Inadmissibilidade. A lei exige no mínimo duas testemunhas da infração para a lavratura do flagrante, não substituindo as testemunhas instrumentárias do interrogatório do indiciado as testemunhas de apresentação" (RT 555/376).

PETIÇÃO

(modelo)

Pedido de relaxamento de flagrante

Exmo. Sr. Dr. Juiz de Direito da .... Vara Criminal de ....

(deixar espaço)

P. G., brasileiro, casado, operário, residente e domiciliado nesta cidade, na Rua ... nº ..., por sua procuradora, documento anexo, vem, respeitosamente, à presença de V. Exa., a fim de requerer *relaxamento de sua prisão em flagrante,* pelos fatos que expõe:

1) O requerente foi preso e autuado em flagrante, no dia de ontem, por suposta infração ao art. 155 do CP;

2) sem entrar no mérito da acusação que lhe é feita, não pode, à evidência, permanecer preso, porque o auto contra si lavrado é nulo;

3) com efeito, na ausência de testemunhas oculares, deveria ter sido providenciada a presença de duas pessoas que testemunhassem a apresentação do requerente à autoridade policial, conforme determina o § 2º do art. 304 do CPP;

4) todavia, não foi o que ocorreu, conforme se constata na cópia do flagrante, anexa;

5) realmente, no referido auto observa-se que participaram de sua lavratura, além da autoridade policial, do escrivão e do preso, apenas o condutor, e ninguém mais;

6) tal fato fulmina de nulidade a prisão, motivo pelo qual, estando ausentes os requisitos que eventualmente autorizariam um decreto de prisão

preventiva, diante da farta documentação ora anexada, a libertação do requerente para que possa, em liberdade, defender-se, é medida que se impõe, por ser de Justiça.

Termos em que,

Pede deferimento.

...., ... de .... de ...

(assinatura do advogado)

F. A falta de assinatura do preso. Não-observância do disposto no § 3º do art. 304. Não havendo justificativa, anula o auto de prisão em flagrante.

Código de Processo Penal

Art. 304 – (...)

§ 3º – Quando o acusado se recusar a assinar, não souber ou não puder fazê-lo, o auto de prisão em flagrante será assinado por duas testemunhas, que tenham ouvido sua leitura na presença deste.

JURISPRUDÊNCIA

Nulidade — Auto não assinado pelo indiciado — Ausência da justificativa da recusa — Concessão de *habeas corpus* — Inteligência do art. 304, § 3º, do CPP (TAPR) — *RT* 501/343.

Nulidade — Manutenção de casa de prostituição — Indiciada analfabeta, não sabendo assinar o nome — Providência do art. 304, § 3º, do CPP, contudo, não adotada na espécie — Concessão de *habeas corpus* — Decisão mantida — *RT* 497/302.

Nulidade: ausência de assinatura do preso – TAPR: "Nulo é o auto de flagrante quando, sem justificativa, deixa de ser assinado pelo preso" (RT 501/343).

PETIÇÃO

(modelo)

Pedido de relaxamento de flagrante

Exmo. Sr. Dr. Juiz de Direito da .... Vara Criminal de .....

(deixar espaço)

João, (qualificar), por seu procurador, documento anexo, vem, respeitosamente, à presença de V. Exa., a fim de requerer *relaxamento de flagrante* pelos motivos que passa a expor:

1) Conforme se depreende da cópia do auto de prisão em flagrante anexa, o requerente foi autuado sob a alegação da prática do crime previsto no art. 155 do CP;

2) sem entrar no mérito de tal acusação, verifica-se que o flagrante é nulo, por violar o disposto no art. 304, § 3º, do CPP;

3) assim é que consta expressamente do auto, que o preso se recusou a assiná-lo. Todavia, não se cumpriu a exigência legal de colheita de assinatura de duas pessoas que tivessem ouvido sua leitura na presença do acusado.

Diante do exposto, por evidente e insanável nulidade, respeitosamente requer digne-se V. Exa. acolher a presente para *relaxar* a prisão, a fim de que o requerente aguarde em liberdade a eventual ação penal, já que não existe nenhum dos requisitos que pudesse autorizar um decreto de prisão preventiva (docs. anexos).

Termos em que,

Pede deferimento.

...., ... de .... de ...

(assinatura do advogado)

G. Irregularidade com o escrivão, art. 305 do CPP.

Código de Processo Penal
Art. 305. Na falta ou no impedimento do escrivão, qualquer pessoa designada pela autoridade lavrará o auto, depois de prestado o compromisso legal.

JURISPRUDÊNCIA

Nulidade — Auto presidido, lavrado e datilografado pela própria autoridade policial — Inadmissibilidade — Decisão concessiva de *habeas corpus* mantida — Inteligência do art. 305 do Código de Processo Penal — *RT* 501/260.

Nulidade por falta de compromisso do escrivão – TJSP: "Nulo é o auto de prisão em flagrante quando não lavrado por escrivão competente, ou, na hipótese do art. 305 do Código de Processo Penal, se a pessoa designada para lavrá-lo não prestar compromisso legal" (RT 501/261).

H. Falta de curador a indiciado menor (entre 18 e 21 anos), arts. 15, 194, 594, III, "c" e 262 do Código de Processo Penal.

Código de Processo Penal

Art. 15. Se o indiciado for menor, ser-lhe-á nomeado curador pela autoridade policial.

Art. 194. Se o acusado for menor, proceder-se-á ao interrogatório na presença do curador.

Art. 262. Ao acusado menor dar-se-á curador.

Art. 564. A nulidade ocorrerá nos seguintes casos:

....

III – por falta das fórmulas ou dos seguintes termos:

....

c) a nomeação de defensor ao réu presente que o não tiver, ou ao ausente, e de curador ao menor de 21 (vinte e um) anos;

Todos esses artigos se referem ao menor de 21 anos e maior de 18 e têm por finalidade assegurar mais garantia aos direitos de quem ainda não está na plenitude de seu desenvolvimento mental. A lei penal apenas fixa a imputabilidade aos 18 anos, não podendo ser equiparada à maioridade hoje prevista no novo Código Civil (Lei 10.406/02).

Autores há, que entendem que devem ser adaptados ao Código Civil, os seguintes artigos do CPP.: 15, 34, 50 parágrafo único, 52, 54, 194, 262, 279, III última parte, 434, 449 e 564, III (ver Fernando da Costa Tourinho Filho, Processo Penal, Saraiva, 25ª ed;. 1º vol. p. 226).

Outros, como Júlio Fabbrini Mirabete[9] entendem que as normas que se baseiam no critério de idade cronológica (arts. 65, I, 115 e 564, III, *c* do CPP) estão em vigor, enquanto que as outras, cuja finalidade e alcance estejam vinculadas às normas de Direito Civil estão revogadas.

Preferimos seguir a orientação de Alberto Silva Franco[10], que assim entende: "........Ao indiciado e ao réu que não adquiriram ainda suficiente experiência de vida deverão ser asseguradas, com a nomeação do curador, a inteira liberdade e espontaneidade de expressão, a exclusão de qualquer tipo de constrangimento e a possibilidade de utilização de vias de defesa antes mesmo da própria instauração da ação penal". .... "Vale ressaltar que a nomeação de curador não é um ato isolado. Pertence tal nomeação a um microssistema, que participa do macrossistema penal e processual penal, protetor do menor entre dezoito e vinte e um anos de idade. Identificada essa faixa etária, reconhece-se, na área penal, a realidade de uma circunstância atenuante (art. 65, I do CP) e, ainda, um fator redutório de prazo prescricional (art. 115 do CP)".

A norma civil, que reduziu a maioridade poderia migrar para o Direito Penal, para o Direito Processual Penal, para o Estatuto da Criança e do Adolescente e para o Código Eleitoral? Claro que não, porque cada macrossistema tem regras e peculiaridades próprias, de modo que se se admitir a invasão de um sistema em outro, ter-se-á que aceitar a nomeação de perito (art. 279, III, CPP) e o alistamento como jurado (art. 434 do CPP) a partir dos 18 anos, o que não faz sentido.

A única hipótese de não nomeação de curador é a prevista no art. 194, do CPP., este sim ab-rogado em razão de que, agora, no interrogatório judicial é obrigatória a presença de defensor, que evidentemente cumulará as funções de curador. Os demais artigos, a nosso ver, continuam vigendo, motivo pelo qual preferimos manter a jurisprudência sobre o assunto e o conseqüente pedido de relaxamento.

---

[9] Código de Processo Penal Interpretado, 11ª ed., Atlas, p. 530.

[10] Código de Processo Penal e sua Interpretação Jurisprudencial, 2ª ed., Ed. Revista dos Tribunais, vol. 1, p. 439.

Jurisprudência

Nulidade — Indiciado menor — Falta de nomeação de curador — Vício irremediável — Decisão concessiva de *habeas corpus* confirmada — Inteligência do art. 15 do CPP (TJMS) — *RT* 543/412.

Nulidade — Nomeação de curadora a réu menor recaindo em sua própria mãe — Pessoa, porém, analfabeta, havendo necessidade de que outrem assinasse por ela a rogo — Inadmissibilidade — Prejuízo manifesto à defesa, máxime por haver o acusado confessado a infração — Concessão de *habeas corpus* (TACrimSP) — *RT* 602/370.

Por se tratar de assunto recente, decidimos manter o exemplo de pedido de relaxamento, por falta de nomeação de curador a indiciado menor.

Petição

(modelo)

Pedido de relaxamento de prisão em flagrante

Exmo. Sr. Dr. Juiz de Direito da .... Vara Criminal da Comarca ....

(deixar espaço)

J. S., brasileiro, solteiro, portador da cédula de identidade RG ..... e CPF ....., residente e domiciliado em ...., na Rua .... nº...., por seu advogado infra-assinado (doc. ....), vem, mui respeitosamente, à presença de V. Exa., a fim de requerer *relaxamento de sua prisão em flagrante,* pelos motivos de fato e direito a seguir expostos:

1. *Do fato*

a) No último dia 5 de abril, o requerente foi preso em flagrante no interior de sua residência por, supostamente, ter cometido o crime previsto no art. 157 do Código Penal;

b) levado à presença da autoridade policial competente para lavratura do auto de prisão em flagrante, constatou-se que ao requerente não foi nomeado curador, como exige a lei, uma vez que o mesmo é menor, conforme comprova a inclusa certidão de nascimento (doc. ....);

c) não obstante a patente ilegalidade, ainda assim, o delegado titular do .... Distrito Policial de .... procedeu à lavratura do auto de prisão que culminou com o recolhimento do requerente à Cadeia Pública.

2. *Do direito*

a) o Código de Processo Penal, em não poucos artigos, dispõe expressamente que, em se tratando de preso menor, obrigatoriamente ser-lhe-á nomeado curador, sob pena de nulidade do auto e conseqüente liberação do preso;

b) ora, outro não foi o ocorrido no presente caso, senão o descumprimento de tal exigência legal, conforme se depreende da aludida peça (doc. ....).

3. *Da conclusão*

Diante de todo o exposto e com fulcro nos arts. 15, 194, 262 e, principalmente, 564, III, *c,* todos do Código de Processo Penal, requer o relaxamento de sua prisão, em razão da patente nulidade do auto e conseqüente ilegalidade da prisão efetuada.

Termos em que,

Pede e espera deferimento.

...., ... de .... de ...

(assinatura do advogado)[11]

[11] Carlos Eduardo de Oliveira.

I. Irregularidade com a nota de culpa, art. 306 do CPP.

Código de Processo Penal

Art. 306. Dentro de 24 (vinte e quatro) horas depois da prisão, será dada ao preso nota de culpa assinada pela autoridade, com o motivo da prisão, o nome do condutor e os das testemunhas.

Parágrafo único. O preso passará recibo da nota de culpa, o qual será assinado por 2 (duas) testemunhas, quando ele não souber, não puder ou não quiser assinar.

JURISPRUDÊNCIA

Nulidade — Nota de culpa — Não entrega da mesma ao indiciado — Formalidade essencial — Decisão que concede *habeas corpus* mantida — Inteligência do art. 306 do Código de Processo Penal (TJPR) — *RT* 336/440.

PETIÇÃO

(modelo)

Pedido de relaxamento de flagrante

Exmo. Sr. Dr. Juiz de Direito da .... Vara Criminal da Comarca .....

(deixar espaço)

D. de J., brasileiro, solteiro, escriturário, portador da Cédula de Identidade RG...., CPF......., residente e domiciliado à Rua .... nº ...., através de seu bastante procurador (documento anexo nº ....), infra-assinado, vem, mui respeitosamente, à presença de V. Exa., a fim de requerer *relaxamento de sua prisão,* pelos seguintes motivos de fato e de direito, a saber:

1. *Dos fatos*

a) Na tarde do dia .... de .... do presente ano, o requerente voltava para casa, após um dia de trabalho no Colégio ...., desta cidade e Comarca, quando foi detido por dois policiais civis e posteriormente autuado em flagrante, sob a acusação da prática do delito previsto no art. 180, *caput,* do CP;

b) conduzido à presença do delegado de polícia do .... Distrito Policial de ...., após os procedimentos legais, foi encaminhado à Cadeia Pública de ...., onde se encontra recolhido até a presente data;

c) ocorre que, observando-se a nota de culpa anexa (doc. nº ....), verifica-se a ausência de assinatura da autoridade policial que presidiu o ato supramencionado.

2. *Do direito*

a) Ora, conforme dispõe expressamente a Legislação Processual Penal, em seu art. 306, *caput,* dentro de 24 horas depois da prisão será dada ao preso *nota de culpa assinada pela autoridade,* com o motivo da prisão, o nome do condutor e os das testemunhas.

3. *Do pedido*

a) Sendo assim, requer o *relaxamento* da prisão, dada sua absoluta nulidade, com fulcro na Legislação Processual Penal brasileira, para que, em liberdade, possa responder a eventuais acusações que lhe sejam feitas;

b) aduz, outrossim, ser primário, de bons antecedentes e ter endereço e emprego fixos, conforme provam os documentos anexos.

Termos em que,

Pede deferimento.

...., ... de .... de ...

(assinatura do advogado)[12]

[12] Rodrigo Augusto F. Fagundes.

J. Prisão sem as características do flagrante, art. 302 do CPP (cf. p. 27).

JURISPRUDÊNCIA

Nulidade — Efetuação 18 (dezoito) horas após a ocorrência do evento delituoso — Inexistência de perseguição — Inadmissibilidade — Indiciados presos em suas residências sob suspeita de furto e receptação — Concessão de *habeas corpus* (TJBA — Ement.) — *RT* 592/395.

Quase-flagrante — Inocorrência — Acusados presos muitas horas depois, com os objetos do crime, em outra cidade — Ausência, porém, de perseguição — Recurso de *habeas corpus* provido — Inteligência do art. 302 do CPP (TACrimSP) — *RT* 501/298.

Habeas Corpus. Prisão. Quase-flagrante. Art. 302 do CPP. Caracterização. "Em poder da paciente não se encontrou nenhuma quantidade de tóxico, ou qualquer instrumento que possa ser ligado, diretamente, ao exercício do tráfico de drogas, v.g., balanças, embalagens, etc. Não se caracterizou nenhuma das hipóteses de flagrância dentre as previstas no art. 302 do CPP, cujo rol é taxativo. Não estava a paciente, quando da prisão, cometendo a infração ou acabando de cometê-la. Tampouco houve perseguição e, por derradeiro, na ocasião, nada se encontrou que presumisse ser a paciente autora da infração. *Writ* concedido. (STJ – 5ª T. – HC 15.894 – Rel. Felix Fischer – D.J.U 15.04.02, p. 239).

PETIÇÕES

(modelo I)

Pedido de relaxamento de flagrante

Exmo. Sr. Dr. Juiz de Direito da .... Vara Criminal da Comarca de ....

(deixar espaço)

J. G. de S., brasileiro, casado, industriário, RG nº ...., CPF nº ...., residente e domiciliado na Rua .... nº ...., Vila ...., por sua procuradora (instrumento anexo), vem, respeitosamente, à presença de V. Exa., requerer o *relaxamento de sua prisão em flagrante*, pelos motivos fáticos e jurídicos a seguir analisados:

1) Na noite de 23 de abril p.p., encontrava-se o suplicante em um bar próximo à sua casa, quando em conversa com J. dos S. soube que o mesmo desejava adquirir um aparelho de televisão;

2) ofereceu-lhe, então, um modelo importado e, como seu interlocutor argumentasse não possuir condições financeiras para aquisição tão dispendiosa, confidenciou-lhe poder adquirir o produto clandestinamente, sem que lhe incidissem impostos, o que o tornaria mais barato;

3) ocorre que em uma mesa ao lado encontrava-se um policial militar que, em virtude do elevado tom de voz de ambos, visivelmente embriagados, pôde ouvir tudo o que conversavam;

4) na noite seguinte, o referido policial procurou pelo suplicante que, desconhecendo sua profissão, aceitou a "encomenda" feita: um aparelho de som portátil;

5) tal "encomenda" foi, porém, apenas um ato simulado, para que a verdadeira intenção do policial fosse atingida, ou seja, para que o suplicante fosse preso em flagrante, pelo delito previsto no art. 344 do CP, descaminho;

6) assim sendo, ao tentar entregar a mercadoria no mesmo bar, no último dia 14 de maio, conforme havia sido combinado, o suplicante recebeu voz de prisão do referido policial, bem como de três companheiros seus que ali se encontravam previamente para esse fim, estando agora preso em razão de ter sido autuado em flagrante pela autoridade do .... Distrito Policial de ....;

7) tal flagrante, porém, é nulo, pois como prevê a própria Súmula 145 do STF "não há crime quando a preparação do flagrante pela polícia torna impossível a sua consumação".

Diante do exposto, sendo preparado o flagrante que o deteve, requer o relaxamento da prisão, com a restauração imediata de sua liberdade.

Termos em que,

Pede deferimento.

...., ... de.... de ...

(assinatura do advogado)[13]

---

[13] Denise de Souza Ribeiro.

(modelo II)

Pedido de relaxamento de flagrante

Exmo. Sr. Dr. Juiz de Direito da .... Vara Criminal da Comarca de .....

(deixar espaço)

Rafael de Tal, brasileiro, casado, mecânico, residente e domiciliado na Rua .... nº ..., Jd. ....., nesta cidade, atualmente preso na Cadeia Pública....., vem, com todo o respeito, por sua advogada, infra-assinada (instrumento incluso), nos autos de comunicação de sua prisão, em alegada flagrância delitiva do art. 157 do Código Penal, requerer o *relaxamento de sua prisão,* tendo em vista a insanável eiva daquela peça policial, e tudo pelos seguintes fatos e relevantes fundamentos jurídicos:

1) O ora requerente teve contra si lavrado Auto de Prisão em Flagrante, sendo que, em síntese, teriam os fatos ocorrido desta forma: a vítima, segundo se extrata de suas declarações, afirmou que passava na frente do ...., por volta das 20 horas, quando teria sido abordada por elemento mascarado, portando um revólver, que lhe subtraiu, mediante ameaça, uma carteira contendo certa importância em dinheiro e um relógio.

Procurando pela polícia, descreveu simplesmente alguns aspectos do seu roubador (alto, cor negra, vestindo calça e jaqueta *jeans*). Avisada, a polícia passou a procurar, nas redondezas, o elemento, sendo certo que cerca de quatro horas depois (por volta das 24 horas), encontraram o ora requerente num ponto de ônibus e, por ser negro e estar trajando aquele tipo de vestimenta, foi imediatamente detido e revistado, mas nada foi achado em seu poder.

A vítima, porém, que acompanhara os policiais na viatura, imediatamente "reconheceu-o" como sendo o elemento que efetuara a prática delituosa, motivo por que foi lavrado o flagrante.

2) Ora, é evidente, e como haverá de convir esse douto julgador, que o requerente não estava, sequer em tese, sob o efeito de flagrância delitiva e, sem querer adentrar à análise do mérito, a própria autoria é altamente duvidosa.

O requerente não foi, pois, preso, cometendo, nem logo após cometer a infração (houve um lapso de quatro horas entre os fatos e a prisão); por outro lado, patente está a inexistência de perseguição logo após; e, finalmente, não foi encontrado nem foram apreendidos em seu poder quaisquer armas ou objetos que pudessem fazer presumir ser o autor da infração.

Nos moldes do art. 302 e seus incisos, inexiste qualquer estado de flagrância e, portanto, a prisão é ilegal.

Ante o exposto, requer a V. Exa. que, em sua alta sabedoria, haja por bem relaxar a prisão do ora requerente, em caráter de urgência, para que possa, em liberdade, acompanhar todos os atos e termos do processo que eventualmente venha a ser instaurado.

Termos em que,

Pede deferimento.

...., ... de .... de ...

(assinatura do advogado)[14]

L. Auto lavrado e presidido pelo condutor. É nulo, uma vez que ele ouviu a si próprio.

JURISPRUDÊNCIA

Prisão em flagrante — Nulidade do auto lavrado em contravenção do "jogo do bicho" — Autoridade policial que nele figura também como condutor, tendo presidido e datilografado o auto — Inadmissibilidade — Processo anulado *ab initio* — Voto vencido — Inteligência do art. 307 do CPP — *RT* 427/413.

PETIÇÃO

(modelo)

Pedido de relaxamento de flagrante

Exmo. Sr. Dr. Juiz de Direito da ... Vara Criminal de .....

(deixar espaço)

João, (qualificar), por seu procurador, instrumento de mandato anexo, vem, respeitosamente, à presença de V. Exa., requerer *relaxamento de sua prisão*, pelos seguintes motivos de fato e de direito:

---

[14] Eunice D.A. Pereira.

1. *Dos fatos*

a) O requerente, por volta das .... horas do dia .... de .... do presente ano, encontrava-se nas proximidades da Igreja ...... desta cidade, quando foi abordado por dois policiais civis e preso sob a acusação da prática do crime previsto no art. 155, *caput,* do CP;

b) conduzido ao .... Distrito Policial desta Comarca, foi autuado em flagrante, sendo posteriormente encaminhado à Cadeia Pública desta cidade, onde se encontra até a presente data.

2. *Do direito*

a) Conforme se vê nas cópias anexas, há insanável nulidade, posto que o escrivão que redigiu o auto foi o próprio condutor, o que não poderia, de forma alguma, ocorrer;

b) isso porque, conforme dispõe a Legislação Processual Penal, em seu art. 305, na falta ou no impedimento do escrivão, qualquer pessoa designada pela autoridade (desde que não seja o condutor, é óbvio) lavrará o auto, depois de prestado o compromisso legal;

c) todavia, tal não ocorreu, vez que nenhum compromisso houve, além do que, como se expôs, a função foi exercida pelo próprio condutor, o que fulmina o ato de nulidade insanável.

3. *Do pedido*

a) Diante do exposto, como se pode depreender do supra-relatado, o *relaxamento* é medida que se impõe, por ser de Justiça e para que o requerente possa, em liberdade, defender-se de eventual acusação;

b) esclarece, finalmente, ser primário, de bons antecedentes, ter residência e emprego fixos, conforme provam os documentos agora anexados.

Termos em que,

Pede deferimento.

...., ... de .... de ...

(assinatura do advogado)[15]

[15] Rodrigo Augusto F. Fagundes.

M. Competência territorial.

JURISPRUDÊNCIA

Nulidade — Auto lavrado pela autoridade policial de local diverso daquele em que se efetivou a prisão — Incompetência — *Habeas corpus* concedido (TJMT — Ement.) — *RT* 508/436.

Prisão. Flagrante. Auto lavrado em delegacia que não a do local do delito. Validade. Ordem denegada. TJSP, 4ª C. HC 269.797 –3/0 – Rel. Hélio de Freitas.

Relaxamento da prisão em flagrante

As nulidades do flagrante dão ensejo ao relaxamento da prisão, em virtude de determinação constitucional (art. 5º, LXII). Todavia, o inquérito, como peça de informação, não fica afetado pela nulidade, servindo de fundamento para eventual início da ação penal.

> Constituição da República Federativa do Brasil
>
> Art. 5º. Todos são iguais perante a lei, sem distinção de qualquer natureza, garantindo-se aos brasileiros e aos estrangeiros residentes no País a inviolabilidade do direito à vida, à liberdade, à igualdade, à segurança e à propriedade, nos termos seguintes:
>
> LXII – a prisão de qualquer pessoa e o local onde se encontre serão comunicados imediatamente ao juiz competente e à família do preso ou à pessoa por ele indicada.

Ao se requerer o relaxamento do flagrante deve-se ter em mente que houve violação de aspecto formal do ato, pouco importando a inocência ou não do preso. Tanto é verdade que o juiz, dependendo do caso concreto, se entender que realmente houve falha na formalidade exigida, pode relaxar a prisão e decretar, no mesmo despacho, a prisão preventiva, o que impossibilitará a libertação do agente.

JURISPRUDÊNCIA

Nulidade — Nota de culpa não entregue ao indiciado — Relaxamento daquela e decretação da prisão preventiva — Admissibilidade — Ausência de constrangimento ilegal — *Habeas corpus* denegado — Voto vencido — Inteligência dos arts. 304 e 311 do CPP (TAPR — Ement.) — *RT* 510/437.

PETIÇÕES

(modelo I)

Pedido de relaxamento de prisão

Exmo. Sr. Dr. Juiz de Direito da ..... Vara Criminal da Comarca de .....

(deixar espaço)

Fulano de tal, (qualificar), por seu procurador abaixo assinado, (instrumento anexo), vem, respeitosamente, à presença de V. Exa., requerer o *relaxamento de sua prisão em flagrante*, pelo que passa a expor:

1) Foi preso e autuado em flagrante em (data), incurso no art. 146, *caput* do CP (cópia do auto anexa);

2) todavia, a infração supostamente praticada é de competência do Juizado Especial Criminal, nos termos do art. 61, da Lei 9.099/95;

3) sucede que a Autoridade Policial não aplicou o procedimento previsto na referida lei;

4) com efeito, o parágrafo único do art. 69 veda a imposição de prisão ao autor do fato que assumir o compromisso de comparecer ao Juizado;

5) entretanto, o requerente não foi esclarecido pela Autoridade que lavrou o flagrante sobre esse direito, nem lhe foi dada a oportunidade de assinar qualquer compromisso;

6) corrobora com a veracidade dessas alegações o fato de ser pessoa humilde, de pouca instrução e que não foi assistida por advogado, quando da lavratura do auto;

7) aliás, como cidadão comum, e, acrescente-se, de bons antecedentes (docs. anexos), confiou na atuação da autoridade, a quem, na verdade, cabe conhecer e aplicar corretamente os procedimentos previstos em lei;

8) pelo exposto, está claro que o flagrante foi ilegal, sendo, portanto, nula a prisão, motivo pelo qual requer seu relaxamento, com a expedição do competente alvará de soltura;

9) sendo deferido o pedido, dispõe-se a assinar, tão logo lhe seja dada a oportunidade, o compromisso aludido no parágrafo único do art. 69 da Lei 9.099/95.

Termos em que,

Pede deferimento.

......, ... de .... de ...

(assinatura do advogado)

Mesmo que o auto seja nulo, a promessa de liberdade não deve ser feita, porque cada caso comportará um exame particular e a liberação dependerá dos antecedentes e da própria personalidade do preso.

O pedido de relaxamento da prisão assenta-se na sua ilegalidade e não na culpabilidade e deve ser requerido ao juiz criminal, desde que não seja ele a autoridade coatora.

Indeferindo o pedido, transforma-se em coator e a solução deve ser o *habeas corpus* endereçado ao Tribunal competente, que é a autoridade imediatamente superior e que tem competência para conhecer o pedido.

(modelo II)

Habeas corpus por indeferimento
de pedido de relaxamento de flagrante

Excelentíssimo Senhor Doutor Desembargador-Presidente do Egrégio Tribunal de Justiça de ....

(deixar espaço)

J. T., brasileiro, casado, operário, atualmente preso e recolhido à Cadeia Pública de ...., por sua procuradora, documento anexo, vem, respeitosamente, à presença de Vossa Excelência, a fim de impetrar uma *ordem de habeas corpus* contra ato do Exmo. Sr. Dr. Juiz de Direito da .... Vara Criminal de ...., pelos fatos a seguir expostos:

1) Conforme se vê da cópia do auto de prisão em flagrante, anexa, o paciente foi preso em suposta flagrância ao art. 155, *caput,* do CP, aos ... de maio, do presente ano;

2) sem entrar no mérito de tal prisão, observa-se à saciedade que flagrante não houve, pois tanto o condutor como as testemunhas de apresentação, vez que não há presenciais, foram unânimes em afirmar que o ora paciente foi casualmente detido em sua residência, cerca de cinco horas após a ocorrência do delito, sem que tivesse havido qualquer esboço de perseguição;

3) de fato, J. T. esteve no local dos fatos, mas dali se retirou, sem ser perseguido, no instante mesmo em que ocorria o furto. Ora, se a retirada foi pacífica, sem qualquer embaraço e o paciente se dirigiu à sua residência com toda tranqüilidade, é óbvio que não se pode falar em flagrância ou presunção dela, posto que a prisão em mera diligência, por ter sido reconhecido pelo policial militar como sendo uma das pessoas que se encontrava no local, quando do crime, não a autoriza, mesmo porque nada foi encontrado em seu poder;

4) nossos tribunais são pacíficos no entendimento de que:

Hipótese não-caracterizada — Agente que, após a prática do crime, retirou-se do local sem ser perseguido — Sua prisão, três horas após, em sua residência — Relaxamento — Concessão de *habeas corpus* — Inteligência do art. 302 do Código de Processo Penal. (*RT* 496/286).

E, mais:

A decorrência do lapso temporal de muitas horas após o evento, sem que tenha havido perseguição ao indiciado, não permite que se considere legal a sua prisão em flagrante, quer sob o prisma do nº IV do art. 302 do CPP. Ac. Câm. Crim. do TASP em 02.06.77 no RHC 162.501 — *RT* 521/434. Do *habeas corpus*, João Roberto Parizato, p. 70, Aide, 1991.

5) Assim, tendo o impetrante requerido relaxamento em primeira instância, sem sucesso, vem à presença de Vossa Excelência solicitar a ordem para o fim de cessar o constrangimento ilegal sofrido pelo paciente, considerando-se ainda ser o mesmo primário, ter residência e emprego fixos e bons antecedentes, conforme prova com a vasta documentação juntada.

Justiça.

Termos em que,

Pede deferimento.

...., ... de .... de ...

(assinatura do advogado)

Liberdade provisória

O fato de existirem vícios formais que levam à nulidade do auto de prisão em flagrante, ensejando seu relaxamento, não induz à conclusão de que, estando o flagrante perfeito, a prisão será mantida.

Realmente, atendendo a situações especiais, permitiu o legislador que o agente seja posto em liberdade provisória, ou melhor, responda a eventual processo, em liberdade, conseguida por meio do pagamento ou não de fiança, ainda que o auto de prisão em flagrante seja perfeito.

A liberdade provisória difere do relaxamento, na medida em que neste a prisão é ilegal, ao passo que naquela a segregação é válida, ficando suspensa por medida de política criminal, de sorte que pode ser restaurada se houver motivo para tanto.[16]

Sendo impossível requerer-se o relaxamento, por estar perfeito o flagrante, examinam-se as medidas existentes que substituem a prisão, quais sejam:

A. O art. 321 do CPP, que permite, nas contravenções e crimes de pequena monta a libertação do autuado, logo após a lavratura do

[16] *"A fiança criminal e a Constituição Federal"* Antônio Scarance Fernandes, RT 670/254 (leitura complementar).

> flagrante, independentemente do pagamento de qualquer fiança ou vinculação, desde que não seja vadio ou reincidente em crime doloso. É bom não esquecer que os casos aqui descritos são, em regra, de competência do Juizado Especial Criminal

Código de Processo Penal

Art. 321. Ressalvado o disposto no art. 323 , incisos III e IV, o réu livrar-se-á solto, independentemente de fiança:

I – no caso de infração, a que não for, isolada, cumulativa ou alternativamente, cominada pela privativa de liberdade;

II – quando o máximo da pena privativa de liberdade, isolada, cumulativa ou alternativamente cominada, não exceder a três meses.

A razão desse benefício é porque inexiste, praticamente, a possibilidade de vir a ser preso, se condenado, em razão da insignificância da pena, de modo que possibilita ao indiciado, logo após o término do flagrante, livrar-se solto, ou seja, ser colocado em liberdade sem maiores formalidades, pela mesma autoridade que o autuou.

Código de Processo Penal

Art. 309. Se o réu se livrar solto, deverá ser posto em liberdade, depois de lavrado o auto de prisão em flagrante.

Assim, se em razão de recusa do autor do fato a se submeter ao disposto nos arts. 69 ou 70 da Lei 9.099/95, for ele autuado em flagrante, nada impede que se aplique após a autuação, o disposto no art. 321 do CPP.

De qualquer forma, fugindo das disposições constantes da Lei 9.099/95, ou seja, havendo a lavratura do auto de flagrante, desloca-se a competência do Juizado Especial para a Justiça Comum e o rito processual será o previsto no CPP (em regra, o sumário da detenção).

PETIÇÃO

(modelo)

Para o preso livrar-se solto

Exmo. Sr. Dr. Juiz de Direito da ..... Vara Criminal de ......

(deixar espaço)

João de Tal, brasileiro, solteiro, maior, comerciante, residente e domiciliado nesta cidade, à Rua ...... nº ....., por sua procuradora, documento anexo, vem, respeitosamente, à presença de V. Exa., a fim de requerer os benefícios do art. 321 do CPP, para que se livre solto e possa em liberdade defender-se de eventual processo-crime, pelos motivos de fato e de direito que passa a expor:

1) Estava na tarde de ontem no interior do Campo do ..... Futebol Clube, nesta cidade, quando iniciou-se um tumulto nas arquibancadas, próximo do local onde se encontrava o requerente;

2) que, em razão desses distúrbios havidos, várias pessoas foram presas em flagrante, incluindo-se o peticionário, e autuadas pelo crime de rixa, previsto no art. 137 do CP;

3) sem entrar no mérito da acusação que lhe é feita, na realidade sendo tal delito apenado em seu máximo com dois meses de detenção, mesmo que, no final, viesse a ser condenado, o que se admite apenas como argumentação, ainda assim não seria mantido preso, pela insignificância da pena;

4) além disso, a Lei 9.099/95, em seu art. 61, proíbe o flagrante nas situações ali contempladas e que encampam o caso presente;

5) dessa forma, maior razão existe, então, para que não permaneça agora, sem qualquer motivo, encarcerado, vez que não se recusou a receber os benefícios dos arts. 69 ou 70 da mencionada lei que, diga-se de passagem, nem lhe foram oferecidos;

6) assim, a autoridade policial lavrou arbitrariamente o auto para, logo após, mandar recolher, sem qualquer justificativa, o ora requerente ao presídio local, onde se encontra até o momento;

7) tal atitude, arbitrária e sem fundamento, enseja providências administrativas e penais sobre as quais o requerente deixa a critério de V. Exa. decidir,

requerendo sua imediata libertação, mesmo porque é primário, tem residência e emprego fixos, além de bons antecedentes, conforme prova a farta documentação anexada.

Termos em que,

Pede deferimento.

....., ... de ...... de ...

(assinatura do advogado)

B. O art. 310 e seu parágrafo, do CPP, permitem a liberdade provisória sem fiança, mas com vinculação, nos seguintes casos:

Código de Processo Penal

Art. 310. Quando o juiz verificar pelo auto de prisão em flagrante que o agente praticou o fato, nas condições do art. 23, I, II e III do Código Penal, poderá, depois de ouvir o Ministério Público, conceder ao réu liberdade provisória, mediante termo de comparecimento a todos os atos do processo, sob pena de revogação.

Parágrafo único. Igual procedimento será adotado quando o juiz verificar, pelo auto de prisão em flagrante, a inocorrência de qualquer das hipóteses que autorizam a prisão preventiva (arts. 311 e 312).

Observa-se, com relação a esse parágrafo único, que somente o art. 312 se relaciona com a prisão preventiva, posto que atualmente o art. 311 nada tem a ver com o assunto.

Código de Processo Penal

Art. 312. A prisão preventiva poderá ser decretada como garantia da ordem pública, da ordem econômica por conveniência da instrução criminal ou para assegurar a aplicação da lei penal, quando houver prova da existência do crime e indício suficiente da autoria.

Como se vê, são duas as situações tratadas no art. 310. A primeira delas ocorre quando o juiz observa que o agente está preso em flagrante por fato praticado em estado de necessidade, em legítima defesa e no estrito cumprimento do dever legal ou no exercício regular do direito.

Nessas situações, ouvido o Ministério Público, conceder-lhe-á a liberdade provisória sem pagamento de fiança, mas com a obrigação de comparecer a todos os atos processuais, sob pena de revogação do benefício.

JURISPRUDÊNCIA

Ementa da Redação: É inconstitucional a Lei 8.072/90 ao vedar a liberdade provisória ao réu ou indiciado por crime hediondo, pois afronta o princípio da liberdade como regra; ademais, no plano legal, a Lei dos Crimes Hediondos mostra-se incoerente, uma vez que admite ao condenado por delitos de tal natureza apelar em liberdade — RSE 1.058/97 – 2ª Câm. j. 11.02.1998 – rel. Des. Flávio José Bertin. — *RT* 759/675.

Ementa da Redação: Conforme disposto no parágrafo único do art. 310 do CPP, a concessão ou não de liberdade provisória ao réu preso em flagrante não está relacionada à gravidade do delito e sua repercussão no meio social, mas sim à verificação da inocorrência de qualquer das hipóteses que autorizam a prisão preventiva — *HC* 275.853-3/5 – 3ª Câm. – j. 23.02.99 – rel. Des. Gonçalves Nogueira — *RT* 764/564.

Liberdade provisória — Concessão por *habeas corpus* — Réu absolvido na fase de pronúncia por ter agido em legítima defesa — *RT* 445/334.

PETIÇÃO

(modelo)

Pedido de liberdade provisória sem fiança

Exmo. Sr. Dr. Juiz de Direito da .... Vara do Júri ......

(deixar espaço)

João de Tal, brasileiro, casado, comerciante, residente e domiciliado nesta cidade, à Rua .... nº...., Jd. ...., portador do RG ....e do CPF ...., por sua procuradora, documento anexo, vem, respeitosamente, à presença de V. Exa., a fim de requerer *liberdade provisória sem pagamento de fiança,* com fundamento no *caput* do art. 310 do CPP, pelos motivos de fato e de direito que passa a expor:

1) O requerente encontra-se preso e recolhido à Cadeia Pública local, desde a noite de .... de abril passado, em razão de flagrante contra si lavrado no plantão policial desta cidade, por infração do art. 121 do CP;

2) todavia, no próprio corpo do auto, observa-se claramente ter agido sob o amparo de excludente de antijuridicidade, vez que praticou o fato em legítima defesa de terceiro, ou seja, de sua vizinha, Maria de Tal, no momento em que estava sendo assaltada e em vias de ser morta por José de Tal, conhecido facínora nesta cidade;

3) aliás, a própria autoridade policial fez consignar no auto a situação de legitimidade da conduta do requerente que, outra alternativa não teve, senão, entrando em luta com a vítima, culminar por atingi-la mortalmente com a própria "peixeira" com que pretendia matar Maria de Tal;

4) observa-se que o requerente, após o fato, tentou, por todas as formas socorrer José de Tal, chegando ao ponto de transportá-lo, já mortalmente ferido, no seu próprio carro, ao Hospital ......, onde foi preso;

5) as testemunhas ouvidas na ocasião ressaltaram a coragem do requerente que, com risco da própria vida, enfrentou o marginal, evitando que uma inocente fosse sacrificada;

6) além disso, João de Tal é primário, de excelentes antecedentes, sendo comerciante estabelecido nesta cidade há longo período e tendo residência fixa, há mais de vinte anos.

Dessa forma, estando mais que presentes os requisitos exigidos para a concessão da liberdade provisória, amparada não só pelo *caput* do art. 310 como por seu próprio parágrafo único, a expedição do competente Alvará de Soltura e a conseqüente liberação imediata do requerente é medida que se impõe, por ser de Justiça.

Termos em que,

Pede deferimento.

...., ... de ..... de ...

(assinatura do advogado)

Já o parágrafo único do mesmo artigo faculta ao preso responder ao processo em liberdade, desde que não esteja presente nenhum dos requisitos que autorizariam um decreto de prisão preventiva.

Por isso é que, mesmo nos crimes inafiançáveis, com flagrante perfeito e inexistência de excludente de antijuridicidade, se o agente for primário, de bons antecedentes, tiver emprego e residência fixos e se quando estiver em liberdade não vier a criar embaraços ao desempenho da Justiça, poderá ser solto com base no parágrafo único do art. 310.

Todavia, em se tratando dos chamados crimes hediondos e os a estes equiparados, além dos casos considerados graves, a Jurisprudência tem se inclinado pela não concessão do benefício, nem para poder apelar em liberdade.

JURISPRUDÊNCIA

Liberdade provisória — Direito em recorrer em liberdade — Ré com filhos menores sob sua guarda — Irrelevância de ser a acusação por tráfico de entorpecentes — Hipótese em que inocorrem os requisitos da prisão preventiva — Direito reconhecido — Preliminar repelida (TJSC) — *RT* 606/369.

Concessão a réu menor e primário acusado da prática de roubo qualificado — Inocorrência dos requisitos da prisão preventiva na hipótese — Decisão mantida — Inteligência do art. 310, parágrafo único, do CPP (TACrimSP — Ementa) — *RT* 599/355.

PETIÇÕES

(modelo I)

Habeas corpus para obtenção de liberdade provisória

Excelentíssimo Senhor Desembargador-Presidente do Egrégio Tribunal de Justiça do Estado de ....

(deixar espaço)

T. D., brasileira, casada, advogada inscrita na OAB/SP sob nº ...., com escritório na cidade de ......, à Av. .... nº ....., vem, respeitosamente, à presença de Vossa Excelência, com base nos arts. 647 e segs. do CPP, a fim de impetrar a presente ordem de *habeas corpus* em favor de João de Tal, brasileiro, casado, comerciante, residente e domiciliado em Campinas, à Rua...., nº ...., Jardim ...., atualmente preso e recolhido à Cadeia Pública de ......, pelos motivos de fato e de direito que passa a expor:

1) O paciente foi preso e autuado em flagrante aos .... de .... por suposta infração ao art. 121 do CP, conforme se vê na anexa cópia do flagrante lavrado no plantão policial do .... Distrito de ....;

2) sem entrar no mérito de tal prisão, o que oportunamente será feito em primeira instância, na realidade está João de Tal sendo vítima de constrangimento ilegal, sendo autoridade coatora o Exmo. Juiz Presidente da Vara do Júri da Comarca de ......, Dr.......;

3) com efeito, inexistindo razões que autorizem um decreto de prisão preventiva, tem o preso o direito de se defender em liberdade, conforme determina o art. 310 do CPP em seu parágrafo único;

4) assim é que tal benefício foi requerido em primeiro grau, ocasião em que foram juntadas todas as certidões comprobatórias de primariedade e documentos que provam ter o paciente residência fixa e estabelecimento próprio por mais de 10 (dez) anos na Comarca de .... (documentos anexos);

5) tal situação foi reconhecida pelo MM. Juízo *a quo* que, a despeito de tal reconhecimento, indeferiu o pedido, alegando simplesmente que o Ministério Público opinara contrariamente à concessão;

6) ora, tal alegação é insuficiente para manter o paciente preso, já que a própria Constituição Federal determina que ninguém será considerado culpado, antes do trânsito em julgado de sentença condenatória.

Assim, o indeferimento ao pedido feito constitui, sem sombra de dúvida, constrangimento ilegal, vez que o paciente preenche todas as condições exigidas para aguardar em liberdade o desfecho da ação penal, razão pela qual espera que esse Egrégio Tribunal lhe conceda a ordem por ser de Direito e Justiça.

Termos em que,

Pede deferimento.

......, de .... de ...

(assinatura do impetrante)

(modelo II)

Pedido de conversão de liberdade provisória
mediante fiança para liberdade provisória sem fiança

Exmo. Sr. Dr. Juiz de Direito da .... Vara Criminal da Comarca de ....

(deixar espaço)

Processo nº ....

R. F. M. Q., brasileiro, solteiro, comerciário, portador do RG ...., residente e domiciliado à rua das Flores, 58, vem, mui respeitosamente, perante V. Exa., por sua procuradora, documento anexo, expor e a final requerer o que segue:

O indiciado foi preso e autuado em flagrante delito no dia .../.../..., acusado de ter arremessado uma pedra no vidro dianteiro de um ônibus da empresa ...., que o havia "fechado" propositadamente, quebrando-o. Em seguida foi posto em liberdade, mediante o pagamento de R$...., a título de fiança (doc. anexo).

No dia .../.../..., o indiciado pagou o valor referente aos danos causados à empresa, conforme recibo juntado aos autos.

Não quis com isso confessar sua culpa no evento; demonstrou apenas que sua formação moral e seu caráter — filho que é de família tradicional na cidade de Campinas, onde seu pai é médico respeitado e professor da Faculdade de Medicina da ...., onde exerce a Diretoria do Departamento de .... — não lhe permitem causar danos a quem quer que seja, a qualquer título.

Percebe-se, portanto, que tem bons antecedentes, residência e emprego fixos.

Ex positis, requer a V. Exa. digne-se determinar a *conversão da fiança em liberdade provisória*, com fulcro no art. 310, parágrafo único, do CPP, que lhe é mais benéfico, restituindo-se-lhe a quantia paga.

Tal pedido tem apoio no entendimento do professor Fernando da Costa Tourinho Filho, quando diz que se um réu for notificado para reforçar o valor de uma fiança e não tiver condições de fazê-lo, pode requerer ao juiz a sua liberdade, nos termos do parágrafo único do art. 310 do CPP.[17]

[17] *Código de Processo Penal Comentado,* Saraiva, vol. 1, p. 524.

Realmente, se nesse caso lhe é facultado beneficiar-se com a liberdade menos gravosa, não há porque se lhe negar o mesmo benefício, em hipóteses como a dos presentes autos.

Requer, finalmente, a juntada da procuração anexa.

Termos em que

Pede deferimento

...., ... de .... de ...

(assinatura do advogado)[18]

(modelo III)

Pedido de conversão de liberdade provisória mediante fiança para liberdade provisória sem fiança

Exmo. Sr. Dr. Juiz de Direito da ... Vara Criminal de ....

(deixar espaço)

Proc. nº ....
Cartório ... Ofício Criminal

João, (qualificar), por sua advogada, documento anexo, vem, respeitosamente, à presença de V. Exa., a fim de expor e requerer o que segue:

1) Foi preso e autuado em flagrante aos ...., sob a alegação de ter praticado o crime previsto no artigo ... do CP. Em seguida foi recolhido à Cadeia Pública local, de onde saiu mediante o pagamento da fiança arbitrada por esse E. Juízo;

2) ocorre que agora, pelo que se depreende dos autos do inquérito já distribuído e dos demais documentos acostados a esta, verifica-se que é primário, tem bons antecedentes, residência e emprego fixos, não ensejando sua personalidade e conduta qualquer hipótese que autorize a prisão preventiva, motivo pelo qual tem direito de obter a conversão da liberdade provisória concedida anteriormente, mediante o pagamento de fiança, em liberdade provisória sem fiança, com base no parágrafo único do art. 310 do CPP.

[18] Sônia Mara Zerbinati Silva.

Diante do exposto, respeitosamente requer essa conversão, nos termos expostos, bem como a devolução da quantia já paga, por ser de Justiça.

Termos em que,

Pede deferimento.

...., ... de .... de ..

(assinatura do advogado)

(modelo IV)

Levantamento de fiança

Exmo. Sr. Dr. Juiz de Direito da ... Vara Criminal

(deixar espaço)

Proc. nº ...
Cartório ... Ofício Criminal

João, qualificado nos autos de processo-crime que lhe moveu a Justiça Pública desta Comarca, por infração ao artigo ... do CP, por seu procurador, vem, respeitosamente, à presença de V. Exa., a fim de requerer a expedição de guia, para levantamento do valor correspondente a R$.... (por extenso), com os acréscimos que tiver e que está depositado na agência do ...... desta cidade, a título de fiança arbitrada por esse E. Juízo e que foi paga pelo requerente.

Esclarece que o pedido tem por base sua absolvição aos .../.../... tendo a referida sentença absolutória transitado em julgado aos .../.../... (documentos anexos).

Termos em que,

Pede deferimento.

...., ... de .... de ...

(assinatura do advogado)

(modelo V)

Pedido de liberdade provisória

Exmo. Sr. Dr. Juiz de Direito da .... Vara do Júri

(deixar espaço)

Proc. nº 00/...

João de Tal, brasileiro, casado, comerciante, residente e domiciliado nesta cidade, à Rua ...... nº...., portador do RG .... e do CPF ...., por sua procuradora, vem, respeitosamente, à presença de V. Exa., a fim de requerer *liberdade provisória,* com fundamento no parágrafo único do art. 310 do CPP, pelos motivos de fato e de direito que passa a expor:

1) O requerente encontra-se preso e recolhido à Cadeia Pública local, desde o dia .... de .... do corrente ano, em virtude de flagrante contra si lavrado, no plantão do ..... Distrito Policial desta Comarca, por infração do art. 121 do CP;

2) sem analisar o mérito da causa, o que será feito oportunamente, não pode permanecer preso, posto que é primário, de excelentes antecedentes e o convívio com profissionais do crime somente contribuirá para criar-lhe traumas irreversíveis que em nada colaborarão para seu reingresso na vida social;

3) além disso, sendo comerciante conhecido e com estabelecimento funcionando há mais de 20 anos no mesmo local, necessita manter-se à frente dos negócios, para poder tratar da esposa e de três filhos menores.

E, mais:

4) nenhum interesse tem em ausentar-se do município, posto que é a única pessoa capaz de tomar conta de seus inúmeros negócios, não tendo ainda motivos para tumultuar o andamento do feito, já que é o mais interessado no esclarecimento da verdade;

5) dessa forma, pela farta documentação anexada, comprobatória de todo o alegado e por não estar presente nenhum dos requisitos que autorizariam possível decreto de prisão preventiva, respeitosamente requer a V. Exa., ouvido o Ministério Público, os benefícios da liberdade provisória, sem fiança, comprometendo-se a comparecer a todos os atos processuais, sempre que chamado.

Nestes termos,

Pede deferimento.

...., ... de .... de ...

(assinatura do advogado)

C. Além dos casos até agora tratados, outra possibilidade de defender-se em liberdade está prevista no CPP, em seu art. 350.

Código de Processo Penal

Art. 350. Nos casos em que couber fiança, o juiz, verificando ser impossível ao réu prestá-la, por motivo de pobreza, poderá conceder-lhe a liberdade provisória, sujeitando-o às obrigações constantes dos arts. 327 e 328. Se o réu infringir, sem motivo justo, qualquer dessas obrigações ou praticar outra infração penal, será revogado o benefício.

Parágrafo único. O escrivão intimará o réu das obrigações e sanções previstas neste artigo.

Art. 327. A fiança tomada por termo obrigará o afiançado a comparecer perante a autoridade todas as vezes que for intimado para atos do inquérito e da instrução criminal e para o julgamento. Quando o réu não comparecer, a fiança será havida como quebrada.

Art. 328. O réu afiançado não poderá, sob pena de quebramento da fiança, mudar de residência, sem prévia permissão da autoridade processante, ou ausentar-se por mais de oito dias de sua residência, sem comunicar àquela autoridade o lugar onde será encontrado.

Como se vê, nas infrações afiançáveis, se o réu for pobre e não puder pagar o valor da fiança, o juiz lhe concederá a liberdade provisória, como se fosse a prevista no art. 310, mas com as obrigações constantes dos arts. 327 e 328, que são as exigidas para o afiançado.

Todavia, sendo o art. 310 mais suave no que se refere às obrigações para o réu, nada impede, sendo até aconselhável, se possível, que se requeira seu benefício, no lugar do previsto no art. 350, que traz mais vinculações.

Petição

(modelo)

Pedido de liberdade provisória

Exmo. Sr. Dr. Juiz de Direito da .... Vara Criminal

(deixar espaço)

Proc. nº 000/....
Cartório do .... Ofício Criminal

João de Tal, brasileiro, casado, pintor de paredes, portador do RG .... e do CPF ...., residente e domiciliado à Rua.... nº...., por sua procuradora, instrumento anexo, vem, respeitosamente, à presença de V. Exa., a fim de requerer os benefícios previstos no art. 350 do CPP, pelos fatos que passa a expor:

1) O requerente está preso em flagrante desde o dia... do mês de abril passado, sob a acusação de ter praticado o delito previsto no art. 137, parágrafo único, do CP;

2) ocorre que por estar passando por sérias dificuldades financeiras, tendo esposa paralisada em razão de derrame cerebral, foi-lhe impossível pagar a fiança arbitrada por esse E. Juízo, ainda mais que se encontra preso, sem condições de conseguir a quantia que, embora razoável para alguém de classe média, é absolutamente excessiva para o requerente que não poderá, sem prejuízo de sua própria subsistência, pagá-la;

3) dessa forma, fazendo jus aos benefícios do art. 350 do CPP, respeitosamente requer digne-se V. Exa. mandar colocá-lo em liberdade provisória sem pagamento de fiança, comprometendo-se a cumprir as determinações judiciais e principalmente as previstas nos arts. 327 e 328 do CPP.

Termos em que,

Pede deferimento.

...., ... de.........de ...

(assinatura do advogado)

D. Liberdade provisória mediante o pagamento de fiança.

Esse tipo de liberdade provisória é o mais gravoso para o agente porque, além de vinculá-lo a obrigações processuais, sujeita-o também ao pagamento da fiança para poder se defender em liberdade.

Com o acréscimo do parágrafo único ao art. 310 do CPP, por meio da Lei 6.416, de 24.05.77, a fiança praticamente perdeu importância, porque geralmente quem tem direito a ela, também tem à liberdade provisória sem qualquer pagamento. Para a concessão desse benefício, basta que não esteja presente nenhum dos requisitos que autorizariam a decretação da preventiva se o agente estivesse solto, ao passo que para a concessão da fiança, além dessa exigência comum, é necessário que não ocorra nenhum dos motivos expressos nos arts. 323 e 324, de sorte que, em um crime apenado com pena mínima de reclusão superior a 2 (dois) anos, o preso não poderá ser colocado em liberdade provisória mediante o pagamento de fiança, mas poderá ser libertado sem qualquer pagamento, com base no parágrafo único do art. 310, muito mais benéfico.

As hipóteses previstas nos arts. 323 e 324 são impeditivas de fiança e assim dispõem:

Código de Processo Penal

Art. 323. Não será concedida fiança:

I – nos crimes punidos com reclusão em que a pena mínima cominada for superior a dois anos;

II – nas contravenções tipificadas nos arts. 59 e 60 da Lei das Contravenções Penais;

III – nos crimes dolosos punidos com pena privativa de liberdade, se o réu tiver sido condenado por outro crime doloso, em sentença transitada em julgado;

IV – em qualquer caso, se houver no processo prova de ser o réu vadio;

V – nos crimes punidos com reclusão, que provoquem clamor público ou que tenham sido cometidos com violência contra a pessoa ou grave ameaça.

Art. 324. Não será igualmente concedida fiança:

I – aos que, no mesmo processo, tiverem quebrado fiança anteriormente concedida ou infringido, sem motivo justo, qualquer das obrigações a que se refere o art. 350;

II – em caso de prisão por mandado do juiz do cível, de prisão disciplinar, administrativa ou militar;

III – ao que estiver no gozo de suspensão condicional da pena ou de livramento condicional, salvo se processado por crime culposo ou contravenção que admita fiança;

IV – quando presentes os motivos que autorizam a decretação da prisão preventiva (art. 312).

Além desses casos, hoje são também inafiançáveis, não permitindo o benefício aos que estiverem presos, os crimes de racismo, grupos armados, tortura, tráfico de entorpecentes, terrorismo, crimes hediondos e os a eles equiparados e algumas antigas contravenções contra a fauna e que hoje são crimes.

O Código de Processo Penal não diz quais são os crimes afiançáveis, falando tão-somente de situações em que não é permitida a fiança, de sorte que, por exclusão, é que se pode saber em que casos é permitido esse pagamento.

Pode ela ser requerida à autoridade policial, evidentemente que depois de lavrado o flagrante, nas hipóteses expressas no art. 322, ou seja, apenas quando a infração for apenada com detenção ou prisão simples. Não se pode esquecer da Lei 9.099/95 que abrange o *caput* desse artigo, de modo que só haverá flagrante, se o autor do fato se recusar a assinar o compromisso de que se falou anteriormente (p. 40).

Código de Processo Penal

Art. 322. A autoridade policial somente poderá conceder fiança nos casos de infração punida com detenção ou prisão simples.

Parágrafo único. Nos demais casos do art. 323, a fiança será requerida ao juiz, que decidirá em quarenta e oito horas.

Em outras situações, será sempre requerida ao juiz, que deve concedê-la sem manifestação prévia do Ministério Público, conforme dispõe o art. 333 do CPP.

Código de Processo Penal

Art. 333. Depois de prestada a fiança, que será concedida independentemente de audiência do Ministério Público, este terá vista do processo a fim de requerer o que julgar conveniente.

Tratando-se de infração punida com detenção ou prisão simples, a autoridade policial poderá conceder fiança, imediatamente após a lavratura do auto, aos que foram presos em flagrante.

JURISPRUDÊNCIA

Fiança — Denegação a acusado de estelionato — Delito que admite a possibilidade de decretação da prisão preventiva — Ausência, pois, de constrangimento ilegal — *habeas corpus* denegado — Inteligência do art. 324, IV, do Código de Processo Penal com a redação dada pela Lei nº 6.416, de 1977 (TACrimSP) — *RT* 513/406.

Fiança — Benefício pleiteado por homicídio culposo e no gozo do *sursis* — *habeas corpus* denegado — Inteligência dos arts. 323, III e 324, III, do Código de Processo Penal (TACrimSP) — *RT* 420/243.

Fiança — Benefício pleiteado por condenado em delito culposo, para, em liberdade apelar da sentença — Admissibilidade, embora no gozo do *sursis* — *Habeas corpus* — Inteligência do art. 324, III, do Código de Processo Penal (T. de Alçada) — *RT* 349/250.

Fiança — Cassação da concedida a condenado por injúria, por já haver sido anteriormente punido por crime da mesma natureza — Inadmissibilidade — Constrangimento ilegal caracterizado — Concessão de *habeas corpus* — Voto vencido — Inteligência dos arts. 323, III, do Código de Processo Penal e 78, § 1º, IV, do Código Penal (TARS) — *RT* 451/469.

PETIÇÃO

(modelo)

Pedido de liberdade provisória através do arbitramento de fiança

Exmo. Sr. Dr. Juiz de Direito da .... Vara Federal de ....

(deixar espaço)

J. R. M., brasileiro, casado, industrial, portador da cédula de identidade RG ..... e CPF ....., residente e domiciliado em ..., à Rua .... nº ...., por seu advogado infra-assinado (instrumento anexo), com fulcro no art. 325, § 2º, I, do Código de Processo Penal, vem, mui respeitosamente, à presença de V. Exa., a fim de requerer *liberdade provisória através do arbitramento de fiança,* pelas razões fáticas e jurídicas que passa a expor:

1. *Dos fatos*

a) No dia .../.../..., o requerente foi preso em flagrante no interior de seu estabelecimento industrial por, supostamente, ter cometido o crime de sonegação fiscal;

b) levado ao ..... Distrito Policial de .... para a lavratura do auto de prisão em flagrante, presente a autoridade competente, procedeu-se a oitiva do condutor, das testemunhas e do conduzido, culminando, a final, no recolhimento do requerente àquela Cadeia Pública, onde se encontra preso em cela especial, visto ter concluído o nível superior de ensino.

2. *Do direito*

a) Determina o art. 325, § 2º, I, do diploma processual penal, que será concedida liberdade provisória ao preso em flagrante, acusado da prática de crime de sonegação fiscal, mediante o pagamento de fiança, que deverá ser arbitrada pelo juiz, nos moldes dos incisos I e II do mencionado dispositivo legal;

b) ora, não é outra a situação, se não a que se verificou no caso presente, conforme se observa na cópia do auto de prisão em flagrante que segue anexa (doc. ....).

3. *Conclusão*

Em vista de todo o exposto, requer a V. Exa. o *arbitramento de fiança* para que, uma vez paga, garanta ao requerente a liberdade provisória prevista no art. 325, § 2º, I, do Código de Processo Penal, visto que a situação de fato ocorrida e o dispositivo legal encontram-se em perfeita harmonia.

Requer ainda, quando do arbitramento, seja-lhe concedida a atenuante prevista no inciso III, do § 2º, do art. 325, do CPP, uma vez que a grave situação econômica do País e a forte recessão em muito afetaram sua estrutura social e econômica.

Termos em que, com os inclusos documentos,

Pede e espera

Deferimento.

...., ... de .... de ...

(assinatura do advogado)[19]

2. DA PRISÃO ESPECIAL

Ainda que não seja possível requerer-se qualquer dos benefícios até agora vistos, não se deve esquecer a possibilidade de ser conseguida a prisão especial, conforme dispõe o art. 295 do CPP, agora disciplinado pela Lei 10.258, de 11 de julho de 2001, que lhe acrescentou cinco parágrafos, de modo que ficou assim redigido:

Código de Processo Penal

Art. 295. Serão recolhidos a quartéis ou a prisão especial, à disposição da autoridade competente, quando sujeitos a prisão antes de condenação definitiva:

I – os Ministros de Estado;

II – os governadores ou interventores de Estados ou Territórios, o Prefeito do Distrito Federal, seus respectivos secretários, os Prefeitos municipais, os Vereadores e os chefes de Polícia;

III – os membros do Parlamento Nacional, do Conselho de Economia Nacional e das Assembléias Legislativas dos Estados;

IV – os cidadãos inscritos no "Livro de Mérito";

[19] Carlos Eduardo de Oliveira.

V – os oficiais das Forças Armadas e os militares dos Estados, do Distrito Federal e dos Territórios;

VI – os magistrados;

VII – os diplomados por qualquer das faculdades superiores da República;

VIII – os ministros de confissão religiosa;

IX – os ministros do Tribunal de Contas;

X – os cidadãos que já tiverem exercido efetivamente a função de jurado, salvo quando excluídos da lista por motivo de incapacidade para o exercício daquela função;

XI – os delegados de polícia e os guardas-civis dos Estados e Territórios, ativos e inativos.

Os parágrafos acrescentados dispõem da seguinte forma:

§ 1º - A prisão especial prevista neste Código ou em outras leis, consiste exclusivamente no recolhimento em local distinto da prisão comum.

§ 2º - Não havendo estabelecimento específico para o preso especial, este será recolhido em cela distinta do mesmo estabelecimento.

§ 3º - A cela especial poderá consistir em alojamento coletivo, atendidos os requisitos de salubridade do ambiente, pela concorrência dos fatores de aeração, insolação e condicionamento térmico adequados à existência humana.

§ 4º - O preso especial não será transportado juntamente com o preso comum.

§ 5º - Os demais direitos e deveres do preso especial serão os mesmos do preso comum.

Diz-se que essa alteração é demagógica porque, na realidade, todo preso deve ter direito a uma prisão que não lhe retire a dignidade de pessoa humana. No dizer de Fernando da Costa Tourinho Neto e Joel Dias Figueira Júnior, "acabou-se a prisão especial, que de especial não tinha nada, apenas permanecem direitos básicos que deveriam ser assegurados a todos os presos. Os presos ditos comuns deveriam ter direito ao mesmo tipo de prisão dos presos rotulados de especiais".[20]

[20] *Juizados Especiais Federais Criminais*. São Paulo: RT, 2002, p. 556. Ver artigo "Lei 10.258/2001: Pura Demagogia" de Dyrceu Aguiar Dias Cintra Júnior, publicado no *Boletim IBCCrim* nº 107, outubro de 2001, p. 21.

JURISPRUDÊNCIA

Direito de apelar em liberdade — Benefício concedido em *habeas corpus* — Condenado advogado, com direito a prisão especial — Cela separada dos demais detentos que não supre a exigência legal — Inexistência na comarca de sala especial de Estado-Maior — Decisão condenatória que facultou o cumprimento da pena em regime aberto — Inteligência do art. 89, V, da Lei 4.215/63 (TJSP) — *RT* 655/289.

Prisão domiciliar — Advogado militante — Direito a ela, *ex vi,* art. 89, V, da Lei 4.215, de 1963 — Paciente, contudo, recolhido, provisoriamente, no Quartel da Polícia Militar, recebendo o tratamento previsto em lei — *Habeas corpus* por isso denegado — Inteligência do art. 295 do Código de Processo Penal (TJMT) — *RT* 508/400.

PETIÇÕES

(modelo I)

Pedido de prisão especial

Exmo. Sr. Dr. Juiz de Direito da .... Vara do Júri

(deixar espaço)

Proc. nº 000/....

João de Tal, brasileiro, casado, médico, residente e domiciliado nesta cidade, à Rua ....., nº ..., atualmente preso e recolhido à Cadeia Pública de ...., por sua procuradora, documento anexo, vem, respeitosamente, à presença de V. Exa., a fim de expor e requerer o que segue:

1) O requerente foi preso e autuado em flagrante, no dia 10 de maio do corrente ano, sob a acusação de ter infringido o art. 121 do CP;

2) sem analisar o mérito da acusação, observa-se que tem nível universitário (documento anexo) e não pode, dada sua condição pessoal e na conformidade com o que lhe autoriza o art. 295 do CPP, ficar confinado em cela comum, em contato com marginais de toda sorte e de alta periculosidade;

3) todavia, desde que foi preso encontra-se recolhido no xadrez 36 da Cadeia Pública local, embora vários pedidos de remoção tenham sido feitos ao Diretor do Presídio, o qual alega falta de local especial para acomodar o requerente;

4) assim, estando ainda em fase de instrução, o processo pelo qual está respondendo, respeitosamente requer digne-se V. Exa. determinar sua remoção, em caráter de urgência, para um quartel desta cidade ou, se não houver possibilidade de remoção, que seja colocado em prisão domiciliar, por ser de Justiça.

Termos em que,

Pede deferimento.

...., ... de ...... de ...

(assinatura do advogado)

(modelo II)

Pedido de prisão especial

Exmo. Sr. Dr. Juiz de Direito da ... Vara Criminal

(deixar espaço)

Proc. nº ....
Cartório ....

João, (qualificar), por seu procurador, documento anexo, vem, respeitosamente, à presença de V. Exa., a fim de expor e requerer o que segue:

1) Encontra-se preso na Cadeia ...., desta Comarca, desde o dia ...., em razão de flagrante lavrado aos .../.../..., por suposta infração ao artigo ....;

2) sem entrar no mérito da acusação, o que será feito oportunamente, tem o requerente direito a prisão especial, visto possuir nível universitário, conforme prova a cópia de seu diploma expedido pela Faculdade....;

Assim, respeitosamente, requer digne-se V. Exa. determinar sua imediata transferência para local próprio especial, por ser de Justiça.

Termos em que,

Pede deferimento.

...., ... de ..... de ...

(assinatura do advogado)

(modelo III)

Pedido de prisão especial

Exmo. Sr. Dr. Juiz de Direito da Vara do Júri da Comarca de ......

(deixar espaço)

Proc. nº ....
Cartório do Júri

Fulano, qualificado nos autos do processo-crime que lhe move a Justiça Pública desta Comarca, perante esse DD. Juízo e respectivo Cartório, por infração ao art. 121 do CP, por seu procurador, vem, respeitosamente, à presença de V. Exa., a fim de expor e requerer o que segue:

1) O requerente encontra-se preso na Cadeia Pública local desde a noite de ...., em razão de flagrante contra si lavrado no plantão desta cidade;

2) todavia, conforme se vê da farta documentação anexa, é engenheiro, formado no ano de 19... pela Universidade ....;

3) assim sendo, nos termos do art. 295 do CPP, faz jus ao benefício da prisão especial, motivo pelo qual requer digne-se V. Exa. determinar sua imediata transferência da Cadeia onde se encontra, para local próprio, por ser de Justiça.

Termos em que,

Pede deferimento.

...., ... de ..... de ...

(assinatura do advogado)

3. DA PRISÃO DOMICILIAR

O beneficiário de prisão especial poderá valer-se da prisão domiciliar, se no local onde deve ficar preso não houver estabelecimento adequado para aquele tipo de prisão, conforme dispõe a Lei 5.256, de 6 de abril de 1967.

Lei 5.256, de 6 de abril de 1967

Dispõe sobre a prisão especial

Art. 1º. Nas localidades em que não houver estabelecimento adequado ao recolhimento dos que tenham direito à prisão especial, o juiz, considerando a gravidade das circunstâncias do crime, ouvido o representante do Ministério Público, poderá autorizar a prisão do réu ou indiciado na própria residência, de onde o mesmo não poderá afastar-se sem o prévio consentimento judicial.

Art. 2º. A prisão domiciliar não exonera o réu ou indiciado da obrigação de comparecer aos atos policiais ou judiciais para os quais for convocado, ficando ainda sujeito a outras limitações que o juiz considerar indispensáveis à investigação policial e à instrução criminal.

Art. 3º. Por ato de ofício do juiz, a requerimento do Ministério Público ou da autoridade policial, o beneficiário da prisão domiciliar poderá ser submetido a vigilância policial, exercida sempre com discrição e sem constrangimento para o réu ou indiciado e sua família.

Art. 4º. A violação de qualquer das condições impostas na conformidade da presente Lei implicará a perda do benefício da prisão domiciliar, devendo o réu ou indiciado ser recolhido a estabelecimento penal, onde permanecerá separado dos demais presos.

Parágrafo único. Neste caso, o diretor do estabelecimento poderá aproveitar o réu ou indiciado nas tarefas administrativas da prisão.

Art. 5º. Esta Lei entra em vigor na data de sua publicação.

Art. 6º. Revogam-se as disposições em contrário.

Brasília, 6 de abril de 1967;

146ª da Independência e 79ª da República.

A. Costa e Silva

Jurisprudência

Prisão Domiciliar — Concessão, por inexistir vaga na cadeia local, até o julgamento na apelação interposta pelo réu — Não-provimento desta — Determinação de que fosse ele recolhido à prisão comum — Inadmissibilidade — Pena já cumprida — Constrangimento ilegal configurado — *Habeas corpus* concedido (STF) — *RT* 498/392.

Prisão domiciliar — Concessão a réu com direito a prisão especial, até o julgamento da apelação — Advogado e industrial condenado por incêndio doloso gravíssimo — Impossibilidade de sua transferência de onde se encontra para local compatível — *Habeas corpus* deferido — Inteligência dos arts. 295, VII do Código de Processo Penal e art. 1° da Lei 5.256, de 1967, e 89, V, da Lei 4.215, de 1963 — *RT* 497/293.

PETIÇÕES

(modelo I)

Pedido de prisão domiciliar

Exmo. Sr. Dr. Juiz de Direito ... Vara do Júri de ....

(deixar espaço)

Proc. n° ....
Cartório do Júri

Fulano, qualificado nos autos de processo-crime que lhe move a Justiça Pública desta Comarca, perante esse DD. Juízo e respectivo Cartório, por seu procurador, vem, respeitosamente, à presença de V. Exa., a fim de expor e requerer o que segue:

1) O requerente encontra-se preso em flagrante e recolhido à Cadeia Pública local desde maio deste ano, acusado de ter cometido o delito previsto no art. 121 do CP;

2) por ser diplomado em curso superior, conforme se provou com documentos juntados aos autos, requereu os benefícios da prisão especial, como lhe faculta o art. 295 do CPP;

3) ocorre que até o presente momento tal direito não lhe foi concedido por inexistir, conforme se vê das diversas informações acostadas aos autos (fls. ....), local em condições de abrigá-lo.

Diante do exposto, respeitosamente requer a V. Exa. digne-se conceder-lhe os benefícios da prisão domiciliar, para que nessa condição possa defender-se da acusação feita.

Termos em que,

Pede deferimento.

...., ... de .... de ...

(assinatura do advogado)

Lembra-se, finalmente, que tanto a prisão especial quanto a domiciliar só podem ser concedidas até o trânsito de sentença condenatória, não tendo direito a ela, conseqüentemente, os definitivamente condenados.

Todavia, para quem era, ao tempo do fato, funcionário da Justiça Criminal, o direito à prisão especial continua, mesmo durante a execução da pena, ou seja, mesmo depois da condenação definitiva, conforme dispõe o art. 84, § 2º, da Lei de Execução Penal.

Lei de Execução Penal

Art. 84. O preso provisório ficará separado do condenado por sentença transitada em julgado.

§ 1º – O preso primário cumprirá pena em seção distinta reservada para os reincidentes.

§ 2º – O preso que, ao tempo de fato, era funcionário da Administração da Justiça Criminal ficará em dependência separada.

Essa exceção tem como objetivo evitar que o condenado permaneça no meio dos demais, que poderão dele se vingar.

A permissão, segundo Júlio Fabrinni Mirabete[21] , abrange também quem exercia função pública, embora não fosse funcionário público em sentido estrito, diante do disposto no art. 327 do Código Penal (jurado, por exemplo).

[21] *Execução Penal,* Júlio Fabrinni Mirabete, São Paulo: Atlas, 3ª ed., 1991, p. 248.

> Art. 327. Considera-se funcionário público, para os efeitos penais, quem, embora transitoriamente ou sem remuneração, exerce cargo, emprego ou função pública.
>
> § 1º – Equipara-se a funcionário público quem exerce cargo, emprego ou função em entidade paraestatal.
>
> § 2º – A pena será aumentada da terça parte quando os autores dos crimes previstos neste capítulo forem ocupantes de cargos em comissão ou de função de direção ou de assessoramento de órgão da administração direta, sociedade de economia mista, empresa pública ou fundação instituída pelo poder público.

Além disso, pela própria falência do sistema penitenciário, outras concessões foram sendo feitas, de sorte que, mesmo após a condenação irrecorrível, poderão beneficiar-se da domiciliar, os condenados com direito a regime de prisão aberta, desde que no local do cumprimento da pena não exista casa do albergado. Surgiu, então, a chamada prisão-albergue domiciliar.

(modelo II)

Pedido de prisão-albergue

Exmo. Sr. Dr. Juiz de Direito da Vara de Execuções Criminais

(deixar espaço)

Proc. nº ....
Cartório de Execução Criminal

João, qualificado nos autos de processo-crime que lhe moveu a Justiça Pública, perante o DD. Juízo da ... Vara Criminal desta Comarca e, atualmente em fase de execução, por seu procurador, vem, respeitosamente, à presença de V. Exa., a fim de expor e requerer o que segue:

1) Foi condenado, com sentença trânsita, a cumprir a pena de ..., por infração ao artigo ....., nos autos de processo nº ... (docs. anexos);

2) encontra-se cumprindo essa pena em regime fechado, na Cadeia ...., desde o dia ....;

3) ocorre que tendo cumprido mais de 1/6 da pena aplicada e sendo excelente seu comportamento carcerário (docs. anexos), com base na Lei de Execução Penal, requer digne-se V. Exa., ouvido o Dr. Promotor, conceder-lhe os benefícios da *prisão-albergue domiciliar*, visto não existir casa do albergado nesta Comarca, para que possa trabalhar, voltando ao convívio da sociedade;

4) esclarece, finalmente, que tem proposta de emprego, na firma ... (doc. junto);

Termos em que,

Pede deferimento.

...., ... de .... de ...

(assinatura do advogado)

JURISPRUDÊNCIA

Benefício concedido — Fundamentação na inexistência de casa do albergado ou estabelecimento congênere na comarca — Sentenciado que faz jus à progressão ao regime aberto porém não se encontra nas situações pessoais autorizadas previstas no art. 117 da Lei 7.210/84 — Irrelevância — Impossibilidade de permanecer no regime em que se encontra, com infringência a seu direito e, sobretudo, ao sistema progressivo (TJSP) — *RT* 662/281.

Fora essa situação em que o condenado praticamente fica impune, por cumprir a pena recolhido ao seu domicílio, a Lei de Execução Penal prevê outras hipóteses para a concessão desse benefício, contemplando as seguintes pessoas:

Lei de Execução Penal

Art. 117. Somente se admitirá o recolhimento do beneficiário de regime aberto em residência particular quando se tratar de:

I – condenado maior de setenta anos;

II – condenado acometido de doença grave;

III – condenada com filho menor ou deficiente físico ou mental;

IV – condenada gestante.

4. DA PRISÃO PREVENTIVA

A prisão preventiva é uma medida violenta e extrema, que leva ao cárcere uma pessoa que ainda não foi condenada.

Embora pareça, a princípio, violadora dos direitos individuais, é um mal necessário, reconhecido em todas as legislações e reservado a situações especialíssimas.

Dessa forma, só pode ser decretada pelo juiz, de ofício, a requerimento do Ministério Público ou querelante ou por representação do delegado, sendo sempre fundamentada em todos os seus aspectos e mediante os seguintes requisitos:

a) indícios suficientes de autoria, tão fortes que geram a quase convicção de que foi o acusado o autor da infração, embora não haja certeza absoluta, mas uma quase-certeza;

b) prova segura da existência do crime, ou seja, a certeza absoluta de que o fato ocorreu;

c) necessidade da segregação para garantir a ordem pública, para conveniência da instrução criminal ou para assegurar a aplicação da lei (art. 312, cf. p. 73).

Dessa forma, por exemplo, se o acusado estiver fazendo apologia do crime, ameaçando testemunhas ou se desfazendo sem motivos de seus bens, dando a impressão de que vai fugir para escapar de futura execução da pena, poderá ter sua prisão preventiva decretada.

As hipóteses legais para a decretação estão previstas no art. 313 do CPP, só podendo ser decretada nos crimes dolosos punidos com reclusão e nos crimes punidos com detenção, se o agente for vadio ou existir dúvida quanto a sua identidade.

Código de Processo Penal

Art. 313. Em qualquer das circunstâncias previstas no artigo anterior, será admitida a decretação da prisão preventiva nos crimes dolosos:

I – punidos com reclusão;

II – punidos com detenção, quando se apurar que o indiciado é vadio ou, havendo dúvida sobre a sua identidade, não fornecer ou não indicar elementos para esclarecê-la;

III – se o réu tiver sido condenado por outro crime doloso, em sentença transitada em julgado, ressalvado o disposto no parágrafo único do art. 46 do Código Penal. (Prestação de serviços à comunidade) (Observação nossa)

Como se vê no inciso III, acima, também é cabível se o agente for reincidente em crime doloso, salvo a hipótese do art. 64, I, do CP (retorno à primariedade pelo decurso de tempo).

Código Penal

Art. 64. Para efeito de reincidência:

I – não prevalece a condenação anterior, se entre a data do cumprimento ou extinção da pena e a infração posterior tiver decorrido período de tempo superior a cinco anos, computado período de prova da suspensão ou do livramento condicional, se não ocorrer revogação.

A proibição do decreto de prisão preventiva está prevista no art. 314 do CPP, que a impede aos que tenham praticado o fato sob o amparo de excludente de antijuridicidade.

Código de Processo Penal

Art. 314. A prisão preventiva em nenhum caso será decretada se o juiz verificar pelas provas constantes dos autos ter o agente praticado o fato nas condições do art. 19, I, II ou III do Código Penal. (Atual art. 23, I, II e III, do CPP) (Observação nossa)

Igualmente não pode ser decretada nas contravenções.

Sendo medida cautelar e provisória, é passível de revogação pelo juiz criminal ou pelo Tribunal, desde que não existam motivos para ter sido decretada ou que os motivos tenham desaparecido, podendo novamente ser decretada se voltarem a existir razões.

Pode ser determinada em qualquer fase do inquérito ou do processo, até a sentença, nada impedindo que exista, mesmo anteriormente à instauração do inquérito.

Dessa forma, exigindo a lei (art. 315) que o despacho que a decreta seja muito bem fundamentado, o advogado que tiver um cliente preso preventivamente, examinará esse despacho, procurando argumentos que demonstrarão ao juiz, sempre em linguagem adequada, a não-existência ou a cessação das razões que o levaram àquele decreto, pedindo sua revogação e a conseqüente liberação do preso (art. 316).

Código de Processo Penal

Art. 315. O despacho que decretar ou denegar a prisão preventiva será sempre fundamentado.

Art. 316. O juiz poderá revogar a prisão preventiva se, no correr do processo, verificar a falta de motivo para que subsista, bem como de novo decretá-la, se sobrevierem razões que a justifiquem.

O pedido a ser feito é o de revogação da preventiva, posto que esse tipo de prisão não permite a liberdade provisória, que lhe é totalmente antagônica, ou seja, a liberdade provisória só pode ser concedida, conforme dispõe o art. 310 (p. 73), se estiverem ausentes os requisitos da preventiva. Assim, é óbvio que se esses requisitos estavam presentes, tanto que o juiz decretou a prisão, não há como se requerer a liberdade provisória, mas tão-somente a revogação da preventiva, sem qualquer referência ao pagamento de fiança ou vinculação.

JURISPRUDÊNCIA

Prisão preventiva — Revogação — Inteligência do art. 315 do CPP — Abolida a prisão preventiva obrigatória, atualmente toda e qualquer prisão cautelar somente é autorizada quando se evidencia como de absoluta necessidade — TJSP, *Habeas corpus* 123.096, em 11.06.74 — Adriano Marrey, relator — *RT* 470/319.

Revogação — Cessação dos motivos que a autorizaram — Acusado, ademais, que possui profissão definida e residência no distrito da culpa, nada havendo que faça presumir irá ele se furtar à aplicação da lei penal — Impossibilidade de ser a custódia mantida tendo em vista a gravidade da incriminação ou a existência de outros processos contra o réu, pendentes de julgamento — *Habeas corpus* concedido (TJSP) — *RT* 647/292.

Revogação — Decreto não suficientemente fundamentado — Crimes atribuídos ao réu cujo resultado não inspira, em princípio, sua decretação — Ausência de periculosidade ou risco de lesão à ordem pública que autorize o encarceramento provisório — Constrangimento ilegal caracterizado — *Habeas corpus* concedido — Inteligência e aplicação do art. 312 do CPP (STF) — *RT* 645/356.

Revogação — Decreto que não encontra apoio no artigo 312 do CPP — Ausência de elementos que a justifiquem — *Habeas corpus* concedido — Recurso provido nos termos do art. 150, § 3º, do Regimento Interno — Declarações de votos (STF) — *RT* 648/350.

Revogação — Excesso de prazo no encerramento da instrução — Demora imputável à greve dos funcionários do Judiciário — Paralisação que não constitui motivo de força maior a justificar a permanência de réu ainda não condenado sob custódia cautelar — *Habeas corpus* concedido — Inteligência do art. 798, § 4º, do CPP (TJSP) — *RT* 661/284.

Revogação de ofício — Gravame imposto ao acusado para compelir o defensor a comparecer ao julgamento — Inadmissibilidade — Adiamentos anteriores da sessão que contaram com a aquiescência do próprio magistrado — Omissão do causídico que conta com providências legais específicas para suprimento — Réu que, ademais, compareceu a todos os atos processuais — Ilegalidade configurada (STF) — *RT* 650/331.

PETIÇÕES

(modelo I)

Pedido de revogação da prisão preventiva

Exmo. Sr. Dr. Juiz de Direito da ... Vara Criminal de ...

(deixar espaço)

Proc. nº ....
Cartório .... Ofício Criminal

Fulano, (qualificar), por sua advogada que esta subscreve, instrumento anexo, vem, respeitosamente, à presença de V. Exa., a fim de requerer a *revogação de sua prisão preventiva*, pelos motivos de fato e de direito a seguir expostos:

1) O requerente está sendo acusado da prática do crime disposto no art. 155 do CP e, a requerimento do DD. representante do Ministério Público, teve sua prisão preventiva decretada no dia .../.../..., por esse E. Juízo, em despacho de fls. ....;

2) o referido decreto fundamentou-se no fato de que o requerente vem se desfazendo de seus bens, por valor inferior ao de mercado, entendendo-se, em conseqüência, ser esta uma evidente atitude de quem se prepara para fugir, embasando-se no art. 312 do CPP;

3) todavia, não há razão para tal entendimento, uma vez que o requerente se dispôs de apenas dois de seus imóveis, sendo um deles um apartamento vendido para uma tia aposentada, motivo do pequeno valor da venda, e o segundo, consistente em um salão comercial, vendido às pressas para que o requerente pudesse retificar o motor de seu automóvel, único meio de transporte para conduzi-lo à Fazenda ...., onde trabalha em período integral;

4) seguem anexas as cópias das escrituras de venda e compra e das notas fiscais comprobatórias do afirmado;

5) do acima exposto depreende-se ainda, que o requerente é o maior interessado em provar sua inocência, possuindo vários compromissos agendados na Universidade de ..., conforme se verifica do incluso quadro de atividades fornecido pela própria universidade, motivo pelo qual não tem razão para pretender fugir.

Diante do exposto, reitera o pedido de *revogação da preventiva*, com fulcro no art. 316 do CPP, para que possa responder ao processo em liberdade.

Termos em que,

Pede deferimento.

....., ... de .... de ...

(assinatura do advogado)[22]

(modelo II)

Pedido de revogação da prisão preventiva

Exmo. Sr. Dr. Juiz de Direito da ...... Vara Criminal

(deixar espaço)

Proc. nº 000/...
Cartório ......

João de Tal, qualificado nos autos de processo-crime que lhe move a Justiça Pública desta Comarca, perante esse DD. Juízo e respectivo Cartório, por sua procuradora (instrumento anexo), vem, respeitosamente, à presença de V. Exa., a fim de requerer *revogação da prisão preventiva* decretada, pelos motivos que passa a expor:

1) O requerente está sendo processado por suposta infração ao art. 171 do CP;

2) assim é que aos 10 de maio passado, esse E. Juízo, atendendo a requerimento do ilustre representante do Ministério Público, houve por bem decretar a prisão preventiva do acusado, fundamentando sua r. decisão no fato de ter ele vendido inesperadamente sua residência, por preço muito inferior ao de mercado, dando a impressão de que estaria se desfazendo de seus bens para fugir;

3) ocorre, todavia, que tal entendimento foi equivocado, posto que a venda do imóvel, se bem que por preço quase irrisório, deveu-se a motivo relevante, qual seja o de socorrer sua mãe, acometida de enfarte no último mês de abril e que precisava com urgência de recursos para se submeter a difícil e dispendiosa cirurgia cardíaca em hospital de São Paulo (docs. anexos);

4) esses motivos estão suficientemente provados nos documentos juntados, que revelam o altíssimo valor do tratamento e o real motivo da alienação urgente;

[22] Ana Luisa Arcaro.

5) além disso, continua o requerente morando no mesmo local, agora sob a condição de inquilino, onde exercia suas normais atividades até que foi preso, em razão da violenta medida que o atingiu equivocadamente.

Diante do exposto, por ter bons antecedentes, ser primário, estar radicado no distrito da culpa e por não existir qualquer dos motivos previstos nos arts. 312 e 313, espera de V. Exa. a revogação da medida, por ser de Justiça.

Termos em que,

Pede deferimento.

...., ... de ...... de ...

(assinatura do advogado)

5. Da Prisão Temporária[23]

Em 1989, a Lei 7.960 instituiu a prisão temporária, que é de 5 (cinco) dias, prorrogáveis por mais 5 (cinco), se houver comprovada necessidade, exclusivamente para os seguintes casos:

a) homicídio doloso (art. 121, *caput*, e seu § 2º);

b) seqüestro e cárcere privado (art. 148, *caput*, e seus §§ 1º e 2º);

c) roubo (art. 157, *caput*, e seus §§ 1º, 2º e 3º);

d) extorsão (art. 158, *caput*, e seus §§ 1º e 2º);

e) extorsão mediante seqüestro (art. 159, *caput*, e seus §§ 1º, 2º e 3º);

f) estupro (art. 213, *caput*, e sua combinação com o art. 223, *caput*, e parágrafo único);

g) atentado violento ao pudor (art. 214, *caput*, e sua combinação com o art. 223, *caput*, e parágrafo único);

[23] "Prisão temporária: inconstitucionalidade". RT 667/259 (leitura complementar).

h) rapto violento (art. 219 e sua combinação com o art. 223, *caput*, e parágrafo único);

i) epidemia com resultado de morte (art. 267, § 1º);

j) envenenamento de água potável ou substância alimentícia ou medicinal qualificado pela morte (art. 270, *caput,* combinado com o art. 285);

l) quadrilha ou bando (art. 288); todos esses artigos são do Código Penal; (observação nossa)

m) genocídio (arts. 1º, 2º e 3º da Lei 2.889, de 1º de outubro de 1956), em qualquer de suas formas típicas;

n) tráfico de drogas (art. 12 da Lei 6.368, de 21 de outubro de 1976);

o) crimes contra o sistema financeiro (Lei 7.492, de 16 de junho de 1986).

A decretação dessa nova modalidade de prisão só pode ocorrer no período compreendido entre o fato e a denúncia e desde que não exista flagrante, porque, se houver necessidade de segregação após o início da ação penal, ocorrerá um decreto de prisão preventiva e não mais temporária.

O objetivo dessa lei foi o de atacar com maior rigor os crimes considerados mais graves, numa tentativa de se enfrentar a escalada de violência que assola o país, por isso é que só pode ser decretada por juiz criminal, mediante representação da autoridade policial ou requerimento do Ministério Público (art. 2º da Lei), só podendo ser executada depois da expedição do competente mandado (art. 2º, § 5º, da Lei 7.960), devendo o preso temporário permanecer, obrigatoriamente, separado dos demais detentos (art. 3º da referida Lei).

O prazo de prisão temporária para os crimes hediondos (tratados na Lei 8.072, de 25.07.90, alterada pela Lei 8.930, de 06.09.94, que modificou vários de seus artigos), foi mantido, continuando conseqüentemente a ser de 30 (trinta) dias, prorrogáveis por igual período.

Cabe ainda prisão temporária quando for imprescindível para as investigações do inquérito (art. 1º, I, da Lei 7.960/89) e quando o indiciado não tiver residência fixa ou não fornecer elementos suficientes sobre sua identidade (art. 1º, II, da Lei).

Da mesma forma que na prisão preventiva, também na temporária exige-se despacho fundamentado do juiz que a decretar (art. 2º, § 2º, da Lei 7.960/89 de 21.12.89), caracterizando a ausência de fundamentação, um constrangimento ilegal sanável por via de *habeas corpus* ao Tribunal competente.

A prisão temporária somente deverá ser decretada se existirem, além dos motivos expostos na Lei 7.960, os mesmos requisitos exigidos para a preventiva, quais sejam, necessidade de garantia da ordem pública, da instrução criminal ou de futura execução da pena.

Assim, apresentando-se a prisão temporária como uma antecipação da preventiva, não deve ser decretada se não houver os mesmos motivos para o decreto desta.

Conseqüentemente, estando alguém preso temporariamente, o pedido de revogação é o que deve ser feito para sua liberação, e da mesma forma que se requer a revogação da preventiva, desde que não haja abuso ou coação ilegal, porque se houver, deverá ser impetrado *habeas corpus* à autoridade superior à que a decretou.

PETIÇÃO

(modelo)

Habeas corpus contra prisão temporária

Excelentíssimo Senhor Doutor Desembargador-Presidente do Egrégio Tribunal de Justiça do Estado de São Paulo

(deixar espaço)

T. D., brasileira, casada, advogada inscrita na OAB de .... sob nº ...., com escritório na cidade de ...., à Rua ......, nº ...., vem, respeitosamente, à presença de Vossa Excelência, impetrar a presente *ordem de habeas corpus* em favor de João de Tal, brasileiro, casado, residente e domiciliado na cidade de ....., à Rua .... nº ..., pelos motivos de fato e de direito a seguir expostos:

1) O paciente encontra-se preso desde o dia de ontem, por ordem do Exmo. Sr. Dr. Juiz de Direito da .... Vara Criminal de ....., que, atendendo à representação do Sr. Delegado Titular do ...... Distrito Policial daquela cidade, decretou-lhe a prisão temporária, por entender imprescindível às investigações do inquérito;

2) ocorre que, por ser medida de extrema violência, do mesmo modo como ocorre para os casos de decretação de prisão preventiva, o r. despacho que determinar a segregação temporária tem que ser exaustivamente fundamentado, sob pena de se caracterizar em constrangimento ilegal;

3) infelizmente é o que se observa no presente caso, posto que S. Exa. apenas e tão-somente diz no referido despacho (cópia anexa) contra o qual se insurge:

> "Atendendo à representação da autoridade policial e entendendo ser necessária a segregação, decreto a prisão temporária do indiciado pelo prazo de 5 (cinco) dias."

4) ora, tal laconismo impede que se saibam quais as razões que efetivamente teria S. Exa. ou a autoridade policial, em levar ao confinamento quem nada fez para perturbar a investigação;

5) além disso, os antecedentes do paciente são excelentes, tem residência e emprego fixos e é primário (docs. anexos);

Dessa forma, impõe-se a concessão da ordem de *habeas corpus* para colocá-lo em liberdade, por ser de Justiça.

Termos em que,

Pede deferimento.

...., ... de ...... de ...

(assinatura do advogado)

6. Da Sentença de Pronúncia

Sentença de pronúncia é uma decisão processual que encerra a primeira fase dos processos de competência do Tribunal do Júri, através da qual o juiz, entendendo ser admissível a acusação, remete o réu para ser julgado em plenário, por juízes leigos (jurados).

Não é uma decisão de mérito, tanto que o acusado pode vir a ser absolvido pelo júri.

Atualmente, em razão da Constituição Federal de 1988, o réu pronunciado tem o direito de aguardar o julgamento em liberdade, se for primário e de bons antecedentes, exceto se estiver presente uma das condições que autorize a prisão preventiva.

Dessa forma, alguém pronunciado, ou seja, uma pessoa que será julgada pelo Tribunal do Júri pela prática consumada ou tentada de um crime doloso contra a vida, aguardará em liberdade esse julgamento, desde que não seja necessária sua prisão, como garantia da ordem pública, por conveniência da instrução criminal ou para assegurar a aplicação da lei penal e desde que não esteja preso no momento da pronúncia.

Da mesma forma que na preventiva, o decreto que determina essa prisão tem que ser suficientemente fundamentado, sob pena de caracterizar constrangimento ilegal, sanável na instância superior por meio de *habeas corpus*.

Código de Processo Penal

Art. 408. Se o juiz se convencer da existência do crime e de indícios de que o réu seja o seu autor, pronunciá-lo-á, dando os motivos do seu convencimento.

§ 2º – Se o réu for primário e de bons antecedentes, poderá o juiz deixar de decretar-lhe a prisão ou revogá-la, caso já se encontre preso.

Havia obrigatoriedade da prisão se o réu não fosse primário, nem tivesse bons antecedentes, mas atualmente isso não ocorre, ou seja, a presunção da necessidade da prisão é relativa, principalmente depois da CF/88. Revogado está, então, o § 2º do art. 408, pois não bastam a reincidência e os maus antecedentes para que o réu seja privado da liberdade.

7. Da Sentença Condenatória Recorrível

Revogado também, pelos mesmos fundamentos acima expostos, encontra-se o art. 594 do CPP que dispunha:

Código de Processo Penal

Art. 594. O réu não poderá apelar sem recolher-se à prisão, ou prestar fiança, salvo se for primário e de bons antecedentes, assim reconhecido na sentença condenatória, ou condenado por crime de que se livre solto.

Hoje, não basta que o acusado não seja primário ou tenha maus antecedentes para ter que recorrer preso ou aguardar o julgamento encarcerado; há de estar presente qualquer dos requisitos que determinaria um decreto de prisão preventiva.

Se tal não existir, apelará solto e aguardará o julgamento em liberdade, por inexistirem razões que autorizariam o decreto de uma prisão preventiva, ou seja, o agente não está agindo de forma a colocar em risco a ordem pública.

Tal benefício, porém, não se aplica aos condenados por crimes hediondos, que devem se recolher à prisão para poderem recorrer da sentença.

Parte dos doutrinadores entende que o benefício de poder recorrer solto é mais um dos tipos de liberdade provisória, de sorte que pode ser revogado se surgirem razões para tanto.

JURISPRUDÊNCIA

Liberdade Provisória — Direito de apelar em liberdade — Réu que permaneceu solto durante o processo — Benefício que somente pode ser negado se devidamente fundamentados os motivos ensejadores da custódia — *RT* 669/328.

Concluindo, observa-se que a prisão proveniente de sentença condenatória recorrível, por ser provisória, somente poderá ser decretada por ordem escrita do juiz, fundamentada nos maus antecedentes comprovados do réu ou no fato de não ser primário, mas sempre aliado aos elementos em que se apoiou para chegar a essa conclusão, sob pena de se transformar em coação ilegal, sanável por *habeas corpus*.

Capítulo II

Do *Habeas Corpus*

1. *Do* habeas corpus *– Ação; 2. Da terminologia; 3. Do endereçamento; 4. Do* habeas corpus *– Espécies; 5. Dos requisitos da petição; 6. Das hipóteses de coação ilegal (art. 648 do CPP); 7. Das considerações finais.*

1. Do *Habeas Corpus* – Ação

> Habeas corpus – *Ordem judicial de soltura de pessoa ilegalmente presa, ou para evitar que o seja.*
>
> (Aires da Mata)

> Código de Processo Penal
>
> Art. 612. Os recursos de *habeas corpus*, designado o relator, serão julgados na primeira sessão.

O *habeas corpus* pode ser impetrado por qualquer pessoa, incluindo-se o próprio beneficiário, bastando que alguém assine por ele, a seu rogo, se for analfabeto.

Embora esteja incluído no Título II do Livro III do CPP, que trata dos recursos, figurando expressamente no art. 612 como "recurso de *habeas corpus*", na realidade quase toda a doutrina o vê como verdadeira ação, pelos seguintes motivos:

a) só pode haver recurso contra decisão não-trânsita, ao passo que o remédio heróico pode ser impetrado contra decisões transitadas ou não;

b) pode ser interposto contra atos de autoridades outras que não as judiciárias, alcançando até os particulares, enquanto que um recurso só é cabível contra decisões judiciárias.

Podem também impetrá-lo, o menor, o nacional, o estrangeiro e até o Ministério Público.

O advogado não precisa de procuração, só necessitando da outorga de mandato se estiver peticionando em nome do cliente.

O juiz não pode requerer a ordem, a menos que seja o paciente, pois a função jurisdicional o impede de postular.

O que um juiz pode fazer, no curso de um processo para o qual seja competente é expedir, de ofício, a ordem de *habeas corpus*, devendo, entretanto, recorrer obrigatoriamente dessa concessão. Todavia, atualmente, há entendimento de que o recurso de ofício deixou de existir, como nos seguintes julgados:

"Se o juiz é imparcial, não é parte. E se não é parte, não pode manifestar irresignação com sua própria decisão. O recurso de ofício, *venia petita*, revela-se resquício do inquisitorialismo, situação que merece ser expungida, de vez, do processo penal brasileiro.
Assim, em face do exposto, sem embargo do respeito devido à douta Maioria, não conhecia do chamado recurso de ofício, ou providência de reexame, ou, ainda, ordem de devolução. (...)" — 4ª Câmara (de férias) do Tribunal de Alçada Criminal, por maioria da Turma Julgadora, apreciando o Recurso de Ofício nº 807.629/7, aos 27.07.1993.

Constituição Federal, art. 129, I e Código de Processo Penal, art. 574, I. – A Constituição Federal de 88 estabeleceu ser a iniciativa da ação penal privativa do Ministério Público. Sendo o recurso de ofício uma forma de iniciativa da ação, que faz prosseguir o exercício da jurisdição, tem-se como revogados os dispositivos da lei processual penal que determinam a obrigatoriedade de sua interposição pelo juiz. – Não conheceram do recurso oficial. – TRF 4ª Região – Porto Alegre, RHC *ex officio* nº 93.04.20548-4, 1ª Turma, Rel. Juiz Vladimir Freitas, j. 25.11.93, v.u. *DJU* – 2ª Seção.

2. Da Terminologia

A terminologia própria é, a saber:

a) paciente: quem sofre o constrangimento;

b) impetrante: quem pede a ordem;

c) impetrada: a autoridade a quem o pedido é endereçado;

d) coator: quem exerce a coação;

e) detentor: quem detém o paciente.

3. Do Endereçamento

O pedido deve ser sempre feito à instância superior à da autoridade coatora, de sorte que se o ato atacado provier de autoridade policial, o *habeas corpus* será endereçado a um dos juízes criminais por meio de distribuição e sem pagamento de custas.

Todavia, se a autoridade coatora for um juiz de primeira instância, o endereçamento será para o Tribunal e se for este o coator, a competência para conhecer o pedido é do STJ (Superior Tribunal de Justiça).

Jurisprudência

Ordem concedida de ofício — Autoridade concedente que é o próprio coator que recebera a denúncia contra o paciente — Inadmissibilidade — Decisão cassada — Inteligência do artigo 654, § 2º, do CPP (TACrimSP — Ement.) — *RT* 611/380.

No Estado de São Paulo, a competência em segunda instância era regulada pelo Provimento nº 51, de 1º de julho de 1998, do Tribunal de Justiça do Estado de São Paulo.

Porém, a Emenda Constitucional nº 45, de 08/12/04 extinguiu os Tribunais de Alçada, motivo pelo qual o Tribunal de Justiça de São Paulo, por meio da Resolução 194/04, de 09 de dezembro de 2004 redefiniu as competências dos serviços de segunda instância, que na parte criminal ficaram assim dispostas:

"..............

Art. 1º. Os juízes dos extintos Tribunais de Alçada ficam integrados no Tribunal de Justiça, no cargo de Desembargadores, mediante apostilamento dos títulos.

Art. 2º. A composição e competência das Seções do Tribunal de Justiça, a partir da extinção dos Tribunais de Alçada, passam a ser, provisoriamente, as seguintes:

I – Seção Criminal – 14 (quatorze) Câmaras numeradas ordinalmente, incluídas as existentes, com a competência atual, acrescida daquela reservada ao extinto Tribunal de Alçada Criminal;

....

§ 1º – A Seção Criminal é constituída de 7 (sete) Grupos, numerados ordinalmente, cada qual integrado por duas Câmaras, em ordem sucessiva.

................................."

4. DO *HABEAS CORPUS* – ESPÉCIES

O *habeas corpus* é garantia constitucional prevista no art. 5º, LXVIII, da CF/88 e regulamentada a partir do art. 647 do CPP, existindo nas modalidades preventiva e liberatória.

Constituição da República Federativa do Brasil

Art. 5º. Todos são iguais perante a lei, sem distinção de qualquer natureza, garantindo-se aos brasileiros e aos estrangeiros residentes no País a inviolabilidade do direito à vida, à liberdade, à igualdade, à segurança e à propriedade, nos termos seguintes:

(...)

LXVIII – conceder-se-á *habeas corpus* sempre que alguém sofrer ou se achar ameaçado de sofrer violência ou coação em sua liberdade de locomoção, por ilegalidade ou abuso de poder.

(..........................)

Código de Processo Penal

Art. 647. Dar-se-á *habeas corpus* sempre que alguém sofrer ou se achar na iminência de sofrer violência ou coação ilegal na sua liberdade de ir e vir, salvo nos casos de punição disciplinar.

Em seguida, o art. 648 explica os casos em que a coação é considerada ilegal, dispondo:

Código de Processo Penal

Art. 648. A coação considerar-se-á ilegal:

I – quando não houver justa causa;

II – quando alguém estiver preso por mais tempo do que determina a lei;

III – quando quem ordenar a coação não tiver competência para fazê-lo;

IV – quando houver cessado o motivo que autorizou a coação;

V – quando não for alguém admitido a prestar fiança, nos casos em que a lei autoriza;

VI – quando o processo for manifestamente nulo;

VII – quando extinta a punibilidade.

A essas hipóteses deverá ser necessariamente acrescida a de indeferimento de suspensão do processo (art. 89, § 1º, da Lei 9.099/95), desde que estejam presentes todos os requisitos legais, por violação de um direito público subjetivo do acusado.

Pela combinação desses artigos, confirmam-se, então, as duas espécies de *habeas corpus*, destinando-se o preventivo a evitar que a vítima de uma ameaça de constrangimento venha a sofrer qualquer tipo de restrição à sua liberdade.

É comum o pedido e a obtenção de *habeas corpus* preventivo para travestis e prostitutas que muitas vezes não conseguem transitar em segurança pelas ruas, detidos por policiais sempre que encontrados, mesmo que nada estejam fazendo de errado.

Hoje é muito comum também, o pedido e a concessão de *habeas corpus* preventivo a pessoas intimadas a depor em CPIs. Isso porque, na condição de investigadas, não podem ser obrigadas a produzir provas contra si mesmas, tendo o direito constitucional de não responder a perguntas incriminatórias, sem o perigo de serem presas por desobediência, ou desacato.

JURISPRUDÊNCIA

"Travesti" reiteradamente detido — Inexistência, entretanto, de perturbação ao poder público — Constrangimento ilegal — Ordem mantida — Inteligência do art. 647 do CPP (Ement.) — *RT* 584/347.

Ameaça de constrangimento ilegal — Não-comparecimento do paciente à audiência marcada pela autoridade policial por se encontrar doente — Comprovação por atestado médico — Fundado receio de ser preso caso não compareça à nova audiência já designada — Ordem concedida — Recurso não-provido (TJBA — Ement.) — *RT* 581/383.

Prostitutas reiteradamente presas por exercerem o "trottoir" — *Habeas corpus* preventivo concedido — Recurso provido — Aplicação do art. 153, § 20, da CF e 647 do CPP (Ement.) — *RT* 590/333. (Atual art. 5º, LXVIII da CF/88.)

Cidadão intimado a comparecer, sob ameaça de prisão, à presença de autoridade estranha à do local da infração — Inadmissibilidade — Constrangimento ilegal — Decisão concessiva da ordem mantida (Ement.) — *RT* 585/311.

Concessão de *habeas corpus* preventivo — Para a concessão de *habeas corpus* preventivo bastam razões fundadas para se temer o propósito de ser infligido o mal, pois que se os receios são vãos, nenhum inconveniente acarretará a concessão da medida, ao passo que permitiria a violência a denegação (TJSP) — *RT* 380/155.

O beneficiário recebe um salvo-conduto que nada mais é que um documento fornecido pela autoridade judiciária e que lhe permite livre trânsito, impedindo que seja preso ou detido pelo motivo exposto no *habeas corpus*.

Petições

(modelo I)

Habeas corpus contra indeferimento
de suspensão condicional do processo

Excelentíssimo Senhor Doutor Desembargador-Presidente do Egrégio Tribunal de Justiça São Paulo

(deixar espaço)

Fulano de Tal, advogado (qualificar), vem, respeitosamente, à presença de Vossa Excelência, impetrar a presente Ordem de *habeas corpus*, em favor de Beltrano de Tal, contra ato do MM. Juiz de Direito da ... Vara Criminal da Comarca de ...., pelo que passa a expor:

1) O paciente está sendo processado perante o E. Juízo da ... Vara Criminal da Comarca de ...., por suposta infração ao art. 155, *caput*, do CP;

2) na denúncia (cópia anexa) foi proposta a suspensão condicional do processo, nos termos do art. 89 da Lei 9.099/95, uma vez que se trata de delito cuja pena mínima prevista é de um ano de reclusão, presentes, ainda, os demais requisitos exigidos pela referida lei;

3) entretanto, ao ser recebida a peça acusatória, foi determinada a citação do paciente, já efetivada, sendo designado o dia (...) para interrogatório, tendo o MM. Juiz *a quo* assim se manifestado:

Indefiro a suspensão condicional do processo, pois verifico, em virtude dos maus antecedentes do réu, fls. ..., faltar um dos requisitos previstos no inciso II do art. 77 do CP, exigido pelo art. 89, *caput*, da Lei 9.099/95.

4) De fato, da folha de antecedentes juntada aos autos (cópia anexa), constam dois inquéritos policiais em que o paciente figura como indiciado;

5) todavia nada contra ele se provou, tanto que essas peças inquisitivas foram arquivadas a pedido do próprio Ministério Público, conforme cópias anexas. Assim, não há que se falar em maus antecedentes;

6) além disso, pelos documentos constantes dos autos, cujas cópias também estão anexadas, comprova-se a inexistência de condenação anterior ou de qualquer outro processo em andamento, nada havendo, enfim, de repreensível em sua conduta social;

7) portanto, é descabida a fundamentação de que se valeu S. Exa. para afastar a possibilidade de suspensão condicional do processo que, entende o paciente, ser-lhe-ia mais benéfica que a tortuosa e humilhante via probatória de um processo-crime;

8) diante disso, ou seja, não havendo justa causa impeditiva para a suspensão do processo, caberia ao juiz, tendo recebido a denúncia, determinar a *intimação* do acusado, para que, comparecendo em Juízo, tomasse conhecimento dos termos da proposta feita pelo Ministério Público e dissesse se a aceitava ou não. Somente nesse último caso, deixando ele de aceitar, é que deveria ser citado, para só então passar a responder a ação penal;

9) tal entendimento é pacífico e esposado por eminentes processualistas que participaram da elaboração da Lei 9.099/95, notadamente Ada Pellegrini Grinover e Luiz Flávio Gomes, como a seguir transcrevo:

> 8.11 Audiência de conciliação na suspensão condicional: A lei não determinou a realização de uma audiência especial para o ato da aceitação. Mas a lógica e a dinâmica da suspensão leva a isso. É indispensável, diríamos, que tal audiência especial seja designada, mesmo porque tal ato deve realizar-se na presença do juiz. Para ela devem ser intimadas as partes, evidentemente. No ato de intimação do acusado, se feito por escrito, deve constar a advertência do art. 68 da Lei 9.099/95 (...). É totalmente conveniente, ainda, a intimação da vítima. Não se trata de citação do acusado, senão de *intimação* (grifo nosso), que, de outro lado, pode ser realizada de maneira bem informal (...).[1]

10) ainda dos mesmos doutrinadores na citada obra, à p. 224, temos:

[1] Ada Pellegrini Grinover e outros autores, *Juizados especiais Criminais – Comentários à Lei 9.099/95*, RT. São Paulo, 1995, pp. 219/220.

10.4 O juiz pode ou deve?: Nos termos dos art. 89, parágrafo 1º, da Lei 9.099/95, o juiz poderá suspender o processo. Tudo que foi dito a respeito do mesmo verbo empregado em relação ao Ministério Público (art. 89, *caput*) é válido, *ipsis litteris*, aqui. Na verdade é um poder-dever. Se presentes todos os requisitos legais, urge o reconhecimento de um direito público subjetivo do acusado. Logo, deve o juiz suspender o processo. Não suspendendo, pode-se corrigir a injustiça por *habeas corpus* ou mandado de segurança.

11) Diante do exposto, é patente que o I. Magistrado *a quo* exerce coação ilegal, pois a r. decisão denegatória da suspensão do processo carece de amparo legal, resultando em clara ofensa aos direitos do paciente;

12) sendo assim, com fundamento no art. 648, I, do CPP, requer a concessão da presente ordem, em caráter *liminar*, para que sejam suspensos os atos processuais, até final análise de mérito, quando deverão ser anulados o r. despacho que indeferiu a suspensão condicional do processo e a citação de fls. ..., após o que deverá o MM. Juízo *a quo* acolher o pleiteado pelo impetrante, relativamente à suspensão do processo.

Assim espera que esse Egrégio Tribunal proceda, por ser a única forma de se realizar Justiça.

São Paulo, ... de ...... de ...

(assinatura do advogado)

(modelo II)

Habeas corpus preventivo

Exmo. Sr. Dr. Juiz de Direito da .... Vara Criminal de ....

(deixar espaço)

T. D., brasileira, casada, advogada inscrita na OAB de São Paulo, sob nº ....., com escritório nesta cidade, à Av. .... nº ...., vem, respeitosamente, à presença de V. Exa., com fundamento no art. 647 do CPP, a fim de impetrar a presente ordem de *habeas corpus* na modalidade preventiva, em favor de Maria de Tal, brasileira, solteira, residente e domiciliada nesta cidade, à Rua ...... nº ...., pelos motivos a seguir expostos:

1) A paciente trabalha na pensão da ...., situada nesta cidade, na Rua ......, nº ....;

2) por ser um local freqüentado por prostitutas e conhecido como "boca-do-lixo", é alvo constante de rondas policiais feitas com o fim de manter a ordem e a segurança;

3) ocorre que por exercer atividade profissional na referida pensão, onde trabalha há mais de cinco anos como cozinheira, a paciente é conhecida de todos os que freqüentam o local, inclusive policiais e moradores próximos;

4) assim, tendo se relacionado afetivamente com o soldado PM Fulano de Tal durante alguns meses, acabou sendo alvo de vingança desse mesmo policial tão logo o romance terminou, vivendo a partir daí um verdadeiro inferno, pois, todas as vezes que transita pelas imediações, indo ou vindo do serviço ou mesmo dirigindo-se ao mercado para fazer compras, é detida pela milícia, sendo chamada de "vagabunda" e conduzida ao plantão policial, onde costuma ser detida por várias horas, em visível constrangimento ilegal originário da mais pura vingança.

Diante dos motivos expostos pela impetrante e que precisam ser de imediato contidos, espera que V. Exa. digne-se conceder-lhe a presente ordem de *habeas corpus*, determinando a expedição de salvo-conduto para que a paciente não mais seja presa por estar simplesmente transitando pelas ruas, nem pelo PM Fulano de Tal nem por seus colegas, como medida de Direito e de Justiça.

Termos em que,

Pede deferimento.

...., ... de ..... de ...

(assinatura da impetrante)

Por sua vez, o liberatório tem por finalidade fazer cessar um constrangimento ilegal já existente.

Jurisprudência

Direito de apelar em liberdade — Benefício negado a réu que esteve em liberdade até o julgamento pelo júri — Condenação que não lhe tirou a condição de primário nem maculou seus antecedentes — Ordem concedida — Voto vencido (TJRJ) — *RT* 589/362.

Prisão de pessoas por mera suspeita de criminalidade — Inexistência de flagrante — Autoridade incompetente — Constrangimento ilegal caracterizado — Ordem concedida (TJMT — Ement.) — *RT* 600/409.

5. Dos Requisitos da Petição

A petição de *habeas corpus* deve satisfazer ao disposto no art. 654 do CPP, que diz:

Código de Processo Penal

Art. 654. O *habeas corpus* poderá ser impetrado por qualquer pessoa, em seu favor ou de outrem, bem como pelo Ministério Público.

§ 1° – A petição de *habeas corpus* conterá:

a) o nome da pessoa que sofre ou está ameaçada de sofrer violência ou coação e o de quem exercer a violência, coação ou ameaça;

b) a declaração da espécie de constrangimento ou, em caso de simples ameaça de coação, as razões em que funda o seu temor;

c) a assinatura do impetrante, ou de alguém ao seu rogo, quando não souber ou não puder escrever, e a designação das respectivas residências.

§ 2° – Os juízes e os tribunais têm competência para expedir de ofício ordem de *habeas corpus*, quando no curso do processo verificarem que alguém sofre ou está na iminência de sofrer coação ilegal.

JURISPRUDÊNCIA

Impetração via telegráfica — Imprescindibilidade de autenticação da assinatura do impetrante — Aplicação do art. 654, § 1°, do CPP (TJSP) — *RT* 667/286.

Petição não assinada pelo impetrante-paciente e não contendo qualquer autenticação — Requisito expresso no art. 654, § 1°, *c*, do CPP — Não-conhecimento (Ement.) — *RT* 609/322.

6. DAS HIPÓTESES DE COAÇÃO ILEGAL (ART. 648 DO CPP)

No inciso I do art. 648 (cf. p. 115) está uma situação em que o *habeas corpus* pode funcionar como verdadeiro recurso, na medida em que serve para trancar ação penal derivada de situação como a de um juiz, por exemplo, que recebeu uma denúncia sem suporte fático, inexistindo justa causa para a ação penal e não sendo necessário que o paciente esteja preso.

Todavia, ainda que funcione como recurso, conforme se exemplificou, isso não o descaracteriza de ser verdadeira ação, pelas razões já expostas.

Ainda no tocante ao primeiro inciso desse art. 648, deve-se lembrar que mesmo que o fato descrito constitua crime, se os autos do inquérito ou peças de informação que instruíram a vestibular da ação penal não contiverem algum elemento sério de convicção quanto a existência do crime ou sua autoria, também é possível a impetração de *habeas corpus* ao tribunal, para trancamento da ação penal.

A falta de justa causa diz respeito à ação penal iniciada. Porém, em situações especialíssimas, nossos tribunais têm autorizado o trancamento de inquérito policial por meio de *habeas corpus*, nos casos em que o fato sequer em tese se configure em delito, quando restar absolutamente comprovado que o beneficiário não participou do crime e quando, à primeira vista, se constatar ilegalidade.

Um exemplo grosseiro, mas que serve para ilustrar o que se diz, é alguém ser indiciado em inquérito policial por haver emitido uma nota promissória que se venceu e não foi paga. Tal fato não caracteriza crime, de sorte que não pode haver indiciamento, devendo as partes resolver o problema na área cível.

Jurisprudência

Falta de justa causa para ação penal quando a injúria é proferida em juízo, na discussão da causa, pela parte ou por seu procurador, ainda que o ofendido seja pessoa estranha à relação processual — *RJTAMG* 22/404, João Roberto Parizatto, Do *habeas corpus,* p. 210.

Homicídio culposo — Prova — Laudo pericial que exime de culpa o acusado — Prosseguimento, inobstante, do feito sem fundamentos justificativos — Inadmissibilidade — Falta de justa causa para a ação penal — Trancamento determinado — *Habeas corpus* concedido (STF) — *RT* 639/361.

Ação penal — Falta de justa causa — Esbulho possessório — Delito não-caracterizado — Trancamento — Ordem concedida — Voto vencido (TJMS) — *RT* 583/406.

Trancamento — Contravenção penal — Exercício ilegal de profissão — Delito sequer em tese caracterizado — Falta de justa causa para a ação penal — Recurso de *habeas corpus* provido — Inteligência dos arts. 47 da Lei de Contravenções Penais e 648, I, do Código de Processo Penal (STF) — *RT* 604/444.

Petições

(modelo I)

Habeas corpus — constrangimento ilegal

Excelentíssimo Senhor Doutor Desembargador-Presidente do Egrégio Tribunal de Justiça do Estado de São Paulo

(deixar espaço)

S. P. M. R., brasileira, solteira, portadora da cédula de identidade RG ...., advogada inscrita na OAB/SP sob nº ...., com escritório na Rua .... nº .... — .... andar, conjunto ...., na cidade de ...., Estado de ...., vem, com amparo nos arts. 5º, item LXVIII, da Constituição Federal e 647 e 648, I, do Código de Processo Penal, requerer ordem de *habeas corpus* em favor de P. C. G., brasileiro, casado, mecânico, portador da cédula de identidade RG .... e CIC ...., residente e domiciliado em ...., Estado de ...., à Rua .... nº ...., bairro ...., que se encontra sofrendo constrangimento ilegal, em virtude de indeferimento de pedido, negado através de despacho do MM. Juiz da .... Vara Criminal da Comarca de ...., pelos motivos a seguir aduzidos:

1) O paciente foi preso em flagrante no dia .../.../... como incurso no crime previsto no art. 264 do Código Penal;

2) por se tratar de delito afiançável, foi-lhe concedida a liberdade provisória, mediante o pagamento de fiança;

3) logo que arbitrada, no valor de 01 salário mínimo, foi paga e o réu, posto em liberdade;

4) no dia .../.../..., após a conclusão do inquérito policial e sua remessa ao Fórum, foi requerida a conversão da liberdade concedida, em liberdade provisória sem o pagamento de fiança, mas vinculada a todos os atos do processo, por ser esta medida mais benéfica para o paciente;

5) a D. Promotoria de Justiça manifestou-se pelo indeferimento do pedido, "uma vez que o réu já se encontra em liberdade";

6) o Exmo. Sr. Dr. Juiz de Direito da .... Vara Criminal da Comarca de .... através do referido despacho de fls. ... indeferiu o pedido, fundamentando-o na "falta de amparo legal";

7) ora, o paciente é primário, possui bons antecedentes, é pessoa trabalhadora, tem residência fixa e certa e não ocorre qualquer das hipóteses que autorize a prisão preventiva.

Assim, presentes estão os requisitos para a obtenção da liberdade provisória, amparada no art. 310, parágrafo único, do CPP.

Diante do exposto, embora solto, sofre coação ilegal uma vez que não há justa causa para o indeferimento do pedido. Presentes os requisitos para obtenção do benefício, não há que ser negada a conversão requerida; ademais, é medida mais benéfica para o réu, devendo prevalecer o princípio da aplicação da lei mais favorável.

Assim, confia o paciente em que esse Egrégio Tribunal concederá a ordem e determinará a conversão da liberdade provisória mediante fiança, em liberdade provisória sem qualquer pagamento, prevista no art. 310, parágrafo único, do CPP, por estarem presentes os requisitos, ser mais benéfica para o réu e por não haver justa causa para o indeferimento.

JUSTIÇA.

Nestes termos,

Pede deferimento.

...., ... de .... de ...

(assinatura da impetrante)[2]

(modelo II)

Habeas corpus com pedido liminar

Excelentíssimo Senhor Doutor Desembargador-Presidente do Egrégio Tribunal de Justiça de São Paulo

(deixar espaço)

T. D. e P. P. N., brasileiros, a primeira casada e o segundo solteiro, advogados inscritos na OAB/SP, respectivamente sob os n°s 00.000 e 000.000, com escritório na cidade de ..../SP, na avenida ...., 000, Telefone (0xx00) 0000 0000, vêm, respeitosamente, à presença de Vossa Excelência, a fim de impetrar a presente

Ordem de *habeas corpus*

Em favor de K. C., ... (qualificar), residente na cidade de ..../SP, na rua das Pedrinhas, 00, Jardim Cascalho, contra ato do Exmo. Sr. Dr. Juiz de Direito da Vara Única de ..../SP, pelas nulidades que passam a articuladamente nomear, para, na seqüência, expô-las, fundamentando.

[2] Sílvia Paula Moreschi Ribeiro.

Dos fatos (fls. ...)

1. Impedimento do MM. Juízo (fls. ...)

A suposta vítima é a Escrevente-Chefe do Cartório da Única Vara Distrital de ..../SP e seu marido (que também é testemunha no feito) é Oficial de Justiça do mesmo E. Juízo;

2. Abuso de autoridade (fls. ...)

O I. Representante do Ministério Público, conduziu e presidiu todas as investigações, desde seu início, fora do âmbito de suas atribuições e, de maneira intimidativa, inquiriu as testemunhas, sob pressão.

3. Testemunha das inquirições (fls. ...)

Na fase pré-processual, quando as testemunhas foram ouvidas pelo Dr. Promotor de Justiça, em seu gabinete, assinou como testemunha, para tentar validar esses atos, a senhora A. Q., sua secretária particular.

4. Atuação do Ministério Público, fora do âmbito de suas atribuições (fls. ...)

Tratava-se de simples procedimento investigatório, de rotina, relativo a supostos delitos de ameaça e injúria, apenados com detenção e que seriam facilmente conduzidos pela autoridade policial, não se tratasse a "vítima", de quem se trata.

5. Nulidades processuais (fls. ...)

5.1. Da audiência preliminar (fls. ...)

A D. autoridade aqui apontada como coatora, ou seja, o MM. Juízo de Direito da Vara Única Distrital de ...., em audiência preliminar, portanto anterior ao início da ação penal, substituiu-se processualmente ao D. Representante do *parquet* e na sua presença, fez dupla proposta de transação (penal e civil), à qual denominou de "transação penal acrescida da composição dos danos materiais (*sic*).

5.2. Recebimento de denúncia contendo exacerbada proposta de suspensão processual, inviável de ser aceita (fls. ...)

Pelos "gravíssimos" crimes atribuídos à acusada, o Ministério Público fez a proposta que S. Exa., o MM. Juízo coator acolheu, de suspensão processual, mediante a *prestação de serviços à comunidade, por dois anos, uma vez por semana, aos sábados, por um período de seis horas*, (o que corresponde, por simples cálculo aritmético, a mais de três meses e meio de serviços prestados, ou seja, é praticamente equivalente a eventual pena, em regular processo).

6. Mudança de rito processual (fls. ...)

Do procedimento previsto na Lei 9.099/95 passou-se, através de mero despacho (fls. ...) ao rito sumário.

7. Designação de audiência de instrução e julgamento, sem ter havido interrogatório (fls. ...)

A audiência de instrução e julgamento, segundo o rito sumário da detenção está designada para o próximo dia .... às .... horas, sem que a acusada tenha sido interrogada, (fls. ...) já tendo inclusive sido deprecada a oitiva de duas testemunhas de acusação, sem que se concedesse qualquer oportunidade para serem arroladas as de defesa.

8. Defesa prévia ofertada pelo defensor dativo, por negativa geral e sem testemunhas, sem ter havido interrogatório (fls. ...)

O defensor dativo ofertou defesa prévia, conforme prevê o rito sumário (fls. ...), sem ter havido interrogatório e sem ser a acusada revel.

Dos fatos

Diante do que se expôs na seqüência de nulidades acima relacionadas e conforme se vê das inclusas cópias autenticadas, do Processo Crime nº ..... a paciente está sendo processada no MM. Juízo da Única Vara Distrital de .... por ter, em tese, praticado, na condição de autora intelectual, *por seis vezes*, os delitos previstos nos arts. 147 e 140 c.c. 141, II, do CP.

Sem entrar no mérito da acusação, mesmo porque é incabível nesta sede, lamentavelmente se vê, desde o início da investigação, a forma abusiva, ilegal e intimidativa como foi conduzida e que originou o presente processo e a maneira como está sendo conduzido pelas DD. autoridades locais, ou seja, inicialmente o Dr. Promotor de Justiça oficiante em todos os atos investigatórios e processuais, sempre com o apoio do MM. Juízo de Direito que a ele preside e que, agora é a autoridade coatora.

Realmente, são tantas as irregularidades e nulidades existentes que, unicamente por missão de ofício e na defesa do mais elementar dos direitos do cidadão, que é a sua preservação física e moral, outro caminho não resta, senão o de recorrer a essa Nobre Corte, no sentido de pleitear a imediata interrupção dos constrangimentos pelos quais passa a paciente e que são os mesmos pelos quais já passaram as testemunhas ouvidas na fase inquisitiva.

1. Impedimento do MM. Juízo

No final do ano de ...., a autoridade policial dessa cidade do Estado de São Paulo representou ao MM. Juízo da Vara Única local, no sentido de autorização de quebra de sigilo telefônico do aparelho celular nº 9999 9999, com base exclusiva em *notitia criminis* verbalmente feita por V. L., Escrevente-Chefe do Cartório dessa cidade e que trabalha, conseqüentemente sob as ordens, diretas e pessoais, não só da aqui apontada autoridade coatora, como do I. Representante do Ministério Público, oficiante no feito, desde a fase investigatória.

Esse fato, embora tenha sido objeto de exceção de suspeição, argüida pelo antigo patrono da paciente, não foi considerado pelo MM. Juízo *a quo,* o qual, por questões meramente técnicas, julgou improcedente a argüição, cuja decisão transitou em julgado.

Embora não se esteja, aqui, questionando a validade ou não desse incidente, a verdade é que deveria ele ter servido, no mínimo, para alertar S. Exa. sobre os riscos de conhecer uma causa em que a vítima é sua funcionária direta e de confiança, cujo marido e testemunha é, por sinal, Oficial de Justiça, também ao mesmo Juízo subordinado.

Tudo isso de início, deveria ter sido considerado em Primeira Instância, para que, no mínimo, fossem os autos remetidos à Comarca, ou Vara Distrital mais próxima, justamente para que se evitassem alegações ou dúvidas sobre a imparcialidade do Ministério Público e do próprio Magistrado.

Todavia, face a essa desconsideração, o que se previa acabou, ocorrendo, pelo desenrolar dos acontecimentos que se continua a descrever.

Pois bem, atendendo a essa singela representação e com a concordância do Ministério Público, a quebra do sigilo foi autorizada, com base na Lei 9.296/96, posto que, em tese, teriam partido desse aparelho, ligações anônimas à funcionária do juízo e que caracterizavam os delitos de ameaça e injúria (ambos apenados com detenção).

Tal fato, se restasse isolado do que se seguiu, até que poderia ser considerado lícito, pois visava obter a relação das eventuais ligações feitas desse celular para a casa da "vítima", mas, ocorre que, da denúncia constam seis ligações, todas com base nas exclusivas "informações" fornecidas pela própria vítima, através dos documentos por ela juntados, ou seja, suas contas telefônicas, onde se vê com clareza que quatro dessas ligações foram feitas de "orelhão" e apenas duas, do referido celular.

Além disso, conforme se observa, da resposta da Telesp ao ofício judicial, no período pesquisado, não consta uma ligação sequer, desse telefone, para a casa da Escrevente-Chefe.

Então, como se verifica, a denúncia é inepta, porque extrapolou e, em muito, o conteúdo das informações que tinha.

Se crime houve, o que se admite apenas como argumento, consistiu em duas ligações e não seis.

Isso foi lembrado, para reforçar os elementos que provam a ilegalidade do constrangimento e principalmente a desproporção entre a acusação e as propostas feitas.

Pois bem, com a resposta da Telesp, chegou-se ao nome da titular da linha, M. A. T., a quem a paciente sequer conhece.

2. Abuso de autoridade

Diante dessa identificação, o Dr. Promotor de Justiça começou a investigar pessoalmente os fatos, substituindo-se à autoridade policial, tanto que aos .... de

.... de .... requereu, sendo novamente atendido pela autoridade coatora, a "urgente expedição de mandado para que M. A. T." comparecesse "na Promotoria de Justiça no dia .../.../... às ....".

Ocorre, todavia, que no endereço fornecido, aos .... de .... de ...., o Sr. Oficial de Justiça encontrou a Sra. H. P., que informou desconhecer a pessoa de M. A. T., e que, por ser idosa e doente, esclareceu que não conseguiria se locomover até a sala do Dr. Promotor de Justiça.

Diante dessa informação do Sr. Meirinho, o representante do *parquet*, em total abuso, ameaçou-a de condução coercitiva, através da cota, cuja cópia está anexa e que foi prontamente deferida pela mesma autoridade coatora (cópia também anexada), seguindo-se a conseqüente expedição do respectivo mandado coercitivo.

3. Testemunha das inquirições

Pois bem, como se vê da certidão de fls. ... verso, referida senhora, doente, semi-analfabeta e idosa, somente não foi levada sob vara, à presença do Dr. Promotor de Justiça, porque seu filho D., compareceu em seu lugar, ocasião em que chegou a ser ameaçado pelo Dr. Promotor, que o inquiriu na presença da testemunha A. Q., a qual, coincidentemente testemunhou todos os depoimentos que S. Exa. tomou (cópias anexas) e que é, nada mais, nada menos, que sua funcionária de sala.

Dessa forma, o Dr. Promotor de Justiça conduziu a fase investigatória, que, repita-se, começou na polícia e se desenvolveu perante ele, em verdadeiro clima de terror, repleto de pedidos de condução coercitiva imotivada e de ameaças de processo criminal, sempre com a presença e assinatura da mesma testemunha, A. Q., sua funcionária.

4. Atuação do Ministério Público, fora do âmbito de suas atribuições

Esses fatos investigados pelo representante do *parquet*, não se incluem na relação prevista no art. 129, VI, da Constituição Federal, nem no art. 15, II, da Lei Complementar Federal nº 40/81, pois não tratavam de procedimento relativo a nenhuma ação civil pública, nem à coleta suplementar de dados, nem ao exercício de suas funções como *ombudsman*, mas de simples procedimento policial, de rotina, que seria presidido pela respectiva autoridade, não se tratasse a vítima, de quem se trata.

Por isso é que, tanto o Representante da sociedade, como a própria autoridade judiciária fizeram "vistas grossas" à imparcialidade, chegando-se ao ponto de serem conduzidas, de forma coercitiva e injustificada, ao gabinete privado do Dr. Promotor de Justiça, testemunhas que foram inquiridas, sob pressão, para que se obtivessem elementos para perseguir processualmente a paciente, em evidente desequilíbrio da balança da Justiça e veemente afronta aos mais comezinhos princípios constitucionais e processuais penais.

De fato, diante dos termos da própria Carta Magna, a expedição de notificações, pelo Ministério Público, deve ocorrer nos procedimentos administrativos por ele instaurados e dentro do âmbito de suas atribuições, o que, como se mostrou, não é o caso.

Além disso, desrespeitou S. Exa. o próprio dispositivo constitucional previsto no art. 129, VI, deixando de se referir, nas "notificações", ao procedimento em que foram expedidas, nem mencionando o assunto que seria tratado.

Embora se reconheça ao Ministério Público o poder de investigação criminal direta, é evidente que esse poder só pode ser exercido em casos excepcionais ou especiais e quando a atuação da Polícia Judiciária se mostrar insatisfatória ao interesse social, ou, finalmente, de acordo com a peculiaridade do caso, o que, *data maxima venia*, inexistiu.

A afronta ao texto constitucional é evidente e é pré-questionada por meio deste remédio heróico.

5. Nulidades Processuais

5.1. Da audiência preliminar

Na seqüência, o mesmo Dr. Promotor de Justiça, aos .../.../... (fls. ... e verso) requereu a designação de audiência de tentativa de conciliação criminal, com a presença da "vítima", o que acabou se efetivando, sem sucesso, aos .... de .... de ...., pelas razões abaixo:

Na referida audiência, embora presente o representante do Ministério Público, conforme se vê do próprio termo, o MM. Juiz de Direito propôs a transação penal, "inicialmente pelo delito de ameaça, no sentido de prestação de serviços a (*sic*) comunidade junto a (*sic*) Santa Casa local por (*sic*) um período de três meses e, composição de danos materiais sofridos pela vítima".

Percebe-se, então, com desalento, a forma desproporcional e intimidativa como se conduziram as DD. autoridades aqui referidas, as quais deveriam ser exemplo de respeito à legalidade e aos direitos da pessoa humana.

Com efeito, misturando acordo civil com transação penal, invertendo a ordem da oferta, fazendo as vezes do Ministério Público, que estava presente, e em total desproporção entre o fato atribuído à paciente e a oferta feita, S. Exa. a DD. autoridade coatora pressionou arbitrariamente a paciente e tornou nulos todos os atos ali praticados, se se considerar, apenas por argumento, que os anteriores foram válidos.

A essa altura, com a devida vênia, deve ser transcrita a ementa de recente acórdão desse mesmo Egrégio Tribunal, publicado no Boletim AASP nº 2.140, p. 1.254-j. e que diz:

> "Transação penal. O interesse de recorrer decorre da sucumbência, que é a desconformidade entre o que foi pleiteado e o que foi concedido, por isso, a regra é que não cabe recurso da sentença que homologa a transação, porque foram as partes que, com base no poder dispositivo, livremente convencionaram o que era melhor para seus interesses. Na transação penal, no entanto, apesar de também prevalecer essa regra, existe uma peculiaridade que, além de diferenciá-la da transação civil, impõe que a questão da sucumbência seja vista por outro prisma: se a proposta de transação penal for desviada de sua finalidade, para se constituir em elemento de pressão, quer para forçar a composição civil, quer para punir aquele que não aceitou a proposta da vítima, quer para instaurar sempre o processo, basta que o Ministério Público, com a aquiescência do Juiz, faça, sem qualquer motivação, uma proposta completamente destoante da realidade, colocando o autor do fato e seu defensor num dilema de difícil solução: ou aceitam a proposta absurda, ou a denúncia será oferecida. (TACrim, 16ª Câmara, Recurso em Sentido Estrito nº 1.139.897-8, SP, Rel. Juiz Mesquita de Paula, j. 29.04.99, m.v.)."

Veja-se que se decidiu sobre a hipótese de oferta destoante da realidade, feita pelo representante da sociedade, bastando para caracterizar a nulidade, a aquiescência do MM. Juiz. O que se dizer, então, quando é o próprio magistrado quem faz tão esdrúxula proposta, com a aquiescência do Ministério Público?

5.2. Recebimento de denúncia contendo exacerbada proposta de suspensão processual

Pois bem, na sua exordial, o acusador volta a pressionar, propondo a suspensão do processo, mediante a prestação de serviços à comunidade, por dois anos, uma vez por semana, aos sábados, por um período de seis horas.

Pelo que se vê, ao que tudo indicava, tratava-se de um caso abrangido pela Lei 9.099/95, tanto que houve a representação da "vítima", na audiência preliminar, denominada de "transação penal", após o fracasso da dupla proposta feita pelo MM. Juiz de primeiro grau.

Recebida a inicial, aos .../.../..., S. Exa. a MM. Juíza de Direito Substituta designou interrogatório para o dia .../.../..., constando do r. mandado, explicitamente (fls. ...).

6. Mudança de Rito Processual

> "Cite-a para, sob pena de revelia, comparecer ao Fórum local a fim de ser interrogada no processo que lhe move a Justiça Pública, podendo oferecer defesa prévia, em três dias, arrolar testemunhas, requerer e acompanhar o processo ..."

Estávamos, agora, diante de um procedimento sumário, e não mais seguindo o rito da Lei Especial.

Bem, nessa audiência designada (.../.../...) foi feita a proposta de suspensão processual já referida e que foi recusada pela agora ré, não se realizando o interrogatório, em virtude de exceção de suspeição, à época ofertada e que, por motivos técnicos foi refutada, com trânsito em julgado.

7. Designação de Audiência de Instrução e Julgamento, sem ter havido Interrogatório

Na seqüência, a MM. Juíza oficiante, dando prosseguimento ao feito, designou audiência de instrução e julgamento para o próximo dia ... de ... de ..., determinado que se oficiasse à OAB local, para nomeação de defensor dativo, face à renúncia do anterior advogado da ré e deprecando, tanto ao MM. Juízo de ...., capital, como ao de .... a oitiva de duas das testemunhas de acusação.

8. Defesa Prévia pelo Defensor Dativo, por Negativa Geral e sem Testemunhas, sem ter havido Interrogatório

Pois bem, Nobre Presidente, o mais incrível ainda estava por acontecer, exatamente porque, sem ter havido interrogatório e, mudando-se o rito que, inicialmente era o da Lei 9.099/95, para o sumário da detenção, vê-se às fls. ..., a defesa prévia ofertada pelo defensor nomeado, que se restringe a negar a acusação, deixando de arrolar testemunhas e reservando-se para falar, a final.

Dessa forma, foi negada à acusada, a oportunidade de arrolar testemunhas, posto não poder levá-las à audiência designada, já que não se está mais, frente à Lei 9.099/95, mas seguindo-se o rito do Código de Processo Penal, para os crimes apenados com detenção.

Além disso, iniciou-se a instrução, visto que cartas precatórias para ouvida de duas testemunhas de acusação (São Paulo e Salvador) já foram expedidas, tudo em evidente balbúrdia processual, desrespeito ao Código de Processo Penal, à Lei 9.099/95 e, o que é pior, à própria Constituição Federal, que garante o exercício pleno do direito de defesa.

Esses os constrangedores fatos encontrados nos autos e que motivam o presente pedido, para que Vossa Excelência se digne, em caráter Liminar e, por isso mesmo Urgente, determinar a suspensão de todos os atos processuais já designados, incluindo-se a deprecação para oitiva das testemunhas de acusação e a audiência de instrução e julgamento já designada, para que, a final, seja considerado total e integralmente nulo o presente feito, *ab ovo*, dignando-se esse douto colegiado determinar que novas e imparciais investigações sejam feitas pela Autoridade Policial local e que, finalmente sejam os autos do inquérito, relatados e remetidos a outro MM. Juízo da Comarca, ou Vara Distrital mais próxima à de ...., para que ali os analise o D. Representante do Ministério Público, o qual, com isenção, eventualmente venha iniciar a ação penal que entender cabível, se achar haver motivos para tanto.

JUSTIÇA.

São Paulo, ...

(assinatura dos impetrantes)

(modelo III)

Habeas corpus com pedido liminar

Excelentíssimo Senhor Ministro-Presidente do Superior Tribunal de Justiça. Brasília, Distrito Federal

(deixar espaço)

T. D., brasileira, casada, advogada inscrita na OAB/SP sob o nº 00.000, com escritório em .... na avenida ...., 000, ..., telefone (0xx00) 0000 0000, vem, respeitosamente, à ilustre presença de Vossa Excelência para, com base na Constituição da República Federativa do Brasil de 1988 impetrar a presente

Ordem de *habeas corpus* com pedido liminar

Em favor de K. C., ... (qualificar), residente na cidade de ..../SP, na rua das Pedrinhas, 00, Jardim ...., contra ato coator praticado pela .... Câmara do Tribunal de Alçada Criminal do Estado de São Paulo nos autos do *H. C.* ..../.... da Vara Distrital de ...., Comarca de ...., Estado de São Paulo, fazendo-o em razão dos seguintes fatos:

a) a paciente responde, como ré, ação penal perante o E. Juízo de Direito da Vara Distrital de ...., conforme processo ...., versando a acusação à suposta prática de crimes de ameaça e injúria contra funcionário público;

b) antes da instauração da ação, deu-se ensejo à transação penal que não foi aceita pela paciente; em seguida, deu-se o oferecimento de denúncia com proposta de suspensão condicional do processo mediante "prestação de ser viços à comunidade por 2 anos, uma vez por semana, aos sábados, por um período de seis horas";

c) mas essa proposta – por inequivocamente exagerada, despropositada e abusiva – deixou de ser aceita pela paciente, que se viu na contigência de preferir submeter-se à ação penal já que a final estaria sujeita a pena infinitamente menos draconiana e, por certo, mais justa;

d) ingressou-se, por tal motivo e muitos outros, com *habeas corpus* perante o E. Tribunal de Alçada Criminal argumentando-se, quanto a este aspecto em particular, que a proposta do Ministério Público formulada por ocasião da oferta de suspensão condicional do processo (prestação de serviços à comunidade por 2 anos, uma vez por semana, aos sábados, por um período de 6 horas) era "exacerbada";

e) ao julgar aquele pedido de *habeas corpus*, a E. .... Câmara do Tribunal de Alçada Criminal de São Paulo assim decidiu:

> ... a quatro, porque exagero não se vê, de modo incontrastável, na proposta feita pelo Ministério Público como condição para a suspensão do processo (prestação de serviços à comunidade, por 2 anos, uma vez por semana), bem discorre a douta Procuradoria Geral de Justiça (fls. ... a ...)...

f) com base neste e em outros considerandos, aquela E. Câmara denegou a ordem de *Habeas Corpus*;

g) o parecer da E. Procuradoria Geral de Justiça em que se baseou a r. decisão do E. Tribunal de Alçada Criminal de São Paulo tem, neste particular, a seguinte redação:

> ... a quatro, porque exagero não se vê, de modo incontrastável, na proposta feita pelo Ministério Público como condição para a suspensão do processo (prestação de serviços à comunidade, por 2 anos, uma vez por semana)...

Como se vê, a r. decisão do E. Tribunal é em essência, absolutamente idêntica ao parecer do Ministério Público de Segunda instância. Não há, no parecer, qualquer outro argumento defendendo a validade do proceder do Ministério Público de primeira instância quanto à proposta condicionante da suspensão condicional do processo instaurado contra a ré.

Estes os fatos.

O fundamento do presente *Habeas Corpus* é exatamente a absoluta falta de fundamentação – que seria obrigatória – na r. decisão do E. Tribunal de Alçada Criminal de São Paulo.

É fácil constatar a ofensa às regras constitucionais, processuais, e, mesmo, da Lei Orgânica Nacional da Magistratura.

Justificar, embasar, fundamentar uma decisão (de mérito ou meramente ordinatória do processo) é obrigação da autoridade judiciária.

A Constituição Federal assim o determina:

> "todos os julgamentos serão públicos e fundamentadas todas as decisões, sob pena de nulidade" (art. 93, IX).

O Código de Processo Penal preceitua em seu art. 381:

Art. 381. A sentença conterá:

III – a indicação dos motivos de fato e de direito em que se fundar a decisão.

A Lei Orgânica Nacional da Magistratura, por seu turno, estatui a mesma exigência.

Como se vê, são os mais variados os comandos do ordenamento jurídico-legal positivo determinando a imperiosa necessidade de que os magistrados motivem suas decisões e cominando de nulidade (ver Constituição!) as decisões que afrontarem tais dispositivos.

Tais comandos não mais fazem que proteger a cidadania contra o abuso de uma decisão não motivada e, por isso mesmo, desarrazoada.

Não é sem razão, portanto, que Ada Pellegrini Grinover, Antonio Scarance Fernandes e Antonio Magalhães Gomes Filho afirmam:

> "Abandonados os sistemas de prova legal e da íntima convicção do juiz, tem o magistrado liberdade na seleção e valoração dos elementos de prova para proferir a decisão, mas deve, obrigatoriamente, justificar o seu pronunciamento".

E mais adiante:

> "A motivação surge como instrumento através do qual as partes e o meio social tomam conhecimento da atividade jurisdicional; as partes para, se for o caso, impugnarem os fundamentos da sentença, buscando seja reformada; a sociedade, a fim de que possa formar opinião positiva ou negativa a respeito da qualidade dos serviços prestados pela Justiça".

E ainda:

> "São três os pontos básicos em que se assenta a idéia de motivação como garantia: primeiro, aparece como garantia de uma atuação equilibrada e imparcial do magistrado, pois só através da motivação será possível verificar se ele realmente agiu com a necessária imparcialidade; num segundo aspecto, manifesta-se a motivação como garantia de controle da *legalidade* das decisões judiciárias: só a aferição das razões constantes da sentença permitirá dizer se esta deriva da lei ou do arbítrio do julgador, finalmente, a motivação é garantia das partes, pois permite que elas possam constatar se o juiz levou em conta os argumentos e a prova que produziram: como visto, o direito à prova não se configura só como direito a produzir prova, mas também como direito à valoração da prova pelo juiz".

E ainda mais:

> "Importante anotar que não pode o juiz deixar de fundamentar, com a afirmação de que adota como razões de decidir as alegações de uma das

partes (motivação *ad relationem*). Pode até acolhê-las, usando-as na justificação de sua decisão, mas deve expressamente transcrever os pontos aceitos e incorporados à sentença, ao lado de outros que constituem o enunciado de sua argumentação pessoal".

No caso dos autos, não é difícil constatar, pela mera leitura do parecer da E. Procuradoria Geral de Justiça e do V. Acórdão, que este se baseou inteiramente naquele (transcreveu-o, até !) o qual é de todo em todo imotivado. Vale dizer: decisão que se baseia exclusivamente em parecer não fundamentado não poderia, mesmo, merecer o rótulo de "motivada". Afrontaria o bom senso e, mesmo, princípios lógicos.

Não se pode, validamente, afirmar que a decisão do E. Tribunal tenha sido "apenas deficiente" ou "meramente sucinta" na motivação. Não! O que se constata da leitura do V. Acórdão é a simplória afirmação de não ter sido vista "de modo incontrastável", na proposta do Ministério Público de primeira instância qualquer "exagero".

Mas as razões pelas quais não há "evidente exagero" na manifestação do Ministério Público simplesmente não estão constando do inteiro teor do V. Acórdão.

Com base em que argumentos, a partir da falta de fundamentação do acórdão, poderia o impetrante daquele *Habeas Corpus* recorrer à superior instância, buscando reforma do quanto decidido?

Decisão imprecisa e desmotivada impede o exercício do direito de acesso à superior instância para discutir-lhe o mérito.

Estamos, sim, diante de decisão IMOTIVADA e não simplesmente deficiente.

Faltou à autoridade judiciária de Segunda Instância do Poder Judiciário Paulista para com o dever legal, jurídico, processual e funcional de fornecer à parte as razões pelas quais decidiu desmerecer os fundamentos da impetração do *Habeas Corpus* e tal omissão justifica a ANULAÇÃO daquele V. Acórdão.

Aliás, não apenas este aspecto da r. decisão é desmotivado como todos os demais, como com muita facilidade se constata.

Nisto se assenta o ato coator à liberdade da paciente: a falha do acórdão gerou para ela, em cadeia, severas conseqüências processuais que atingem seu *status libertatis* na medida em que sujeitam e expõem a paciente às agruras de um procedimento inadequado e às idiossincrasias de um magistrado de primeira instância que – veja-se apenas para se ter daquele comportamento pálida idéia – somente anulou seu pretérito proceder após a impetração do *Habeas Corpus* e recebimento da ordem para prestar informações no prazo legal.

A inescondível falha da decisão colegiada paulista causa sim enorme prejuízo para a paciente, o que soma um aspecto a mais à evidente necessidade de se prostrar aquele processo por terra, declarando-lhe a nulidade a partir da proposta do Ministério Público.

Houvesse a r. decisão sido proferida em sintonia com os cânones procedimentais, a paciente ou os então impetrantes poderiam, tomando ciência do arrazoado levado em conta para negar a ordem então solicitada, ter acessado a Instância Superior e obtido a anulação do feito a partir daquela esdrúxula e exorbitante proposta ministerial.

Não o fazendo, a autoridade impetrada inviabilizou aquele recurso e terminou trazendo imenso prejuízo à paciente, na medida em que ela responde hoje a processo que bem poderia estar suspenso. É notório, portanto, o prejuízo.

Assim, o princípio da *pas de nullité sans grief*, aplicável a todos os casos em que uma nulidade é invocada tem aqui inteira cabença, obrigando a declaração da nulidade, na medida em que o prejuízo se encontra claramente demonstrado.

Pelo exposto, espera-se e confia-se em que Vossa Excelência haverá de determinar que outra decisão – agora motivada! – seja proferida pela mesma E. .... Câmara daquele E. Sodalício.

Considerando que a paciente, a partir do momento em que tem direito a conhecer o teor motivado de uma decisão que pode terminar anulando o processamento do feito em primeira instância *ab initio,* não pode continuar a ser submetida a todo o constrangimento dos atos processuais que vêm tendo marcha acelerada (interrogatório marcado para o dia .... próximo!) requer-se e aguarda-se que Vossa Excelência determine ao E. Juízo perante perante o qual o processo vem tramitando que suspenda o interrogatório agendado, até que o E. Tribunal de Alçada profira aquela nova decisão.

É o quanto, respeitosamente, se aguarda das r. decisões (liminar e meritória) dessa E. Corte Superior.

Campinas, ..., de .... de ....

(assinatura da impetrante)

DJU .../.../...

Habeas corpus nº ...., São Paulo

Relator	O Sr. Ministro H. C.
Impetrante	T. D.
Impetrada	.... Câmara do Tribunal de Alçada Criminal do Estado de São Paulo
Paciente	K. C.

Decisão

1. *Habeas corpus* impetrado em favor de K. C. contra a .... Câmara do Tribunal de Alçada Criminal do Estado de São Paulo que, denegando o *writ* anteriormente impetrado, decidiu não haver qualquer excesso na proposta do Ministério Público estadual formulada por ocasião da suspensão condicional do processo.

A paciente foi denunciada pela prática dos crimes de ameaça e injúria (seis vezes), em concurso formal.

A ausência de motivação da decisão impugnada funda a impetração.

Pugna, liminarmente, pela suspensão do interrogatório designado para o dia ....

Tudo visto e examinado, decido.

As decisões judiciais devem ser fundamentadas (art. 93, inciso IX, da Constituição Federal), estando, por outro lado, toda e qualquer resposta penal subordinada ao princípio da suficiência e da necessidade, o que autoriza afirmar presentes, na espécie, os requisitos da medida liminar.

Pelo exposto, defiro a medida liminar pleiteada para suspender o interrogatório designado para o dia ....

Comunique-se imediatamente.

2. Solicitem-se informações, assinado o prazo de 10 dias.

3. Com a resposta, ao MPF.

4. Publique-se.

Brasília, ... de .... de ....

Ministro H. C., Relator.

(modelo IV)

Habeas Corpus contra prisão por pronúncia

Excelentíssimo Senhor Doutor Desembargador-Presidente do Egrégio Tribunal de Justiça de ....

(deixar espaço)

João, (qualificar), por seu procurador, documento anexo, vem, respeitosamente, à presença de Vossa Excelência, a fim de impetrar a presente ordem de *habeas corpus*, pelos motivos que expõe:

1) O paciente se encontra preso na Cadeia Pública de ... desde ....., em razão de ter sido pronunciado pelo MM. Juízo de Direito da Vara do Júri daquela Comarca, por infração ao art. 121 do CP;

2) ocorre que é primário, tem excelentes antecedentes, emprego e residência fixos, além do que, vinha respondendo ao processo em liberdade, até o momento da sentença de pronúncia;

3) assim, tendo sido revogado pela atual Constituição Federal o § 2º do art. 408 do CPP, à evidência tornou-se direito líquido e certo do réu pronunciado, aguardar o julgamento em liberdade, mesmo porque nessa condição já se encontrava;

4) além disso, não estando presente nenhum dos requisitos que autorizariam um decreto de prisão preventiva, conclui-se que seu encarceramento com base em disposição revogada constitui-se em verdadeiro constrangimento ilegal, motivo do presente pedido, para que seja

concedida a ordem de *habeas corpus,* para o fim de, voltando à liberdade, aguardar o julgamento.

JUSTIÇA.

........, ... de .... de ...

(assinatura do advogado)

(modelo V)

Habeas corpus contra prisão em virtude de sentença condenatória recorrível

Excelentíssimo Senhor Doutor Desembargador-Presidente do Egrégio Tribunal de Justiça de ....

(deixar espaço)

Fulano, (advogado, qualificar), vem, respeitosamente, à presença de Vossa Excelência, a fim de impetrar a presente ordem de *habeas corpus* em favor de Sicrano, (qualificar), preso por determinação do MM. Juízo de Direito da ... Vara Criminal de ...., pelos seguintes fatos:

1) O paciente foi condenado pela D. autoridade coatora, à pena de ... por infração ao artigo ... do CP;

2) em sua decisão, o MM. Juiz *a quo*, embora reconhecendo a primariedade do paciente, negou-lhe o benefício de recorrer em liberdade, por entender ser este portador de maus antecedentes;

3) todavia, em nenhum momento processual, como também em nenhum documento acostado aos autos, constatou-se efetivamente qualquer mácula no seu passado, de sorte que o entendimento de S. Exa. se resume a "ouvir dizer";

4) assim, sem qualquer fundamentação, foi determinada a expedição de mandado de prisão, o qual foi cumprido aos ... encontrando-se o paciente, a partir daí, preso na Cadeia Pública de ....;

5) ora, o paciente respondeu ao processo em liberdade; em nenhum momento deixou de atender ao chamamento da Justiça, bem como não houve qual-

quer das hipóteses previstas no art. 312 do CPP, além do que, tempestivamente, apelou dos termos da r. decisão prolatada, ou seja, poderá até vir a ser absolvido em Segunda Instância, o que, se ocorrer, terá gerado irreparável injustiça, por ter permanecido preso durante o processamento do recurso.

Assim, por ser primário, como foi até reconhecido na referida sentença condenatória, ter bons antecedentes, já que não se provou o contrário, possuir atividade lícita e residência fixa, respeitosamente requer a presente ordem de *habeas corpus* para que seja posto em liberdade, enquanto aguarda o julgamento de seu Apelo, expedindo-se para tanto o competente Alvará de Soltura.

JUSTIÇA.

...., ...de .... de ...

(assinatura do impetrante)

(modelo VI)

Habeas corpus ao Tribunal para trancamento de ação penal por falta de justa causa

Excelentíssimo Senhor Doutor Desembargador-Presidente do Egrégio Tribunal de Justiça do Estado de São Paulo

(deixar espaço)

T. D., brasileira, casada, advogada inscrita na OAB/SP sob nº ....., com escritório na cidade de ..., à Av. ...... nº, ..., vem, respeitosamente, à presença de Vossa Excelência, a fim de impetrar uma ordem de *habeas corpus* contra ato do Exmo. Sr. Dr. Juiz de Direito da ..... Vara Criminal da Comarca de ...., a favor de João de Tal, brasileiro, casado, do comércio, residente e domiciliado na cidade de ....., à Rua ...... nº ...., pelos seguintes motivos:

1) O paciente foi denunciado aos .... de .... de 19... pela suposta prática de estelionato, por ter emitido uma nota promissória no valor de R$..... (por extenso), vencida aos .... de .... de 19... e não paga (cópia da denúncia anexa);

2) referida inicial foi recebida pelo MM. Juiz *a quo* aos .... de .... de 19..., tendo S. Exa., no mesmo despacho, designado o dia .... de .... do presente ano para o interrogatório (documentos anexos);

3) todavia, crime não há, posto que a cambial objeto da ação não tipifica sequer em tese o delito previsto no art. 171 do CP, sendo, isso sim, título hábil para discussão civil e jamais processo criminal.

Dessa forma, por ser evidente o constrangimento ilegal pelo qual está passando o paciente, posto que nenhum crime cometeu, respeitosamente requer seja concedida a Ordem, para que cesse de imediato a ilegalidade, trancando-se a ação penal, por ser de Justiça.

Termos em que,

Pede deferimento.

...., ... de ...... de ...

(assinatura do impetrante)

(modelo VII)

Habeas corpus liberatório com fundamento no art. 648, I, do CPP

Excelentíssimo Senhor Doutor Desembargador-Presidente do Egrégio Tribunal de Justiça de ....

(deixar espaço)

João, (qualificar), por seu procurador, documento anexo, vem, respeitosamente, à presença de Vossa Excelência, a fim de impetrar a presente ordem de *habeas corpus* contra ato do Exmo. Sr. Dr. Juiz de Direito da ... Vara Criminal da Comarca de ...., pelos fatos seguintes:

1) O paciente foi preso em flagrante no dia .../.../... como incurso nas sanções do art. 264 do CP;

2) por se tratar de crime afiançável, foi requerido o arbitramento da fiança para que, em liberdade, pudesse se defender;

3) sendo primário, de bons antecedentes, tendo residência e emprego fixos e não estando presente nenhum dos requisitos que autorizariam um decreto de

prisão preventiva, conforme fartamente se demonstrou (cópias anexas), nada impedia a concessão da liberdade pleiteada;

4) tanto é verdade, que o benefício foi concedido aos .../.../..., sendo arbitrado o valor da fiança em ...., que foi prontamente depositado (doc. junto);

5) ocorre que passados .... dias do referido pagamento, o paciente ainda se encontra preso, sem que nada tenha sido feito para cessar a coação.

Dessa forma, outra alternativa não resta, senão a de impetrar a presente ordem para que, com fundamento no art. 648, I, do CPP, seja liminarmente colocado em liberdade, posto haver cessado o motivo que determinou a coação.

JUSTIÇA.

...., ... de .... de ...

(assinatura do advogado)

(modelo VIII)

Habeas corpus liberatório contra ato de juiz de 1ª instância

Excelentíssimo Senhor Doutor Desembargador- Presidente do Egrégio Tribunal da Justiça de.....

.... advogada inscrita na OAB/SP sob nº ....., com escritório à ...., vem, respeitosamente, à presença de Vossa Excelência, a fim de impretar ordem de *habeas corpus*, com pedido de LIMINAR contra ato do Exmo. Sr. Dr. Juiz de Direito da ..... Vara Criminal da Comarca de ...., a favor de ...., (qualificar), pelos motivos de fato e de direito que passa a expor:

1) O Paciente está sendo processado perante a MM. .... Vara Criminal de ...., em autos de nº ..../...., tendo sido condenado em sentença de fls. ..../.... à pena de 1(um) ano e 4 (quatro) meses de reclusão e 3,3 dias-multa, de acordo com o art. 157, *caput*, c.c. art. 14, II, tudo do CP, fixando ainda a r. decisão monocrática o regime aberto como inicial para cumprimento da pena privativa de liberdade e, em seguida, concedendo-lhe os benefícios da suspen-

são condicional da pena, por período de 2 (dois) anos, sem condições especiais (cópia da sentença anexa);

2) ocorre que, mesmo tendo sido reconhecidas todas as circunstâncias legais favoráveis ao réu, diante de todos os benefícios a ele concedidos (*v.g.* fixação mínima de pena, regime aberto, *sursis* sem condições especiais), negou-lhe o MM. Juízo *a quo* o direito de recorrer em liberdade, sob a simples e isolada justificativa de ter sido "(...) autuado em flagrante (...)" (fls. ....), apesar de reconhecidos seus bons antecedentes e a primariedade, no momento de fixação das penas;

3) ainda mais inexplicavelmente, arbitrou S. Exa. fiança em *5 (cinco) salários mínimos*, ou seja, *o máximo permitido pelo art. 325, a,* do CPP, em contradição, *data venia*, com o teor da r. decisão que reconheceu, inclusive que a "*pena de multa foi aplicada no mínimo legal, levando-se em conta a situação econômica do acusado* (...)" (fls. ....; grifei);

4) diante da, com a devida *venia*, disparidade decisória impediente ao réu de exercer seu sagrado direito de apelação, requereu o Paciente, em Apelo de 21.09.95 (cópia anexa) fosse-lhe, então, *concedida Liberdade Provisória Compromissada, nos termos dos arts. 327 e 328 do CPP, diante da já provada e reconhecida, em sentença, situação de incapacidade financeira que o impossibilita de prestar a altíssima fiança arbitrada pelo MM. Juízo de 1° grau e, portanto, de exercer o direito à dupla apreciação do caso*;

5) todavia, apesar de precária a prisão do Paciente, *data venia* insólida em suas razões lógicas, aguardou o Requerente 8 (oito) dias sem que sequer fosse o pedido levado à conclusão, tendo então protocolado novo requerimento, em 29.09.95 (cópia anexa), para que fosse, com *urgência*, processado o referido recurso, julgando-se o que havia sido exposto;

6) entretanto, passados mais de ..... dias do requerimento inicial, *ainda não se obteve qualquer posicionamento sobre o urgentíssimo direito pleiteado*, não lhe restando outra solução senão recorrer à presente Ordem, requerendo respeitosamente seja a mesma concedida, dissolvendo-se o constrangimento ilegal que atinge o Paciente, e concedendo-se-lhe o direito de aguardar o julgamento do Apelo em liberdade, por todos os motivos expostos, inclusive com a necessária *liminar* de soltura, diante dos danos *irreparáveis* que o cárcere produz e sem pagamento de fiança, por estar impossibilitado de fazê-lo, como inclusive foi reconhecido na r. decisão judicial.

Requer ainda, estando devidamente instruída a presente Ordem, seja dispensado o pedido de informações à DD. Autoridade Coatora, de acordo com o art. 662, CPP, determinando-se a imediata liberdade do Paciente.

Justiça

...., ... de .... de ...

(assinatura do advogado)

Com relação ao inciso II do art. 648 (cf. p. 115) pode-se lembrar a situação de alguém preso em flagrante há mais tempo do que permite a lei para início da ação penal, sem que ela tenha se iniciado (arts. 10 e 46 do CPP).

Código de Processo Penal

Art. 10. O inquérito deverá terminar no prazo de 10 (dez) dias, se o indiciado tiver sido preso em flagrante, ou estiver preso preventivamente, contado o prazo, nesta hipótese, a partir do dia em que se executar a ordem de prisão, ou no prazo de 30 (trinta) dias, quando estiver solto, mediante fiança ou sem ela.

Art. 46. O prazo para oferecimento da denúncia, estando o réu preso, será de 5 (cinco) dias, contado da data em que o órgão do Ministério Público receber os autos do inquérito policial, e de 15 (quinze) dias, se o réu estiver solto ou afiançado. No último caso, se houver devolução do inquérito à autoridade policial (art. 16), contar-se-á o prazo da data em que o órgão do Ministério Público receber novamente os autos.

§ 1º – Quando o Ministério Público dispensar o inquérito policial, o prazo para o oferecimento da denúncia contar-se-á da data em que tiver recebido as peças de informações ou a representação.

§ 2º – O prazo para o aditamento da queixa será de 3 (três) dias contados da data em que o órgão do Ministério Público receber os autos e, se este não se pronunciar dentro do tríduo, entender-se-á que não tem o que aditar, prosseguindo-se nos demais termos do processo.

Ninguém pode ficar preso em decorrência de flagrante por mais de 15 (quinze) dias sem que a ação penal tenha se iniciado, sob pena de estar sofrendo constrangimento ilegal. Isso porque o inquérito (exceto nos casos de flagrante por tráfico de drogas e casos de competência da polícia federal) deve estar pronto em 10 (dez) dias e a denúncia ser oferecida em 5 (cinco), o que dá um total de 15 (quinze) dias para início do processo.

Jurisprudência

Excesso do prazo para a conclusão do inquérito policial — Prorrogação sem ordem judicial — *Habeas corpus* concedido para imediata requisição dos autos (TJRS) — *RT* 598/363.

Excesso de prazo na conclusão de inquérito policial — Indiciado preso em flagrante — Inobservância do dispositivo no art. 10 do CPP — Concessão de *habeas corpus* — Recurso não-provido (TJMS — Ement.) — *RT* 588/391.

Petições

(modelo I)

Habeas corpus liberatório por excesso de prazo

Excelentíssimo Senhor Doutor Desembargador-Presidente do Egrégio Tribunal de Justiça de ....

(deixar espaço)

Fulano, (qualificar), por seu procurador, vem, respeitosamente, à presença de Vossa Excelência, a fim de impetrar a presente ordem de *habeas corpus*, por estar sofrendo evidente constrangimento ilegal, pelos fatos a seguir expostos:

1) Encontra-se preso desde o dia .../.../..., em razão de flagrante lavrado por suposta infração ao artigo ... do CP;

2) distribuído o inquérito policial à E. .... Vara Criminal de ...., foi a denúncia recebida aos .../.../... e o paciente interrogado aos .../.../...;

3) ocorre que dentre as testemunhas arroladas pela acusação, não foi localizado João ...., o que fez com que sucessivos adiamentos ocorressem, já que S. Exa., o D. Promotor de Justiça, insiste em sua ouvida;

4) todavia, essas diligências requeridas pela acusação retardaram o andamento do feito, que se encontra, ainda, em fase de colheita da prova acusatória, há mais de 120 dias da segregação;

5) ora, tratando-se de rito ordinário, não poderia o paciente ficar preso sem decisão, por mais de 81 dias, prazo esse de há muito ultrapassado;

6) além disso e o que é pior, não há qualquer previsão de término do feito, posto que a instrução mal se iniciou;

Ante o exposto, com os anexos documentos, restando provado o constrangimento ao qual está submetido e sendo autoridade coatora o MM. Juízo de Direito da ... Vara Criminal de ...., respeitosamente requer a concessão da ordem, expedindo-se Alvará de Soltura, por ser de Justiça.

Campinas, ... de .... de ...

(assinatura do impetrante)

(modelo II)

Habeas corpus liberatório por excesso de prazo

Exmo. Sr. Dr. Juiz de Direito da .... Vara Criminal ....

(deixar espaço)

T. D., brasileira, casada, advogada inscrita na OAB/SP sob nº ....., com escritório nesta cidade, à Av. ...... nº ...., vem, respeitosamente, à presença de Vossa Excelência, a fim de impetrar a presente ordem de *habeas corpus* em favor de João de Tal, brasileiro, casado, motorista profissional, residente e domiciliado nesta cidade, à Rua .... nº ...., atualmente preso e recolhido à Cadeia Pública de ..., pelos motivos de fato e de direito que passa a expor:

1) O paciente foi preso e autuado em flagrante, no dia .... de .... último, sob a acusação de estar furtando mercadorias do supermercado Tal, em ......, (cópia da nota de culpa anexa);

2) sem entrar no mérito de tal acusação, observa-se que, decorridos mais de 30 (trinta) dias da referida autuação, até agora o inquérito não foi concluído, em flagrante violação do art. 10 do CPP que determina o prazo improrrogável de 10 dias para o término da fase investigatória, estando o indiciado preso;

3) a inclusa certidão fornecida pelo Cartório do Distribuidor local comprova o alegado, mostrando que não existe qualquer distribuição criminal em nome do paciente;

4) é entendimento pacífico de nossa doutrina e jurisprudência que a não-remessa do inquérito ao Fórum no prazo legal caracteriza constrangimento sanável por *habeas corpus*.

Assim, sendo fatal o prazo previsto na lei processual penal e não tendo sido respeitado esse prazo, é evidente o constrangimento sofrido, motivo pelo qual requer a concessão da ordem, dignando-se Vossa Excelência determinar a expedição de Alvará de Soltura em favor do paciente, para que cesse, de imediato, o constrangimento do qual é vítima, por ser de Justiça.

Termos em que, distribuída esta
com os inclusos documentos,
Pede deferimento.
...., ... de ...... de ...
(assinatura da impetrante)

(modelo III)

Habeas corpus liberatório por excesso de prazo

Excelentíssimo Senhor Doutor Desembargador -Presidente do Egrégio Tribunal de Justiça do Estado de ....

(deixar espaço)

João de Tal, brasileiro, casado, administrador de empresas, portador do RG ...., residente e domiciliado à Rua .... nº ..., por sua advogada abaixo assinada, vem, respeitosamente, à presença de Vossa Excelência, para impetrar o presente *habeas corpus*, visando por fim ao constrangimento ilegal que vem sofrendo, de acordo com os motivos fáticos a seguir expostos:

1) O paciente encontra-se preso na Cadeia Pública .... desde o dia .... de ...., em razão de Auto de Prisão em Flagrante lavrado no mesmo dia;

2) ocorre, porém, que, embora tendo se expirado o prazo para a conclusão do Inquérito Policial e para o oferecimento de denúncia, ou seja, 15 dias, de acordo com os arts. 10 e 46 do CPP, sem que isso tenha ocorrido, o paciente foi mantido segregado;

3) por sua vez, o MM. Juízo da .... Vara Criminal da Comarca de ..... indeferiu o pedido de Relaxamento da prisão, alegando ser o fato de natureza grave, o que impõe a necessidade do confinamento;

Diante do exposto, necessária se torna a impetração do presente *habeas corpus*, requerendo sejam acolhidos os fundamentos de fato e de direito alegados, bem como seja expedido o competente Alvará de Soltura, por Justiça.

Pede deferimento.

Campinas,.... de .... de ...

(assinatura do advogado)[3]

(modelo IV)

Habeas corpus liberatório com fundamento
no art. 648, II, do CPP

Excelentíssimo Senhor Doutor Desembargador-Presidente do Egrégio Tribunal de Justiça do Estado de .....

(deixar espaço)

[3] Silvana Rivelli.

J. T. S., brasileiro, casado, industriário, residente e domiciliado nesta cidade e Comarca de ....., à Rua ...... nº ...., por seu advogado e bastante procurador (documento anexo) que esta subscreve, vem, mui respeitosamente, à presença de Vossa Excelência, impetrar a presente ordem de *habeas corpus* para que seja determinada sua soltura, já que se encontra preso na Cadeia Pública do ....., pelos motivos a seguir expostos:

1) O paciente foi preso em flagrante, no dia ...... de .... de 19..., sob suspeita de haver violado o disposto no art. 344 do Código Penal;

2) quando o inquérito policial foi examinado pelo digno representante do Ministério Público, entendeu S. Exa. de requerer exame de sanidade mental do paciente, o que foi deferido pelo mui ilustre magistrado local, conforme consta do r. despacho de folhas ...., do processo-crime nº ...., da .... Vara Criminal daquela Comarca;

3) entretanto, já se passaram mais de três meses sem que o laudo competente fosse anexado aos autos e, mais, não foi o paciente ainda submetido ao referido exame, o que torna ilegal sua prisão, tomando-se por base o que dispõe o art. 648, II, do Código de Processo Penal.

Dessa forma, estando a sofrer constrangimento, sem que desse motivo para tanto, a presente ordem deve ser concedida, com o deferimento de LIMINAR, determinando incontinentemente a expedição de Alvará de Soltura, vez que o paciente é primário e sem antecedentes, não havendo razão para permanecer encarcerado, Justiça.

Espera deferimento.

...., ... de .... de ...

(assinatura do advogado)[4]

Já o inciso III do art. 648 (cf. p. 115) dispõe sobre situações em que houve detenção sem ordem judicial ou flagrante (as chamadas prisões policiais para averiguações, por exemplo), sendo o confinamento, neste caso, ilegal.

[4] Flávio Eduardo Ingutto da Rocha.

A respeito disso, diz a Constituição Federal em seu art. 5º, LXI:

Constituição da República Federativa do Brasil

Art. 5º. Todos são iguais perante a lei, sem distinção de qualquer natureza, garantindo-se aos brasileiros e aos estrangeiros residentes no País a inviolabilidade do direito à vida, à liberdade, à igualdade, à segurança e a prosperidade, nos termos seguintes:

(...)

LXI – ninguém será preso senão em flagrante delito ou por ordem escrita e fundamentada de autoridade judiciária competente, salvo nos casos de transgressão militar ou crime propriamente militar, definidos em lei.

Dessa forma, vê-se que a polícia só pode prender alguém, sem ter ordem judicial, se houver flagrante, sendo obrigação da autoridade policial comunicar a prisão, de imediato, à autoridade judiciária, que a relaxará, se for o caso.

JURISPRUDÊNCIA

Constrangimento ilegal — Ausência de lavratura de flagrante ou decreto de prisão preventiva — Solicitação de informações à autoridade coatora — Não-atendimento do pedido — Presunção de veracidade do argüido na impetração — Ordem concedida — Recurso improvido (TJBA) — *RT* 607/353.

PETIÇÃO

(modelo)

Habeas corpus liberatório — Prisão sem flagrante (ilegal)

Exmo. Sr. Dr. Juiz de Direito da ...... Vara Criminal de .....

(deixar espaço)

João de Tal, brasileiro, solteiro, enfermeiro, residente e domiciliado nesta cidade, à Rua ...... nº ...., portador do RG ....., vem, respeitosamente, à presença de V. Exa., com base nos arts. 647 e seguintes do CPP, a fim de impetrar a presente ordem de *habeas corpus* em favor de seu irmão, José de Tal, brasileiro, solteiro, pedreiro, residente e domiciliado nesta cidade, na Rua ..... nº ..... pelos motivos de fato e de direito que passa a expor:

1) O paciente se encontra detido desde o último dia 5 (cinco), nas dependências do ..... Distrito Policial desta cidade, por ordem expressa de seu delegado titular, Dr. Antônio de Tal, para averiguações sobre roubo, sendo a prisão uma verdadeira arbitrariedade;

2) com efeito, não existindo flagrante e com base apenas em um boletim de ocorrência, vez que nem inquérito policial foi instaurado, entendeu a autoridade coatora que deveria prender o paciente para tentar conseguir uma confissão que alicerçasse futura portaria iniciando a fase inquisitorial;

3) ocorre que não existe qualquer ordem judicial autorizando essa segregação, o que sem dúvida caracteriza absoluta ilegalidade.

Assim, considerando-se os fatos narrados e a conduta arbitrária do Dr. Antonio de Tal, requer a concessão da necessária ordem de *habeas corpus* para que cesse de imediato o constrangimento de que é vítima José de Tal, expedindo-se, liminarmente, o competente Alvará de Soltura, por ser de Justiça.

Termos em que,

Pede deferimento.

..... de ...... de ...

(assinatura do impetrante)

Como exemplo do inciso IV do art. 648 do CPP (cf. p. 115), temos a situação de um condenado que já cumpriu pena e continua preso.

Jurisprudência

Sentenciado que permanece preso embora cumprida a pena imposta — Período referente à prisão cautelar não incluído no cálculo elaborado pelo contador —

Detração penal — *Habeas corpus* concedido — Inteligência do art. 34 do CP de 1940 (TACrimSP — Ement.) — *RT* 586/336.

PETIÇÃO

(modelo)

Habeas corpus liberatório com fundamento no art. 648, IV, do CPP

Excelentíssimo Senhor Doutor Desembargador-Presidente do Egrégio Tribunal de Justiça de ....

(deixar espaço)

A. C. R. de T. L., ... (qualificar), residente e domiciliado à Rua .... nº ...., bairro ...., em pleno uso e gozo de seus direitos civis e políticos, vem, respeitosamente, pela presente, impetrar ordem de *habeas corpus* com base no que dispõe o art. 5º, inc. LXVIII, da Constituição Federal, bem como nos arts. 647 e seguintes do Código de Processo Penal, em favor de W. L., atualmente recolhido à Cadeia Pública de ...., em virtude do constrangimento ilegal sofrido por ato do MM. Juiz da Vara das Execuções Criminais de .... — ...., pelos motivos que ora passa a expor:

1. *Dos fatos*

a) O paciente foi processado por infração ao art. 171, *caput*, c.c. arts. 14, inc. II, e 304 do Código Penal, em processo de nº ...., que tramitou perante a I. Vara Criminal da Comarca de ....;

b) por ocasião da r. decisão monocrática, foi condenado à pena privativa de liberdade de 2 anos e 4 meses de reclusão e ao pagamento de 3,3 dias-multa, estabelecendo o MM. Juiz *a quo* como regime inicial do cumprimento de sua reprimenda, o semi-aberto, conforme se vê na cópia da r. sentença, anexa;

c) ocorre que o paciente está em fase de execução da sua pena, desde o dia .../.../..., encontrando-se recolhido à Cadeia Pública de ...., na qual o sistema de cumprimento é o fechado, restando certo também que essa condenação, referente ao processo .... é a única a pesar sobre sua pessoa. O número dessa execução é .... (cópia anexada).

2. *Do constrangimento ilegal*

a) Pois bem, o MM. Juiz da Vara das Execuções Criminais de .... determinou permanecesse o paciente onde se encontrava, desde o dia em que foi recebida a guia de recolhimento e iniciada a execução;

b) agindo assim, S. Exa. se configura como autoridade coatora, por manter o paciente preso, em regime fechado, quando faz jus ao benefício do início de cumprimento da pena em regime semi-aberto;

c) além disso, pelo tempo em que se encontra cumprindo a pena definitiva, de 2 anos e 4 meses, já tem direito à progressão para o regime aberto, por ter cumprido 1/6 de sua reprimenda, 5 meses, visto que está preso desde o dia .../.../ .... (segue anexo atestado de conduta carcerária).

3. *Do direito*

a) O Código de Processo Penal, em seu art. 648, ao tratar do *habeas corpus*, considera a coação ilegal quando houver cessado o motivo que a autorizou;

b) no presente caso havia legalidade quando o regime fechado se impunha durante a instrução criminal, em virtude da prisão preventiva, porém, a manutenção do paciente em regime fechado após sua condenação configura-se extreme de dúvidas em uma coação ilegal;

c) mesmo se entendendo não ser o *habeas corpus* a via adequada para o exame do regime prisional a ser observado pelo sentenciado, tem-se que, no caso em tela, a apreciação de sua execução se perfaz essencial para que, desde já, se desfaça o constrangimento ilegal;

d) o maior bem, além da própria vida que a pessoa humana possui, é a liberdade, não sendo lícito retirar-lhe este direito sem que exista motivo relevante e legal.

4. *Do pedido*

Ex positis, diante do melhor direito, respeitosamente requer:

a) seja concedida a ordem de *habeas corpus*, a fim de que se faça cessar imediatamente a coação ilegal;

b) seja determinada com urgência, a transferência do paciente para uma penitenciária adequada ao regime inicial do cumprimento da pena estipulado na sentença (semi-aberto);

c) seja concedida a progressão desse regime de cumprimento de pena para o aberto, que na falta da casa do albergado poderá ser cumprido em albergue domiciliar, visto que o paciente possui família e residência fixa (anexo). JUSTIÇA.

...., ... de .... de ...

(assinatura do impetrante)[5]

O inciso V do referido artigo (cf. p. 115) nos remete aos casos em que o Código de Processo Penal permite ao acusado prestar fiança para se defender em liberdade e tal benefício não lhe é concedido.

JURISPRUDÊNCIA

Sendo o delito afiançável, não pode a autoridade policial deixar de arbitrar fiança por simples suspeita de envolvimento dos indiciados em outros delitos — Ordem concedida (TAPR) — José Roberto Parizatto — Do *habeas corpus*, Aide, 1991.

Sofre coação ilegal quem não for admitido a prestar fiança no caso de homicídio culposo (TJMT) — *RT* 534/413.

---

[5] Antônio Cândido Reis de Toledo Leite.

Petição

(modelo)

Habeas corpus com fundamento
no art. 648, V, do CPP

Excelentíssimo Senhor Doutor Desembargador-Presidente do Egrégio Tribunal de Justiça de ....

(deixar espaço)

João, (qualificar), por seu procurador, vem, respeitosamente, à presença de Vossa Excelência, com fundamento no art. 648, V, do CPP, a fim de impetrar a presente ordem de *habeas corpus* contra ato do Exmo. Sr. Dr. Juiz de Direito da ... Vara Criminal da Comarca de ...., pelos seguintes motivos:

1) O paciente se encontra preso na Cadeia Pública de ..., desde o dia ... ,. por ter sido autuado em flagrante sob a acusação da prática do delito previsto no art. 264 do CP;

2) por se tratar de crime afiançável e não estar presente nenhum dos requisitos que autorizariam um decreto de prisão preventiva (docs. anexos), foi requerida ao MM. Juízo *a quo*, sua liberdade provisória mediante o pagamento de fiança;

3) ocorre que S. Exa. deixou de analisar o pedido, alegando que irá conhecê-lo futuramente;

4) ora, não fixou a autoridade coatora sequer um prazo para manifestação, motivo pelo qual sofre o paciente verdadeiro constrangimento ilegal, posto ser seu direito o de se defender em liberdade mediante o pagamento de fiança, nos exatos termos do disposto no art. 648, V, do diploma processual penal vigente.

Dessa forma, respeitosamente requer a presente ordem, para o fim de fazer cessar de imediato o constrangimento a que está injustamente submetido e para que possa, em liberdade, defender-se de eventual ação que venha a ser intentada. JUSTIÇA.

...., ... de .... de ...

(assinatura do advogado)

Embora para a situação descrita, exista um recurso expresso no CPP, em seu art. 581, inciso V, nada impede que o *habeas corpus* seja usado.

Código de Processo Penal

Art. 581 – Caberá recurso, no sentido estrito, da decisão, despacho ou sentença:

(...)

V – que conceder, negar, arbitrar, cassar ou julgar inidônea a fiança, indeferir requerimento de prisão preventiva ou revogá-la, conceder liberdade provisória ou relaxar a prisão em flagrante.

O inciso VI do art. 648 (cf. p. 115) trata de coação ilegal em processo manifestamente nulo. Mesmo havendo trânsito de sentença condenatória, se houver nulidade manifesta, como, por exemplo, julgamento e condenação por lesão corporal, sem que exista nos autos qualquer laudo de exame de corpo de delito, direto ou indireto, provando a materialidade, o *habeas corpus* será o remédio para anular o processo.

JURISPRUDÊNCIA

Exame de dependência toxicológica — Realização não determinada pelo juiz, embora declarasse o réu ser viciado — Inadmissibilidade — Condenação insubsistente — Concessão de *habeas corpus* — Inteligência dos arts. 19, 22, 23, § 1º, e 29 da Lei 6.368/76 (STF) — *RT* 608/414.

Da mesma forma, se não houve citação ou se foi ela feita de forma irregular, ou se a defesa deixou de participar de qualquer ato por falta de intimação, também é possível a anulação do processo, mesmo após o trânsito da sentença, por meio do remédio heróico. Concedido o *habeas corpus* para anular o processo, os atos contaminados serão refeitos, se não tiver ocorrido causa de extinção da punibilidade.

PETIÇÕES

(modelo I)

Habeas corpus com fundamento no art. 648, VI, do CPP

Excelentíssimo Senhor Doutor Desembargador-Presidente do Egrégio Tribunal de Justiça deste Estado

(deixar espaço)

R. A. I., advogada, inscrita na OAB/SP sob nº ....., vem, respeitosamente, perante Vossa Excelência, a fim de impetrar uma ordem de *habeas corpus* contra ato do Exmo. Sr. Dr. Juiz de Direito da .... Vara Criminal da Comarca ......, a favor de:

A. P. B., brasileiro, casado, do comércio, residente e domiciliado em ......, à Rua .... nº ...., pelos seguintes motivos:

1) O paciente foi condenado, como incurso no art. 171 do CP (falsificação e desconto de cheques com terceiros), ao cumprimento de pena de dois anos de reclusão, com sentença trânsita;

2) os cheques ditos falsificados se encontram anexados aos autos, sendo que o MM. Juiz de primeira instância entendeu ser dispensável a realização do exame pericial, diante da confissão policial e judicial do paciente, além de prova testemunhal produzida;

3) a nulidade do processo pela ausência do exame pericial foi argüida pelo então defensor do paciente, nas alegações finais de fls. ..., com base no art. 564, III, *"b"*, do CPP, não tendo sido acolhida pelo DD. Juiz de Primeira Instância;

4) há, portanto, um flagrante constrangimento ilegal, pois o exame pericial, neste caso, é prova indispensável para a configuração do delito, não bastando a confissão e a prova testemunhal, diante do princípio da verdade real e nos termos do art. 158 do CPP;

Há nesse sentido vários julgados, inclusive da Excelsa Corte:

> Estelionato — Ausência de exame de corpo de delito nos documentos falsificados para a obtenção de vantagem indevida — Nulidade — Indispensabilidade da diligência nos crimes que deixam vestígios, enquanto esses existirem (art. 158, CPP) — Princípio da verdade real — Ordem concedida para anular as decisões da justiça estadual, devendo ser proferida nova sentença após a realização do exame pericial (STF — HC 67.611 — Rel. Célio Borja — J. 22.08.89).
>
> Crime de falsidade material — Exame de corpo de delito — Vestígios — 'Em se tratando de crime que deixa vestígios, como o de falso material, estando à disposição para exame os documentos representativos do objeto material do crime, torna-se indispensável o exame de corpo de delito e a sua falta induz nulidade absoluta, posto que essencial à apuração da verdade e à decisão da causa' (STF — RHC 62.743 — Rel. Rafael Mayer — *RTJ* 114/1.064).

Perícia documental — 'Prova testemunhal e confissão não suprem a perícia oficial dos documentos, no caso de crime de falsidade documental. Se restam documentos a periciar, não o juiz, mas a própria perícia dirá da prestabilidade ou não para o exame dos documentos que ele disse imprestáveis para periciar-se. Há ilegalidade na sentença que, sem periciar documento apreendido, de *motu* próprio, entende-se imprestáveis para exame, e condena com base em testemunhas e confissão' (STF — RHC — Rel. Clóvis Ramalhete, *RTJ* 99/110).

A inexistência de exame pericial quando se cuida de delito que deixa vestígios, como o falso, não leva somente a reconhecer a nulidade processual, mas ter-se como não provada a materialidade da infração (TJSP — AC — Rel. Weiss de Andrade — *RT* 580/316).

Diante do exposto e nos termos do art. 648, VI, do CPP, requer seja concedida a ordem de *habeas corpus*, fazendo cessar o constrangimento ilegal, determinando-se a anulação da respeitável sentença condenatória.

Termos em que,

Pede e espera deferimento.

...., de ..... de ...

(assinatura do impetrante)[6]

(modelo II)

Habeas corpus com fundamento do art. 648, VI, do CPP

Excelentíssimo Senhor Doutor Desembargador-Presidente do Egrégio Tribunal de Justiça de ....

(deixar espaço)

João, (qualificar), por seu procurador, documento anexo, vem, respeitosamente, à presença de Vossa Excelência, a fim de impetrar a presente ordem de *habeas corpus*, com fundamento no art. 648, VI, do CPP, pelos motivos a seguir expostos:

---

[6] Rossana Azevedo Inacarato.

1) O paciente está sendo processado perante o MM. Juízo de Direito da ... Vara Criminal da Comarca de ....., por infração ao art. ... do CP (cópia anexa);

2) por ocasião da defesa prévia arrolou ... testemunhas que pretendia ouvir, sendo que uma delas, residente na Comarca de ...., seria inquirida por precatória;

3) ocorre que referida testemunha foi ouvida aos .../.../..., na Comarca deprecada, com a presença de um defensor *ad hoc*, posto que o defensor constituído não foi intimado, nem da data da audiência, nem da expedição da precatória;

4) tratando-se de depoimento fundamental ao esclarecimento da verdade, a presença do paciente e de seu advogado em referido ato não poderia, de forma alguma, deixar de ocorrer;

5) verificada a nulidade, foi a questão exposta ao MM. Juiz *a quo*, que, inexplicavelmente, indeferiu o pedido de nova deprecação, dando por encerrada a instrução;

6) ocorre que não há como se fazer as Alegações Finais sem o testemunho de ...., presencial e que tudo esclarecerá.

Assim, evidenciado o cerceamento de defesa e a nulidade da audiência realizada na Comarca de ... e de todos os atos que a ela se seguiram, respeitosamente requer o acolhimento ao presente pedido, para que seja declarada a nulidade apontada, refazendo-se os atos atingidos, por ser de Justiça.

...., ... de .... de ...

(assinatura do advogado)

Jurisprudência

Sentença criminal — Intimação do réu por edital, omitindo-se a do defensor — Ofensa ao princípio da ampla defesa, com os recursos a ela inerentes — Ordem deferida — Inteligência dos arts. 153, § 15, da CF (anterior) e 392, VI, do CPP (STF — Ement.) — *RT* 590/452.

Finalmente, o inciso VII (cf. p. 115) trata de coação em virtude do não-reconhecimento da extinção da punibilidade, incluindo-se a prescrição da pretensão punitiva e a executória.

JURISPRUDÊNCIA

O *habeas corpus* é meio hábil à decretação da extinção da punibilidade pela prescrição da ação (da pretensão punitiva) ou da condenação (da pretensão executória) (TJSP) — *RT* 514/306.

Edital — Réu revel — Ato não-realizado — Infringência do disposto no art. 392, VI, do CPP — Processo parcialmente anulado, com determinação de que seja o acusado regularmente intimado da sentença condenatória (STF) — *RT* 619/374.

Irregularidade — Publicação incorreta do nome do advogado — Acompanhamento do feito prejudicado — Cerceamento de defesa caracterizado — Nulidade do julgamento em 2ª instância — *Habeas corpus* concedido (STF) — *RT* 617/383.

Via postal — Nulidade — Comunicação ao advogado — Modalidade não contemplada no Código de Processo Penal — Praxe adotada a partir do advento da Lei Estadual nº 3.974/83 que introduziu tal tipo de intimação para as testemunhas — Necessidade, porém, de que o destinatário aceite seus efeitos, ainda que tacitamente — Circunstância não verificada na espécie — Cerceamento de defesa caracterizado — Nulidade reconhecida — Aplicação dos arts. 370, 564, IV, e 572, II e III, do CPP (TACrimSP) — *RT* 628/320.

7. DAS CONSIDERAÇÕES FINAIS

Impetrada a ordem em primeira instância, e negada, pode-se interpor recurso em sentido estrito (art. 581, X) ou, por ser mais rápido, formular outro pedido, diretamente ao tribunal competente.

> Código de Processo Penal
>
> Art. 581. Caberá recurso, no sentido estrito, da decisão, despacho ou sentença:
>
> (...)
>
> X – que conceder ou negar a ordem de *habeas corpus*.

Quando se impetra um *habeas corpus*, a autoridade impetrada deverá solicitar à que for apontada como coatora, as informações necessárias. Todavia, se bem-instruído o pedido do remédio heróico, as informações podem ser dispensadas.

Da mesma forma, não há nenhum obstáculo que impeça o pedido e a concessão de liminar.

Em primeira instância o Ministério Público não se manifesta, podendo, se for concedida a ordem, recorrer em sentido estrito, sem prejuízo do recurso de ofício (ver na p. 111, entendimento de que não mais existe esse recurso).

Na superior instância, entretanto, a manifestação do Ministério Público é obrigatória.

O pedido deve ser feito em 2 (duas) vias, podendo ser encaminhado, inclusive, pelos Correios. Pode, ainda, ser reiterado no juízo de primeiro e segundo graus e até mesmo no STJ (Superior Tribunal de Justiça) pela mesma pessoa que impetrou o primeiro ou por outras.

Desde que haja constrangimento ilegal à liberdade de ir, vir ou permanecer, seja resultante de uma violência ou coação, é cabível o remédio heróico.

Em um processo de rito ordinário, por exemplo, entendia-se que entre a prisão e a sentença não poderia ser ultrapassado o prazo de 81 (oitenta e um) dias, sob pena de haver constrangimento ilegal.

Esse prazo era contado da seguinte forma:

a) Prazo para término do inquérito — art. 10 do CPP: 10 dias.

b) Oferecimento da denúncia — art. 46 do CPP: 5 dias.

c) Prazo de defesa prévia — art. 395 do CPP: 3 dias.

d) Ouvida de testemunhas — art. 401 do CPP: 20 dias.

e) Requerimento de diligência — art. 499 do CPP: 2 dias.

f) Despacho do requerimento de diligências — arts. 499 e 800, § 3º, do CPP: 10 dias.

g) Alegações das partes — art. 500 do CPP: 6 dias.

h) Diligências do juízo — art. 800, II, do CPP: 5 dias.

i) Sentença — art. 502 do CPP e 800, § 3º, do CPP: 20 dias.

Total: 81 dias.

Com relação a esse assunto, o doutor Antônio Scarance Fernandes, em brilhante artigo publicado às fls. 3 do *Boletim* nº 32 de agosto de 1995, do Instituto Brasileiro de Ciências Criminais – IBCCrim, trata-o da seguinte maneira:

> "Há norma especial em relação aos delitos definidos nos arts. 12,13 e 14 da Lei 6.368/76, determinando-se que os prazos sejam contados em dobro, conforme parágrafo único do artigo 10 dessa lei, acrescido pela Lei 8.072, de 25.07.90. Esse total duplicado representaria, conforme orientação prevalente, setenta e seis dias.
>
> Por fim, a prisão temporária, prevista na Lei 7.960, de 21.12.89, para a fase de inquérito, pode chegar a 10 ou 60 dias, ficando este prazo maior para os crimes da Lei 8.072/90.
>
> Ora, a previsão pela Lei do Crime Organizado de um prazo máximo de prisão cautelar impõe novas reflexões e exige resposta a três indagações fundamentais:
>
> a) Como adequar o prazo global de cento e oitenta dias ao prazo de oitenta e um dias criado pela jurisprudência?
>
> b) Esse prazo máximo de cento e oitenta dias deve abranger toda a fase recursal e, nos processos de júri, incluir a fase posterior à pronúncia até o julgamento em plenário?
>
> c) Este prazo global pode se aplicar a outros crimes além dos regulados pela Lei 9.034/95?
>
> A primeira questão é solução aparentemente simples. O prazo de oitenta e um dias continua sendo um marco para avaliar eventual constrangimento ilegal, enquanto o de cento e oitenta dias passa a ser um prazo máximo, a partir do qual não mais se admitiria qualquer excesso, ficando o juiz impedido de justificar, no caso, o atraso por situações especiais ou em virtude de um critério de razoabilidade.
>
> Mais difícil a resposta à segunda questão. A redação do texto parece não deixar dúvida de que o prazo é fatal, pois está escrito ser o período de cento e oitenta dias o tempo máximo de prisão. Provavelmente, contudo, não será

possível realizar nesse período os julgamentos dos processos de júri e dificilmente terão os tribunais condições de apreciar os recursos de modo a evitar a superação do prazo de cento e oitenta dias.

Ante essa situação facilmente constatável e sem que a nova lei preveja prorrogações de prazos, é bem possível que a jurisprudência dê ao texto orientação restritiva, adequando-o às interpretações anteriores, ou seja, que venha a considerar aquele prazo máximo até a pronúncia ou até a sentença. Não é, entretanto, o que se extrai do texto. A última questão deve ter resposta positiva. Falta no CPP a previsão de um prazo máximo de prisão. Assim, admissível que, por interpretação analógica, aplique-se a norma a todos os processos, suprindo-se a lacuna.

Ademais, é a solução razoável, pois, se em qualquer crime, porque resultante de quadrilha ou bando, poderá o tempo de prisão ser regulado por esse prazo de cento e oitenta dias, porque o mesmo delito deveria, quando não derivado de quadrilha ou bando – e por isso, em princípio, menos grave – ser objeto de prazo superior.

Enfim, o tempo de prisão passa agora a ter um prazo máximo de cento e oitenta dias, o que representa orientação significativa no sistema brasileiro.

A lei, que parecia à primeira vista, trazer maior rigor quanto ao tempo permitido de prisão, acabará representando vantagem aos réus que, antes, não tinham a garantia de um prazo máximo de prisão, mas de um marco de oitenta e um dias, a partir do qual era verificada a ocorrência de constrangimento ilegal em cada caso concreto.

Agora mantido esse prazo mínimo, há um prazo máximo aplicável a todos os crimes, por analogia".

Os prazos processuais para encerramento de um processo são contados separadamente, não sendo possível considerar que o constrangimento ilegal exista apenas quando se tiver excedido o total dos prazos, de modo que o excesso de uns possa ser compensado pela economia de outros.

Jurisprudência

Excesso de prazo do encerramento da instrução — Réu preso há mais de 100 dias — Paralisação do feito à espera de indicação de defensor pela Procuradoria de

Assistência Judiciária — Inadmissibilidade — Concessão de *habeas corpus* — Embora a lei não marque prazo para a prova da defesa, sua efetivação não pode ser procrastinada por largo período, mormente quando o réu, preso, não contribuiu para o injustificado atraso no encerramento da instrução (Ac. unân. das Câm. Conjs. Crims. do TJSP, em 25.04.72, no HC 115.631, de São Paulo — Rel. Des. Humberto da Nova).

Excesso de prazo — Demora no cumprimento de precatória para ouvida de testemunhas de defesa — Omissão imputada aos defensores ante as providências judiciais — *Habeas corpus* denegado — Recurso ordinário provido (STF) — *RT* 593/448.

Outras situações:

Edital — Réu revel — Ato não-realizado — Infringência do disposto no art. 392, VI, do CPP — Processo parcialmente anulado, com determinação de que seja o acusado regularmente intimado da sentença condenatória (STF) — *RT* 619/374.

Irregularidade — Publicação incorreta do nome do advogado — Acompanhamento do feito prejudicado — Cerceamento de defesa caracterizado — Nulidade do julgamento em 2ª instância — *Habeas corpus* concedido (STF) — *RT* 617/383.

Habeas corpus. Constrangimento ilegal. Instrução criminal. Excesso de prazo. Réu preso em flagrante delito por tentativa de roubo qualificado, resistência e porte de arma. Prisão cautelar mantida além do permitido pela lei processual penal. – "À falta de uma definição legal precisa sobre os prazos de duração da prisão cautelar e de encerramento do processo comum, e considerando que por razões de ordem pública, convém, aos sujeitos processuais, o rápido desfecho da ação penal, principalmente ao réu preso em virtude da natureza de excepcionalidade do título que sacrifica a sua liberdade, incumbiu-se a jurisprudência de estabelecer um parâmetro temporal para tentar equilibrar, de forma justa, as duas situações, e tomou por base a seqüência das atividades processuais a serem realizadas nos limites de tempo estabelecido no Código de Processo Penal, concluindo que o desfecho do processo comum em que o réu estivesse preso cautelarmente deveria ocorrer em 81 dias, com a entrega da prestação jurisdicional. Essa construção decorre do necessário respeito à garantia constitucional do devido processo legal (CF, art. 5º, LIV), que tem como um de seus significados 'o direito do processo sem dilações indevidas, como corolário do processo legal, assegurado ao membro da comunidade social por norma de aplicação imediata' (Prof. Rogério Lauria Tucci, *Devido Processo Legal e tutela jurisdicional.* São Paulo, Ed. RT, 1993, pp.105-106). Depois de mais de cinqüenta anos de vigência do Código de Processo Penal, a realidade indica que a arquitetura do processo penal exige um tempo maior, além daquele de oitenta e um dias, para o seu desenvolvimento regular, porque existem múltiplos fatores e circunstâncias, não previstos na lei processual que obstruem e impedem a tramitação normal da instrução criminal. Por isso a jurisprudência atual passou a adotar o denominado princípio do prazo razoável. A eventual dilação não pode configurar abuso em razão de uma interpretação demasiadamente flexível do denominado critério da razoabilidade, em detrimento da garantia individual da liberdade do acusado que não pode depender da idiossincrasia de cada juiz sobre o que é ou não prazo razoável. Ao contrário, a demora deve decorrer exclusivamente das circunstâncias peculiares do caso concreto e que determinam o motivo da complexidade acentuada da instrução criminal, que devem ser compatibilizadas com a duração da prisão cautelar. A realização das atividades procedimentais demoradas, o tempo de duração da custódia e a entrega da prestação jurisdicional além do prazo são situações que devem ser equilibradas, harmonizadas e devidamente justificadas nos autos pelo juiz presidente do processo. Exige-se, sempre, precaução e prudência na interpretação da razoabilidade. Concessão da ordem para revogar a prisão cautelar do paciente, expedindo-se alvará de soltura clausulado. TACrim, 10ª C., HC 391868/3 Rel. Márcio Bártoli – Bol. AASP 2257/526.

Capítulo III

Do Inquérito Policial

1. *Introdução;* 2. *Início de inquérito policial;* 3. *Arquivamento de boletim de ocorrência;* 4. *Pedido de instauração de inquérito policial;* 5. *Indeferimento de pedido de instauração de inquérito;* 6. *Inquérito policial por meio de flagrante;* 7. *Inquérito policial por meio de requisição da autoridade judiciária ou do Ministério Público;* 8. *Prazo para término do inquérito policial;* 9. *Arquivamento e desarquivamento de inquérito policial;* 10. *Polícia judiciária;* 11. *Curador no inquérito policial;* 12. *Encerramento do inquérito;* 13. *Considerações finais.*

1. Introdução

Entre os bens mais caros protegidos pelo Estado estão, além de outros, a vida, a honra e a integridade física.

Desse modo, quando alguém pratica uma infração penal, ao lado da lesão sofrida pela vítima, quem também é alcançado é o próprio Estado.

Por isso se diz que ele é o sujeito passivo geral de um ilícito penal, porque sempre há um interesse público atingido pelo delito.

A lide penal é sempre um confronto entre o direito de punir do Estado e o direito à liberdade do acusado, motivo pelo qual, mesmo que o autor da infração não queira se defender, não há como ser julgado e condenado sem defesa, porque o Estado não pode aplicar a punição arbitrariamente. Deve haver, obrigatoriamente, um processo, com ampla defesa, para que o indivíduo não seja vítima de abusos do próprio Estado: por isso é que ao ocorrer uma infração, o Estado, na grande maioria dos casos, como sujeito passivo desse ilícito, vai a juízo, como qualquer pessoa faz no cível, só que por intermédio do titular da ação penal, que é o Ministério Público, para solicitar a tutela jurisdicional.

Então, a autora do processo-crime é a Justiça Pública e não a vítima, como ocorre no cível. Embora haja exceções, na realidade, na esmagadora maioria das infrações penais é isso o que ocorre, sendo errado se colocar, por exemplo, a vítima como autora de ação penal, nos delitos de ação pública.

Mas, para que o Ministério Público leve ao conhecimento do juiz a ocorrência de um delito, por não conhecer as partes e o fato, precisa de elementos que o informem, para que possa deduzir sua pretensão. Esses elementos nada mais são do que o contido no inquérito policial, que se resume, então, em um conjunto de informações destinadas a fornecer ao titular da ação penal os elementos necessários ao ingresso em juízo, iniciando um processo criminal.

O conjunto de investigações a que se resume o inquérito policial é feito pela chamada polícia judiciária, a própria polícia civil composta por delegados, investigadores, escrivães e demais auxiliares.

Sua finalidade é elucidar um fato tido como delituoso, procurando saber quem é o autor, de que forma foi cometido, colhendo provas, ouvindo vítimas e testemunhas, além do próprio indiciado, providenciando exames e perícias e formando um conjunto de elementos que serão analisados pelo Ministério Público, nos casos de ação pública, para que, formada sua convicção, dê início à ação penal por meio da denúncia.

Código de Processo Penal

Art. 10. O inquérito deverá terminar no prazo de 10 dias, se o indiciado tiver sido preso em flagrante, ou estiver preso preventivamente, contado o prazo, nesta hipótese, a partir do dia em que se executar a ordem de prisão, ou no prazo de 30 dias, quando estiver solto mediante fiança ou sem ela.

§ 1º – A autoridade fará minucioso relatório do que tiver sido apurado e enviará os autos ao juiz competente.

§ 2º – No relatório poderá a autoridade indicar testemunhas que não tiverem sido inquiridas, mencionando o lugar onde possam ser encontradas.

§ 3º – Quando o fato for de difícil elucidação, e o indiciado estiver solto, a autoridade poderá requerer ao juiz a devolução dos autos, para ulteriores diligências, que serão realizadas no prazo marcado pelo juiz.

Agora, com a criação do Juizado Especial Criminal, que tem como uma de suas finalidades satisfazer a vítima, simplificando todo o procedimento, o inquérito e o conteúdo do art. 10 do CPP são substituídos pelo termo de ocorrência circunstanciado (art. 69, *caput*, da Lei 9.099/95), inexistindo qualquer investigação policial e dispensando-se até o exame de corpo de delito — art. 77, §§ 1° e 2°, da mesma lei.

Lei 9.099/95

Art. 69. A autoridade policial que tomar conhecimento da ocorrência lavrará termo circunstanciado e o encaminhará imediatamente ao Juizado, com o autor do fato e a vítima, providenciando-se as requisições dos exames periciais necessários.

Parágrafo único. Ao autor do fato que, após a lavratura do termo, for imediatamente encaminhado ao Juizado ou assumir o compromisso de a ele comparecer, não se imporá prisão em flagrante, nem se exigirá fiança.

Resolução 553 de 27.11.1995, da Secretaria de Segurança Pública de São Paulo[1]

Art. 1°. O Policial Civil que tomar conhecimento de prática de infração penal deverá comunicá-la, imediatamente, à autoridade policial da Delegacia de Polícia da respectiva circunscrição policial.

Parágrafo único. A comunicação prevista neste artigo, sempre que possível, far-se-á com a apresentação do autor ou autores do fato, da vítima ou vítimas, e da testemunha ou testemunhas.

Art. 2°. A autoridade policial em serviço na Delegacia de Polícia, ao tomar conhecimento da ocorrência, e verificando tratar-se de infração penal de menor potencial ofensivo, com a máxima brevidade, adotará providências legais pertinentes, nos termos da Lei 9.099, de 1995.

Art. 3°. Esta resolução entrará em vigor na data de sua publicação.

Lei 9.099/95

Art. 77. Na ação penal de iniciativa pública, quando não houver aplicação de pena, pela ausência do autor do fato, ou pela não-ocorrência de hipótese prevista no art. 76 desta Lei, o Ministério Público oferecerá ao Juiz, de imediato, denúncia oral, se não houver necessidade de diligências imprescindíveis.

[1] Juizados Especiais Criminais, São Paulo. Revista dos Tribunais, 1995, p. 70.

> § 1º – Para o oferecimento da denúncia, que será elaborada com base no termo da ocorrência referida no art. 69 desta Lei, com dispensa de inquérito policial, prescindir-se-á do exame do corpo de delito quando a materialidade do crime estiver aferida por boletim médico ou prova equivalente.
>
> § 2º – Se a complexidade ou circunstâncias do caso não permitirem a formulação da denúncia, o Ministério Público poderá requerer ao Juiz o encaminhamento das peças existentes, na forma do parágrafo único do art. 66 desta Lei.
>
> (...)

A explicação dada pela Dra. Ada Pellegrini Grinover sobre a competência do Juizado é a seguinte:

> (....) a lei afasta do Juizado as causas complexas (art. 77, § 2º) e que exijam maior investigação. Por isso, como já salientamos, não basta para que se fixe a sua competência a ocorrência de uma infração de menor potencial ofensivo, sendo necessário que a causa não seja complexa.[2]

Isso reforça o que já foi exposto anteriormente e que se refere ao deslocamento de competência para a Justiça Comum, de causas eventualmente abrangidas pelo Juizado, desde que surja qualquer incidente, como, por exemplo, ser desconhecida a autoria. É evidente que nessa hipótese, somente com a instauração de inquérito e suas regulares investigações será possível pretender-se a identificação. Esse caso, então, será apreciado pela Justiça Comum e não pelo Juizado.

Fora das hipóteses abrangidas pela Lei 9.099, havendo inquérito, a autoridade policial não pode arquivá-lo, mesmo que entenda não ter havido crime, devendo sempre que concluir a investigação, remeter os autos a um juiz criminal, que os enviará ao Promotor de Justiça. De posse desses elementos, somente o Ministério Público poderá requerer o arquivamento. Pode, ainda, o Promotor, se for o caso, solicitar que o procedimento seja devolvido à polícia para novas diligências, requerer a extinção da punibilidade ou iniciar a ação penal, através de oferecimento da denúncia, que conterá a proposta de suspensão do processo, se possível (art. 89 da Lei 9.099/95), ou as razões pelas quais não é feita.

---

[2] Grinover, Ada Pellegrini e outros. *Juizados Especiais Criminais.* 1ª ed., São Paulo, RT., 1995, p. 70.

Sendo um conjunto de informações, o inquérito é escrito (art. 9º do CPP), podendo ser sigiloso (art. 20 do CPP) quando necessário ao andamento das investigações, é inquisitivo, uma vez que o indiciado não é sujeito de direitos, mas objeto de investigação, respeitando-se sua integridade física.

> Código de Processo Penal
>
> Art. 9º. Todas as peças do inquérito policial serão, num só processado, reduzidas a escrito ou datilografadas e, neste caso, rubricadas pela autoridade.
>
> Art. 20. A autoridade assegurará no inquérito o sigilo necessário à elucidação do fato ou exigido pelo interesse da sociedade.

Compreendendo sua natureza, conclui-se que esse procedimento não é contraditório, motivo pelo qual o advogado não participa de sua elaboração, podendo apenas acompanhar seus atos, facultando-se-lhe todavia requerer diligências (art. 14) que serão realizadas ou não, a critério da autoridade policial.

> Código de Processo Penal
>
> Art. 14. O ofendido, ou seu representante legal, e o indiciado poderão requerer qualquer diligência, que será realizada, ou não, a juízo da autoridade.

Petições

(modelo I)

Requerimento de diligência feito pelo indiciado

Ilmo. Sr. Delegado de Polícia do .... Distrito Policial de ....

(deixar espaço)

I.P. nº ......

Artur de Tal, qualificado nos autos de inquérito policial contra si instaurado por infração ao art. 157, *caput,* do CP, por seu procurador, documento anexo, vem, respeitosamente, à presença de V. Sa., a fim de requerer *seja submetido a exame de corpo de delito*, visto ter sofrido lesões por ocasião do fato pelo qual é acusado.

Requer, ainda, a ouvida das testemunhas cujo rol está abaixo e que presenciaram a agressão sofrida pelo requerente e praticada pela suposta vítima e amigos.

Termos em que,

Pede deferimento.

...., ... de .... de ...

(assinatura do advogado)

Rol de testemunhas:

a) ....

b) ....

c) ....

(modelo II)

Diligência em inquérito policial

Ilmo. Sr. Delegado de Polícia do .... Distrito Policial de ....

(deixar espaço)

Fulano, (qualificar), por seu procurador, documento anexo, vem, respeitosamente, à presença de V. Sa., a fim de requerer a *oitiva da testemunha Sicrano,* (qualificar), nos autos do inquérito policial em que o requerente figura como indiciado, por infração ao art. 171 do CP.

Termos em que,

Pede deferimento.

...., ... de .... de ...

(assinatura do advogado)

(modelo III)

Requerimento de diligência feito por advogado
do representante legal da vítima

Ilmo. Sr. Delegado de Polícia do .... Distrito Policial de ....

(deixar espaço)

I. P. nº ....

J. de T., nos autos do inquérito policial nº ... instaurado contra A. de T., por infração do art. 157, *caput*, do CP, em que figura como vítima L. de T., filho do requerente, por seu procurador, documento anexo, vem, respeitosamente, à presença de V. Sa., a fim de requerer a ouvida de P. de T., brasileiro, casado, operário, residente e domiciliado nesta cidade, à Rua .... nº ...., por ter referida testemunha presenciado o fato, motivo pelo qual seu depoimento é de fundamental importância.

Termos em que, j. esta aos autos,

Pede deferimento.

...., ... de .... de ...

(assinatura do advogado)

A autoridade policial toma conhecimento de um fato aparentemente delituoso por meio da *notitia criminis* ou da *delatio criminis*. *Notitia criminis* é o conhecimento que ela tem, em razão de suas atividades normais, de um ilícito penal, como, por exemplo, ao assistir uma reportagem na televisão, sobre a ocorrência de um crime em algum lugar, ou por meio de flagrante etc.

Delatio criminis é a comunicação feita por qualquer pessoa, por escrito ou verbalmente, da ocorrência de um ilícito penal.

O inquérito policial não é indispensável à propositura da ação penal, tanto que pode ser dispensado, se o seu titular tiver em mãos elementos suficientes para fundamentar a inicial (arts. 12, 39, § 5º, 46, § 1º, do CPP).

> Código de Processo Penal
>
> Art. 12. O inquérito policial acompanhará a denúncia ou queixa, sempre que servir de base a uma ou outra.
>
> Art. 39. O direito de representação poderá ser exercido, pessoalmente ou por procurador com poderes especiais, mediante declaração, escrita ou oral, feita ao juiz, ao órgão do Ministério Público, ou à autoridade policial.
>
> § 5º – O órgão do Ministério Público dispensará o inquérito, se com a representação forem oferecidos elementos que o habilitem a promover a ação penal, e, neste caso, oferecerá a denúncia no prazo de quinze dias.
>
> Art. 46. O prazo para oferecimento da denúncia, estando o réu preso, será de 5 dias, contado da data em que o órgão do Ministério Público receber os autos do inquérito policial, e de 15 dias, se o réu estiver solto ou afiançado. No último caso, se houver devolução de inquérito à autoridade policial (art. 16), contar-se-á o prazo da data em que o órgão do Ministério Público receber novamente os autos.
>
> § 1º – Quando o Ministério Público dispensar o inquérito policial, o prazo para o oferecimento da denúncia contar-se-á da data em que tiver recebido as peças de informações ou a representação.

Se o prazo for excedido, o acusado poderá impetrar *Habeas Corpus*, se estiver preso, porque ninguém pode ficar segregado por mais tempo do que permite a lei.

A vítima, por sua vez, poderá iniciar a ação privada subsidiária, oferecendo queixa substitutiva da denúncia.

Em qualquer caso, havendo prova de que o retardamento se deu por desídia, poder-se-á requerer providências contra o Promotor de Justiça responsável pelo retardamento, com base no art. 801 do CPP.

> Art. 801. Findos os respectivos prazos, os juízes e os órgãos do Ministério Público, responsáveis pelo retardamento, perderão tantos dias de vencimento quantos forem os excedidos.
>
> Na contagem do tempo de serviço, para o efeito de promoção e aposentadoria, a perda será do dobro dos dias excedidos.

2. Início de Inquérito Policial

Código de Processo Penal

Art. 5º. Nos crimes de ação pública o inquérito policial será iniciado:

I – de ofício;

II – mediante requisição da autoridade judiciária ou do Ministério Público, ou a requerimento do ofendido ou de quem tiver qualidade para representá-lo.

§ 1º – O requerimento a que se refere o nº II conterá sempre que possível:

a) a narração do fato, com todas as circunstâncias;

b) a individualização do indiciado ou seus sinais característicos e as razões de convicção ou de presunção de ser ele o autor da infração, ou os motivos de impossibilidade de o fazer;

c) a nomeação das testemunhas, com indicação de sua profissão e residência.[3]

§ 2º – Do despacho que indeferir o requerimento de abertura de inquérito caberá recurso para o chefe de Polícia.

§ 3º – Qualquer pessoa do povo que tiver conhecimento da existência de infração penal em que caiba ação pública poderá, verbalmente ou por escrito, comunicá-la à autoridade policial, e esta, verificada a procedência das informações, mandará instaurar inquérito.

§ 4º – O inquérito, nos crimes em que a ação pública depender de representação, não poderá sem ela ser iniciado.

§ 5º – Nos crimes de ação privada, a autoridade policial somente poderá proceder a inquérito a requerimento de quem tenha qualidade para intentá-la.

No inciso I, vê-se que a autoridade policial inicia um inquérito, de ofício, por meio de portaria, tão logo tenha conhecimento de um fato tido como delituoso. Esse conhecimento pode ocorrer através de *notitia criminis,* sendo uma de suas formas o B.O. (Boletim de Ocorrência) lavrado nas delegacias por um funcionário que recebe a comunicação e que depois o encaminha ao delegado, exatamente para que baixe portaria instaurando o procedimento inquisitivo.

[3] O Substitutivo ao Projeto de lei nº 4.895/95 previa na *alínea d,* acrescentada ao art. 5º do CPP, a remessa imediata do expediente à autoridade judiciária competente, com as informações existentes, abstendo-se a autoridade policial de realizar qualquer investigação.

O termo circunstanciado referido no art. 69 da Lei 9.099/95 é um B.O. mais completo, contendo, além da indicação do autor do fato, nome da vítima e relação de testemunhas, um resumo dos acontecimentos. Esse termo será imediatamente encaminhado ao juiz competente, sem qualquer investigação por parte da polícia, sendo apenas requisitados os exames periciais necessários, sem se esperar por seu resultado.

O Ministério Público somente tem legitimidade para presidir inquéritos, dentro do âmbito de suas atribuições (para alicerçar ação civil pública, por exemplo), sendo, no nosso entender, completamente ilegal o chamado "procedimento administrativo criminal", tão em voga nos dias de hoje, onde os Promotores de Justiça (principalmente os do GAERCO) instauram o procedimento, realizam as diligências (em regra com o acompanhamento da mídia), tomam os depoimentos e posteriormente oferecem denúncia e acusam, tudo com base nesse procedimento que presidiram, sem contraditório e sem a presença de qualquer advogado.

3. Arquivamento de Boletim de Ocorrência

Na realidade, o que ocorria nas delegacias, sendo proibido por lei, diante dos princípios da indisponibilidade e da legalidade, era que, nos pequenos delitos, a autoridade policial costumava intimar as partes para irem à delegacia, em vez de iniciar o inquérito.

Depois de ouvi-las, se estivessem de acordo, ordenava que assinassem no verso do boletim de ocorrência, sendo ele arquivado. Isso se fazia em larga escala e, embora proibido, era do conhecimento de juízes, promotores e advogados, ocorrendo mesmo situações em que aquelas autoridades, por ocasião das correições periódicas nas delegacias, davam "visto" nas chamadas pastas P.B.O., que serviam para arquivar boletins de ocorrência objetos de acordo.

A justificativa era o excesso de serviço e a insuficiência de funcionários, tanto na esfera policial como na judiciária e que o sistema ficaria atravancado se todas as ocorrências dessem origem a inquéritos e futuros processos.

Como se expôs, arquivavam-se em todo o país, boletins de ocorrência. Portanto, quando vulgarmente se dizia que alguém havia retirado a "queixa", o que se estava realmente falando, sem o saber, era que o boletim de ocorrência havia sido irregularmente arquivado.

Essa prática agora tende a acabar; os acordos promovidos na polícia devem deixar de existir. Igualmente a figura da prescrição em perspectiva, para fundamentar arquivamentos de processos, perdeu a importância.

No dizer da Profª Ada Pellegrini Grinover[4], comentando os antigos acordos irregulares e o objetivo da Lei 9.099/95,

> (...) o que a discricionariedade regulada pretende é substituir os mecanismos informais de seleção e casos já operantes na sociedade, introduzindo em seu lugar critérios legais transparentes, racionais e congruentes com as escolhas do direito penal, que também levem à pacificação social.

4. Pedido de Instauração de Inquérito Policial

O inciso II e § 1° do art. 5° (cf. p. 179) do Código de Processo Penal, permite que, nos casos complexos ou fora da competência do JEC, a vítima ou seu representante (pai, mãe e outros) requeira pessoalmente, por petição, a instauração de inquérito, podendo esse requerimento ser feito e assinado por advogado em nome do ofendido ou de seu representante, quando então deverá juntar procuração.

O advogado pode redigir a petição em nome do próprio cliente e este a assinará, sem constar o nome do profissional, ou através de procuração, peticionar como procurador, em nome do cliente, assinando a peça, em virtude do mandato. Se a vítima for incapaz (por exemplo, menor de dezoito anos), quem requererá a instauração será seu representante, pessoalmente ou por advogado.

---

4 *Op. cit.*, p. 89.

PETIÇÕES

(modelo I)

Requerimento de instauração de inquérito policial feito pela própria vítima

Ilmo. Sr. Delegado de Polícia do .... Distrito Policial de .... [5]

(deixar espaço)

J. de T., brasileiro, solteiro, maior, eletricista, portador do RG nº ...., residente e domiciliado nesta cidade, à Rua .... nº ...., vem, respeitosamente, à presença de V. Sa., a fim de *representar e requerer a instauração de inquérito policial* contra A. de T., qualificação ignorada, residente nas proximidades do Supermercado ...., à Rua .... nº ......, nesta cidade, negro, com aproximadamente 1,80 m de altura, apelidado de "Nego" e portador de uma cicatriz no lado direito do rosto, por infração do art. 129, *caput,* do CP, pelo que expõe a seguir:

1) Na tarde de ontem, o requerente se encontrava no estacionamento do Supermercado ...., localizado nesta cidade, à Rua .... nº ....., acompanhado de dois amigos, colocando as compras ali feitas no porta-malas de seu veículo;

2) inesperadamente aproximou-se do grupo o requerido que, dirigindo-se diretamente ao suplicante, exigiu dele um cigarro;

3) ao receber resposta negativa, visto que nem o requerente nem qualquer de seus amigos têm o hábito de fumar, A. de T. enfureceu-se e sem qualquer explicação passou a agredir o suplicante com socos e pontapés;

4) colhido pela surpresa da agressão injusta e não-provocada, o requerente mal teve condições de se defender, vindo, em conseqüência, a sofrer lesões no rosto, nariz e principalmente na boca, conforme pode ser visto até a olho nu;

5) imediatamente após a agressão, o requerido fugiu em desabalada carreira, sendo impossível detê-lo;

6) por intermédio de funcionários do referido supermercado, foi possível obter dados do agressor, suficientes para identificá-lo, mesmo porque, segundo ainda informações, tal indivíduo é freqüentador assíduo do local, onde constantemente se envolve em agressões como esta.

[5] Em razão da complexidade do caso (diligências para identificação do agressor) será instaurado inquérito policial, não havendo a simples elaboração de T.O.

Diante do exposto, reitera o pedido de instauração de inquérito policial contra A. de T., para que futuramente possa ser iniciada a competente ação penal pública condicionada.

Podem testemunhar o fato, as seguintes pessoas:

a) Fulano de Tal

Rua ...., nº ......

b) Beltrano de Tal

Rua ...., nº ......

c) Sicrano de Tal

Rua ...., nº ......

Termos em que,

Pede deferimento.

...., ... de .... de ...

(assinatura de João de Tal)

(modelo II)

Representação e requerimento de instauração
de inquérito policial feito por procurador

Ilmo. Sr. Delegado de Polícia do .... Distrito Policial de .... [6]

(deixar espaço)

J. de T., brasileiro, solteiro, maior, eletricista, portador do RG ...., residente e domiciliado nesta cidade, à Rua .... nº ..., por seu procurador, documento anexo,

[6] Ver nota de rodapé anterior.

com poderes específicos, vem, respeitosamente, à presença de V. Sa., a fim de *representar e requerer a instauração de inquérito policial* contra A. de T., qualificação ignorada, residente nas proximidades do Supermercado ...., à Rua .... nº ...., nesta cidade, negro, com aproximadamente 1,80 m de altura, apelidado de "Nego" e portador de uma cicatriz no lado direito do rosto, por infração do art. 129, *caput,* do CP, pelo que expõe a seguir:

1) Na tarde de ontem, o requerente se encontrava no estacionamento do Supermercado ...., localizado nesta cidade, à Rua .... nº ....., acompanhado de dois amigos, colocando as compras ali feitas no porta-malas de seu veículo;

2) inesperadamente aproximou-se do grupo o requerido que, dirigindo-se diretamente ao suplicante, exigiu dele um cigarro;

3) ao receber resposta negativa, visto que nem o requerente nem qualquer de seus amigos têm o hábito de fumar, A. de T. enfureceu-se e sem qualquer explicação passou a agredir o suplicante com socos e pontapés;

4) colhido pela surpresa da agressão injusta e não-provocada, o requerente mal teve condições de se defender, vindo, em conseqüência a sofrer lesões no rosto, nariz e principalmente na boca, conforme pode ser visto até a olho nu;

5) imediatamente após a agressão, o requerido fugiu em desabalada carreira, sendo impossível detê-lo;

6) por intermédio de funcionários do referido supermercado, foi possível obter dados do agressor, suficientes para identificá-lo, mesmo porque, segundo ainda informações, tal indivíduo é freqüentador assíduo do local, onde constantemente se envolve em agressões como esta.

Diante do exposto, representa e reitera o pedido de instauração de inquérito policial contra A. de T., para que futuramente possa ser iniciada a competente ação penal pública condicionada.

Podem testemunhar o fato, as seguintes pessoas:

a) Fulano de Tal

Rua ...., nº ......

b) Beltrano de Tal

Rua ...., nº ......

c) Sicrano de Tal

Rua ...., nº ......

Termos em que,

Pede deferimento.

...., ... de ..... de ...

(assinatura do advogado)

(modelo III)

Requerimento de instauração de inquérito policial feito por advogados

Ilmo. Sr. Delegado de Polícia do .... Distrito Policial de ......

(deixar espaço)

V. B., brasileiro, casado, borracheiro, portador do RG. nº ...., residente e domiciliado à Rua ..... nº ...., Vl. ....., nesta cidade de Campinas/SP, por seus procuradores infra-assinados (doc. I), vem, à presença de V. Sa., requerer a *instauração de inquérito policial* contra V. L. R., brasileiro, solteiro, comerciante, portador da Cédula de Identidade RG nº ......, residente e domiciliado à Rua ...... nº ......, bairro ......, Campinas/SP, pelos motivos de fato e de direito que passa a expor:

1) O Requerente adquiriu de V. L. R., mediante contrato particular de promessa de compra e venda (cópia anexa – doc. II), um caminhão tipo carroceria aberta, modelo Mercedes Benz L 1113, movido a diesel, cor predominante azul, Chassi nº ....., placas ...., ano de fabricação e modelo ....., ficando acordado que pagaria ao mesmo R$ 6.000,00 (seis mil reais) a título de sinal e assinaria 07 (sete)

notas promissórias equivalentes ao restante do bem, totalizadas em R$ 14.800,00 (quatorze mil e oitocentos reais), sendo a primeira de R$ 2.800,00 (dois mil e oitocentos reais) e as restantes de R$ 2.000,00 (dois mil reais), com vencimentos mensais, a partir de outubro de ......;

2) apesar de não ter sido assinado o referido contrato, o negócio se efetivou, conforme os termos supra-escritos, em 22 de setembro p.p., diante de várias testemunhas, a saber, J. C. dos S., J. F. F., J. M. e A. A. F., pagando o Requerente a parcela de entrada e firmando as sete notas promissórias em questão;

3) após a concretização do acordo, ato contínuo e imediato, recebeu o veículo, embora não lhe tenha sido dado recibo da quantia paga; da mesma forma, não lhe foi entregue o Certificado de Registro e Licenciamento do caminhão, referente ao ano de ...., sendo-lhe passada somente a documentação relativa ao ano anterior;

4) ocorre que, sem a documentação atualizada, ficou o Requerente impossibilitado de circular com o veículo, diante de sua possível apreensão pelo Poder Público, em eventual fiscalização; também não pôde providenciar a atualização dos documentos, uma vez que, para tanto, exige-se o recibo de venda fornecido pela Ciretran, dentre outros documentos e comprovantes;

5) em razão dessa irregularidade no licenciamento do veículo, ficou ainda o Requerente, então comprador, impossibilitado de efetuar transportes para a fábrica ...., onde já havia se cadastrado para tal atividade, com uma expectativa de ganho equivalente a R$ 4.000,00 (quatro mil reais) mensais;

6) a despeito de tal impasse, em ......, conforme pactuara, o Requerente pagou ao então vendedor, V. L. R. a quantia de R$ 2.400,00 (dois mil e quatrocentos reais), correspondente a parte do valor constante na primeira nota promissória, de R$ 2.800,00 (dois mil e oitocentos reais), sem que lhe fosse dado, novamente, qualquer recibo por esse segundo pagamento;

7) de fato, em virtude de total impossibilidade financeira decorrente da não-realização de seu mister, deixou o ora Requerente de saldar o remanescente da primeira parcela, R$ 400,00 (quatrocentos reais), bem como de quitar as duas outras posteriores, vencidas imediatamente em 22.10 e 22.11, no valor de R$ 2.000,00 (dois mil reais) cada uma;

8) em razão de atraso no pagamento das 2 prestações aludidas, o vendedor V. L. R., acompanhado por mais 4 pessoas, chegou, em 26.11 passado, à casa

do Requerente e, mediante ameaças, tomou-lhe o veículo transacionado, privando o então comprador da posse do caminhão, em grave desrespeito às mínimas normas jurídicas de tutela civil e penal;

9) como se não bastasse, convém ressaltar que nem mesmo o então "vendedor" era o legítimo e real proprietário do bem móvel discutido; na verdade, o caminhão vendido pertencia a terceiro e estava financiado, existindo reserva de domínio a favor da Financeira Tal. A posse do caminhão, antes de passar a V. L. R., estava com A. A. F., que havia adquirido o veículo por cessão e estava pagando o referido financiamento em nome do primitivo comprador;

10) ocorre que após a quitação das parcelas referentes ao financiamento, A. A. F., pretendendo transferir o caminhão para seu nome, enviou seus documentos pessoais, os do veículo e os do antigo proprietário ao despachante "S. L.", situado à Rua .... nº ...., Jardim ...., nesta cidade, não se formalizando a transferência, porque o Requerido retirou desse despachante todos os documentos que lá se encontravam;

11) diante de todos esses acontecimentos, o Requerente dirigiu-se a esse Distrito Policial, no dia 27.11...., onde foi determinado o comparecimento das partes no imediato dia seguinte;

12) acompanhados de seus patronos, em 28.11....., não chegaram a viabilizar qualquer acordo, restando apenas a lavratura de Boletim de Ocorrência (cópia anexa – doc. III);

13) como se não bastassem os fatos já narrados, o Requerente, no mesmo dia da lavratura do citado B.O., tomou conhecimento, por declarações de A. A. F., que o mesmo vendedor, V. L. R., havia VENDIDO O MESMO CAMINHÃO, OBJETO DESTA DISCUSSÃO, PARA OUTREM, cujo nome é D. C., o qual, localizado por meio do telefone, ..., confirmou a compra do veículo, realizada em 27.11....., dispondo-se a dar oficialmente tal declaração, quando for para tanto intimado.

Pelo exposto, reitera o pedido de instauração de Inquérito Policial contra V. L. R., destinado à comprovação de infrações, ficando desde já expressamente autorizada sua instauração e seu regular trâmite, em caso de delitos de titularidade privada ou condicionada à representação.

Da mesma forma, principalmente diante do disposto no item 13 acima, requer seja determinada a apreensão do veículo discutido, descrito no item 1, uma vez que se trata do objeto imediato do atual conflito, ficando o Requerente como seu depositário, em virtude da violência a que foi submetido.

Requer ainda a oitiva das testemunhas abaixo arroladas e qualificadas, todas residentes em Campinas.

Termos em que

Pede deferimento.

Campinas, ... de .... de ...

(assinatura dos advogados)

Testemunhas:

1) ....

2) ....

3) ....

4) ....

(modelo IV)

Representação e requerimento para instauração de inquérito policial feito pelo representante legal da vítima

Ilmo. Sr. Delegado de Polícia do .... Distrito Policial de .... [7]

(deixar espaço)

J. de T., (qualificar), vem, respeitosamente, à presença de V. Sa., a fim de *representar e requerer a instauração de inquérito policial* contra A. de T., qualificação ignorada, residente nas proximidades do Supermercado ...., à Rua .... nº ...., nesta cidade, negro, com aproximadamente 1,80 m de altura, apelidado de "Nego" e portador de uma cicatriz no lado direito do rosto, por infração do art. 129, *caput,* do CP, pelos motivos de fato e de direito que passa a expor:

[7] Ver nota de rodapé anterior.

1) O requerente é pai de L. de T., brasileiro, solteiro, com 15 (quinze) anos de idade, estudante e que se encontrava na tarde de ontem no estacionamento do Supermercado ...., localizado nesta cidade, à Rua .... nº ...., acompanhado de dois amigos, colocando as compras ali feitas no porta-malas do veículo de um deles;

2) naquele momento aproximou-se do grupo o requerido, que dirigindo-se diretamente ao filho do suplicante, exigiu dele um cigarro;

3) ao receber resposta negativa, visto que nenhum dos rapazes tem o hábito de fumar, A. de T. se enfureceu e sem qualquer explicação passou a agredir o menino com socos e pontapés;

4) colhido pela surpresa da agressão injusta e não-provocada, o filho do requerente mal teve condições de se defender, vindo em conseqüência a sofrer lesões no rosto, nariz e principalmente na boca;

5) imediatamente após a agressão, o requerido fugiu em desabalada carreira, sendo impossível detê-lo;

6) por intermédio de funcionários do referido supermercado, foi possível obter dados do agressor, suficientes para identificá-lo, mesmo porque, segundo ainda informações, tal indivíduo é freqüentador assíduo do local, onde constantemente se envolve em agressões como esta.

Diante do exposto, autoriza e reitera o pedido de instauração de inquérito policial contra A. de T., para que futuramente possa ser iniciada a competente ação penal púbica condicionada.

Podem testemunhar o fato, as seguintes pessoas:

a) Fulano de Tal

Rua ...., nº ......

b) Beltrano de Tal

Rua ...., nº ......

c) Sicrano de Tal

Rua ...., nº ......

Termos em que,

Pede deferimento.

...., ... de ..... de ...

(assinatura de J. de T.)

JURISPRUDÊNCIA

Crime de ação privada — Requerimento (art. 5º, § 5º, do CPP) que independe de formalidades especiais, podendo ser feito oralmente ou por escrito — Suficiência da inequívoca manifestação de vontade do ofendido de que pretende exercitar seu *jus actionis* contra o imputado — Necessidade, porém, de que seja reduzido a termo quando apresentado verbalmente ou mediante petição sem autenticação da assinatura do subscritor (TACrimSP) — *RT* 667/307.

Tratando-se de ação penal pública, ainda que o pedido tenha sido feito pelo interessado na instauração de inquérito policial contra alguém, isso não significa que haverá ação penal, posto que o titular da ação é o Ministério Público, representando a Justiça Pública e nessa qualidade irá examinar os autos de inquérito para decidir se é caso ou não de iniciá-la. Se entender pelo arquivamento, nenhum recurso caberá à vítima e o inquérito será arquivado.

JURISPRUDÊNCIA

Arquivamento solicitado pelo Ministério Público — Reconhecimento da excludente da legítima defesa — Admissibilidade — Perda do objeto da pretensão punitiva que possibilita o não-exercício do *jus denunciandi* (TJPR) — *RT* 664/303.

Arquivamento requerido pelo Promotor de Justiça — Pedido ratificado pela Procuradoria Geral *ex vi* do art. 28 do Código de Processo Penal — Magistrado que, não obstante, determina a devolução dos autos à polícia para novas diligências — Inadmissibilidade — Constrangimento ilegal caracterizado — *Habeas corpus* concedido — *RT* 508/319.

5. INDEFERIMENTO DE PEDIDO DE INSTAURAÇÃO DE INQUÉRITO

O requerimento pode ser indeferido pela autoridade policial, se for incompetente, se estiver extinta a punibilidade, se o requerente for incapaz, se o fato for atípico ou se o pedido não contiver o mínimo de elementos que possibilitem uma investigação.

Havendo indeferimento, várias opções surgem para o requerente:

a) Pode recorrer desse despacho para o Secretário da Segurança Pública, conforme prevê o art. 5º, § 2º, do CPP. Esse artigo fala em recurso ao chefe de polícia, que atualmente é o Secretário da Segurança Pública;

> Código de Processo Penal
>
> Art. 5º. Nos crimes de ação pública o inquérito policial será iniciado:
>
> (...)
>
> § 2º – Do despacho que indeferir o requerimento de abertura de inquérito caberá recurso para o chefe de polícia.

Petição

(modelo)

Recurso ao Secretário da Segurança Pública
para instauração de inquérito policial

Excelentíssimo Senhor Doutor Secretário de Segurança Pública do Estado de ....

(deixar espaço)

A. C. M., brasileiro, casado, comerciante, portador da cédula de identidade RG .... e CPF ...., residente e domiciliado à Rua ..... nº ...., na cidade de ...., por seu advogado infra-assinado (doc. anexo), vem, à presença de Vossa Excelência, a fim de interpor recurso contra o despacho proferido pelo Ilmo. Sr. Delegado Titular do .... Distrito Policial de ...., que indeferiu requerimento para a instauração de inquérito policial, a fim de averiguar a ocorrência de furto na residência do requerente, fazendo-o nos seguintes termos:

1. *Dos fatos*

1.1. Na madrugada de .../.../... adentrou à residência do requerente, localizada à Rua .... nº ...., ..., uma pessoa popularmente conhecida naquela região, como "Urso", que, aproveitando-se do fato de a casa estar vazia, porque o recorrente viajava a trabalho, subtraiu dali os seguintes pertences:

a. um televisor marca ....;
b. um videocassete da mesma marca;
c. um faqueiro de prata contendo 36 peças.

1.2. Segundo testemunhas, a final arroladas, por volta das .... horas do mesmo dia .../.../..., o indivíduo conhecido como "Urso" foi visto deixando a residência do recorrente, levando consigo um televisor e uma grande sacola, dentro da qual não foi possível às testemunhas identificar o que havia.

2. *Do despacho de indeferimento*

2.1. Não obstante todo o exposto, o Ilmo. Sr. Dr. Delegado Titular proferiu despacho indeferindo o pedido, alegando para tanto o não-preenchimento do disposto na letra *b* do § 1º do art. 5º do CPP.

2.2. Ora, não entende o recorrente que faltou tal requisito, uma vez que o ofensor é pessoa popularmente conhecida e foi identificado pelas testemunhas que poderão, em depoimento, apresentar características outras, a fim de que se possa melhor individualizá-lo.

3. *Do pedido*

3.1. Isto posto, requer seja dado provimento ao presente recurso, a fim de que se instaure inquérito policial para averiguação da ocorrência do crime previsto no art. 155 § 4º, I, do Código Penal.

Termos em que, com os documentos anexos,
Pede e espera deferimento.
...., ...de .... de ...
(assinatura do advogado)[8]

[8] Carlos Eduardo de Oliveira.

b) O fato pode ser levado ao conhecimento de um juiz ou promotor de justiça que, entendendo cabível, requisitará a instauração de inquérito, com o que não pode discordar a autoridade policial;

c) pode-se renovar o pedido à mesma autoridade, esclarecendo os motivos que levaram ao indeferimento ou endereçando o requerimento a quem seja competente, se a razão do indeferimento foi a incompetência.

6. Inquérito Policial por Meio de Flagrante

Embora não contido no art. 5º do CPP, o flagrante também é uma das formas pelas quais pode ser iniciado um inquérito policial, observando-se que nos delitos de ação privada ou pública condicionada só pode haver flagrante e conseqüente inquérito policial com o consentimento da vítima ou seu representante.

Todavia, somente haverá inquérito policial decorrente de flagrante, quando o ilícito praticado estiver fora dos casos previstos na Lei 9.099/95 (art. 61, p. 394) ou se, embora amparado por ela, o autor do fato não concordar com o previsto no art. 69, parágrafo único (p. 395), hipótese em que será autuado e iniciado o inquérito policial, com base nesse auto de prisão em flagrante.

7. Inquérito Policial por Meio de Requisição da Autoridade Judiciária ou do Ministério Público

Requisitada a instauração de inquérito, não poderá a autoridade policial questionar o fato, posto que essa requisição é ordem, cabendo-lhe obedecer, a menos que a requisição seja manifestamente ilegal, como, por exemplo, um Promotor requisitando a instauração de inquérito contra uma pessoa que não pagou uma nota promissória vencida; tal fato, como já mencionado anteriormente, não caracterizando ilícito penal, não pode servir de fundamento à instauração de inquérito e muito menos de ação penal, podendo o delegado, nesse caso, recusar-se a cumprir a ordem.

JURISPRUDÊNCIA

Instauração, a requerimento do Ministério Público, para a apuração do desvio de bens da massa falida — Inadmissibilidade — Trancamento — Recurso de *habeas corpus* provido (Ement.) — *RT* 492/312.

Os arts. 21 e 35 do CPP, dispondo respectivamente sobre a incomunicabilidade do indiciado e a necessidade de autorização do marido, para que a mulher requeira a instauração de inquérito em crimes de ação privada, estão revogados pelos arts. 5º, I, e art. 226, § 5º, ambos da CF/88.

> Código de Processo Penal
>
> Art. 21. A incomunicabilidade do indiciado dependerá sempre de despacho nos autos e somente será permitida quando o interesse da sociedade ou a conveniência da investigação o exigir.
>
> Parágrafo único. A incomunicabilidade, que não excederá 3 (três) dias, será decretada por despacho fundamentado do juiz, a requerimento da autoridade policial, ou do órgão do Ministério Público, respeitado, em qualquer hipótese, o disposto no art. 89, III, do Estatuto da Ordem dos Advogados do Brasil (Lei 4.215, de 27 de abril de 1963).[9]

Hoje, infelizmente, com a criação do famigerado R.D.D. (Regime Disciplinar Diferenciado), o que se vê é o enclausuramento em verdadeiras solitárias, necessitando até, os advogados, de agendamento prévio para se avistarem com os clientes. O art. 21, embora inconstitucional, era muito mais benéfico do que o que aí está.

> Código de Processo Penal
>
> Art. 35. A mulher casada não poderá exercer o direito de queixa sem consentimento do marido, salvo quando estiver dele separada ou quando a queixa for contra ele.
>
> Parágrafo único. Se o marido recusar o consentimento, o juiz poderá supri-lo.

---

[9] Lei 4.215/63, hoje substituída pelo novo Estatuto da OAB – Lei 8.906/94.

Constituição da República Federativa do Brasil

Art. 5º. Todos são iguais perante a lei, sem distinção de qualquer natureza, garantindo-se aos brasileiros e aos estrangeiros residentes no País a inviolabilidade do direito à vida, à liberdade, à igualdade, à segurança e à propriedade, nos termos seguintes:

I – homens e mulheres são iguais em direitos e obrigações, nos termos desta Constituição.

(...)

Art. 226. A família, a base da sociedade, tem especial proteção do Estado.

(...)

§ 5º. Os direitos e deveres referentes à sociedade conjugal são exercidos igualmente pelo homem e pela mulher.

8. Prazo para Término do Inquérito Policial

Segundo o art. 10 do CPP, o inquérito policial deverá estar terminado em 10 (dez) dias, se o indiciado estiver preso, e em 30 (trinta) dias, se solto.

Código de Processo Penal

Art. 10. O inquérito deverá terminar no prazo de 10 (dez) dias, se o indiciado tiver sido preso em flagrante, ou estiver preso preventivamente, contado o prazo, nesta hipótese, a partir do dia em que se executar a ordem de prisão, ou no prazo de 30 (trinta) dias, quando estiver solto mediante fiança ou sem ela.

§ 1º – A autoridade fará minucioso relatório do que tiver sido apurado e enviará os autos ao juiz competente.

§ 2º – No relatório poderá a autoridade indicar testemunhas que não tiverem sido inquiridas, mencionando o lugar onde possam ser encontradas.

§ 3º – Quando o fato for de difícil elucidação, e o indiciado estiver solto, a autoridade poderá requerer ao juiz a devolução dos autos, para ulteriores diligências, que serão realizadas no prazo marcado pelo juiz.

O prazo de 10 dias para término do inquérito policial, quando o indiciado estiver preso, não é absoluto. Nas situações previstas no art. 307 do CPP., por exemplo, (infrações cometidas na presença de autoridades ou contra elas, no exercício de suas funções) o término é imediato. Nos casos de flagrante de competência da Polícia Federal esse prazo é de 15 dias e nas situações de autuação por tráfico de drogas, hoje o prazo é de 15 dias, podendo ser duplicado (art. 29, da Lei 10.409/02).

> Código de Processo Penal
>
> Art. 307. Quando o fato for praticado em presença de autoridade, ou contra esta, no exercício de suas funções, constarão do auto a narração desse fato, a voz de prisão, as declarações que fizer o preso e os depoimentos das testemunhas, sendo tudo assinado pela autoridade, pelo preso e pelas testemunhas e remetido imediatamente ao juiz a quem couber tomar conhecimento do fato delituoso, se não o for a autoridade que houver presidido o auto.

Percebe-se pelo § 3º do art. 10 (cf. p. 195) que os autos somente poderão voltar à delegacia para novas diligências se o indiciado estiver solto, não podendo haver esse retorno e a manutenção da prisão, concomitantemente.

JURISPRUDÊNCIA

Prisão em flagrante — Inquérito não remetido a juízo no prazo de 10 (dez) dias — Decurso de mais de 90 (noventa) dias sem que a instrução se encerrasse — *Habeas corpus* deferido para a concessão da liberdade provisória ao acusado — Inteligência dos arts. 10, 310, parágrafo único, e art. 401 do CPP (TACrimSP — Ement.) — *RT* 584/378.

9. ARQUIVAMENTO E DESARQUIVAMENTO DE INQUÉRITO POLICIAL

Somente o Ministério Público pode requerer arquivamento de inquérito policial, cabendo ao juiz criminal deferir ou não esse requerimento (arts. 17 e 28 do CPP).

Código de Processo Penal

Art. 17. A autoridade policial não poderá mandar arquivar autos de inquérito.

Art. 28. Se o órgão do Ministério Público, ao invés de apresentar a denúncia, requerer o arquivamento do inquérito policial ou de quaisquer peças de informação, o juiz, no caso de considerar improcedentes as razões invocadas, fará remessa do inquérito ou peças de informação ao procurador-geral, e este oferecerá a denúncia, designará outro órgão do Ministério Público para oferecê-la, ou insistirá no pedido de arquivamento, ao qual só então estará o juiz obrigado a atender.

Se o Procurador-Geral designar novo promotor para oferecer a denúncia, não poderá o nomeado recusar-se a denunciar, posto estar agindo sob delegação e não em nome próprio.

O inquérito somente poderá ser desarquivado se surgirem novas provas e não houver ocorrido a prescrição.

Código de Processo Penal

Art. 18. Depois de ordenado o arquivamento do inquérito pela autoridade judiciária, por falta de base para a denúncia, a autoridade policial poderá proceder a novas pesquisas, se de outras provas tiver notícia.

Tanto o despacho que ordena o arquivamento, quanto possível determinação de desarquivamento são irrecorríveis.

Jurisprudência

Apelação — Interposição de despacho que determina o arquivamento de inquérito policial — Não-recebimento — Irrecorribilidade do mesmo — Decisão mantida — Inteligência do art. 28 do CPP — *RT* 529/333.

10. POLÍCIA JUDICIÁRIA

Código de Processo Penal

Art. 4º. A polícia judiciária será exercida pelas autoridades policiais no território de suas respectivas circunscrições[10] e terá por fim a apuração das infrações penais e da sua autoria.

Parágrafo único. A competência definida neste artigo não excluirá a de autoridades administrativas, a quem por lei seja cometida a mesma função.

Art. 13. Incumbirá ainda à autoridade policial:

I – fornecer às autoridades judiciárias as informações necessárias à instrução e julgamento dos processos;

II – realizar as diligências requisitadas pelo juiz ou pelo Ministério Público;

III – cumprir os mandados de prisão expedidos pelas autoridades judiciárias;

IV – representar acerca da prisão preventiva.

11. CURADOR NO INQUÉRITO POLICIAL

A figura do curador, no Direito Criminal, nada tem a ver com o conceito de curatela do Direito Civil, nenhum relacionamento tendo ainda com a curadoria exercida pelo Ministério Público.

Com a entrada em vigor do novo Código Civil, vários posicionamentos surgiram, a respeito da revogação ou não dos artigos do Código de Processo Penal, que exigem a nomeação de curador ao menor, que tenha entre 18 e 21 anos.

Nossa posição, como já foi exposto à fl........ é no sentido de que por se tratarem de dois macrossistemas com peculiaridades próprias e bem definidas, suas

[10] O art. 4º falava em jurisdição, quando, na realidade, polícia judiciária não é órgão judicial, tendo apenas por função, auxiliar a Justiça, além de exercer outras atividades relacionadas no art. 13. Agora, com a Lei 9.043/95 foi corrigida sua redação, alterando-se o termo erroneamente colocado, para a expressão correta, circunscrições.

regras não se comunicam. A maioridade civil, por exemplo, não acarreta uma automática maioridade penal, de modo que o menor casado, embora maior do ponto de vista civil, continua inimputável penalmente, o que reforça nossos argumentos.

Para o Direito Penal, curador é um advogado, um acadêmico estagiário ou, na falta desses, qualquer pessoa idônea nomeada unicamente para acompanhar o depoimento de indiciado, ou réu, menor de 21 (vinte e um) e maior de 18 (dezoito) anos.

Essa nomeação deve ser feita na hora do ato, pela autoridade que vai presidi-lo e serve apenas para aquele momento, não vinculando o curador aos demais atos que serão praticados. Nada impede que o próprio defensor seja nomeado curador, mas, na sua ausência, qualquer outra pessoa poderá receber essa nomeação. Hoje, por ser o interrogatório um ato de comparecimento obrigatório da defesa, esse defensor presente será o curador do menor, deixando de existir, somente nessa hipótese a figura do curador nomeado.

O curador pode requerer diligências, que serão realizadas ou não, a critério da autoridade policial, exceto o exame de corpo de delito que, se for requerido, deve obrigatoriamente ser realizado.

A função do curador é garantir que o curatelado preste seu depoimento sem coação e sem sofrer qualquer influência pelo aparato policial existente nas delegacias.

A emancipação civil nenhum valor tem para o Direito Penal, de sorte que mesmo o emancipado deverá ser assistido por um curador, que deve estar presente quando da tomada do depoimento de seu curatelado.

Estando o menor solto, não há nulidade se for ouvido sem a nomeação do curador na fase policial, mas se estiver preso, a nomeação e a presença de seu curador são obrigatórias, sob pena de nulidade da prisão (cf. p. 55, item h).

Jurisprudência

Indicação de defensor por ocasião do interrogatório, sem a presença daquele no ato — Nomeação, por isso, de curador — Defensor que atuou regularmente durante toda a instrução e deixou de recorrer no momento oportuno — Apelação interposta por curador nomeado exclusivamente para o interrogatório — Não-conhecimento (TACrimSP) — *RT* 523/383.

Interrogatório sem a presença de curador — Inadmissibilidade (TACrimSP) — *RT* 412/276.

Prisão em flagrante — Falta de nomeação de curador — Relaxamento — *RT* 411/65.

Curador — Falta de nomeação no interrogatório judicial — Nulidade de caráter absoluto, não condicionada à prova da ocorrência do efetivo prejuízo (TACrimSP) — *RT* 674/321.

Curador. Necessidade de nomeação a agente considerado relativamente incapaz pela legislação civil anterior. Ab-rogação do art. 15 do CPP pelo novo Código Civil. Entendimento.

"Com o escopo de proporcionar equilíbrio ao sistema jurídico, o legislador processual penal de 1941 exigiu a nomeação de curador ao agente relativamente incapaz, a fim de que o menor fosse assistido e tivesse suprimida sua relativa incapacidade. Destarte, a *ratio essendi* do art. 15 do CPP tem sua origem na ausência de capacidade civil de entendimento do ato jurídico, e não na adotada política criminal que estabelece critérios de tratamento distinto ao jovem com faixa etária entre 18 e 21 anos de idade em razão do grau de culpabilidade refletido na prática do ato ilícito. Conseqüentemente, agora, com a vigência do novo Código Civil, embora algumas normas de natureza material penal, como, por exemplo, a prevista no art. 115 do CP continuem em vigor, o art. 15 do CPP acabou ab-rogado, impondo-se, em caso de flagrante, apenas o cumprimento das disposições do art. 5º, LXII, da CF." TACrim – SP, 4ª C. – HC 437.398/4 – Rel. Marco Nahum. *In* Código de Processo Penal e sua interpretação jurisprudencial, Alberto Silva Franco, ed. Atlas, vol.1, p. 444.

12. Encerramento do Inquérito

O inquérito se encerra com um relatório simples da autoridade, expondo as diligências realizadas, as provas colhidas e sem que o delegado emita qualquer opinião sobre o fato.

13. Considerações Finais

A autoridade policial poderá ouvir tantas testemunhas quantas forem necessárias para elucidar o fato, não havendo limite na fase inquisitorial.

Não é possível argüir-se a suspeição de autoridade policial na fase de inquérito, devendo, entretanto, essa autoridade dar-se por suspeita se houver motivos para que deixe a condução das investigações.

Capítulo IV

Da Prescrição

1. *Prescrição e decadência;* 2. *Tipos de prescrição.*

Prescrição é a perda do direito de punir ou de executar a pena, pelo Estado, em virtude do decurso de tempo.

1. Prescrição[1] e Decadência

Tanto a prescrição como a decadência são causas de extinção de punibilidade, conforme dispõe o art. 107 do CP, e têm como base o decurso do tempo, podendo qualquer delas ser reconhecida de ofício (art. 61 do CPP, v. página seguinte).

Código Penal

Art. 107. Extingue-se a punibilidade:

(...)

IV – pela prescrição, decadência ou perempção.

Lei 9.099/95

Art. 91. Nos casos em que esta Lei passa a exigir representação para a propositura da ação penal pública, o ofendido ou seu representante legal será intimado para oferecê-la no prazo de 30 dias, sob pena de decadência.

---

[1] Pedro dos Santos Barcelos, "Prescrição e decadência". RT 620/625 (leitura complementar).

Hoje, por esse artigo, aplicado aos casos ocorridos *antes* da vigência da Lei 9.099/95, o ofendido, nas situações expressas no art. 88, será intimado para oferecer representação, no prazo de trinta dias, sob pena de ser extinto o processo, pela decadência.

Todos os processos em andamento, *sem trânsito*, inclusive os pendentes de julgamento nos tribunais, são atingidos por essa exigência legal.

Os fatos ocorridos após a vigência da Lei continuam com o prazo decadencial de seis meses, como acontecia anteriormente.

> Código de Processo Penal
>
> Art. 61. Em qualquer fase do processo, o juiz, se reconhecer extinta a punibilidade, deverá declará-lo de ofício.

A prescrição pode ocorrer antes, durante ou depois de uma ação penal, enquanto que a decadência somente ocorre antes de iniciada a ação.

A prescrição pode atingir qualquer tipo de ação penal, pública ou privada, enquanto que a decadência somente atinge as ações privadas e as públicas condicionadas.

A prescrição pode ser interrompida ou suspensa; já a decadência não se interrompe, não se suspende e não se prorroga.

2. Tipos de Prescrição

Sabendo-se que prescrição é a perda do direito de punir ou de executar a pena imposta, conclui-se que ela se divide em dois grandes tipos: a prescrição da pretensão punitiva, que se desdobra em punitiva pura, superveniente e retroativa e que implicam na perda do direito de punir, ou seja, de se aplicar uma pena, e a prescrição da pretensão executória, que significa a impossibilidade de se fazer com que o condenado cumpra a pena, por não ter sido iniciado seu cumprimento no prazo máximo fixado em lei.

Prescrição da pretensão punitiva

a) *Prescrição punitiva pura*

A prescrição punitiva pura está regulada no *caput* do art. 109 do CP e se verifica da seguinte forma:

Código Penal

Art. 109. A prescrição antes de transitar em julgado a sentença final, salvo o disposto nos §§ 1º e 2º do art. 110 deste Código, regula-se pelo máximo da pena privativa de liberdade cominada ao crime, verificando-se:

I – em vinte anos, se o máximo da pena é superior a doze;

II – em dezesseis anos, se o máximo da pena é superior a oito anos e não excede a doze;

III – em doze anos, se o máximo da pena é superior a quatro anos e não excede a oito;

IV – em oito anos, se o máximo da pena é superior a dois anos e não excede a quatro;

V – em quatro anos, se o máximo da pena é igual a um ano ou, sendo superior, não excede a dois;

VI – em dois anos, se o máximo da pena é inferior a um ano.

Explicando este artigo, temos como exemplo a ocorrência de um crime de lesão corporal, previsto no art. 129, *caput,* do Código Penal.

Art. 129. Ofender a integridade corporal ou a saúde de outrem:

Pena – Detenção de três meses a um ano.

Com base no máximo da pena abstrata prevista (um ano) entende-se que se o autor do fato não for apenado no prazo de quatro anos, não mais lhe poderá ser aplicada qualquer punição, em virtude da ocorrência da prescrição punitiva.

Para compreender como é feita a contagem desse prazo, verifica-se o máximo da pena abstrata cominada ao crime, aplicando-a à tabela do art. 109, V, do CP.

Vê-se, então, que o prazo é de quatro anos para que ocorra a prescrição punitiva, nos delitos com pena máxima igual a um ano.

Isso se aplica, agora, evidentemente, às situações em que não houve acordo no JEC, e aos fatos objeto de apreciação pela Justiça Comum.

A prescrição da pretensão punitiva pode ocorrer gerando várias situações:

a) se não houver inquérito (no exemplo dado) e desde a data do fato já se passaram quatro anos, o inquérito não poderá mais ser instaurado;

b) se ocorrer o prazo prescricional, estando o inquérito em andamento, o delegado faz o relatório, manda os autos para juízo e o Ministério Público requererá a extinção da punibilidade, arquivando-os por determinação judicial;

c) se por qualquer motivo chegou a ser oferecida denúncia ou queixa, o juiz a rejeitará com base no art. 43, II, do CPP, determinando o arquivamento do inquérito;

> Código de Processo Penal
>
> Art. 43. A denúncia ou queixa será rejeitada quando:
>
> (...)
>
> II – já estiver extinta a punibilidade, pela prescrição ou outra causa.

d) se a ação estiver em andamento, o juiz, de ofício ou mediante pedido de qualquer das partes decretará a extinção da punibilidade e mandará arquivar os autos (art. 61, parágrafo único);

> Código de Processo Penal
>
> Art. 61. Em qualquer fase do processo, o juiz, se reconhecer extinta a punibilidade, deverá declará-lo de ofício.
>
> Parágrafo único. No caso de requerimento do Ministério Público, do querelante ou do réu, o juiz mandará autuá-lo em apartado, ouvirá a parte contrária e, se o julgar conveniente, concederá o prazo de cinco dias para a prova, proferindo a decisão dentro de cinco dias ou reservando-se para apreciar a matéria na sentença final.

Petição

(modelo)

Pedido de extinção de punibilidade

Exmo. Sr. Dr. Juiz de Direito da .... Vara Criminal da Comarca de ....

(deixar espaço)

Proc. nº ....
Cartório .... Ofício Criminal

Fulano, nos autos da Ação Penal que lhe move a Justiça Pública desta Comarca, perante esse DD. Juízo e respectivo Cartório, por seu procurador, vem, respeitosamente, à presença de V. Exa., a fim de expor e requerer o que segue:

1) Conforme se observa às fls. ...., o requerente foi denunciado por infração ao art. 155 do CP, aos 02.02.00;

2) referida vestibular foi recebida por esse E. Juízo aos 4/2 do mesmo ano (fls. ....);

3) como se sabe, o máximo da pena abstrata cominada para tal delito é de 4 anos, prescrevendo, conseqüentemente, a pretensão punitiva, conforme o art. 109 do CP, em 8 anos;

4) ocorre que à época do fato, o requerente era menor de 21 anos, como se vê da inclusa certidão de nascimento, motivo pelo qual beneficia-se com o disposto no art. 115 do mesmo diploma legal, que reduz pela metade o prazo prescricional da ação.

Dessa forma, o direito de punir do Estado escoou-se em 2004, motivo pelo qual deve ser, de imediato, declarada extinta a punibilidade, com o conseqüente arquivamento dos autos, por ser de Justiça.

Termos em que,

Pede deferimento.

...., ... de ...... de ...

(assinatura do advogado)

e) se a ação estiver em fase de julgamento e perceber-se que houve a prescrição, ou seja, já transcorreu prazo superior ao previsto na tabela do art. 109 do CP (cf. p. 203), o juiz decretará a extinção da punibilidade sem entrar no mérito da causa, ou seja, sem decidir se o réu é culpado ou inocente, mandando arquivar, em seguida, os autos. Isso significa que o réu não foi nem condenado, nem absolvido, cessando a Ação no estado em que se encontra e sem julgamento do mérito;

f) se houve sentença condenatória e, em grau de recurso o Tribunal perceber a ocorrência da prescrição punitiva, declarará extinta a punibilidade, sem entrar no mérito e fazendo cessar todos os efeitos da sentença recorrida, que fica rescindida.

Observa-se que, nesse caso de reconhecimento da prescrição punitiva em Instância Superior, também não há que se falar em absolvição ou condenação, vez que o Tribunal não analisa o mérito, extinguindo pura e simplesmente o feito, sem dizer se o acusado é inocente ou culpado.

JURISPRUDÊNCIA

O art. 109 do CP confere ao Estado um direito a determinados prazos para, dentro deles, desenvolver e levar a termo a ação penal (TJSP) — *RT* 381/151.

Efeitos da declaração da prescrição punitiva

O beneficiário da extinção da punibilidade em razão da prescrição punitiva continua primário, não paga as custas do processo, não pode ser processado novamente pelo mesmo fato, mas esse reconhecimento de extinção de punibilidade não impede a ação civil de conhecimento, para obtenção de possível ressarcimento, sendo amplamente discutida no cível a eventual culpa do agente.

Conclui-se, então, que enquanto não existir uma sentença condenatória trânsita para as duas partes, Ministério Público e réu, fala-se em prescrição punitiva. Ainda que a sentença já tenha transitado para o Ministério Público, se não houve trânsito para o réu, trata-se da prescrição punitiva, posto que essa sentença poderá ser modificada.

Os termos iniciais para contagem do prazo prescricional previstos no art. 109 do CP (cf. p. 203) estão dispostos no art. 111 do mesmo Código.

Código Penal

Art. 111. A prescrição, antes de transitar em julgado a sentença final, começa a correr:

I – do dia em que o crime se consumou;

II – no caso de tentativa, do dia em que cessou a atividade criminosa;

III – nos crimes permanentes, do dia em que cessou a permanência;

IV – nos de bigamia e nos de falsificação ou alteração de assentamento do registro civil, da data em que o fato se tornou conhecido.

Jurisprudência

Delito permanente — lapso que começa a fluir a partir da interrupção da permanência, verificada, na hipótese de não-cessação da conduta pelo agente, com início da persecução penal pelo Estado — Inteligência do art. 111, III, do Código Penal (TACrimSP) — *RT* 634/298.

Nos crimes permanentes o reconhecimento da prescrição é condicionado à cessação da permanência, de cuja data começa a fluir o prazo (TACrimSP) — *RT* 377/256.

Interrupção da prescrição

Segundo o art. 117 do CP, a prescrição pode ser interrompida, quando então, o prazo começará a ser contado novamente por inteiro.

Código Penal

Art. 117. O curso da prescrição interrompe-se:

I – pelo recebimento da denúncia ou da queixa;

II – pela pronúncia;

III – pela decisão confirmatória da pronúncia;

IV – pela sentença condenatória recorrível;

V – pelo início ou continuação do cumprimento da pena;

VI – pela reincidência.

§ 1º – Excetuados os casos dos incisos V e VI deste artigo, a interrupção da prescrição produz efeitos relativamente a todos os autores do crime. Nos crimes conexos, que sejam objeto do mesmo processo, estende-se aos demais a interrupção relativa a qualquer deles.

§ 2º – Interrompida a prescrição, salvo a hipótese do inciso V deste artigo, todo o prazo começa a correr, novamente, do dia da interrupção.

JURISPRUDÊNCIA

Nos termos do art. 117, § 2º, do CP, interrompida a prescrição, todo o prazo começa a correr novamente, do dia da interrupção (TJSP) — *RT* 382/182.

Isso significa, por exemplo, que se Fulano praticou um crime de lesão corporal leve em 2000, o recebimento da denúncia tem que ocorrer até 2004, caso contrário não haverá ação penal.

Porém, se a ação se iniciou no prazo, digamos em 2003, deve estar sentenciada até 2007, sob pena de não poder mais haver decisão sobre a causa.

Todavia, se houve, por exemplo, sentença em 2005, com recurso do réu e trânsito para o Ministério Público, deverá o Tribunal decidir sobre esse recurso, até 2009, pois de outra forma não poderá fazê-lo, em razão da ocorrência da prescrição punitiva.

Suspensão da prescrição (Cálculo prescricional havendo suspensão)

O curso da prescrição poderá também ser suspenso (art. 116 do CP), só que nessa situação o prazo anterior é somado ao que falta, para efeito de contagem.

Código Penal

Art. 116. Antes de passar em julgado a sentença final, a prescrição não corre:

> I – enquanto não resolvida, em outro processo, questão de que dependa o reconhecimento da existência do crime;
>
> II – enquanto o agente cumpre pena no estrangeiro.
>
> Parágrafo único. Depois de passada em julgado, a sentença condenatória, a prescrição não corre durante o tempo em que o condenado está preso por outro motivo.

O § 6º do art. 89 da Lei 9.099/95 prevê mais uma hipótese de suspensão da prescrição.

> Art. 89. Nos crimes em que a pena mínima cominada for igual ou inferior a um ano, abrangidas ou não por esta Lei, o Ministério Público, ao oferecer a denúncia, poderá propor a suspensão do processo, por dois a quatro anos, desde que o acusado não esteja sendo processado ou não tenha sido condenado por outro crime, presentes os demais requisitos que autorizariam a suspensão condicional da pena (art. 77 do Código Penal).
>
> (...)
>
> § 6º – Não correrá a prescrição durante o prazo de suspensão do processo.

Jurisprudência

Queixa-crime contra Deputado Federal — Negada a licença para o processo penal, pela Câmara dos Deputados, fica suspensa a prescrição enquanto durar o mandato do querelado (STF) — *RT* 647/345.

O exemplo mais fácil de ser entendido e largamente mencionado pela doutrina é o de alguém sendo processado criminalmente por bigamia.

Durante o processo criminal, essa pessoa ingressa no Juízo Cível com pedido de anulação de seu primeiro casamento. Se o casamento vier a ser anulado, evidentemente não houve o crime de bigamia, não podendo haver condenação criminal.

Por isso é que se paralisa o processo-crime e aguarda-se o desfecho da ação civil, que terá reflexos na decisão penal. Para se evitar que todos os réus nessa situação viessem a pleitear a anulação do primeiro casamento, visando o benefício da prescrição, não se aplica o art. 117 (cf. p. 207), mas o 116 (p. 208), do CP, ou seja, o prazo é suspenso e não interrompido.

Suponha-se, então, que alguém esteja sendo processado por bigamia, cuja pena máxima abstrata é de seis anos, com prescrição punitiva em doze. Proposta a ação civil para anulação do primeiro casamento, fica parada a ação penal. Se antes desse sobrestamento a ação penal tivesse se desenrolado por três anos, faltariam nove para prescrever.

Paralisada a ação penal em virtude da ação civil, se esta demorasse nove anos para ser decidida, não teria ocorrido a prescrição penal, pois esses nove anos de paralisação não seriam computados para o cálculo prescricional. Dessa forma, julgada improcedente a ação civil, ou melhor, não tendo sido anulado o primeiro casamento, a ação penal prosseguirá, somando-se os três anos anteriores à paralisação, ao que resta para a prescrição (mais nove anos para conseguir-se o total de doze), que é o prazo previsto no art. 109 do CP (cf. p. 203) para a prescrição da pretensão punitiva.

CÁLCULO PRESCRICIONAL HAVENDO SUSPENSÃO		
Ação penal 3 anos	Paralisação 9 anos	Para prescrever + 9 anos

Além disso, recente alteração do Código de Processo Penal estabeleceu mais dois casos de suspensão do prazo prescricional. Trata-se da Lei 9.271/96, em vigor, que deu nova redação a vários artigos do CPP, tratando especificamente da suspensão do prazo prescricional, nos arts. 366 e 368 que agora são assim redigidos:

> Código de Processo Penal
>
> Art. 366. Se o acusado, citado por edital, não comparecer, nem constituir advogado, ficarão suspensos o processo e o curso do prazo prescricional, podendo o juiz determinar a produção antecipada das provas consideradas

urgentes e, se for o caso, decretar prisão preventiva, nos termos do disposto no art. 312.

§ 1º – As provas antecipadas serão produzidas na presença do Ministério Público e do defensor dativo.

§ 2º – Comparecendo o acusado, ter-se-á por citado pessoalmente, prosseguindo o processo em seus ulteriores atos.

Art. 368. Estando o acusado no estrangeiro, em lugar sabido, será citado mediante carta rogatória, suspendendo-se o curso da prescrição até o seu cumprimento.

Como se vê, diante da nova redação do artigo 366, nas hipóteses em que o réu, citado por edital, não compareça em juízo nem constitua advogado, o juiz determinará a suspensão do processo e, em conseqüência, ficará também suspenso o prazo prescricional.

Vale lembrar que essa suspensão não se confunde com a suspensão condicional do processo, anteriormente mencionada e prevista na Lei nº 9.099/95, por se tratarem de institutos aplicáveis a situações distintas e que geram diferentes conseqüências.

Redução do prazo prescricional

Para qualquer tipo de prescrição, o prazo será reduzido pela metade (art. 115 do CP) se o agente, à época do crime, era menor de 21 (vinte e um) ou maior de 70 (setenta) quando da sentença.

Código Penal

Art. 115. São reduzidos de metade os prazos de prescrição quando o criminoso era, ao tempo do crime, menor de vinte e um anos ou, na data da sentença, maior de setenta anos.

O que se conta, aqui, é a idade do agente ao tempo do crime ou à época da sentença (ver petição da p. 205).

No caso de infrator menor (entre 18 e 21), pouco importa que por ocasião da sentença já tenha atingido a maioridade. Se era menor ao praticar o delito, será sempre beneficiado pela prescrição reduzida pela metade.

Se for maior de 70 (setenta) anos, quando da sentença, também terá o mesmo benefício, pouco importando que tenha cometido o crime antes dessa idade.

JURISPRUDÊNCIA

Prescrição — Acusado menor à época do delito — Prazo reduzido pela metade — Extinção da punibilidade decretada — Aplicação do art. 115 do CP (TJSE) — *RT* 610/387.

Prescrição — Prazo reduzido à metade por ser réu maior de 70 anos à época da infração — Admissibilidade — Extinção da punibilidade decretada — Aplicação dos arts. 12 e 115 do CP (TJSP) — *RT* 624/309.

Cálculo da pena máxima

Para se saber qual a pena máxima cominada ao crime, devem-se considerar as causas obrigatórias de aumento ou diminuição de pena, bem como o arrependimento posterior (art. 16 do CP).

Código Penal

Art. 16. Nos crimes cometidos sem violência ou grave ameaça à pessoa, reparado o dano ou restituída a coisa, até o recebimento da denúncia ou da queixa, por ato voluntário do agente, a pena será reduzida de um a dois terços.

Se a causa de aumento ou diminuição for fixa, será somada ou subtraída da pena máxima abstrata cominada ao crime.

Por outro lado, se a causa de aumento ou diminuição for variável, será usado o maior aumento, ou se for o caso, a menor diminuição à pena cominada ao crime.

Assim, por exemplo, em um caso de aumento, qual seja, o furto qualificado pelo repouso noturno (art. 155, § 1º, do CP), esse acréscimo é feito na previsão legal fixa (de 1/3), de modo que a prescrição punitiva inicial para o furto simples, que era de oito anos, passará para doze.

Em um caso de diminuição, em que o limite é variável, a pena máxima cominada ao crime será reduzida pelo menor limite de diminuição. Por exemplo, a tentativa de furto simples (art. 155, *caput,* do Código Penal, c.c. art. 14 do mesmo estatuto) terá o prazo prescricional do furto simples (4 anos) reduzido de 1/3 (art. 14, parágrafo único, do CP), o que corresponderá a 2 anos e 8 meses, com prescrição final em 8 (oito) anos, conforme manda o art. 109, IV, do CP (p. 206).

Código Penal

Art. 155. Subtrair, para si ou para outrem, coisa alheia móvel:

Pena – reclusão, de um a quatro anos, e multa.

Art. 14. Diz-se do crime:

I – consumado, quando nele se reúnem todos os elementos de sua definição legal;

II – tentado, quando, iniciada a execução, não se consuma por circunstâncias alheias à vontade do agente.

Parágrafo único. Salvo disposição em contrário, pune-se a tentativa com a pena correspondente ao crime consumado, diminuída de um a dois terços.

Já os acréscimos ou diminuições decorrentes de agravantes, (arts. 61 e 62 do CP), atenuantes (art. 65 do CP), concurso (arts. 69 e 70 do CP) e crime continuado (art. 71 do CP) não são computados no cálculo para se saber o máximo de pena cominada abstratamente ao crime. Isso porque as agravantes, por exemplo, não têm quantia expressa na legislação. Nesses casos, para cálculo prescricional, conta-se somente a pena, sem os acréscimos ou diminuições que serão considerados pelo juiz.

JURISPRUDÊNCIA

Para efeito prescricional, as penas devem ser consideradas separadamente e mais, o acréscimo pelo concurso (quer formal quer continuado) não se leva em conta (TACrimSP) — *JUTACRIM* 73/400.

Código Penal

Art. 61. São circunstâncias que sempre agravam a pena, quando não constituem ou qualificam o crime:

I – a reincidência;

II – ter o agente cometido o crime:

a) por motivo fútil ou torpe;

b) para facilitar ou assegurar a execução, a ocultação, a impunidade ou vantagem de outro crime;

c) à traição, de emboscada, ou mediante dissimulação, ou outro recurso que dificultou ou tornou impossível a defesa do ofendido;

d) com emprego de veneno, fogo, explosivo, tortura ou outro meio insidioso ou cruel, ou de que podia resultar perigo comum;

e) contra ascendente, descendente, irmão ou cônjuge;

f) com abuso de autoridade ou prevalecendo-se de relações domésticas, de coabitação ou de hospitalidade;

g) com abuso de poder ou violação de dever inerente a cargo, ofício, ministério ou profissão;

h) contra criança, velho, enfermo, ou mulher grávida;

i) quando o ofendido estava sob imediata proteção da autoridade;

j) em ocasião de incêndio, naufrágio, inundação ou qualquer calamidade pública, ou de desgraça particular do ofendido;

l) em estado de embriaguez preordenada.

Art. 62. A pena será ainda agravada em relação ao agente que:

I – promove ou organiza a cooperação no crime ou dirige a atividade dos demais agentes;

II – coage ou induz outrem à execução material do crime;

III – instiga ou determina a cometer o crime alguém sujeito à sua autoridade ou não-punível em virtude de condição ou qualidade pessoal;

IV – executa o crime, ou nele participa, mediante paga ou promessa de recompensa.

Art. 65. São circunstâncias que sempre atenuam a pena:

I – ser o agente menor de vinte e um anos, na data do fato, ou maior de setenta anos, na data da sentença;

II – o desconhecimento da lei;

III – ter o agente:

a) cometido o crime por motivo de relevante valor social ou moral;

b) procurado, por sua espontânea vontade e com eficiência, logo após o crime, evitar-lhe ou minorar-lhe as conseqüências, ou ter, antes do julgamento, reparado o dano;

c) cometido o crime sob coação a que podia resistir, ou em cumprimento de ordem de autoridade superior, ou sob a influência de violenta emoção, provocada por ato injusto da vítima;

d) confessado espontaneamente, perante a autoridade, a autoria do crime;

e) cometido o crime sob a influência de multidão em tumulto, se não o provocou.

Art. 69. Quando o agente, mediante mais de uma ação ou omissão, pratica dois ou mais crimes, idênticos ou não, aplicam-se cumulativamente as penas privativas de liberdade em que haja incorrido. No caso de aplicação cumulativa de penas de reclusão e de detenção, executa-se primeiramente aquela.

§ 1º – Na hipótese deste artigo, quando ao agente tiver sido aplicada pena privativa de liberdade, não suspensa, por um dos crimes, para os demais será incabível a substituição de que trata o art. 44 deste Código.

§ 2º – Quando forem aplicadas penas restritivas de direitos, o condenado cumprirá simultaneamente as que forem compatíveis entre si e sucessivamente as demais.

Art. 70. Quando o agente, mediante uma só ação ou omissão, pratica dois ou mais crimes, idênticos ou não, aplica-se-lhe a mais grave das penas cabíveis ou, se iguais, somente uma delas, mas aumentada, em qualquer caso, de um sexto até metade. As penas aplicam-se, entretanto, cumulativamente, se a ação ou omissão é dolosa e os crimes concorrentes resultam de desígnios autônomos, consoante o disposto no artigo anterior.

Parágrafo único. Não poderá a pena exceder a que seria cabível pela regra do art. 69 deste Código.

Art. 71. Quando o agente, mediante mais de uma ação ou omissão, praticar dois ou mais crimes da mesma espécie e, pelas condições de tempo, lugar, maneira de execução e outras semelhantes, devem os subseqüentes ser havidos como continuação do primeiro, aplica-se-lhe a pena de um só dos crimes, se idênticas, ou a mais grave, se diversas, aumentada, em qualquer caso, de um sexto a dois terços.

Parágrafo único. Nos crimes dolosos, contra vítimas diferentes, cometidos com violência ou grave ameaça à pessoa, poderá o juiz, considerando a culpabilidade, os antecedentes, a conduta social e a personalidade do agente, bem como os motivos e as circunstâncias, aumentar a pena de um só dos crimes, se idênticas, ou a mais grave, se diversas, até o triplo, observadas as regras do parágrafo único do art. 70 e do art. 75 deste Código.

Finalmente observa-se que após a CF/88 surgiram crimes imprescritíveis, tais como o racismo e a ação de grupos armados.

Constituição da República Federativa do Brasil

Art. 5º. Todos são iguais perante a lei, sem distinção de qualquer natureza, garantindo-se aos brasileiros e aos estrangeiros residentes no País a inviolabilidade do direito à vida, à liberdade, à igualdade, à segurança e à propriedade, nos termos seguintes:

(...)

XLII – a prática do racismo constitui crime inafiançável e imprescritível, sujeito à pena de reclusão, nos termos da lei;

(...)

XLIV – constitui crime inafiançável e imprescritível a ação de grupos armados, civis ou militares, contra a ordem constitucional e o Estado democrático.

Cabe ainda observar que até 01.04.96, quando passou a vigorar a Lei 9.268, a pena de multa prevista no art. 114 do CP prescrevia da seguinte forma:

Art. 114. A prescrição opera-se em dois anos, quando a pena de multa é a única cominada, foi a única aplicada ou é a que ainda não foi cumprida.

Hoje, esse artigo ficou assim redigido:

Art. 114. A prescrição da pena de multa ocorrerá:

I – em dois anos, quando a multa for a única cominada ou aplicada;

II – no mesmo prazo estabelecido para prescrição da pena privativa de liberdade, quando a multa for alternativa ou cumulativamente cominada ou cumulativamente aplicada.

O Prof. Damásio Evangelista de Jesus, em brilhante e esclarecedor artigo publicado no Phoenix[2], assim ensina:

Legislação anterior:

O antigo art. 114 do CP rezava que a prescrição operava-se em dois anos quando a pena de multa era a única cominada, a única aplicada ou a que ainda não tinha sido cumprida. Previa os seguintes casos, ocorrendo a prescrição, quer da pretensão punitiva quer da pretensão executória, sempre em 2 anos:

1° – multa como única sanção cominada, como em algumas hipóteses de contravenção;

[2] Órgão informativo do MPM, em abril de 1996, sob nº 12.

2º – multa como única sanção imposta na sentença condenatória;

3º – pena de multa que ainda não foi cumprida (pena detentiva cumprida; multa ainda não paga).

Observações:

1ª – A pena de multa não prescreve. A prescrição atinge a pretensão punitiva ou executória;

2ª – A lei nova prevê cinco casos de prescrição da pretensão punitiva e executória da pena pecuniária:

1º – multa como única pena cominada: prescrição em 2 anos (inc. I, 1ª parte);

2º – multa como única pena imposta na sentença condenatória: prescrição em 2 anos (inc. I, 2ª parte);

3º – multa cominada alternativamente com pena privativa de liberdade: prazo igual ao estabelecido para a prescrição da pretensão relativa à pena privativa de liberdade (inc. II);

4º – multa cominada cumulativamente com pena detentiva: prazo igual ao da pena privativa de liberdade (inc. II);

5º – multa imposta na sentença condenatória juntamente com pena detentiva: prazo igual ao da sanção privativa de liberdade (inc. II).

3ª (observ.) – As hipóteses de cumulação ou alternação abstrata da pena pecuniária com a detentiva, no tocante à prescrição da pretensão punitiva, e a de imposição conjunta de ambas na sentença condenatória, concernente à prescrição da pretensão executória, estavam disciplinadas no art. 118 do CP: "As penas mais leves prescrevem com as mais graves". Penas mais leves são a multa e as restritivas de direitos. De modo que a inovação, salvo o 5º caso da observação anterior, era desnecessária, uma vez que a lei nova não revogou o art. 118 do CP. Assim, imposta multa cumulativamente com pena detentiva, o prazo prescricional da pretensão executória em relação àquela é o mesmo desta (inc. II). Se aplicada na sentença condenatória somente multa, o prazo é de 2 anos (inc. I).

4ª – Inovação: se a sentença condenatória aplica pena detentiva *e* multa, o prazo prescricional da pretensão executória em relação a esta não é de 2 anos e sim o mesmo da pena privativa de liberdade.

b) *Prescrição superveniente*

Vimos que a prescrição punitiva ocorre antes do trânsito da sentença condenatória e se regula pelo máximo da pena abstrata cominada ao crime.

Todavia, diante do disposto no art. 110, § 1º, do CP, outra forma de prescrição punitiva existe, sendo chamada de superveniente e que ocorre entre a data em que a sentença é entregue em cartório pelo juiz e seu trânsito definitivo e se resume nas seguintes hipóteses: havendo trânsito apenas para o Ministério Público, a sentença condenatória ainda não se tornou definitiva, porque não transitou para o réu, mas a quantia imposta não poderá jamais ser aumentada, em razão do trânsito para a acusação, podendo, todavia, ser mantida, diminuída ou abolida, enquanto não transitar para o réu. Ora, não sendo definitiva essa condenação, não há que se falar em prescrição executória, de sorte que se está falando em prescrição punitiva na modalidade superveniente, porque posterior à sentença condenatória não-definitiva.

Com isso, por não poder mais ser elevada, em razão do trânsito para o Ministério Público, seu cálculo é feito com base na pena *in concreto* aplicada e não mais pela pena máxima abstrata. Por exemplo, há uma sentença condenatória impondo ao réu uma pena de seis meses; houve trânsito para o Ministério Público e, de acordo com o art. 109, inciso VI (cf. p. 206), essa sentença tem que se tornar definitiva, ou seja, deve transitar também para o réu em dois anos, sob pena de ocorrer a prescrição punitiva superveniente, o que pode acontecer das seguintes maneiras:

1) Passam-se os dois anos sem que o réu seja intimado e, conseqüentemente, sem que transite para ele;

2) O réu é intimado no prazo e, efetuada a apelação, o tribunal leva mais de dois anos para julgar, de sorte que a prescrição superveniente ocorre no tribunal;

3) O tribunal julga no prazo de dois anos, mas o julgamento não é unânime, cabendo recurso que não interrompe a prescrição e nesse prazo expiram-se os dois anos, prescrevendo.

Essas são as situações de prescrição superveniente quando há trânsito para o Ministério Público, conforme dispõe a primeira parte do § 1º do art. 110 do CP.

Código Penal

Art. 110. A prescrição depois de transitar em julgado a sentença condenatória regula-se pela pena aplicada e verifica-se nos prazos fixados no artigo anterior, os quais se aumentam de um terço, se o condenado é reincidente.

§ 1º – A prescrição, depois da sentença condenatória com trânsito em julgado para a acusação, ou depois de improvido seu recurso, regula-se pela pena aplicada.

JURISPRUDÊNCIA

Pretensão punitiva — Condenação imposta em 2ª Instância — Interrupção do prazo na data da sessão de julgamento, e não na data da publicação do acórdão (STF) — *RT* 669/392.

Sentença condenatória — Efetivação por edital — Nulidade — Réu condenado à pena privativa de liberdade superior a um ano — Inobservância do prazo legal da cientificação de 90 dias, conforme previsto no art. 39, § 1º, do CPP — Trânsito em julgado da condenação para o acusado não operado — Inexistência de recurso da acusação — Prescrição intercorrente da pretensão punitiva decretada, fluído o lapso necessário desde a publicação da sentença em mãos do escrivão, tendo em vista a pena nela concretizada — Extinção da punibilidade decretada (TJSP) — *RT* 642/292.

Mas não é apenas nos casos de trânsito para a acusação que pode ocorrer a prescrição superveniente. Mesmo que o Ministério Público tenha recorrido, por não se conformar com a pena aplicada, se seu recurso for improvido, mantendo o tribunal a pena imposta e, com base nela, já tiver se expirado o prazo de dois anos, conforme o exemplo usado, o próprio tribunal reconhecerá a ocorrência da prescrição superveniente, extinguindo o feito.

Outra possibilidade é a existência de recurso da acusação para o qual o tribunal deu provimento e agravou a pena imposta, mas de molde a não interferir no cálculo prescricional, situação em que igualmente reconhecerá, de ofício, a prescrição punitiva superveniente, decretando a extinção da punibilidade.

Utilizando o mesmo exemplo dado, vê-se, então, que, se o Ministério Público recorrer, visando aumentar a pena de seis meses aplicada, e o tribunal der provimento ao apelo, elevando-a para dez meses, esse aumento não interferirá no prazo prescricional de dois anos, previsto no art. 109, inciso VI, do CP (p. 206) porque, para penas de até um ano, esse prazo é sempre de dois anos, a menos que ocorra a hipótese do art. 115 do CP (cf. p. 211) que reduzirá o prazo prescricional pela metade, conforme já se viu.

Só não ocorrerá a prescrição superveniente se o Ministério Público recorrer e seu recurso for provido de modo que esse aumento da pena interfira no cálculo prescricional da tabela do art. 109.

Por se tratar de prescrição punitiva, não tira a primariedade, o réu não pagará as custas, não poderá ser processado pelo mesmo fato novamente, mas poderá ser acionado civilmente, por meio de processo de conhecimento, se houver interesse indenizatório em jogo.

Jurisprudência

Prescrição superveniente — Lapso decorrido entre a sentença condenatória e o improvimento do recurso da acusação — Extinção da punibilidade decretada de ofício — Aplicação dos arts. 15, VII, do CPM, e 110, § 1º, do CP (STF) — *RT* 672/385.

Lapso verificado durante a pendência de recurso especial — Conhecimento do mérito prejudicado (STJ) — *RT* 670/354.

c) *Prescrição retroativa*

Combinando-se o *caput* do art. 109 com os §§ 1º e 2º do art. 110, observa-se outra forma de prescrição punitiva, calculada com base na pena fixada na sentença e não na pena abstrata, como é regra geral para esse tipo de prescrição.

Código Penal

Art. 109. A prescrição antes de transitar em julgado a sentença final, salvo o disposto nos §§ 1º e 2º do art. 110 deste Código, regula-se pelo máximo da pena privativa da liberdade cominada ao crime, (...).

> Art. 110 – (...)
>
> § 1º – A prescrição, depois da sentença condenatória com trânsito em julgado para a acusação, ou depois de improvido seu recurso, regula-se pela pena aplicada.
>
> § 2º – A prescrição, de que trata o parágrafo anterior, pode ter por termo inicial data anterior à do recebimento da denúncia ou da queixa.

É a chamada prescrição retroativa, que muito se assemelha à superveniente, diferindo dela, apenas na forma de se fazer a contagem do prazo prescricional, posto que na superveniente o prazo é contado para frente (entre a sentença e seu trânsito final), enquanto na retroativa a contagem é feita para trás.

Havendo trânsito para o Ministério Público, observa-se a quantidade de condenação aplicada e, conforme a tabela do art. 109 (p. 206), calcula-se o prazo prescricional para trás, ou seja, entre a sentença e o recebimento da denúncia ou entre este e a consumação do crime. Por exemplo, alguém é condenado a seis meses de detenção, havendo trânsito para o Ministério Público, que se conformou com a pena aplicada. Sabendo-se que a prescrição ocorre em dois anos, ela terá ocorrido, na modalidade punitiva retroativa se esse prazo tiver sido ultrapassado entre a sentença e o recebimento da denúncia, ou entre a data desse recebimento e a do fato delituoso.

As condições para a ocorrência da prescrição retroativa são as mesmas que as exigidas para a superveniente, ou seja, trânsito para a acusação ou improvimento ao seu recurso ou ainda provimento ao apelo com aumento de pena, mas sem interferir no cálculo prescricional.

Vê-se, então, que, para se fazer o cálculo da prescrição retroativa, é necessário existir uma condenação com a pena fixada, pois essa quantidade é que irá determinar o cálculo prescricional.

Assim, se o réu foi absolvido em primeira instância e, em razão de recurso da acusação, foi condenado no tribunal, essa pena imposta em segunda instância é que servirá como cálculo da prescrição retroativa, de sorte que a contagem será feita entre a condenação no tribunal e o recebimento da denúncia (já que não há condenação em primeiro grau) ou entre o recebimento da denúncia e a consumação do fato.

A respeito da prescrição retroativa, assim dispõe a Súmula 146:

Súmula 146 do STF

A prescrição da ação penal (prescrição punitiva) regula-se pela pena concretizada na sentença, quando não há recurso da acusação.

A prescrição retroativa é matéria preliminar no apelo do réu e não pode ser reconhecida em primeira instância, embora haja entendimento diverso[3].

O que se considera, na retroativa, é a data de sua ocorrência e não o momento em que foi declarada. Então, mesmo que a sentença tenha transitado para as duas partes, sem que se percebesse a ocorrência da prescrição, que ocorreu nos limites previstos entre a sentença e o recebimento da denúncia ou entre este e a consumação do crime, poderá ser reconhecida por meio de *habeas corpus* ou revisão, a qualquer tempo.

Da mesma forma que os demais tipos de prescrição punitiva, não gera reincidência, o réu não pagará as custas processuais, não terá seu nome lançado no rol dos culpados, não será processado novamente pelo mesmo fato, mas não impede possível ação civil indenizatória de conhecimento.

JURISPRUDÊNCIA

Prescrição — Pretensão punitiva — Reconhecimento em sua forma retroativa pelo juiz sentenciante — Admissibilidade — Inexistência de recurso do réu e sentença transitada em julgado para a acusação — Inteligência e aplicação do art. 61 do CPP — *RT* 699/364.

O prazo da prescrição retroativa pode ter por termo inicial o lapso temporal entre o *eventus criminis* e o recebimento da denúncia (TAPR) — *RT* 668/32.

Prescrição retroativa — Reconhecimento antecipado considerada a pena em perspectiva — Trancamento da ação penal sob tal fundamento — Persecução penal sem nenhum efeito, com dispêndio de tempo e desgaste do prestígio da Justiça Pública, faltando, na hipótese, o teleológico interesse de agir — *Habeas corpus* concedido de ofício — Declaração de voto (TACrimSP) — *RT* 669/315.[4]

---

[3] RT 699/364.

[4] Sugerimos a leitura do texto completo, publicado na citada RT., sobre reconhecimento antecipado da prescrição.

ACÓRDÃO

Vistos, relatados e discutidos estes autos de APELAÇÃO nº 729.443/8, da Comarca de CAMPINAS, em que é apelante J. R. F. M., sendo apelado o MINISTÉRIO PÚBLICO:

ACORDAM, em Quarta Câmara do Tribunal de Alçada Criminal, por votação unânime, de ofício, decretar a extinção da pretensão punitiva pela prescrição, prejudicado o exame de mérito do apelo.

J. R. F. M., por infringir o exposto no art. 129 do Código Penal, foi condenado à pena de multa, correspondente a dez dias-multa, seu piso mínimo.

Apelou o réu, postulando sua absolvição.

Processado o recurso, contra-arrazoado, manifestou-se a douta Procuradoria Geral de Justiça pelo reconhecimento da prescrição da pretensão punitiva, prejudicado o exame de mérito do apelo.

Este o relatório.

Ocorreu inexoravelmente a prescrição retroativa da pretensão punitiva, pois condenado à pena de multa fixada em dez dias-multa, por sentença publicada em 4 de setembro de 1991, decerto que o lapso prescricional já foi ultrapassado, eis que o apenado era menor de vinte e um anos ao tempo dos fatos.

Assim, o lapso correspondente ao biênio encurta-se pela metade, diante da menoridade do apelante (arts. 114 e 115 do Código Penal).

Entre a data do fato, em 20 de fevereiro de 1989, e a data do recebimento da denúncia, em 26 de junho de 1990, transcorreu mais de um ano, o que redundou no *eclat* prescricional.

Isto posto, de ofício, declara-se extinta a punibilidade do apelante, diante da prescrição da pretensão punitiva, prejudicado o exame das razões do apelo.

APELAÇÃO nº 729.443/8 — CAMPINAS

Participaram do julgamento, além do infra-assinado, os Srs. Juízes Sérgio Carvalhoza (Presidente) e Passos de Freitas.

São Paulo, 29 de setembro de 1992

Oliveira Ribeiro (Relator)

Apelação nº 729.443/8

Nº 1ª Instância 1.038/89

2ª Vara Criminal

Campinas

PETIÇÃO

(modelo I)

Razões de Apelação com preliminar
de prescrição retroativa

Exmo. Sr. Dr. Juiz de Direito da .... Vara Criminal da Comarca de ....

(deixar espaço)

Proc. nº ....
Cartório .... Ofício Criminal

F. de Tal, nos autos de processo-crime que lhe move a Justiça Pública desta Comarca, perante esse DD. Juízo e respectivo Cartório, por sua procuradora, vem, respeitosamente, à presença de V. Exa., a fim de oferecer as anexas R*azões de Apelação,* requerendo sua juntada aos referidos autos.

Termos em que,

Pede deferimento.

...., ... de .... de ...

(assinatura da advogada)

ANEXO

Razões de apelação

Apelante: Fulano de Tal
Apelada: Justiça Pública
Juízo de Direito da .... Vara Criminal — ....

Egrégio Tribunal
Colenda Câmara

(deixar espaço)

Preliminarmente: extinção de punibilidade pela ocorrência da prescrição da pretensão punitiva.

O recorrente encontra-se condenado a um ano de reclusão, com direito a *sursis,* mais multa, por crime de falsidade ideológica, de acordo com o art. 229 do Código Penal.

Conforme atestam os autos, da data do fato considerado criminoso, 05.03.87, até ao recebimento da denúncia (fls. ....), ocorrido em 18.04.89, houve lapso de tempo superior a dois anos.

De acordo com o art. 110, § 1°, do CP, a prescrição, depois de transitada em julgado para o Ministério Público a sentença condenatória, calcula-se pela pena aplicada, ou seja, sobre um ano de reclusão e multa.

Neste caso, a prescrição da pretensão punitiva se verifica em quatro anos, conforme dispõe o art. 109, V, do CP.

Na época em que o fato ocorreu, o apelante era menor, o que foi admitido na própria sentença de fls. ...., significando dizer que foi reduzido pela metade o prazo prescricional, de acordo com o art. 115 do CP, passando, agora, para dois anos.

Assim sendo, calculado o prazo prescricional com base na pena em concreto, vez que a referida sentença recorrida transitou para o Ministério Público, e considerando-se que o réu era menor à época do fato, a prescrição da pretensão punitiva verificou-se entre esta (sentença) e o recebimento da denúncia, pois ocorreu um lapso de tempo superior a dois anos, estando, portanto, extinta a punibilidade.

A prescrição da pretensão punitiva é causa extintiva de punibilidade, nos termos do art. 107, IV, do CP, e apaga o fato praticado, suprimindo, de vez, a *persecutio criminis* e elidindo, também, de vez, todo e qualquer efeito secundário da sentença.

A prescrição retroativa, atingindo a punição, opera rescisão da sentença condenatória e de seus efeitos, principais e acessórios.

Pacífico é o entendimento de nossos tribunais com relação ao exposto e, nesse sentido, assim se manifestam:

> Prescrição penal — prescrição da pretensão punitiva — Art. 110, § 1º, CP (Lei 7.209/74).
>
> A prescrição, depois da sentença condenatória, com trânsito em julgado para a acusação, regula-se pela pena aplicada e alcança a pretensão punitiva ou a ação e não apenas a pretensão executória... (STF — RE — 104.713 — SP, Rel. Min. Rafael Mayer, *in DJU* 07.06.85).

Diante disso espera o recorrente que esse E. Tribunal declare extinta a punibilidade, em decorrência da prescrição da pretensão punitiva, em sua modalidade retroativa.

Todavia, se a preliminar argüida não for aceita, o que se admite apenas como argumentação, também no mérito não há como se manter a r. sentença condenatória, pelo que se expõe:

Do mérito

A condenação do réu por crime de falsidade ideológica, com base no art. 299 do CP, não procede, tendo em vista que não houve "conduta omissiva", nem "inseriu declaração falsa" da que deveria ser consignada. Em tais casos, há necessidade de que a falsidade seja capaz de enganar. Assim, como ensina Magalhães Noronha, *Direito Penal,* 1979, IV/173, *(...) uma simples mentira, mera irregularidade, simples preterição de formalidades etc. não constituirão falsidade.*

O falso ideológico deve ter "prejudicabilidade", ou seja, a finalidade de prejudicar direito, criar obrigação ou alterar a verdade.

A desclassificação do crime "de falsidade ideológica" para a "comunicação falsa de crime" tem amparo no art. 340 do CP e mais se enquadra no presente caso. Senão, vejamos:

Incrimina-se o comportamento de quem provoca a ação de autoridade, comunicando-lhe a ocorrência de crime, que sabe não se ter verificado.

É indispensável que o agente esteja certo de que nenhum crime ocorreu.

Como podem observar Vossas Excelências, o recorrente, como bem demonstram os depoimentos das testemunhas nos autos, não teve a intenção de prejudicar qualquer direito alheio, mas, tão-somente, o de resguardar seu próprio direito.

A pretensa vítima não tem, nem nunca teve direito à importância constante do cheque em questão. Se tivesse esse direito, seria lógico ter pleiteado o valor que entendia lhe ser devido, por meio da Justiça Trabalhista.

Tentou o réu, ao comunicar o fato à polícia, coibir a ação de alguém que estava na iminência de colocá-lo em situação difícil no banco contra o qual o cheque fora emitido.

Usou, ingenuamente, da forma que lhe foi sugerida pelo gerente do banco em questão, fazendo um boletim de ocorrência para sustar o pagamento da cambial.

Foi, sem dúvida, apenas uma forma de defender seu direito. Pode-se dizer, até, que seria uma maneira incomum de legítima defesa, único meio de que dispunha, no momento, por ser, à época, pouco mais que um garoto, de se defender, orientado por quem, presumia, entendia do assunto, ou seja, o gerente do banco.

Depreende-se dos fatos, comprovados pelos depoimentos constantes dos autos, que o caso se subsume mais ao art. 340 do CP que ao art. 299 do mesmo diploma legal, logo, é mister que, por medida de Justiça, haja a desclassificação, que traz os benefícios da penalidade a ser aplicada de forma alternativa: detenção de um a seis meses ou multa.

Caso, analisando o mérito, entenda essa Egrégia Câmara que cabe a desclassificação defendida acima, espera seja decretada a extinção da punibilidade, porque, ainda desta vez, terá ocorrido a prescrição retroativa, tanto do fato ao recebimento da denúncia, como deste à sentença.

Diante do exposto, espera o apelante que Vossas Excelências dêem provimento ao presente recurso, reformando a r. sentença de fls. .../..., por ser de Justiça.

de .... para ....,

...., ... de .... de ...

(assinatura da advogada)

Prescrição da pretensão executória

Código Penal

Art. 110. A prescrição depois de transitar em julgado a sentença condenatória regula-se pela pena aplicada e verifica-se nos prazos fixados no artigo anterior, os quais se aumentam de um terço, se o condenado é reincidente.

O *caput* deste artigo trata da prescrição executória, ou seja, prescrição depois de condenação definitiva com sentença trânsita para as duas partes, Ministério Público e réu, e que não será mais alterada.

Ocorrendo esse tipo de prescrição, o réu não cumprirá a pena imposta, mas todos os demais efeitos da condenação persistem.

Será reincidente; portanto, tem seu nome lançado no rol dos culpados, paga as custas processuais e a sentença condenatória trânsita serve como título executivo no cível, onde não mais será possível discutir a culpa, pois foi considerado culpado, e a sentença condenatória trânsita faz coisa julgada no cível. Ali se discutirá o valor da indenização a ser paga, não podendo o réu tentar provar sua inocência, por ter sido irrecorrivelmente condenado no crime, pelo fato (art. 91 do CP).

Código Penal

Art. 91. São efeitos da condenação:

I – tornar certa a obrigação de indenizar o dano causado pelo crime.

Os termos iniciais da prescrição executória estão no art. 112 do CP, que merece um comentário:

Código Penal

Art. 112. No caso do art. 110, deste código, a prescrição começa a correr:

I – do dia em que transita em julgado a sentença condenatória, para a acusação, ou a que revoga a suspensão condicional da pena ou o livramento condicional.

Embora o inciso I diga que a prescrição começa a correr do dia em que transita em julgado a sentença condenatória, para o Ministério Público, na realidade isso significa que a contagem do prazo se faz a partir da data desse trânsito, mas desde que tenha havido também trânsito para o réu. Caso contrário, estaremos falando de prescrição punitiva e não executória. Por exemplo, uma condenação de seis meses tem o prazo executório prescricional de dois anos. Se essa condenação transitou para o Ministério Público em 10.10.80 e para o réu em 20.06.81 estará prescrita a execução em 09.10.82, porque a contagem é feita a partir do trânsito para o Ministério Público.

JURISPRUDÊNCIA

A partir da data em que a sentença condenatória passa em julgado para a acusação, já se inicia a contagem da prescrição executória, embora dependa ela, ainda, do trânsito em julgado também para o réu (TACrimSP) — *RJD* 645/309.

Nota-se que se o Estado não conseguiu fazer com que o réu começasse a cumprir a pena até 09.10.82, não poderá mais fazê-lo, pela ocorrência da prescrição executória, conforme está disposto no art. 112, inciso I, do CP.

É preciso, então, estar satisfeita a condição de haver trânsito para o Ministério Público e para o réu, a fim de que a contagem do prazo seja feita a partir da data do trânsito para o Ministério Público.

O reconhecimento da prescrição executória é feito pelo juiz da execução (art. 66, II, da Lei 7.210/84).

Lei de Execução Penal

Art. 66. Compete ao juiz de execução:

(...)

II — declarar extinta a punibilidade.

JURISPRUDÊNCIA

Competente é o juízo das Execuções para, uma vez transitada em julgado a sentença condenatória, apreciar a extinção da punibilidade do réu por força da prescrição da pretensão executória — Ademais, torna-se desnecessária prévia prisão do condenado para que seja expedida a carta de guia o que poderia caracterizar constrangimento ilegal se já consumado o lapso prescricional (TJSP) — *RT* 654/269.

PETIÇÃO

(modelo)

Prescrição executória

Exmo. Sr. Dr. Juiz de Direito da Vara das Execuções Criminais

(deixar espaço)

Proc. nº ....

Fulano, qualificado nos autos do processo-crime que lhe moveu a Justiça Pública desta Comarca, por sua procuradora, vem, respeitosamente, à presença de V. Exa., a fim de expor e requerer o que segue:

1) O requerente foi processado e condenado a um ano de reclusão em processo criminal que tramitou perante a E. .... Vara desta Comarca;

2) referida decisão transitou em julgado aos 10.02.91, conforme se vê da certidão de fls. ...;

3) expedido o competente mandado de prisão, este só foi cumprido agora, aos 05.05.93, encontrando-se o requerente preso, a partir daí, na Cadeia Pública local;

4) ocorre que tal providência não poderia mais ter sido efetivada, posto estar extinta a punibilidade, em vista da prescrição da execução;

5) realmente, o fato gerador da condenação ocorreu aos 02.01.90, quando o requerente contava 19 anos de idade;

6) assim sendo, e considerando-se a pena de um ano aplicada, verifica-se que na conformidade com o que dispõem os arts. 115 e 109, VI, do CP, o início de cumprimento da pena somente poderia ocorrer até o mês de fevereiro do corrente ano.

Diante do exposto e por não ter o Estado conseguido fazer com que a execução se iniciasse no prazo legal, prescrita está a pretensão executória, motivo pelo qual requer o reconhecimento da extinção da punibilidade e a imediata expedição de Alvará de Soltura, por ser de Justiça.

Termos em que, com os documentos anexos,

Pede deferimento.

...., de ..... de ...

(assinatura da advogada)

Capítulo V

Das Medidas Cautelares

1. *Seqüestro;* 2. *Defesa ao seqüestro;* 3. *Resposta aos embargos;* 4. *Seqüestro prévio;* 5. *Arresto;* 6. *Hipoteca legal;* 7. *Procedimento;* 8. *Sentença condenatória.*

1. Seqüestro

Os arts. 125 e ss. do CPP tratam de medidas destinadas a garantir o direito do ofendido e que são chamadas de cautelares.

> Código de Processo Penal
>
> Art. 125. Caberá o seqüestro dos bens imóveis, adquiridos pelo indiciado com os proventos da infração, ainda que já tenham sido transferidos a terceiro.

Embora o artigo transcrito se refira a bens imóveis, na realidade os móveis também poderão ser objeto de seqüestro, bastando que tenham sido adquiridos com proventos da infração. Da mesma forma, refere-se o art. 125 a indiciado, dando a impressão de que apenas na fase policial pode ser requerida a medida, o que não é verdade, porque tanto podem ser seqüestrados bens adquiridos pelo indiciado, como pelo réu, bastando que sejam produto do crime.

A medida relacionada ao próprio objeto do crime é a busca e apreensão. Porém, se esse bem for alienado, por exemplo, e o produto destinado à compra de outro, não poderá haver apreensão sobre essa aquisição, devendo ser seqüestrada.

Seqüestro é, então, a tomada de coisa sobre a qual existem indícios de ter origem ilícita.

> Código de Processo Penal
>
> Art. 126. Para a decretação do seqüestro, bastará a existência de indícios veementes da proveniência ilícita dos bens.

O seqüestro tem por objeto, tanto bens móveis como imóveis, que devem ser certos e determinados, além de terem sido adquiridos com proventos do ilícito.

O requerimento de seqüestro pode ser feito pelo Ministério Público, pela vítima ou por intermédio de representação do delegado, podendo ainda ser decretado pelo juiz, de ofício.

Somente o juiz criminal pode determiná-lo, sendo competente o juiz da causa ou, se ainda não existir ação iniciada, o juízo a quem foi distribuído o pedido, que ficará, a partir daí, prevento (art. 83 do CPP).

> Código de Processo Penal
>
> Art. 83. Verificar-se-á a competência por prevenção toda vez que, concorrendo dois ou mais juízes igualmente competentes ou com jurisdição cumulativa, um deles tiver antecedido aos outros na prática de algum ato do processo ou de medida a este relativa, ainda que anterior ao oferecimento da denúncia ou da queixa (arts. 70, § 3º; 71; 72, § 2º, e 78, nº II, letra *e*).
>
> Art. 127. O juiz de ofício, a requerimento do Ministério Público ou do ofendido, ou mediante representação da autoridade policial, poderá ordenar o seqüestro, em qualquer fase do processo ou ainda antes de oferecida a denúncia ou queixa.

O pedido é autuado em apartado e o rito, por falta de disposição expressa, segue o da penhora civil.

Dois oficiais de justiça dão ciência do seqüestro ao proprietário, lavrando o auto. Depois de juntado, o juiz determinará a inscrição do seqüestro (se for bem imóvel) em livro próprio existente no Cartório de Registro de Imóveis.

Petição

(modelo)

Seqüestro

Exmo. Sr. Dr. Juiz de Direito da .... Vara Criminal da Comarca de ....

(deixar espaço)

Proc. nº ....
Cartório .... Ofício Criminal

João, (qualificar), nos autos de processo-crime que a Justiça Pública move a Pedro, perante esse DD. Juízo e respectivo Cartório, vem, respeitosamente, à presença de V. Exa., por sua procuradora, documento anexo, a fim de requerer o *seqüestro* do automóvel ...., pelos seguintes motivos:

1) O requerente foi vítima de furto de um talão de cheques, ocorrido aos .../.../...;

2) de posse do talonário, o ladrão conseguiu descontar vários cheques, que totalizaram a quantia de R$ .....;

3) já sem esperanças de ver o culpado punido, meses após o fato, foi chamado à delegacia do .... DP local, onde, para sua surpresa lhe foi apresentado Pedro, o qual, preso em flagrante por outro delito, confessara espontaneamente o furto aqui relatado, esclarecendo, inclusive que, com o dinheiro obtido por meio do ilícito, adquirira o veículo cujas características se encontram nas cópias dos documentos anexos;

4) ante o exposto, com base no art. 132 do CPP e como cautela para futuro ressarcimento, ainda que parcial, espera pela concessão da medida, por ser de Justiça.

Termos em que, D. e A. esta

em apenso aos autos nº ...,

Pede deferimento.

...., ... de ..... de ...

(assinatura da advogada)

2. DEFESA AO SEQÜESTRO

Como forma de defesa ao seqüestro permitem os arts. 129 e 130 do CPP a interposição de embargos, dizendo:

> Código de Processo Penal
>
> Art. 129. O seqüestro autuar-se-á em apartado e admitirá embargos de terceiro.
>
> Art. 130. O seqüestro poderá, ainda, ser embargado:
>
> I – pelo acusado sob o fundamento de não terem os bens sido adquiridos com os proventos da infração;
>
> II – pelo terceiro, a quem houverem os bens sido transferidos a título oneroso, sob o fundamento de tê-los adquirido de boa-fé.
>
> Parágrafo único. Não poderá ser pronunciada decisão nesses embargos antes de passar em julgado a sentença condenatória.

Tanto o art. 129 como o 130 falam de embargos de terceiro, reforçando o art. 130 que os embargos não poderão ser julgados de imediato. Contudo, esses dois artigos se referem a situações bem diversas.

Com efeito, no art. 129 vê-se a figura do terceiro senhor e possuidor, nada tendo a ver com o terceiro de boa-fé.

Esse senhor e possuidor é pessoa estranha aos fatos e que teve o seu bem seqüestrado por equívoco, sem qualquer razão.

Por não ter qualquer envolvimento com o crime, com o criminoso ou com a vítima, não pode, evidentemente, ficar com o bem seqüestrado até o final da decisão no processo-crime, motivo pelo qual, no caso de embargos de senhor e possuidor, fundamentado no art. 129, são eles julgados de imediato, exatamente para evitar maiores danos a quem teve seu bem injustamente seqüestrado.

JURISPRUDÊNCIA

Seqüestro — Bens adquiridos com proventos de crime — Apelação interposta da sentença que a decreta — Meio inidôneo — Despacho interlocutório simples nãoequivalente a decisão final — Cabimento de embargos de terceiro — Aplicação do art. 129 do CPP (TJPR) — *RT* 615/315.

Matéria criminal — Bens que teriam sido adquiridos pelo acusado com o produto da infração — Leilão dos mesmos — Objeção do cônjuge daquele através de mandado de segurança — Denegação deste — Ausência de provas da origem diversa dos bens — Caso, ademais, de embargos, não-opostos — Inteligência dos arts. 130 e 133 do Código de Processo Penal — *RT* 455/363.

Seqüestro — Matéria criminal — Embargos opostos à medida pela esposa do réu — Admissibilidade — Parte legítima — Apelação provida — Inteligência dos arts. 129 do Código de Processo Penal e 1.046, § 3º, do Código de Processo Civil de 1973 (TJSP) — *RT* 488/307.

PETIÇÃO

(modelo)

Embargos ao seqüestro oferecidos por senhor e possuidor

Exmo. Sr. Dr. Juiz de Direito da .... Vara Criminal da Comarca de ....

(deixar espaço)

Cartório do .... of.

Fulana, (qualificar), vem perante V. Exa., por intermédio de sua procuradora, documento anexo, com fundamento no art. 129 do CPP, interpor *embargos ao seqüestro de bens* que lhe foi decretado, pelas razões de fato e de direito que expõe a seguir:

1) A embargante, em .../.../..., teve um aparelho de som, um videocassete e uma filmadora seqüestrados, em razão de ordem judicial expedida por esse E. Juízo;

2) ocorre que tais objetos não poderiam sofrer essa constrição pois foram adquiridos licitamente pela embargante, conforme comprovam o canhoto de carnê de pagamento e a nota fiscal nº ...., anexos;

3) além disso, a requerente não mantém nenhum relacionamento com o indiciado ...., que esteve em sua residência por duas vezes, tão-somente para realizar alguns reparos na casa (comprovantes de pagamentos anexos);

4) vê-se, portanto, que a ora embargante é pessoa estranha ao delito e às partes, e os objetos, dos quais é legítima dona e possuidora, foram adquiridos de forma lícita, não sendo justo privá-la de sua posse, mesmo que temporariamente.

Ante o exposto e com fundamento no art. 129 do CPP, requer a V. Exa., sejam julgados procedentes os presentes Embargos, determinando-se, de pronto, seu cancelamento e a devolução dos bens à embargante, por ser de Justiça.

Termos em que,

Pede deferimento.

...., ... de .... de ...

(assinatura da advogada)[1]

JURISPRUDÊNCIA

Seqüestro — Matéria criminal — Bens de indiciado em inquérito policial — Inadmissibilidade — Ausência de suporte legal nos autos — Violação, portanto, de direito líquido e certo — Concessão de mandado de segurança — Inteligência do art. 125 e seguintes do Código de Processo Penal (TACrimSP) — *RT* 471/347.

PETIÇÃO

(modelo)

Embargos

Exmo. Sr. Dr. Juiz de Direito da ... Vara Criminal da Comarca de ....

(deixar espaço)

Processo nº ....

João, já qualificado nos autos de pedido de seqüestro, em trâmite perante esse DD. Juízo e respectivo Cartório, por seu advogado e procurador que esta subscreve,

[1] Edna Antonelli Batista.

vem, respeitosamente, perante V. Exa., *embargar* o pedido do Banco ...., feito por meio de seu representante .... alegando as matérias de fato e de direito abaixo declinadas:

1. *Do crime*

a) Primeiramente insta trazer ao conhecimento desse E. Juízo que, de acordo com o relatório do sr. delegado do .... Distrito Policial, apurou-se a existência do crime de furto no referido estabelecimento bancário; porém, a autoria é incerta, sendo suspeitos os guardas, o embargante e o gerente;

b) das diligências realizadas e pelos depoimentos testemunhais, o caso se apresenta sem um culpado, tanto que o DD. representante do Ministério Público ainda não ofereceu denúncia;

c) logo, pelo princípio constitucional da presunção de inocência do réu até sentença transitada em julgado e, em não existindo esta, no caso *sub judice,* não se pode imputar a conduta criminosa ao embargante, sob pena de se incorrer nas sanções previstas no art. 138 do CP.

2. *Do bem*

a) O bem adquirido e já descrito pelo embargado na propositura da ação cautelar é proveniente de indenização por serviços prestados durante .... anos à firma ...., que poderá confirmar a origem do dinheiro que possibilitou a realização do negócio jurídico, ou seja, a compra do imóvel;

b) descaracterizadas as condições para a procedência do seqüestro e imperando a sua impossibilidade, o embargante requer seja assim sentenciado, por ser a única medida amparada pelo ordenamento jurídico vigente.

...., ... de .... de ...

(assinatura do advogado)[2]

---

[2] Ricardo Madrona.

Já o art. 130 trata do indiciado ou réu e de terceiro envolvido com os fatos, posto que adquiriu o bem.

O indiciado ou réu poderá alegar, quanto ao mérito do pedido de seqüestro, que o bem não foi adquirido com proventos do ilícito pelo qual responde (art. 130, I, cf. p. 236).

O terceiro de boa-fé tem que provar ter adquirido o bem a título oneroso, provando ainda desconhecer sua origem ilícita.

Nesses casos do art. 130, quando os embargos são opostos pelo acusado ou terceiro de boa-fé, a decisão somente será proferida após o trânsito em julgado da sentença condenatória, apenas havendo levantamento do seqüestro se o terceiro prestar caução (art. 131, inciso II, cf. p. 241) se for extinta a punibilidade ou absolvido o réu, por sentença trânsita.

PETIÇÃO

(modelo)

Embargos

Exmo. Sr. Dr. Juiz de Direito da ... Vara Criminal da Comarca de ....

(deixar espaço)

Proc. nº ....
Cartório ...

João, (qualificar), por seu advogado e procurador, documento anexo, nos autos do *seqüestro* de bem, em trâmite perante esse MM. Juízo e respectivo Cartório, vem interpor *embargos,* pelos motivos que seguem:

1) Alegou-se como motivo fundamental para o seqüestro de um videocassete, ter sido ele adquirido com proventos de um crime supostamente praticado pelo embargante;

2) argumentou-se, ainda, que este não tem fonte de renda e por conseguinte não teria meios para adquirir tal objeto;

3) a verdade é que ambas as afirmativas que deram suporte a esse pedido não revelam a realidade dos fatos;

4) o aparelho de videocassete, embora comprado em nome do embargante, foi pago por sua mulher que, ao contrário deste, encontra-se empregada e em pleno exercício de suas funções como secretária (conforme cópia de sua carteira de trabalho anexa);

5) além disso, não existem provas nem sequer indícios que incriminem o embargante, nem que demonstrem que tenha auferido lucro com a suposta venda de material objeto do crime que lhe é imputado.

É bem verdade que se encontra desempregado há dois anos, mas, ainda assim, tem tido possibilidade de obter rendimentos que provêm de alguns serviços particulares que realiza (recibos anexos), motivo este que sepulta definitivamente a tentativa de se utilizar um instrumento como o seqüestro para afetar um bem licitamente adquirido.

Diante do exposto, de acordo com o art. 130, I, do CPP, espera pela improcedência do seqüestro, por ser de Justiça.

Termos em que, com os documentos anexos,

Pede deferimento.

...., ... de .... de ...

(assinatura do advogado)[3]

Código de Processo Penal

Art. 131. O seqüestro será levantado:

I – se a ação penal não for intentada no prazo de sessenta dias, contado da data em que ficar concluída a diligência;

II – se o terceiro, a quem tiverem sido transferidos os bens, prestar caução, que assegure a aplicação do disposto no art. 74, II, *b,* segunda parte do Código Penal;

III – se for julgada extinta a punibilidade ou absolvido o réu, por sentença transitada em julgado.

[3] Alex Bonini.

JURISPRUDÊNCIA

Seqüestro — Matéria criminal — Levantamento, por não ter sido proposta a ação penal no prazo de 60 dias — Nova decretação, porém, da medida, após promovida aquela e no curso da mesma — Agravo de instrumento conhecido como recurso em sentido estrito, mas não provido — Inteligência dos arts. 125, 127 e 131, I, do CPP (TACrimSP) — *RT* 526/396.

Matéria criminal — Impetração contra decisão judicial concessiva de seqüestro — Conhecimento — Espécie que não comporta recurso com efeito suspensivo — Inteligência do art. 62, I, do Código Judiciário — *RT* 424/318.

PETIÇÃO

(modelo)

Pedido de levantamento de seqüestro

Exmo. Sr. Dr. Juiz de Direito da ... Vara Criminal da Comarca de ....

(deixar espaço)

Proc. n°. ....
Cartório ....
Autora: Justiça Pública.

João de Tal, já qualificado nos autos de Medida Cautelar apensada ao processo-crime em epígrafe, vem, respeitosamente, por seu procurador , à presença de V. Exa., a fim de expor e requerer o que segue:

1) Em (data) foi seqüestrada, por ordem desse E. Juízo, a quantia de US$10,000 (dez mil dólares americanos) que lhe pertencem;

2) tal medida assecuratória, conforme fls. ... dos autos, fundamentou-se na suposta origem ilícita do dinheiro, que teria sido provento da prática de anterior estelionato;

3) entretanto, foi o requerente *absolvido* de tal imputação, pela respeitável sentença que transitou em julgado em (data), de acordo com fls. ...;

4) isto posto, com base no art. 131, III, do CPP, requer o *levantamento do seqüestro* da quantia mencionada, por ser medida que se impõe, diante da Lei e da Justiça.

Termos em que,

Pede deferimento.

..........., ... de ...... de ...

(assinatura do advogado)[4]

3. RESPOSTA AOS EMBARGOS

Se a vítima requereu o seqüestro e alguém embargou, cabe a essa mesma vítima responder aos embargos. Se foi o juiz quem ordenou a medida, de ofício, cabe ainda à vítima responder. Da mesma forma, a vítima responderá aos embargos, se o seqüestro foi determinado por representação da autoridade policial, cabendo, porém, ao Ministério Público a resposta, se o seqüestro foi por ele requerido. Entretanto, em qualquer dos casos, o Ministério Público deverá se manifestar, como fiscal da lei.

Oferecidos os embargos a qualquer tempo, ou a resposta em cinco dias, a decisão será proferida somente após o trânsito da sentença condenatória, pelo juiz criminal, exceto nos casos do art. 129 (cf. p. 236).

4. SEQÜESTRO PRÉVIO

Código de Processo Penal

Art. 136. O seqüestro do imóvel poderá ser decretado de início, revogando-se porém, se no prazo de quinze dias não for promovido o processo de inscrição da hipoteca legal.

---

[4] Pedro Pessotto Neto.

O art. 136 permite ao ofendido, seu representante legal ou herdeiros, bem como ao Ministério Público, requerer o seqüestro provisório de bens imóveis do réu, estranhos ao crime, tendo, portanto, origem lícita e que serão objeto de pedido de especialização de hipoteca.

Essa autorização para o seqüestro prévio se deve ao fato de que a especialização de hipoteca é medida demorada. Seria, então, uma cautelar antecipando outra cautelar.

Trata-se de imóvel totalmente estranho ao crime, de sorte que é, na realidade, arresto e não seqüestro, porque o seqüestro recai sobre bens de origem ilícita, ao passo que o arresto tem como objeto, coisas lícitas que não sejam produto de crime. O art. 136 deveria se referir, então, a arresto de imóvel e não a seqüestro.

Deferido esse pedido de seqüestro deve a parte iniciar o processo de inscrição da hipoteca em quinze dias, sob pena de a medida ficar sem efeito.

Da mesma forma ficará o seqüestro prévio sem efeito se a ação não se iniciar em 60 dias (art. 131, I, do CPP; cf. p. 241), contado esse prazo da data em que ficar concluída a diligência e não da inscrição.

PETIÇÕES

(modelo I)

Seqüestro prévio

Exmo. Sr. Dr. Juiz de Direito da .... Vara Criminal da Comarca de ....

(deixar espaço)

Proc. nº ....
Cartório .... Ofício Criminal

João, (qualificar), nos autos de processo-crime que a Justiça Pública desta Comarca move a Pedro, por infração ao art. 121, § 3º, do CP, por seu procurador (documento anexo), vem, respeitosamente, à presença de V. Exa., a fim de requerer *seqüestro prévio* de imóvel, pelos motivos seguintes:

1) O requerente é pai de Maria ......, falecida aos ......, nesta cidade, em razão de homicídio culposo causado por Pedro;

2) o requerido é proprietário de um único imóvel localizado nesta cidade, à Rua ....., e descrito na certidão anexa;

3) sabendo que lhe será proposta ação de indenização pelo ato cometido, o suplicado colocou à venda o referido imóvel (anúncio anexo) e por preço inferior ao de mercado, em evidente atitude de quem pretende se furtar ao ressarcimento;

4) o requerente providenciará o pedido de especialização da hipoteca legal sobre esse bem, para garantir futura reparação, mas por ser demorada a efetivação dessa medida, cautelosamente requer o *seqüestro prévio* do imóvel em questão, com base no art. 136 do CPP, para evitar que seja alienado.

Termos em que, D. e A. esta em apenso aos autos ....., com os documentos anexos,

Pede deferimento.

...., ... de.... de ...

(assinatura do advogado)

(modelo II)

Pedido de seqüestro prévio

Exmo. Sr. Dr. Juiz de Direito da .... Vara Criminal da Comarca de ....

(deixar espaço)

Proc. nº ... apenso
Cartório ....

João, já qualificado nos autos da ação criminal que a Justiça Pública move contra Pedro, na qualidade de ofendido, por sua procuradora infra-assinada, documento anexo, vem, respeitosamente, perante V. Exa., a fim de requerer o *seqüestro prévio* de bem imóvel pertencente ao réu, pelos motivos de fato e de direito a seguir expostos:

1. *Dos fatos*

a) Aos ...., por volta das ..., ao sair de seu consultório, sito à Rua...., em....., o requerente dirigiu-se ao seu carro, que estava estacionado nas imediações;

b) ao aproximar-se do veículo foi surpreendido por um homem que, sob ameaça de arma de fogo, subtraiu-lhe as chaves do automóvel e com este fugiu;

c) após a ocorrência do fato delituoso, o requerente se dirigiu ao .... Distrito Policial de ...., onde foi elaborado o Boletim de Ocorrência;

d) realizadas as diligências para identificação da autoria, apurou-se o paradeiro do criminoso e verificou-se que o bem, produto do crime de roubo, não mais se encontrava sob sua posse, desaparecendo;

e) percorrendo os Cartórios de Registro de Imóveis de ...., o requerente constatou, conforme mostram as certidões anexas, que o réu é proprietário de dois imóveis; o primeiro deles situado na Rua ..., onde reside, e o outro localizado à Rua...., que se encontra vazio e que foi adquirido em razão de partilha homologada no processo de inventário que tramitou perante a E. Vara Cível de .... (doc. anexo).

2. *Do direito*

a) A legislação processual penal permite, em seu artigo 136, o seqüestro prévio de bem imóvel, de origem lícita, pertencente ao réu, quando ficar provada a materialidade do crime;

b) assim, é patente o direito do requerente em obter a medida sobre o bem sito à Rua ....., uma vez que em razão da equivalência de valores (automóvel roubado e imóvel) que é de aproximadamente R$..., pode ter assegurada a indenização, em vista o prejuízo sofrido.

3. *Do pedido*

Diante do exposto, requer, respeitosamente, o *seqüestro prévio* do bem imóvel acima descrito, com fulcro no art. 136 do CPP, a fim de garantir o direito à justa indenização.

Termos em que,

Pede deferimento.

...., ... de .... de ...

(assinatura da advogada)[5]

5. Arresto

Como se viu, o art. 136 trata de arresto sobre bens imóveis embora erroneamente conste do texto a denominação seqüestro (cf. item anterior, p. 243).

Além desse art. 136, que trata de arresto de imóvel, também se permite a medida sobre bens móveis, conforme se observa no art. 137 do CPP.

Código de Processo Penal

Art. 137. Se o responsável não possuir bens imóveis ou os possuir de valor insuficiente, poderão ser seqüestrados bens móveis suscetíveis de penhora, nos termos em que é facultada a hipoteca legal dos móveis.

Esse artigo, como o anterior, denomina de seqüestro o que na realidade é arresto, além de conter outro erro ao falar de hipoteca de bens móveis, posto que à exceção de navios e aviões, não há bens móveis passíveis de hipoteca.

Poderão ser arrestados todos os bens móveis penhoráveis, em conformidade com o art. 649 do CPC, que não sejam produto de ilícito, pois se o forem, serão seqüestrados.

Código de Processo Civil

Art. 649. São absolutamente impenhoráveis:

I – os bens inalienáveis e os declarados, por ato voluntário, não sujeitos à execução;

[5] Daniela Soriano.

II – as provisões de alimentos e de combustível, necessárias à manutenção do devedor e de sua família durante um mês;

III – o anel nupcial e os retratos de família;

IV – os vencimentos dos magistrados, dos professores e dos funcionários públicos, o soldo e os salários, salvo para pagamento de prestação alimentícia;

V – os equipamentos dos militares;

VI – os livros, as máquinas, os utensílios e os instrumentos, necessários ou úteis ao exercício de qualquer profissão;

VII – as pensões, as tenças ou os montepios, percebidos dos cofres públicos, ou de institutos de previdência, bem como os provenientes de liberalidade de terceiro, quando destinados ao sustento do devedor ou da sua família;

VIII – os materiais necessários para obras em andamento, salvo se estas forem penhoradas;

IX – o seguro de vida;

X – o imóvel rural, até um módulo, desde que este seja o único de que disponha o devedor, ressalvada a hipoteca para fins de financiamento agropecuário.

Tanto o arresto como a hipoteca legal só podem ser requeridos após iniciada a ação penal, desde que haja prova de materialidade e indícios suficientes de autoria.

Igualmente exigem-se em ambas as cautelares que o requerente estime a responsabilidade do réu e o valor dos bens cujo seqüestro requer.

PETIÇÃO

(modelo)

Arresto

Exmo. Sr. Dr. Juiz de Direito da .... Vara Criminal da Comarca de ....

(deixar espaço)

Proc. nº....
Cartório .... Ofício

João, (qualificar), em apenso aos autos de processo-crime que a Justiça Pública desta Comarca move a Pedro, perante esse DD. Juízo e respectivo Cartório, por seu procurador, documento anexo, vem, respeitosamente, à presença de V. Exa., a fim de requerer o *arresto de bem móvel,* expondo para tanto o seguinte:

1) O requerente figura como vítima de apropriação indébita no processo-crime em epígrafe e cujo delito confessado foi de autoria de Pedro;

2) conforme se depreende dos autos, o acusado apropriou-se de vários bens do estabelecimento de propriedade do requerente, onde exercia a função de vendedor;

3) o valor do prejuízo atingiu o montante de R$...., conforme fazem prova os documentos de fls. ...;

4) pretendendo ressarcir-se, ainda que parcialmente do ilícito sofrido, respeitosamente requer o arresto do automóvel ..., único bem pertencente ao réu e cujo valor estimado é de R$....

Termos em que, D. e A. esta em apenso, com os documentos anexos,

Pede deferimento.

...., ... de .... de ...

(assinatura do advogado)

6. Hipoteca Legal

Tanto a hipoteca legal quanto o seqüestro e o arresto têm por finalidade apreender bens que garantam futuro ressarcimento à vítima do dano sofrido, sendo sua diferença fundamental, a origem do bem que, como se viu, no seqüestro é ilícita, ao passo que nos demais casos é lícita.

Então, havendo indícios de autoria e certeza da infração, o ofendido, seu representante ou herdeiros poderão, desde que iniciada a ação penal e em qualquer fase dela, requerer ao juiz criminal a especialização de hipoteca sobre imóveis do réu, estranhos ao crime, como garantia de futura indenização.

Código de Processo Penal

Art. 134. A hipoteca legal sobre os imóveis do indiciado poderá ser requerida pelo ofendido em qualquer fase do processo, desde que haja certeza da infração e indícios suficientes da autoria.

Embora este artigo fale em indiciado, na realidade se refere a réu, pois a especialização somente pode ser pedida depois de iniciada a ação penal.

Além disso, o que se requer não é a hipoteca, mas sua especialização e posterior inscrição.

Especializar é individuar o imóvel e precisar o valor da responsabilidade.

Segundo Orlando Gomes, *hipoteca é o direito real de garantia em virtude do qual um bem imóvel, que continua em poder do devedor, assegura ao credor, o pagamento da dívida.*

Desse modo, hipoteca legal é a instituída por lei como medida cautelar para garantir determinadas obrigações.

O Ministério Público também pode requerer a especialização da hipoteca se o ofendido for pobre ou se houver interesse da Fazenda Pública, tal como pagamento de pena pecuniária e custas (art. 142 do CPP).

Código de Processo Penal

Art. 142. Caberá ao Ministério Público promover as medidas estabelecidas nos arts. 134 e 137, se houver interesse da Fazenda Pública, ou se o ofendido for pobre e o requerer.

7. Procedimento

Código de Processo Penal

Art. 135. Pedida a especialização mediante requerimento, em que a parte estimará o valor da responsabilidade civil, e designará e estimará o imóvel ou imóveis que terão de ficar especialmente hipotecados, o juiz mandará logo proceder ao arbitramento do valor da responsabilidade e à avaliação do imóvel ou imóveis.

§ 1º – A petição será instruída com as provas ou indicação das provas em que se fundar a estimação da responsabilidade, com a relação dos imóveis que o responsável possuir, se outros tiver, além dos indicados no requerimento, e com os documentos comprobatórios do domínio.

§ 2º – O arbitramento do valor da responsabilidade e a avaliação dos imóveis designados far-se-ão por perito nomeado pelo juiz, onde não houver avaliador judicial, sendo-lhe facultada a consulta dos autos do processo respectivo.

§ 3º – O juiz, ouvidas as partes no prazo de dois dias, que correrá em cartório, poderá corrigir o arbitramento do valor da responsabilidade, se lhe parecer excessivo ou deficiente.

§ 4º – O juiz autorizará somente a inscrição da hipoteca do imóvel ou imóveis necessários à garantia da responsabilidade.

§ 5º – O valor da responsabilidade será liquidado definitivamente após a condenação, podendo ser requerido novo arbitramento se qualquer das partes não se conformar com o arbitramento anterior à sentença condenatória.

§ 6º – Se o réu oferecer caução suficiente, em dinheiro ou em títulos de dívida pública, pelo valor de sua cotação em Bolsa, o juiz poderá deixar de mandar proceder à inscrição da hipoteca legal.

O interessado peticionará ao juiz criminal competente, provando a existência da infração e mencionando os indícios da autoria (art. 134; cf. p. 250), estimando o valor da responsabilidade do réu, descrevendo o imóvel, dando-lhe valor e juntando os documentos relativos à responsabilidade, bem como certidões de domínio do bem a ser hipotecado.

PETIÇÕES

(modelo I)

Pedido de especialização para que se proceda à inscrição da hipoteca legal

Exmo. Sr. Dr. Juiz de Direito da .... Vara Criminal da Comarca de ....

(deixar espaço)

Processo nº ....
Cartório do .... Ofício Criminal

A. M. C., já qualificado nos autos de Seqüestro Prévio apensados à Ação Penal Pública Incondicionada que a Justiça Pública move contra ...., vem, no prazo legal, por seu advogado infra-assinado, mui respeitosamente, à presença de V. Exa., a fim de requerer *Especialização de Hipoteca Legal*, pelas razões de fato e de direito a seguir expostas:

1. *Dos fatos*

a) Em .../.../..., o requerente interpôs, com fulcro no art. 136 do CPP, pedido de *seqüestro prévio* de bem imóvel de propriedade do réu, para que se lhe resguardasse o direito de indenização decorrente da prática do ilícito previsto no art. 163 do Código Penal;

b) decretada a medida, faz-se mister a especialização da hipoteca legal e sua respectiva inscrição.

Senão, vejamos:

— segundo se depreende do apurado nos autos, a responsabilidade civil do acusado é estimada em aproximadamente R$.......... (por extenso) decorrente do prejuízo causado ao ofendido pela destruição total do veículo marca ...., modelo ...., ano .... (fls. ....), de sua inteira propriedade (docs. ....);

— como já se informou no pedido anterior, o réu é proprietário de vários bens imóveis, mas, com o claro intuito de fraudar a indenização devida vem deles gradualmente se desfazendo, sem qualquer motivo aparente;

— comprovada essa má-fé, decretou-se o seqüestro prévio do imóvel localizado à Rua .... nº ...., avaliado em torno de R$............... (por extenso);

— o aludido imóvel é de inteira propriedade do réu, estando devidamente registrado no .... Cartório de Registro de Imóveis e Anexos de ...., conforme se depreende dos documentos que seguem anexos (docs. ....).

2. *Do direito*

a) Dispõem os arts. 135 e 136 do Código de Processo Penal que, havendo certeza da infração e indícios suficientes de autoria e decretação prévia do seqüestro, poderá determinar o juiz a inscrição da hipoteca legal, para que se garanta ao ofendido o direito à indenização decorrente de ilícito contra ele praticado;

b) outro também não é o entendimento doutrinário, nem o jurisprudencial, conforme se depreende dos julgados que instruem o presente (docs. ....).

3. *Do pedido*

Em sendo a hipoteca legal uma medida cautelar, criada por lei, que assegura o direito pessoal, por meio de um direito real sobre um bem imóvel do acusado, para que se possa ao ofendido ressarcir o prejuízo sofrido e, tendo em vista o caso presente, certa é a ocorrência da perfeita subsunção do fato à norma legal disciplinadora.

Isto posto, requer seja julgado procedente o presente pedido de especialização, para que se proceda à inscrição da hipoteca legal, de modo que produza seus efeitos legais.

Termos em que, com os inclusos documentos,

Pede e espera deferimento.

...., ... de .... de ...

(assinatura do advogado)[6]

---

[6] Carlos Eduardo de Oliveira.

(modelo II)

Especialização de hipoteca legal

Exmo. Sr. Dr. Juiz de Direito da .... Vara Criminal da Comarca de ....

(deixar espaço)

Processo nº ....
.... Ofício Criminal

Fulano de Tal, brasileiro, comerciante, casado, portador da carteira de identidade RG .... e do CPF ...., residente e domiciliado à Rua .... nº ...., por meio de seu advogado (documento anexo) vem, mui respeitosamente, à presença de V. Exa., expor e requerer o que segue:

1. *Dos fatos*

a) O requerente teve seu automóvel marca ...., modelo ...., incendiado e totalmente destruído pela ação criminosa de Sicrano de Tal, qualificado como réu no presente processo-crime;

b) esse veículo, ano ...., sofreu perda total, de acordo com o laudo da polícia técnica (documento anexo), causando ao requerente um prejuízo estimado em R$ .... (por extenso), conforme aponta levantamento dos valores de mercado de automóveis (documentos juntados).

2. *Do pedido*

O réu é proprietário de um imóvel tipo quitinete, unidade .... do edifício ...., localizado à Rua ...., Jardim ...., (documento), avaliado no mercado imobiliário local em R$ .... (por extenso) (documentos). Levantamento feito nos cartórios de registros de imóveis desta Comarca aponta este como sendo o único imóvel do réu.

Diante das evidências da autoria do crime e com base no art. 134 do Código de Processo Penal, requer a especialização da hipoteca legal do imóvel referido, a fim de garantir o ressarcimento dos danos causados pela ação criminosa do réu.

Nesses termos, com os documentos inclusos,

Pede deferimento.

...., ... de .... de ...

(assinatura do advogado)[7]

Ao receber o pedido, o juiz nomeará um perito para calcular o valor da responsabilidade e avaliar o bem.

Esse requerimento de especialização será autuado em apartado e apensado ao processo criminal.

A hipoteca deve ser inscrita, para valer contra terceiros, podendo o réu evitar essa inscrição, oferecendo caução que será ou não aceita, a critério do juiz.

8. Sentença Condenatória

Os arts. 133 e 143 dispõem diferentemente sobre o destino da cautelar após o trânsito da sentença penal condenatória.

Código de Processo Penal

Art. 133. Transitada em julgado a sentença condenatória, o juiz, de ofício ou a requerimento do interessado, determinará a avaliação e a venda dos bens em leilão público.

Parágrafo único – Do dinheiro apurado, será recolhido ao Tesouro Nacional o que não couber ao lesado ou a terceiro de boa-fé.

Art. 143. Passando em julgado a sentença condenatória, serão os autos de hipoteca ou seqüestro remetidos ao juiz do cível.[8]

---

[7] José Francisco Pacóla

[8] Ver art. 63, do CPP, p. 380.

O aparente conflito entre essas duas disposições processuais não existe, posto que o art. 143 diz respeito aos casos de hipoteca e arresto, quando o saldo é destinado ao ressarcimento, enquanto que o art. 133 (página anterior) trata de efeito secundário de sentença condenatória e abrange os casos de seqüestro, de imóveis (art. 125, cf. p. 233) ou móveis (art. 132), razão pela qual, dada a origem ilícita do bem, é o próprio juiz criminal quem determina sua avaliação e venda, cabendo ao Tesouro Nacional o que não se destinar ao lesado, ou terceiro de boa-fé.

Código de Processo Penal

Art. 132. Proceder-se-á ao seqüestro dos bens móveis se, verificadas as condições previstas no art. 126 (p. 234), não for cabível a medida regulada no Capítulo XI do Título VII deste livro.

Capítulo VI

Da Ação Penal

1. *Conceito; 2. Ação penal pública incondicionada; 3. Ação penal pública condicionada à representação e à requisição ministerial; 4. Ação privada; 5. Custas processuais*

1. Conceito

Ação, tanto civil como penalmente conceituada, é o direito de se pedir ao Estado-Juiz, a decisão de uma causa que lhe é apresentada.

A diferença entre ambas reside na pretensão e na titularidade, de sorte que na ação penal a pretensão é de natureza criminal e a titularidade, na maioria dos delitos, pertence ao Estado.

Assim é que no Direito Penal, a Justiça Pública, como se fosse um particular no cível, por meio de seu representante (Ministério Público), dirige-se ao Poder Judiciário, representado por um de seus juízes criminais, e pede, através da denúncia, que se inicie a ação penal contra o infrator. A vítima, nesses crimes de ação penal pública, não faz parte da relação processual, que se desenvolve entre a Justiça Pública, como autora, e o acusado.

2. Ação Penal Pública Incondicionada

Nas situações em que o titular é o Estado tem-se a ação penal pública, que pode ser incondicionada (primeira parte do § 1º do art. 100 do CP e primeira parte do art. 24 do CPP) ou condicionada (parte final do § 1º do art. 100 do CP e parte final do art. 24 do CPP).

Ação penal pública incondicionada é a que se inicia independentemente de autorização ou vontade de quem quer que seja, a não ser pelo convencimento do Ministério Público. Nesse tipo de ação, havendo elementos suficientes, o processo criminal será iniciado contra o infrator, sem autorização da vítima e até mesmo contra a sua vontade, justamente em razão de a titularidade não lhe pertencer, mas ao Estado.

Código Penal

Art. 100. A ação penal é pública, salvo quando a lei expressamente a declara privativa do ofendido.

§ 1º – A ação pública é promovida pelo Ministério Público, dependendo, quando a lei o exige, de representação do ofendido ou de requisição do Ministro da Justiça.

Código de Processo Penal

Art. 24. Nos crimes de ação pública, esta será promovida por denúncia do Ministério Público, mas dependerá, quando a lei o exigir, de requisição do Ministro da Justiça, ou de representação do ofendido ou de quem tiver qualidade para representá-lo.

A titularidade da ação penal, quase na totalidade dos delitos existentes, é da Justiça Pública, que atua através de seu órgão próprio, o Ministério Público, de forma que no silêncio da lei, a iniciativa de processar criminalmente ou não um infrator, pertence ao Estado e não à vítima.

Assim, se alguém praticar um furto, delito que está previsto no art. 155, do CP, mesmo que a vítima não queira que o ladrão seja processado, por qualquer motivo, isso não é possível e essa impossibilidade decorre exatamente da legislação, uma vez que ao silenciar no tipo legal, o legislador definiu esse crime como sendo de ação pública incondicionada.

Código Penal

Art. 155. Subtrair, para si ou para outrem, coisa alheia móvel:

Pena – reclusão, de (1) um a (4) quatro anos, e multa.

§1º – A pena aumenta-se de um terço, se o crime é praticado durante o repouso noturno.

§ 2º – Se o criminoso é primário, e é de pequeno valor a coisa furtada, o juiz pode substituir a pena de reclusão pela de detenção, diminuí-la de um a dois terços, ou aplicar somente a pena de multa.

§ 3º – Equipara-se à coisa móvel a energia elétrica ou qualquer outra que tenha valor econômico.

§ 4º – A pena é de reclusão de 2 (dois) a 8 (oito) anos, e multa, se o crime é cometido:

I – com destruição ou rompimento de obstáculo à subtração da coisa;

II – com abuso de confiança, ou mediante fraude, escalada ou destreza;

III – com emprego de chave falsa;

IV – mediante concurso de duas ou mais pessoas.

§ 5º – A pena é de reclusão de 3 (três) a 8 (oito) anos, se a subtração for de veículo automotor que venha ser transportado para outro Estado ou para o exterior.

A ação penal pública se inicia com o recebimento, pelo juiz, da denúncia oferecida pelo Ministério Público, estando os requisitos da inicial expressos no art. 41 do CPP.

Código de Processo Penal

Art. 41. A denúncia ou a queixa conterá a exposição do fato criminoso, com todas as suas circunstâncias, a qualificação do acusado ou esclarecimentos pelos quais se possa identificá-lo, a classificação do crime e, quando necessário, o rol das testemunhas.

Hoje, para os delitos referidos no art. 88 da Lei nº 9.099/95 (v. p. 400), a denúncia deve conter, ainda, o disposto no art. 89 da mesma lei.

Art. 89. Nos crimes em que a pena mínima cominada for igual ou inferior a um ano, abrangidas ou não por esta Lei, o Ministério Público, ao oferecer a denúncia, poderá propor a suspensão do processo, por dois a quatro anos, desde que o acusado não esteja sendo processado ou não tenha sido condenado por outro crime, presentes os demais requisitos que autorizariam a suspensão condicional da pena (art. 77 do Código Penal).

Tratando-se de situação em que não seja competente o JEC, por encontrar-se o autor do fato desaparecido, por exemplo, o processo tramitará normalmente perante um juízo comum, seguindo o rito previsto no CPP, ou em lei especial.

É somente por ocasião da denúncia que o Ministério Público tem oportunidade de arrolar as testemunhas que pretende ouvir na fase judicial e que geralmente são as mesmas do inquérito policial, se ele existir, porque o promotor não conhece a vítima nem o réu e baseia sua acusação nos elementos colhidos na fase informativa.

Testemunhas de acusação não podem ser arroladas posteriormente à denúncia.

Essa primeira peça da ação penal poderá ser rejeitada, nos seguintes casos:

Código de Processo Penal

Art. 43. A denúncia ou queixa será rejeitada quando:

I – o fato narrado evidentemente não constituir crime;

II – já estiver extinta a punibilidade, pela prescrição ou outra causa;

III – for manifesta a ilegitimidade da parte ou faltar condição exigida pela lei para o exercício da ação penal.

Parágrafo único. Nos casos do nº III, a rejeição da denúncia ou queixa não obstará ao exercício da ação penal, desde que promovida por parte legítima ou satisfeita a condição.

O prazo para que o Ministério Público ofereça a denúncia está previsto no art. 46 do CPP. Se o promotor de justiça não o cumprir, a vítima poderá iniciar o processo com base no art. 29 do CPP (cf. p. 290, *Ação privada subsidiária da pública*).

Código de Processo Penal

Art. 46. O prazo para oferecimento da denúncia, estando o réu preso, será de 5 (cinco) dias, contado da data em que o órgão do Ministério Público receber os autos do inquérito policial, e de 15 (quinze) dias, se o réu estiver solto ou afiançado. No último caso, se houver devolução do inquérito à autoridade policial (art. 16), contar-se-á o prazo da data em que o órgão do Ministério Público receber novamente os autos.

Art. 29. Será admitida ação privada nos crimes de ação pública, se esta não for intentada no prazo legal, cabendo ao Ministério Público aditar a queixa, repudiá-la e oferecer denúncia substitutiva, intervir em todos os termos do processo, fornecer elementos de prova, interpor recurso e, a todo tempo, no caso de negligência do querelante, retomar a ação como parte principal.

Jurisprudência

Denúncia — Réu preso — Excesso de prazo para oferecimento — Circunstância que acarreta conseqüências processuais, mas não a nulidade da peça acusatória (STJ) — *RT* 668/342.

"A denúncia ajuizada fora do prazo marcado no art. 46 do CPP constitui irregularidade, não uma nulidade. Se a excedência do prazo importa em constrangimento à liberdade, o resultado é a libertação do preso, não a anulação do processo." RT 518/444.

"A inobservância do prazo legal para o oferecimento da denúncia pelo órgão do Ministério Público, embora possa sujeitá-lo a sanções disciplinares, não lhe retira a titularidade da ação penal, não impedindo que, embora extemporaneamente, cumpra ele seu dever e a ofereça, antecipando-se ao ofendido, cuja iniciativa é meramente subsidiária e pode ser por ele repudiada e substituída." TACRIM/SP – RT 429/419

"O atraso no oferecimento da denúncia não acarreta a sua rejeição. Apenas possibilita, se injustificado, sanção administrativa contra o promotor, *ex vi* do art. 801 do CPP." RT 507/376.

3. Ação Penal Pública Condicionada à Representação e à Requisição Ministerial

Há casos em que a lei (cf. p. 258, arts. 100 do CP e 24 do CPP) permite que o ofendido decida se quer ou não ver processado seu ofensor e, nessas situações, manifesta claramente essa faculdade, ao dispor na parte final do artigo: *Somente se procede mediante representação.*

Todas as vezes que essa frase estiver presente na legislação penal estaremos diante de uma infração de ação penal pública condicionada, em que a titularidade, embora continue pertencendo ao Estado através da iniciativa do Ministério Público, depende da autorização do interessado, como se vê, por exemplo, no art. 147 do CP.

Essa exigência atinge inclusive a fase pré-processual.

Código Penal

Art. 147. Ameaçar alguém, por palavra, escrito ou gesto, ou qualquer outro meio simbólico, de causar-lhe mal injusto e grave.

Pena – detenção de um a seis meses ou multa.

Parágrafo único. Somente se procede mediante representação.

Então, quando alguém é vítima desse crime de ameaça por exemplo, comparecendo à delegacia, onde comunicará o fato, embora conste nos arts. 69, 72, 73, 74, 75 e 76 da Lei 9.099/95 que a representação (autorização) ocorrerá em juízo, aceita-se, para resolver o problema, que seja inserido no termo de ocorrência, a observação de que a vítima manifestou o desejo de representar, o que para nós não equivale à representação. Hoje, o entendimento majoritário é o de que a representação, nos casos de competência do JEC, pode ser feita na polícia. Isso porque a audiência preliminar está sendo designada para mais de um ano da ocorrência do fato.

Jurisprudência

Sem o consentimento daqueles que foram pessoalmente ofendidos nada pode ser feito — Somente eles têm o direito de julgar sobre a conveniência de tomar medidas judiciais ou extrajudiciais em defesa da honra subjetiva ou sobre a conveniência de iniciar a ação penal contra o possível ofensor (arts. 145, parágrafo único, do CP e 40, I, *b*, da Lei de Imprensa (TACrimSP) — *RT* 643/318.

Representação criminal. Ação penal pública condicionada. Estupro. Ausência de qualquer manifestação da ofendida por seu representante legal no sentido da *persecutio criminis.* Anulação da sentença quanto ao crime de estupro, declarada extinta a punibilidade pela decadência, estendidos os efeitos da decisão aos não apelantes. JUTACRIM/SP 81/402.

Código de Processo Penal

Art. 25. A representação será irretratável, depois de oferecida a denúncia.

Lei nº 9.099/05

Art. 75. Não obtida a composição dos danos civis, será dada imediatamente ao ofendido a oportunidade de exercer o direito de representação verbal, que será reduzido a termo.

A representação, por se tratar de mera autorização, pode ser retratada até o início da ação penal, sendo impossível ao ofendido fazê-la após o oferecimento da denúncia, em razão do princípio da indisponibilidade, expresso do art. 42 do CPP.

Código de Processo Penal

Art. 42. O Ministério Público não poderá desistir da ação penal.

Os requisitos da representação, que nada mais é que mera autorização para início do inquérito ou da ação, estão no art. 39 do CPP.

Código de Processo Penal

Art. 39. O direito de representação poderá ser exercido, pessoalmente ou por procurador com poderes especiais, mediante declaração escrita, ou oral, feita ao juiz, ao órgão do Ministério Público ou à autoridade policial.

§ 1º – A representação feita oralmente ou por escrito, sem assinatura devidamente autenticada, do ofendido, de seu representante legal ou procurador será reduzida a termo, perante o juiz ou autoridade policial, presente o órgão do Ministério Público, quando a este houver sido dirigida.

§ 2º – A representação conterá todas as informações que possam servir à apuração do fato e da autoria.

§ 3º – Oferecida ou reduzida a termo a representação, a autoridade policial procederá a inquérito ou, não sendo competente, remetê-lo-á à autoridade que o for.

§ 4º – A representação, quando feita ao juiz ou perante este reduzida a termo, será remetida à autoridade policial para que esta proceda a inquérito.

§ 5º – O órgão do Ministério Público dispensará o inquérito, se com a representação forem oferecidos elementos que o habilitem a promover a ação penal, e, neste caso, oferecerá a denúncia no prazo de quinze dias.

Não é necessário ser advogado para oferecer representação, bastando que o procurador da vítima ou de seu representante tenha poderes específicos para representar. Isso não se aplica às situações do art. 75 da Lei 9.099/95, quando a representação deve ser feita, obrigatoriamente, pela vítima ou seu representante, implicando sua falta, na impossibilidade de ser iniciada a ação penal.

PROCURAÇÃO

(modelo)

J. da S., (qualificar), pelo presente instrumento de procuração nomeia e constitui seu bastante procurador, Fulano, (qualificar), a quem confere poderes específicos para, em seu nome, oferecer *representação*, no sentido de que seja instaurado inquérito policial e iniciada posterior ação penal contra Pedro de Tal, (qualificar), pela prática do crime de ameaça, ocorrido aos .../.../...

...., ... de .... de ....

(assinatura de J. da S.)

Petição

(modelo)

Representação e requerimento de instauração de inquérito policial sem procurador

Ilmo. Sr. Delegado Titular do ... DP de ....

(deixar espaço)

João da Silva, brasileiro, casado, comerciante, residente e domiciliado à Rua ......, nesta cidade, portador do RG .... e CPF ...., vem, respeitosamente, à presença de V. Sa., autorizar e requerer a *instauração de inquérito policial* contra ...., (qualificar), por infração ao art. 147 do CP, pelos motivos abaixo:

O requerente é desafeto do requerido, de quem já foi vítima inclusive de tentativa de homicídio, (cópias de processo a respeito, anexas).

Pois bem, não bastasse esse fato ocorrido, que deixou seqüelas na vítima, na data de ontem, encontrando-se com o requerente, por volta das.....horas, no Posto de gasolina X, localizado na rua.....nº ..., bairro....., nesta cidade, na presença dos frentistas Y e Z, abaixo qualificados, o requerido, dizendo estar armado, disse-lhe textualmente: "prepare-se, porque hoje é o dia em que você vai morrer".

Essa ameaça séria e injustificada causou pânico nos presentes, que correram em busca de abrigo, enquanto que o requerido abandonava o local, dirigindo seu veículo.

Evidentemente que ninguém procurou se certificar se realmente o requerido estava armado, mas, em razão de seus antecedentes, é de se supor que fosse verdadeira a afirmativa.

De qualquer modo, a ameaça proferida foi séria e gerou, inclusive, temor no requerente, de que realmente possa se concretizar, motivo pelo qual, respeitosamente autoriza e requer a instauração do competente inquérito policial, para apuração e comprovação dos fatos e para que sirva, posteriormente, de fundamento a ação penal pública condicionada.

Podem testemunhar o fato, as seguintes pessoas:

1) Y

2) Z

Termos em que,

Pede deferimento.

Campinas, ...

assinatura do requerente

Eis, abaixo, os crimes prescritos no Código Penal, cuja ação ou inquérito policial dependem de autorização do ofendido:

a) art. 129 (lesão corporal);

b) art. 130 – Perigo de contágio venéreo;

c) art. 145, parágrafo único – Crimes contra a honra cometidos contra funcionário público, em razão de suas funções;

d) art. 147 – Ameaça;

e) art. 151, *caput,* § 1º, incisos I, II e III, e § 2º – Violação de correspondência, sonegação ou destruição de correspondência, violação de comunicação telegráfica, radioelétrica ou telefônica;

f) art. 152 – Correspondência comercial;

g) art. 153 – Divulgação de segredo;

h) art. 154 – Violação de segredo profissional;

i) art. 156 – Furto de coisa comum;

j) art. 176 – Outras fraudes;

l) art. 182 – Crimes contra o patrimônio praticados em prejuízo das pessoas enumeradas nos incisos;

m) art. 225 – Crimes contra os costumes quando a vítima for pobre.

Como se vê, agora são também crimes de ação pública condicionada à representação, os de lesões corporais leves e lesões culposas (art. 88, Lei 9.099/95), que seguem o rito do JEC.

> Art. 88. Além das hipóteses do Código Penal e da legislação especial, dependerá de representação a ação penal relativa aos crimes de lesões corporais leves e lesões culposas.

Em todas essas situações, embora a titularidade seja do Estado, tanto para a ação penal que será iniciada por meio de denúncia do Ministério Público, como para a proposta de transação ou de suspensão do processo, se não houver representação (autorização) da vítima ou de seu representante, não poderá ser iniciado qualquer tipo de persecução penal. A atividade do Ministério Público depende dessa autorização.

O prazo que a vítima tem para manifestar-se é de seis meses, contados do dia em que souber quem é o autor do crime, e não do fato criminoso. Esse prazo é decadencial, fatal, não se prorrogando, não se suspendendo, não se interrompendo. Isso significa que se não for exercido, conforme determina o art. 38 do CPP, fulmina o direito de ação e conseqüentemente atinge o direito de punir, não podendo mais ser iniciada a ação penal, ou mesmo o inquérito.

> Código de Processo Penal
>
> Art. 38. Salvo disposição em contrário, o ofendido, ou seu representante legal, decairá do direito de queixa ou de representação, se não o exercer dentro do prazo de seis meses, contado do dia em que vier a saber quem é o autor do crime, ou, no caso do art. 29, do dia em que se esgotar o prazo para o oferecimento da denúncia.

Não se pode esquecer que o art. 91 da Lei 9.099/95, prevê o prazo de trinta dias para representação, nos casos ocorridos antes da vigência dessa Lei, sob pena de decadência.

> Art. 91. Nos casos em que esta Lei passa a exigir representação para a propositura da ação penal pública, o ofendido e seu representante legal será intimado a oferecê-la no prazo de trinta dias, sob pena de decadência.

Outro tipo de ação penal pública condicionada é a que depende de requisição do Ministro da Justiça, observando-se que essa requisição equivale à representação, ou seja, não passa de mera autorização para que haja ação penal iniciada pelo Ministério Público.

São exemplos de ação dependente de requisição ministerial, os casos previstos no art. 7º, § 3º, *b*, e art. 145, parágrafo único do CP, e que se referem, respectivamente, aos crimes praticados por estrangeiro contra brasileiro fora do Brasil e crimes contra a honra, praticados contra o Presidente da República, se não envolverem questões referentes à Segurança Nacional.

Código Penal

Art. 7º. Ficam sujeitos à lei brasileira, embora cometidos no estrangeiro:

I – os crimes:

a) contra a vida ou a liberdade do Presidente da República;

b) contra o patrimônio ou a fé pública da União, do Distrito Federal, de Estado, de Território, de Município, de empresa pública, sociedade de economia mista, autarquia ou fundação instituída pelo Poder Público;

c) contra a administração pública, por quem está a seu serviço;

d) de genocídio, quando o agente for brasileiro ou domiciliado no Brasil;

II – os crimes:

a) que, por tratado ou convenção, o Brasil se obrigou a reprimir;

b) praticados por brasileiros;

c) praticados em aeronaves ou embarcações brasileiras, mercantes ou de propriedade privada, quando em território estrangeiro e aí não sejam julgados.

§ 1º – Nos casos do inciso I, o agente é punido segundo a lei brasileira, ainda que absolvido ou condenado no estrangeiro.

§ 2º – Nos casos do inciso II, a aplicação da lei brasileira depende do concurso das seguintes condições:

a) entrar o agente em território nacional;

b) ser o fato punível também no país em que foi praticado;

c) estar o crime incluído entre aqueles pelos quais a lei brasileira autoriza a extradição;

d) não ter sido o agente absolvido no estrangeiro ou não ter aí cumprido a pena;

e) não ter sido o agente perdoado no estrangeiro ou, por outro motivo, não estar extinta a punibilidade, segundo a lei mais favorável.

§ 3º – A lei brasileira aplica-se também ao crime cometido por estrangeiro contra brasileiro fora do Brasil se, reunidas as condições previstas no parágrafo anterior:

a) não foi pedida ou foi negada a extradição;

b) houve requisição do Ministro da Justiça.

Art. 145. Nos crimes previstos neste Capítulo somente se procede mediante queixa, salvo quando, no caso do art. 140, § 2º, da violência resulta lesão corporal.

Parágrafo único. Procede-se mediante requisição do Ministro da Justiça, no caso do nº I do art. 141, e mediante representação do ofendido, no caso do nº II do mesmo artigo.

Também se procede mediante representação, nas situações do já visto art. 88 da Lei 9.099/95.

As situações até aqui expostas são de ação penal pública, ou seja, iniciam-se por meio de denúncia ofertada pelo Ministério Público, embora algumas poucas exijam que a vítima ou seu representante ou, ainda, o Ministro da Justiça manifestem sua concordância.

Tanto a representação quanto a requisição ministerial (que são meras autorizações) para início da ação penal não vinculam o representante do Ministério Público que pode, se entender inexistirem elementos para início da ação penal, requerer ao juiz o arquivamento do inquérito ou do auto circunstanciado, ao invés de denunciar o ofensor, não cabendo qualquer recurso dessa determinação de arquivamento.

4. Ação Privada

A par das ações públicas já expostas, onde a titularidade pertence ao Ministério Público representando a Justiça Pública, há situações especialíssimas previstas nas legislações penal e processual, que retiram essa titularidade do Estado para transferi-la à vítima, deixando que esta, se entender conveniente, processe o ofensor. Isso ocorre nos crimes de ação privada.

Sobre esses casos, assim se expressa a Lei do JEC:

> Art. 74. A composição dos danos civis será reduzida a escrito e, homologada pelo Juiz mediante sentença irrecorrível, terá eficácia de título a ser executado no juízo civil competente.
>
> Art. 77. Na ação penal de iniciativa pública, quando não houver aplicação de pena pela ausência do autor do fato, ou pela não-ocorrência da hipótese prevista no art. 76 desta Lei, o Ministério Público oferecerá ao Juiz, de imediato, denúncia oral, se não houver necessidade de diligências imprescindíveis.
>
> (...)
>
> § 3º – Na ação penal de iniciativa do ofendido poderá ser oferecida queixa oral, cabendo ao Juiz verificar se a complexidade e as circunstâncias do caso determinam a adoção das providências previstas no parágrafo único do art. 66 desta Lei.
>
> Art. 78. Oferecida a denúncia ou queixa, será reduzida a termo, entregando-se cópia ao acusado, que com ela ficará citado e imediatamente cientificado da designação de dia e hora para a audiência de instrução e julgamento, da qual também tomarão ciência o Ministério Público, o ofendido, o responsável civil e seus advogados.
>
> § 1º – Se o acusado não estiver presente, será citado na forma dos arts. 66 e 68 desta Lei e cientificado da data da audiência de instrução e julgamento, devendo a ela trazer suas testemunhas ou apresentar requerimento para intimação, no mínimo cinco dias antes de sua realização.
>
> § 2º – Não estando presentes o ofendido e o responsável civil, serão intimados nos termos do art. 67 desta Lei para comparecerem à audiência de instrução e julgamento.
>
> § 3º – As testemunhas arroladas serão intimadas na forma prevista no art. 67 desta Lei.
>
> Art. 81. Aberta a audiência, será dada a palavra ao defensor para responder à acusação, após o que o Juiz receberá, ou não, a denúncia ou queixa;

havendo recebimento, serão ouvidas a vítima e as testemunhas de acusação e defesa, interrogando-se a seguir o acusado, se presente, passando-se imediatamente aos debates orais e à prolação da sentença.

§ 1º – Todas as provas serão produzidas na audiência de instrução e julgamento, podendo o Juiz limitar ou excluir as que considerar excessivas, impertinentes ou protelatórias.

§ 2º – De todo o ocorrido na audiência será lavrado termo, assinado pelo Juiz e pelas partes, contendo breve resumo dos fatos relevantes ocorridos em audiência e a sentença.

§ 3º – A sentença, dispensado o relatório, mencionará os elementos de convicção do Juiz.

A proposta de suspensão do processo, por ser de exclusiva atribuição do Ministério Público, só pode existir nas ações públicas e nas privadas subsidiárias (art. 29 do CPP), inexistindo nas ações exclusivamente privadas.

Hoje, porém, a maior parte da doutrina entende que também deve haver proposta de transação penal e de suspensão do processo, por parte do querelante e subsidiariamente pelo M.P.

JURISPRUDÊNCIA

Se o querelante promove ação penal privada em razão de ofensas irrogadas à sua condição de advogado, dissociada de sua condição de Promotor Público, não há falar em ação pública condicionada nos termos do art. 141, III, c/c art. 145, parágrafo único, do CP, aliás mais gravosa ao paciente (STF) — *RT* 594/451.

Ação penal. Natureza privada. Suspensão do processo. Inaplicabilidade. Ação que é regida pelos princípios da oportunidade e da disponibilidade, ficando a critério único e exclusivo do ofendido propor ou não a *persecutio criminis*. Possibilidade, ainda, de o autor, no curso da demanda, perdoar o seu ofensor ou desistir da querela, extinguindo-se a punibilidade do agente. Inteligência do art. 89 da Lei 9.099/95. RT 788/622.

Ação penal. Natureza privada. Transação penal e suspensão condicional do processo. Admissibilidade da concessão dos benefícios dispostos nos arts. 76 e 89 da Lei 9.099/95. Recusa injustificada do querelante em oferecer a proposta. Fato que faz com que o juiz possa expedir o provimento jurisdicional e concedê-la de ofício. RT 815/603.

Quando o legislador permite que a iniciativa e condução do processo criminal fiquem a cargo do ofendido, dispõe expressamente ao final do artigo ou capítulo que *somente se procede mediante queixa* (exemplo: art. 179 do CP).

> Art. 179. Fraudar execução, alienando, desviando, destruindo ou danificando bens, ou simulando dívidas:
>
> Pena – detenção de seis meses a dois anos ou multa.
>
> Parágrafo único. Somente se procede mediante queixa.

JURISPRUDÊNCIA

O delito de fraude à execução é de ação privada, a qual deve ser proposta no prazo de seis meses do conhecimento do fato, sob pena de decadência (TACrimSP) — *RT* 526/362.

Observa-se que nos crimes de ação privada é o Estado quem continua com o direito de punir, permitindo à vítima, apenas, que conduza a acusação.

A ação privada se divide em: pura, subsidiária da pública e personalíssima.

Ação privada pura

Ação privada pura é a proveniente de delito ao qual o legislador expressamente determinou que se inicie por meio de queixa (conforme exemplo do item anterior).

Nos delitos de ação privada, de competência do JEC, deverá ser feita a comunicação do fato à autoridade policial ou ao próprio juiz criminal, para as providências dos arts. 69 (ver p. 40), 71, 72 e 74, mas, não havendo acordo, observar-se-ão os arts. 77, § 3º, 78 e seguintes da Lei 9.099/95 (teor da Lei na p. 393).

Atualmente, em razão da Lei dos Juizados Especiais Criminais Federais, todos os crimes de ação privada, previstos ou não em lei especial, desde que não tenham pena máxima abstrata superor a dois anos, são de competência dos juizados estaduais ou federais.

Se houver oferecimento de queixa, ela poderá ser acompanhada ou não, de inquérito policial, dependendo dos elementos que o titular (querelante) tenha para alicerçar o pedido.

Petições

(modelo I)

Queixa-crime por dano qualificado

Exmo. Sr. Dr. Juiz de Direito da ... Vara Criminal da Comarca de ....

(deixar espaço)

Fulano, (qualificar), por seu procurador (documento com poderes específicos anexo) vem, respeitosamente, à presença de V. Exa., com fundamento no art. 163, IV, do CP, oferecer *queixa-crime* contra Sicrano, (qualificar), pelos motivos que a seguir expõe:

1) Aos .../.../..., munido de uma barra de ferro, Sicrano praticamente destruiu o veículo ...., ano ...., cor ...., de propriedade do requerente;

2) tal fato se deu exclusivamente porque no dia anterior, o referido veículo ficara por alguns minutos estacionado na frente da residência do querelado, tendo sido retirado dali, sob violentos e injustificados ataques verbais e palavrões que não mereceram resposta do requerente;

3) todavia, para surpresa e indignação geral, no dia dos fatos, estacionado regularmente o automóvel, na frente da casa de seu proprietário, ora querelante, desta feita sem qualquer razão ou palavra, o autor do fato, seu vizinho, saiu de casa

e com a barra de ferro que portava, começou a destruir o veículo, quebrando seus vidros, faróis e amassando a lataria;

4) o vandalismo só foi interrompido porque outros vizinhos impediram a continuidade do delito, colocando em fuga o vândalo, que só retornou à residência dois dias após.

Assim, tendo Sicrano infringido o disposto no art. 163, IV, do CP, oferece a presente queixa, para que seja processado e, a final, condenado.

...., ... de .... de ......

(assinatura do advogado)

Rol de testemunhas:

1) J. de Tal

Endereço:

2) M. de Tal

Endereço:

3) P. de Tal

Endereço:

(modelo II)

Queixa-crime

Exmo. Sr. Dr. Juiz de Direito da .... Vara Criminal da Comarca de ....

(deixar espaço)

Fulano de Tal, (qualificar), vem, mui respeitosamente, perante V. Exa., por intermédio de sua advogada (documento anexo com poderes especiais), oferecer *queixa-crime* contra Sicrano de Tal, (qualificar), pelos motivos de fato e de direito que a seguir expõe, articuladamente:

1) O querelante, que trabalha como vendedor de objetos importados, no dia .... de .... último compareceu à residência do querelado para lhe entregar uma encomenda, ocasião em que ficaram conversando por aproximadamente .... minutos, em uma pequena sala;

2) nessa conversa, uma nova encomenda foi feita, sob o compromisso de ser entregue na semana seguinte;

3) ocorre que ao retornar à residência do querelado para a segunda entrega, o querelante teve sua entrada impedida, sob a acusação de furto de um objeto de prata que se encontrava na sala onde ambos estiveram conversando na semana anterior. A discussão se acalorou, com o querelado insistindo na existência do fato criminoso e dizendo que o crime ocorreu no momento em que se ausentou para buscar um café.

E, mais

4) tal fato foi comentado com vizinhos, aos quais foi dito que nenhuma providência legal seria tomada, mas que o querelante era o ladrão do objeto furtado (declarações anexas).

Diante dos fatos pode-se concluir que a atitude do querelado é descabida e caluniosa, tendo infringido, assim, o art. 138 do CP, motivo pelo qual requer a V. Exa que, recebida e autuada esta, seja Sicrano de Tal citado para interrogatório e intimado para os atos do processo até final julgamento que deverá condená-lo nas penas do citado artigo do CP.

Termos em que,

Pede deferimento.

...., ... de .... de ....

(assinatura da advogada)[1]

Rol de testemunhas:

1) J. de Tal

Endereço:

2) M. de Tal

Endereço:

---

[1] Andrea Bretas Prado.

Se for necessário, antes de ajuizar esta peça, o ofendido requererá à autoridade policial que instaure inquérito para fundamentar futura ação penal privada, lembrando-se que essa instauração não interrompe o prazo decadencial.

PETIÇÃO

(modelo)

Requerimento para instauração de inquérito policial por calúnia

Ilmo. Sr. Delegado de Polícia do .... Distrito Policial de ....

(deixar espaço)

Fulano, (qualificar), por seu procurador, documento com poderes especiais anexo, vem, respeitosamente, à presença de V. Sa., a fim de requerer a *instauração de inquérito policial* contra Sicrano, (qualificar), por infração ao art. 138 do CP, pelos motivos seguintes:

1) O querelante, que trabalha como vendedor de objetos importados, no dia ... de ..... último, compareceu à residência do querelado para lhe entregar uma encomenda, ocasião em que ficaram conversando por aproximadamente ... minutos, em uma pequena sala;

2) nessa conversa, uma nova encomenda foi feita, sob o compromisso de ser entregue na semana seguinte;

3) ocorre que, ao retornar à residência do querelado para a segunda entrega, o querelante teve sua entrada impedida, sob a acusação de furto de um objeto de prata que se encontrava na sala onde ambos estiveram conversando na semana anterior. A discussão se acalorou, com o querelado insistindo na existência do fato criminoso e dizendo que o crime ocorreu no momento em que se ausentou para buscar um café;

E, mais

4) tal fato foi comentado com vizinhos, aos quais foi dito que nenhuma providência seria tomada, mas que o querelante era o ladrão do objeto furtado (declarações anexas).

Diante dos fatos pode-se concluir que a atitude do suplicado é descabida e caluniosa, tendo infringido, assim, o art. 138 do CP, motivo pelo qual requer a instauração do competente inquérito policial, que servirá de base para o tempestivo oferecimento de queixa-crime.

Termos em que,

Pede deferimento.

...., ... de .... de ......

(assinatura do advogado)

Testemunhas:

1) ....

2) ....

3) ....

JURISPRUDÊNCIA

Queixa-crime — Ilegitimidade *ad causam* — Oferecimento por terceiro destituído de poderes especiais — Ato imperfeito e incapaz de iniciar a ação penal, tornando inexistente relação processual válida (TACrim/SP) — *RT* 672/324.

Do instrumento de mandato para o aforamento de ação penal por crime contra a honra necessariamente deverá constar, pena de nulidade absoluta, 'menção ao fato criminoso', ou, pelo menos, a indicação de seu *nomen juris*. A omissão, porém, considera-se sanada quando o querelante subscreva a queixa juntamente com seu advgado. JUTACRIM/SP – 56/341.

Crime contra a honra. Emissão de procuração com poderes específicos ao advogado. Necessidade. Subscrição da petição inicial pelo querelante. Irrelevância. "Nos crimes contra a honra é necessária a emissão de procuração com poderes específicos ao advogado, não sendo esta prescindível pelo fato de o querelante haver subscrito a peça inicial, sendo certo que tal irregularidade, desde que não sanada dentro do prazo decadencial, determina a rejeição da queixa." (TACrim/SP – AP 1.005.711 – Rel. Renato Nalini) . *In* Código de Processo Penal e sua Interpretação Jurisprudencial, Alberto Silva Franco, vol. 2, p. 641.

PROCURAÇÃO

(modelo)

Procuração *ad-judicia*

Antonio de Tal, (qualificar), pelo presente instrumento de procuração, nomeia e constitui seu(s) bastante procurador(es) o(s) advogado(s) Fulano, (qualificar) e Sicrano (qualificar) a quem confere amplos poderes para o foro em geral, com a cláusula *ad-judicia,* podendo propor em qualquer juízo, instância ou tribunal, contra quem de direito, as ações competentes e defendê-lo nas contrárias, seguindo umas e outras, até final decisão, usando os recursos legais e acompanhando-os, conferindo-lhe(s), ainda, poderes especiais para confessar, desistir, transigir, firmar compromissos ou acordos, receber e dar quitação, agindo em conjunto ou separadamente, podendo ainda substabelecer esta em outrem, com ou sem reservas de iguais poderes, dando tudo por bom, firme e valioso e em especial para oferecer *queixa-crime* contra Benedito de Tal, (qualificar), por infração ao art. 138 do CP., crime praticado aos........., na cidade de.........

...., ... de .... de ......

(assinatura de Antonio de Tal)

Observa-se que a decadência continua a correr normalmente enquanto possível inquérito estiver em andamento, motivo pelo qual a queixa deve ser oferecida, se por qualquer razão o inquérito policial não estiver concluído no prazo decadencial que é, em geral, de seis meses, contado do dia em que a vítima souber quem é o autor do delito.

Se houver inquérito policial em andamento, o querelante (autor da ação privada) fará menção a sua existência na peça vestibular. O que não pode é aguardar o término do inquérito para só depois ajuizar a ação, porque então terá ocorrido a decadência se tiver se esgotado o prazo.

Havendo inquérito policial e ficando pronto no prazo, será entregue ao interessado, mediante recibo, para que instrua a ação penal ou será remetido a juízo, onde aguardará manifestação da vítima até que ocorra a decadência, quando então será arquivado.

Petição

(modelo)

Pedido de entrega de inquérito policial instaurado para apurar delito de ação penal privada

Ilmo. Sr. Delegado Titular do .... DP

(deixar espaço)

João, qualificado nos autos de inquérito policial instaurado a seu pedido e em curso nessa delegacia, por seu procurador vem, respeitosamente, à presença de V. Sa., a fim de requerer a entrega dos referidos autos, para que sirvam de fundamento à ação privada que será proposta contra ...., por crime de difamação.

Termos em que,

Pede deferimento.

...., ... de .... de ......

(assinatura do advogado)

Nos casos de ação privada, a vítima contrata um advogado para, em seu nome, iniciar e conduzir a ação penal.

Todavia, se não dispuser de recursos para promover essa ação, terá a nomeação de um procurador para cuidar de seus interesses, iniciando e conduzindo a ação penal.

Código de Processo Penal

Art. 32. Nos crimes de ação privada, o juiz, a requerimento da parte que comprovar a sua pobreza, nomeará advogado para promover a ação penal.

PETIÇÃO

(modelo)

Querelante pobre — art. 32 do CPP

Exmo. Sr. Dr. Juiz de Direito da ... Vara Criminal da Comarca de ....

(deixar espaço)

Fulano, (qualificar), vem, respeitosamente, à presença de V. Exa., com base no art. 32 do CPP, requerer seja-lhe nomeado advogado para propor ação privada contra ...., por infração ao art. 138 do CP.

Esclarece que é pobre (atestado anexo), não tendo assim recursos para custear as despesas com o processo.

Termos em que,

Pede deferimento.

...., ... de .... de ....

(assinatura do requerente)

A queixa poderá ser ainda oferecida por curador especial, nos casos do art. 33 do CPP.

Código de Processo Penal

Art. 33. Se o ofendido for menor de 18 (dezoito) anos, ou mentalmente enfermo, ou retardado mental e não tiver representante legal ou colidirem os interesses deste com os daquele, o direito de queixa poderá ser exercido por curador especial, nomeado de ofício ou a requerimento do Ministério Público, pelo juiz competente para o processo penal.

O curador especial é um advogado nomeado, nenhuma semelhança tendo com o curador de menores ou curador civil e, no caso do art. 33, o nomeado que entender não ter havido crime, ou ser melhor para a vítima, poderá deixar de propor a ação penal.

Jurisprudência

Queixa-crime por delito contra os costumes — Oferecimento por curador especial em face da colisão de interesses entre a ofendida e sua representação legal — Admissibilidade (TJPR) — *RT* 483/349.

"O prazo decadencial só passará a correr e como prazo desta natureza de forma contínua e sem interrupção – em relação ao representante legal da vítima que o tiver (na hipótese de ter sido interditada e possuir curador), a partir da data em que este vier a saber quem é o autor do delito. Em relação ao seu curador especial, nomeado nos termos do art. 33 do CPP, a partir da data da respectiva notificação. Só então será possível, decorrido o lapso de tempo de seis meses, cogitar da extinção da punibilidade em razão da decadência do direito de representação." RT 526/347.

Código de Processo Penal

Art. 35. A mulher casada não poderá exercer o direito de queixa sem o consentimento do marido, salvo quando estiver dele separada ou quando a queixa for contra ele.

Parágrafo único. Se o marido recusar o consentimento, o juiz poderá supri-lo.

Este art. 35 está revogado, como já exposto, de sorte que a mulher casada, após a CF/88, não precisa de autorização para exercer seu direito de queixa, podendo livremente contratar advogado e ingressar em juízo, ou requerer os benefícios do art. 32, se for o caso (cf. p. 279).

Completados os 18 (dezoito) anos e até 21 (vinte e um), tanto o ofendido quanto seu representante poderão, alternativamente, exercer o direito de queixa por meio de procurador constituído, ou nas condições do art. 32 (cf. p. 279).

Com relação à maioridade civil, hoje contemplada em 18 anos, ver p. 198, onde se discute os reflexos desse assunto na esfera penal.

Observa-se que tal faculdade somente diz respeito aos casos de ação privada, excluídos os crimes contra os costumes, pois, para estes, conforme determinação contida no art. 225 do CP, a ação se transformará, de privada, em pública incondicionada, nas situações previstas no seu § 1º, II, e, em pública condicionada quando a vítima ou seus pais forem pobres, conforme prevê o § 2º.

> Código Penal
>
> Art. 225. Nos crimes definidos nos capítulos anteriores, somente se procede mediante queixa.
>
> § 1º – Procede-se, entretanto, mediante ação pública:
>
> I – se a vítima ou seus pais não podem prover às despesas do processo sem privar-se de recursos indispensáveis à manutenção própria ou da família;
>
> II – se o crime é cometido com abuso do pátrio poder, ou da qualidade de padrasto, tutor ou curador.
>
> § 2º – No caso do nº I do parágrafo anterior, a ação do Ministério Público depende de representação.

JURISPRUDÊNCIA

Ilegítima é a iniciativa do Ministério Público para ação penal em caso de atentado violento ao pudor não sendo pobre a vítima ou seu representante legal e sendo de natureza leve as lesões resultantes do delito (TJSP) — *RT* 600/336.

Sedução — Ação penal por denúncia, após regular representação — Miserabilidade do pai da ofendida contestada e negada pela sentença — Demonstração, contudo, de que não podia ele arcar com as despesas processuais e contratação de advogado — Recurso provido — Inteligência dos arts. 102 e 217 do Código Penal (Ement.) — *RT* 513/395.

Assim, um crime de atentado violento ao pudor, por exemplo, que é de ação privada pura e cuja iniciativa processual depende exclusivamente da vontade da vítima ou de seu representante em iniciar o processo, por meio de queixa endereçada a um juiz criminal, passará a ser de titularidade do Ministério Público (ação pública condicionada) se a ofendida não tiver recursos para patrocinar a causa, bastando para isso a representação (autorização) que, geralmente nos casos de pobreza, é feita na delegacia, quando os pais comparecem para requerer providências contra o infrator (art. 225, § 2º, do CP).

Jurisprudência

A miserabilidade, uma das condições para a propositura da ação penal pública condicionada à representação, há de ser levada em conta na data do crime (TJRJ) — *RT* 505/397.

Não se aplica, então, nos crimes contra os costumes o disposto no art. 32 (cf. p. 279), motivo pelo qual a ação, de privada que era originalmente, se transforma, como no caso citado na página anterior, em pública condicionada.

Da mesma forma, se o crime que inicialmente é de ação privada (estupro, por exemplo) foi praticado com abuso do pátrio poder, a ação penal, por motivos óbvios, se transformará em pública incondicionada, ocasião em que o Ministério Público a iniciará, até mesmo contra a vontade da vítima ou de seus parentes (art. 225, § 1º, inciso II, do CP; cf. p. 282).

Jurisprudência

Se a vítima de atentado violento ao pudor foi sexualmente violentada pelo pai, detentor do pátrio poder, desnecessária a representação para dar início à ação penal, ainda mais quando tal formalidade foi extraível do conjunto de dados dos autos que atestam, de forma inequívoca, o propósito de mover ação penal (TJSP) — *RT* 623/282.

Algumas causas de extinção de punibilidade em ação privada:

a) Renúncia

Código Penal

Art. 104. O direito de queixa não pode ser exercido quando renunciado expressa ou tacitamente.

Parágrafo único. Importa renúncia tácita ao direito de queixa a prática de ato incompatível com a vontade de exercê-lo; não a implica, todavia, o fato de receber o ofendido a indenização do dano causado pelo crime.

JURISPRUDÊNCIA

A simples existência na diretoria de sociedade comercial de outros sócios-gerentes além dos querelados não implica renúncia ao direito de queixa contra estes (STF) — *RT* 605/404.

"A não-propositura da ação penal privada contra um dos autores ou partícipes do crime, de identidade conhecida e em relação a quem militam também os necessários elementos de convicção, importa em renúncia tácita, que aos demais se estende (art. 49 do CPP). Extinta fica, em conseqüência, a punibilidade de todos, e o recebimento da queixa oferecida contra qualquer deles representa constrangimento ilegal à liberdade de locomoção, remediável por *habeas corpus*. JUTACRIM/SP 87/90.

Em caso de autoria, co-autoria e/ou participação, a queixa deve abranger a todos, pois o seu oferecimento contra apenas um deles importa em renúncia, que se estende aos demais partícipes da ação infracionária. RT 782/629.

Por ser este tipo de ação penal, de titularidade exclusiva da vítima ou de seu representante legal, nada obsta que haja renúncia ao direito de processar o ofensor.

A renúncia ocorre antes de iniciada a ação penal, podendo ser expressa ou tácita.

A mais comum das formas de renúncia tácita é a decadência, quando a vítima, por inércia absoluta e voluntária, deixa escoar integralmente o prazo fatal, sem tomar nenhuma providência no sentido de processar o ofensor.

Hoje, conforme o art. 74 da Lei 9.099/95, a composição dos danos civis acarreta, no Juizado Especial Criminal, a renúncia ao direito de queixa.

JURISPRUDÊNCIA

Decadência — Ação penal — Queixa-crime — Oferecimento sem estar instruída com laudo pericial — Apresentação deste 6 meses da ciência do fato — Extinção da punibilidade decretada (TACrimSP) — *RT* 417/258.

Queixa-crime — Decadência — Oferecimento mais de 6 meses após o fato delituoso — Prazo que não se suspende ou interrompe com o pedido de explicações — Extinção da punibilidade mantida — Inteligência dos arts. 38 do Código de Processo Penal e 144 do Código Penal (TACrimSP) — *RT* 420/282.

b) Perdão

Código Penal

Art. 105. O perdão do ofendido, nos crimes em que somente se procede mediante queixa, obsta ao prosseguimento da ação.

Pelo perdão, que só pode ocorrer depois de iniciada a ação penal privada, o ofendido desiste de prosseguir na acusação. Não é possível haver perdão na ação penal privada subsidiária, implicando a desistência do ofendido, na retomada pelo Ministério Público da titularidade da ação penal que era originariamente pública e se tornara privada subsidiária pela inércia do titular original, o Ministério Público.

JURISPRUDÊNCIA

O perdão só tem cabimento nos crimes perquiridos por meio de queixa privada (TJSP) — *RT* 383/76.

"Não se presume perda de atitudes que possam ter outra explicação válida. RT 443/504

"Não se pode extrair perdão tácito do simples fato de alguns dos ofendidos por prefeito municipal terem passado a apoiar sua administração. Semelhante figura não se compadece com o conceito de retratação, que há de ser clara e expressa, dirigida a quem de direito." RT 602/350.

Código Penal

Art. 106. O perdão, no processo ou fora dele, expresso ou tácito:

I – se concedido a qualquer dos querelados, a todos aproveita;

II – se concedido por um dos ofendidos não prejudica o direito dos outros;

III – se o querelado o recusa, não produz efeito.

§ 1º – Perdão tácito é o que resulta da prática de ato incompatível com a vontade de prosseguir na ação.

§ 2º – Não é admissível o perdão depois que passa em julgado a sentença condenatória.

O perdão pode ser expresso ou tácito, devendo obrigatoriamente ser aceito pelo querelado (réu) para que tenha o efeito de extinguir a punibilidade.

Se houver mais de um querelado e for aceito por algum deles, mas rejeitado pelos demais, a ação prosseguirá com relação aos que o rejeitaram. O querelado pode ter interesse no prosseguimento da ação para provar, a final, sua inocência.

JURISPRUDÊNCIA

Se o crime atribuído ao querelado propicia ao empregador, ora querelante, a despedida por justa causa, admitindo-o novamente no emprego, após a instauração da ação penal privada implica inarredavelmente uma reconciliação, repercutindo, no plano jurídico, como perdão tácito — Extinta, pois, a punibilidade (TACrimSP) — *RT* 461/354.

"Em sede de crime contra a honra, inocorre perdão tácito pelo acordo entre as partes na ação civil, em que o querelante abre mão do objeto, cuja disputa ensejou a ofensa, que resultou na querela, pois na esfera penal o bem jurídico é outro, qual seja a honra, a dignidade do ofendido, e o acordo civil não tem o condão de afastar ou elidir a conduta criminosa." TACrim/SP. AP. 1.025.765 – Rel. Lourenço Filho. *In* Código de Processo Penal e sua Interpretação Jurisprudencial, 2ª ed., Alberto Silva Franco, vol. 2, p. 606.

PETIÇÃO

(modelo)

Oferecimento de perdão em ação penal privada

Exmo. Sr. Dr. Juiz de Direito da ... Vara Criminal da Comarca de ....

(deixar espaço)

Proc. nº...
Cartório ... Ofício Criminal

João de Tal, qualificado nos autos da ação privada que move a Pedro, perante esse DD. Juízo e respectivo Cartório, por infração ao art. 140, do CP, por seu advogado com poderes especiais, vem, respeitosamente, à presença de V. Exa., a fim de oferecer *perdão* ao querelado, nos termos do art. 105 do CP.

Requer, assim, seja Pedro intimado para dizer se o aceita, importando seu silêncio em aceitação tácita.

Termos em que,

Pede deferimento.

...., ... de .... de ....

(assinatura do advogado)

c) Perempção

Nas ações exclusivamente privadas, o processo pode ser extinto ainda, como punição ao querelante desidioso, por meio da perempção, que significa a perda do direito de continuar a demandar, por inércia.

A perempção somente pode ocorrer depois de iniciada uma ação privada.

Observa-se que, até a falta de pedido de condenação nas alegações finais do querelante é considerada uma das formas de extinção do processo pela ocorrência de perempção.

Código de Processo Penal

Art. 60. Nos casos em que somente se procede mediante queixa, considerar-se-á perempta a ação penal:

I – quando, iniciada esta, o querelante deixar de promover o andamento do processo durante 30 (trinta) dias seguidos;

II – quando, falecendo o querelante ou sobrevindo sua incapacidade, não comparecer em juízo, para prosseguir no processo, dentro do prazo de 60 (sessenta) dias, qualquer das pessoas a quem couber fazê-lo, ressalvado o disposto no art. 36;

III – quando o querelante deixar de comparecer, sem motivo justificado, a qualquer ato do processo a que deva estar presente, ou deixar de formular o pedido de condenação nas alegações finais;

IV – quando, sendo o querelante pessoa jurídica, esta se extinguir sem deixar sucessor.

PETIÇÃO

(modelo)

Perempção

Exmo. Sr. Dr. Juiz de Direito da ... Vara Criminal da Comarca de ....

(deixar espaço)

Proc. nº ....
Cartório ... Ofício Criminal

Fulano, qualificado nos autos da queixa-crime de nº ... que lhe propõe Sicrano, perante esse DD. Juízo e respectivo Cartório, por sua procuradora, vem, respeitosamente, à presença de V. Exa., a fim de expor e requerer o que segue:

1) O requerente está sendo processado por suposta infração ao art. 138 do CP;

2) com a inicial, o querelante, ora requerido, arrolou, dentre outras, a testemunha ...., que deveria ser ouvida por esse E. Juízo;

3) todavia, conforme se vê às fls. ...., o sr. Oficial de Justiça deixou de intimá-la, por encontrar-se em local incerto e não-sabido;

4) na audiência de ouvida das demais testemunhas de acusação, tanto o querelante como seu advogado foram devidamente intimados desse fato, ocasião em que requereram prazo para substituição da testemunha não-localizada, com o que concordou o querelado, sendo o pedido deferido por esse E. Juízo;

5) todavia, passados .... dias da referida audiência e embora intimado por mandado (fls. ...) a se manifestar nos autos, quedou-se inerte o querelante, o que gerou paralisação do feito, por mais de dois meses;

6) assim, considerando-se o que dispõe o art. 60, I, do CPP e o fato de estar o processo parado por inércia total do querelante, respeitosamente requer a declaração da *perempção* havida e o conseqüente arquivamento do feito.

Termos em que,

Pede deferimento.

...., ... de .... de ......

(assinatura da advogada)

Jurisprudência

Queixa-crime — Perempção decretada, dado o não-comparecimento do querelante ou de seu procurador à audiência realizada por precatória — Inadmissibilidade — Recurso provido — Inteligência do art. 60, III, do Código de Processo Penal (TACrimSP) — *RT* 516/343.

Queixa-crime — Perempção — Hipótese caracterizada — Querelante que não forneceu numerário ao oficial de justiça para a intimação do querelado para o interrogatório — Desídia acarretadora de extinção da punibilidade — Decisão confirmada — Inteligência do art. 60, nº I, do Código de Processo Penal (TJRS) — *RT* 413/342.

"O não-comparecimento do procurador do querelante às audiências realizadas por precatória e das quais estava devidamente intimado, sem justificação a tempo de adiá-la acarreta a perempção da ação penal." *RT* 442/354

Ação Penal. Queixa-crime. Ausência do querelante e de seu advogado à audiência de julgamento. Nomeação de defensor *ad hoc* em substituição. Inadmissibilidade. Perempção decretada. Apelação provida. Inteligência dos arts. 32 e 60, III, do CPP. *RT* 481/349.

Nos casos de ação privada subsidiária da pública, não é possível a ocorrência de perempção, da mesma forma que não existe a possibilidade de perdão, renúncia ou decadência para o Ministério Público.

Ação privada subsidiária da pública

Código de Processo Penal

Art. 29. Será admitida ação privada nos crimes de ação pública, se esta não for intentada no prazo legal, cabendo ao Ministério Público aditar a queixa, repudiá-la e oferecer denúncia substitutiva, intervir em todos os termos do processo, fornecer elementos de prova, interpor recurso e, a todo tempo, no caso de negligência do querelante, retomar a ação como parte principal.

Se o Ministério Público não oferecer denúncia em crime de ação pública, no prazo previsto no art. 46 do CPP (cf. p. 260), o ofendido ou seu representante legal pode iniciar a ação penal privada subsidiária, através de queixa substitutiva da denúncia.

Nesses casos o Ministério Público, ao tomar conhecimento da queixa, poderá aditá-la, propondo a suspensão do processo (ver art. 89 da Lei 9.099/95, p. 400).

PETIÇÕES

(modelo I)

Queixa substitutiva da denúncia

Exmo. Sr. Dr. Juiz de Direito da .... Vara Criminal da Comarca de ....

(deixar espaço)

Cartório ....

João de Tal, brasileiro, casado, motorista, portador da cédula de identidade ...., CPF ...., residente e domiciliado na Rua .... nº ...., bairro ...., nesta cidade e Comarca de ...., por sua advogada e bastante procuradora que esta subscreve, documento anexo, vem, mui respeitosamente, à presença de V. Exa., apresentar *queixa substitutiva da denúncia,* com fulcro no art. 29 do Código de Processo Penal, pelos motivos de fato e de direito, que a seguir aduz:

1. *Dos fatos*

a) O querelante, aos .... de .... de ...., às .... h, saía do Banco ...., sito à Rua .... nº ...., nesta cidade de ...., quando foi surpreendido por dois homens que lhe aplicaram sucessivos golpes e lhe subtraíram o montante de R$ .... (por extenso), que portava dentro da carteira;

b) ao querelante, vítima incontestável de um crime de roubo, restou apenas a atitude de gritar por socorro e, quase instantaneamente, uma viatura policial que por ali trafegava capturou os ladrões;

c) os infratores foram levados ao .... Distrito Policial de .... e autuados em flagrante, sendo, logo após, conduzidos à Cadeia Pública de ...., onde se encontram até a presente data;

d) na fase inquisitiva, apurou-se tratar de conhecidos marginais que atuam na periferia da cidade, conforme comprovam os autos do inquérito, de nº ...., enviados ao Ministério Público no dia .... de .... de ....

2. *Do direito*

a) A legislação processual penal é clara e indubitável ao consignar, no art. 46 do CPP, o prazo de 5 dias para que o órgão do Ministério Público ofereça a denúncia, estando o réu preso, contados a partir do recebimento dos autos do inquérito policial;

b) com efeito, a lei permite à vítima o oferecimento de *queixa substitutiva,* ante a inércia do órgão do Ministério Público em apresentar a denúncia, ressaltando-se com isso a preocupação em não se admitir que a impunidade se torne uma prática constante no meio social;

c) portanto, diante da omissão do Ministério Público, não restou outra alternativa ao querelante senão o oferecimento desta.

3. *Do pedido*

Assim, ante todo o exposto, requer, chamando por Justiça, a instauração da ação penal privada subsidiária, a fim de que os culpados sejam punidos.

Outrossim, requer a oitiva das testemunhas cujo rol segue abaixo.

Termos em que, com os documentos anexos,

Pede e espera deferimento.

...., ... de .... de ....

(assinatura da advogada)[2]

Rol de testemunhas

1) Fulano de Tal

Rua ...., nº ....

2) Sicrano de Tal

Rua ...., nº ....

(modelo II)

Queixa substitutiva da denúncia

Exmo. Sr. Dr. Juiz de Direito da .... Vara Criminal da Comarca de ....

(deixar espaço)

[2] Fabíola de Oliveira Alves.

Cartório do .... Ofício Criminal

João, (qualificar), por intermédio de seu procurador regularmente constituído por documento, vem apresentar, mui respeitosamente, a V. Exa. a presente *queixa substitutiva da denúncia*, com base nos arts. 29 do CPP e 129, § 1º, I, do CP, contra P. de Tal, (qualificar), pelas razões de fato e de direito a seguir expostas:

1) O querelante encontrava-se nos jardins de sua residência por volta das ... horas do dia... efetuando a poda dos galhos de uma árvore que se encontra junto ao muro que separa seu imóvel do terreno ao lado quando o acusado, ora querelado, seu vizinho, passou a dirigir-lhe impropérios, alegando indignação pelo fato de que alguns gravetos e folhas cortados teriam, acidentalmente, caído sobre seu automóvel;

2) o querelante, ao tentar argumentar, sofreu violenta e injusta agressão que lhe ocasionou as lesões corporais descritas em laudo de exame de corpo de delito (doc. ....) e que lhe impediram de exercer suas atividades normais por mais de 30 dias;

3) ocorre que os autos do inquérito policial foram entregues ao DD. Promotor de Justiça aos .../.../... e desde então nada foi feito;

4) tendo em vista que se esgotou o prazo para o oferecimento da denúncia, outra opção não resta ao ora querelante a não ser a apresentação da presente *ação privada subsidiária da ação pública,* para requerer que, recebida esta, seja o querelado processado criminalmente, a fim de que venha, a final, ser condenado, como incurso nas sanções do art. 129, § 1º, I, do CP, ouvindo-se oportunamente as testemunhas abaixo arroladas.

Termos em que,

Pede deferimento.

...., ... de .... de ....

(assinatura do advogado)[3]

[3] Ricardo O. Regina.

Testemunhas:

1) ....

2) ....

3) ....

O prazo para início desse tipo de ação privada é decadencial e expresso no art. 38 do CPP (cf. p. 267), contados os seis meses do dia em que se esgotar para o Ministério Público o prazo que tem para denunciar.

Essa faculdade legal se restringe aos casos em que não houve denúncia no prazo determinado em lei e não para pedidos de arquivamento ou diligências, contra os quais não há recurso previsto.

Isso significa que se o ofendido não exercer esse direito e ocorrer a decadência para ele, o Ministério Público retomará a titularidade, podendo oferecer denúncia enquanto não estiver extinta a punibilidade.

O instituto da decadência não atinge o Ministério Público porque ela é a perda do direito de ação e o Ministério Público não tem direito, mas dever de iniciar a ação penal, quando for cabível.

JURISPRUDÊNCIA

Queixa-crime subsidiária — Propositura após o pedido de arquivamento formulado pelo Ministério Público — Admissibilidade — Ausência de decisão do judiciário deferindo ou não o arquivamento — Processo de competência originária do tribunal, por prerrogativa de função — Preliminar de ilegitimidade de parte rejeitada — *Habeas corpus* indeferido — Declarações de votos — Inteligência dos arts. 28 e 29 do CPP (STF) — *RT* 609/40.

Queixa-crime subsidiária — Admissibilidade — Ofensas irrogadas a funcionário público em razão da função — *Notitia criminis* arquivada a pedido do órgão do Ministério Público, por entender inexistente o elemento subjetivo incriminador — Legitimidade *ad causam* do ofendido para intentar ação privada (TACrimSP) — *RT* 636/315.

Para que surja o direito de promover ação penal privada subsidiária é indispensável que tenha havido omissão da ação pelo Ministério Público, o que nada mais é do que a inércia processual – falta de oferecimento de denúncia ou de pedido de arquivamento formulado à autoridade judiciária – e não verificar-se se ocorreu ou não inércia administrativa do citado órgão. RT 609/420.

Ação privada personalíssima

Hoje, há apenas um caso de ação privada que só pode ser iniciado pelo cônjuge ofendido e ninguém mais.

Código Penal

Art. 236. Contrair casamento, induzindo em erro essencial o outro contraente, ou ocultando-lhe impedimento que não seja casamento anterior.

Pena – detenção de seis meses a dois anos.

Parágrafo único. A ação penal depende de queixa do contraente enganado e não pode ser intentada senão depois de transitar em julgado a sentença que, por motivo de erro ou impedimento, anule o casamento.

Nesse caso expressamente previsto no Código Penal o prazo de decadência é especial, não se aplicando a regra do art. 103 do CP, de sorte que para o crime de induzimento a erro essencial ou ocultação de impedimento, o cônjuge ofendido terá seis meses de prazo para iniciar a ação, contados a partir do trânsito da sentença que anulou seu casamento.

Código Penal

Art. 103. Salvo disposição expressa em contrário, o ofendido decai do direito de queixa ou de representação se não o exerce dentro do prazo de seis meses, contado do dia em que veio a saber quem é o autor do crime, ou, no caso do § 3º do art. 100 deste Código, do dia em que se esgota o prazo para oferecimento da denúncia.

Dessa forma, por se tratar de um caso de ação privada personalíssima, somente o cônjuge e ninguém mais pode propor a ação. Essa exigência é tão forte que se a vítima vier a falecer estará extinta a punibilidade do infrator.

O direito de ação é personalíssimo e intransferível, a ponto de não poder ser exercido nem pelo curador do cônjuge inocente, doente mental.

Até a emancipação civil que faz cessar para o emancipado a incapacidade para os atos da vida civil, nenhum valor tem no direito criminal, de sorte que, se o cônjuge ofendido for menor de 18 (dezoito) anos, deverá aguardar a maioridade penal para exercitar seu direito de queixa na ação personalíssima, não correndo para ele o prazo decadencial, enquanto não atingir os 18 (dezoito) anos.

5. Custas Processuais

Código de Processo Penal

Art. 806. Salvo o caso do art. 32 (v. p. 279), nas ações intentadas mediante queixa, nenhum ato ou diligência se realizará, sem que seja depositada em cartório a importância das custas.

§ 1º – Igualmente, nenhum ato requerido no interesse da defesa será realizado, sem o prévio pagamento das custas, salvo se o acusado for pobre.

§ 2º – A falta de pagamento das custas nos prazos fixados em lei, ou marcados pelo juiz, importará renúncia à diligência requerida ou deserção do recurso interposto.

§ 3º – A falta de qualquer prova ou diligência que deixe de realizar-se em virtude do não-pagamento de custas não implicará a nulidade do processo, se a prova de pobreza do acusado só posteriormente foi feita.

A menos que a vítima de um crime de ação privada tenha se beneficiado com o disposto no art. 32 do CPP (cf. p. 279), deverá depositar em cartório, antecipadamente, a importância das custas processuais.

Tal dispositivo (art. 806 do CPP) se refere exclusivamente aos casos de ação privada, porque nos crimes de ação pública as custas são pagas a final pelo réu condenado irrecorrivelmente, ou serão suportadas pelo Estado, se houver absolvição.

No Estado de São Paulo, por força do art. 6º, I, da Lei 4.952/85, não havia qualquer pagamento de taxa judiciária nas causas criminais de qualquer espécie.

Hoje, porém, em razão da Lei Estadual 11.608, de 29/12/2003, do Provimento CSM nº 833, de 8/1/2004 e do Comunicado s/nº da Presidência do Tribunal de Justiça do Estado de São Paulo, publicado no Diário Oficial de 12.1.2004, há uma Tabela de Valores das Taxas Judiciárias, incluindo as ações privadas.

JURISPRUDÊNCIA

Matéria criminal — Cobrança contra acusado em ação penal pública — Expedição de precatória para inquirição de testemunhas de defesa condicionada ao depósito prévio de importância destinada às despesas de diligência — Inadmissibilidade — Afronta ao art. 153, § 15, e 16 da CF (anterior a CF/88) — Cerceamento de defesa caracterizado — Recurso extraordinário conhecido e provido — Inteligência dos arts. 804 e 806, § 1º, do CPP (STF) — *RT* 601/427.

Capítulo VII

Das Formas Procedimentais

1. *Introdução;* 2. *Rito ordinário;* 3. *Rito sumário;* 4. *Rito das contravenções;* 5. *Rito previsto para os crimes contra a honra;* 6. *Rito para entorpecentes;* 7. *Rito do júri;* 8. *Assistente de acusação.*

1. Introdução

Há vários ritos no Direito Processual Penal, ou seja, existem diversas maneiras de se caminhar no procedimento criminal até a final decisão.

Assim como no cível são previstos vários tipos de procedimento que variam de acordo com o pedido, de sorte que o rito para uma ação de despejo é diferente do que segue uma execução por título extrajudicial, por exemplo, da mesma forma há, no crime, um rito aplicável à maioria dos delitos apenados com reclusão, outro comum à maioria das infrações punidas com detenção e ainda há que se lembrar das contravenções que possuem também rito próprio, embora muitos entendam que após a CF/88 o rito comum contravencional passou a ser o mesmo que o comum destinado aos crimes apenados com detenção.

Além disso, deve-se esclarecer que, com a vigência da Lei 9.099/95, parcialmente alterada pela Lei 10.259/2001 todas as contravenções penais e os crimes cuja pena máxima não seja superior a dois anos passaram para a competência do JEC, só sendo conhecidos pelo juízo comum, nas seguintes hipóteses: se for impossível a citação pessoal, porque o JEC desconhece a citação por edital; se o caso for complexo ou suas circunstâncias assim o exigirem (qualquer incidente que retire do JEC, sua competência).

Porém, além do tipo de pena cominada, e que é critério para se saber qual o rito a ser seguido, há outros procedimentos previstos no Código de Processo Penal e em leis esparsas, que são comuns a determinados tipos de delito, pouco importando sejam apenados com reclusão ou detenção.

Dessa forma, um homicídio doloso, por exemplo, embora apenado com reclusão, foge ao rito comum para os crimes cuja pena seja a reclusão, para seguir o rito próprio dos delitos de competência do Tribunal do Júri.

Já o furto, o roubo, o estelionato, a apropriação indébita, a receptação, dentre outros tantos delitos apenados com reclusão, seguem o mesmo rito comum a todos.

Igualmente para os casos de infrações apenadas com detenção, há um rito que é igual para a maioria desse tipo de delitos, havendo entretanto exceções abrangendo ilícitos que, embora tenham como pena a detenção, seguem rito próprio; por exemplo, o infanticídio, crime doloso contra a vida, apenado com detenção e que não segue o rito próprio da detenção, mas o previsto para o Tribunal do Júri.

Assim, o procedimento para os crimes de competência do Tribunal do Júri é comum a todos os delitos dolosos contra a vida, consumados ou tentados, independentemente da pena a eles cominada.

Quanto aos delitos referentes a entorpecentes, deixamos para tecer os comentários necessários à nova Lei que trata do assunto, no capítulo referente a esse rito.

Também tem rito previsto no Código Eleitoral qualquer infração que trate de ilícito eleitoral, independentemente da pena imposta.

Em resumo, a grande maioria, como se expôs, dos crimes apenados com reclusão segue um rito único, chamado ordinário, comum a todos eles.

Então, crimes há que, embora tenham a reclusão ou detenção como pena, seguem rito especial; por exemplo, os crimes dolosos contra a vida, consumados ou tentados, independentemente de serem apenados com reclusão ou detenção, seguem rito próprio, sendo de competência do Tribunal do Júri o seu julgamento. Também têm rito especial, independentemente de serem apenados com reclusão ou detenção, quaisquer delitos referentes a responsabilidade de prefeitos e vereadores, os cometidos por meio da imprensa, os falimentares, os eleitorais, os de entorpecentes, contra a fauna e os de responsabilidade de funcionários públicos.

2. Rito Ordinário

Embora haja ritos especiais para alguns tipos de crimes apenados com reclusão, como já se disse, na realidade a grande maioria deles segue um procedimento único e que se chama rito ordinário ou comum.

Esse rito está previsto no Código de Processo Penal, nos arts. 394 a 405 e 499 a 502.

Código de Processo Penal

Art. 394. O juiz, ao receber a queixa ou denúncia, designará dia e hora para o interrogatório, ordenando a citação do réu e a notificação do Ministério Público e, se for caso, do querelante ou do assistente.

Art. 395. O réu ou seu defensor poderá, logo após o interrogatório ou no prazo de três dias, oferecer alegações escritas e arrolar testemunhas.

Art. 396. Apresentada ou não a defesa, proceder-se-á à inquirição das testemunhas, devendo as da acusação ser ouvidas em primeiro lugar.

Parágrafo único. Se o réu não comparecer, sem motivo justificado, no dia e à hora designados, o prazo para defesa será concedido ao defensor nomeado pelo juiz.

Art. 397. Se não for encontrada qualquer das testemunhas, o juiz poderá deferir o pedido de substituição, se esse pedido não tiver por fim frustrar o disposto nos arts. 41, *in fine*, e 395.

Art. 398. Na instrução do processo serão inquiridas no máximo oito testemunhas de acusação e até oito de defesa.

Parágrafo único. Nesse número não se compreendem as que não prestaram compromisso e as referidas.

Art. 399. O Ministério Público ou o querelante, ao ser oferecida a denúncia ou a queixa, e a defesa, no prazo do art. 395, poderão requerer as diligências que julgarem convenientes.

Art. 400. As partes poderão oferecer documentos em qualquer fase do processo.

Art. 401. As testemunhas de acusação serão ouvidas dentro do prazo de vinte dias, quando o réu estiver preso, e de quarenta dias, quando solto.

Parágrafo único. Esses prazos começarão a correr depois de findo o tríduo da defesa prévia, ou, se tiver havido desistência, da data do interrogatório ou do dia em que deverá ter sido realizado.

Art. 402. Sempre que o juiz concluir a instrução fora do prazo, consignará nos autos os motivos da demora.

Art. 403. A demora determinada por doença do réu, ou do defensor, ou outro motivo de força maior, não será computada nos prazos fixados no art. 401. No caso de enfermidade do réu, o juiz poderá transportar-se ao local onde ele se encontrar, aí procedendo à instrução. No caso de enfermidade do defensor, será ele substituído definitivamente, ou para o só efeito do ato, na forma do art. 265, parágrafo único.

Art. 404. As partes poderão desistir do depoimento de qualquer das testemunhas arroladas, ou deixar de arrolá-las, se considerarem suficientes as provas que possam ser ou tenham sido produzidas, ressalvado o disposto no art. 209.

Art. 405. Se as testemunhas de defesa não forem encontradas e o acusado, dentro em três dias, não indicar outras em substituição, prosseguir-se-á nos demais termos do processo.

Art. 499. Terminada a inquirição das testemunhas, as partes — primeiramente o Ministério Público ou o querelante, dentro de 24 (vinte e quatro) horas, e depois, sem interrupção, dentro de igual prazo, o réu ou réus — poderão requerer as diligências, cuja necessidade ou conveniência se origine de circunstâncias ou de fatos apurados na instrução, subindo logo os autos conclusos, para o juiz tomar conhecimento do que tiver sido requerido pelas partes.

Art. 500. Esgotados aqueles prazos, sem requerimento de qualquer das partes, ou concluídas as diligências requeridas e ordenadas, será aberta vista dos autos, para alegações, sucessivamente, por três dias:

I – ao Ministério Público ou ao querelante;

II – ao assistente, se tiver sido constituído;

III – ao defensor do réu.

§ 1º – Se forem dois ou mais réus, com defensores diferentes, o prazo será comum.

§ 2º – O Ministério Público, nos processos por crime de ação privada ou nos processos por crime de ação pública iniciados por queixa, terá vista dos autos depois do querelante.

Art. 501. Os prazos a que se referem os arts. 499 e 500 correrão em cartório, independentemente de intimação das partes, salvo em relação ao Ministério Público.

Art. 502. Findos aqueles prazos, serão os autos imediatamente conclusos, para sentença, ao juiz, que, dentro em cinco dias, poderá ordenar diligências para sanar qualquer nulidade ou suprir falta que prejudique o esclarecimento da verdade.

Parágrafo único. O juiz poderá determinar que se proceda, novamente, a interrogatório do réu ou a inquirição de testemunhas e do ofendido, se não houver presidido a esses atos na instrução criminal.

Ao receber a peça acusatória (denúncia nos casos de ação pública ou queixa nos de ação privada), o juiz designa data para interrogatório do réu, manda citá-lo por uma das formas previstas nos arts. 351 a 368 do CPP (pessoalmente, por precatória, por rogatória ou por edital) e notificar o Ministério Público ou querelante.

Código de Processo Penal

Art. 351. A citação inicial far-se-á por mandado, quando o réu estiver no território sujeito à jurisdição do juiz que a houver ordenado.

Art. 352. O mandado de citação indicará:

I – o nome do juiz;

II – o nome do querelante nas ações iniciadas por queixa;

III – o nome do réu, ou, se for desconhecido, os seus sinais característicos;

IV – a residência do réu, se for conhecida;

V – o fim para que é feita a citação;

VI – o juízo e o lugar, o dia e a hora em que o réu deverá comparecer;

VII – a subscrição do escrivão e a rubrica do juiz.

Art. 353. Quando o réu estiver fora do território da jurisdição do juiz processante, será citado mediante precatória.

Art. 354. A precatória indicará:

I – o juiz deprecado e o juiz deprecante;

II – a sede da jurisdição de um e de outro;

III – o fim para que é feita a citação, com todas as especificações;

IV – o juízo do lugar, o dia e a hora em que o réu deverá comparecer.

Art. 355. A precatória será devolvida ao juiz deprecante, independentemente de traslado, depois de lançado o "cumpra-se" e de feita a citação por mandado do juiz deprecado.

§ 1° – Verificado que o réu se encontra em território sujeito à jurisdição de outro juiz, a este remeterá o juiz deprecado os autos para efetivação da diligência, desde que haja tempo para fazer-se a citação.

§ 2° – Certificado pelo oficial de justiça que o réu se oculta para não ser citado, a precatória será imediatamente devolvida, para o fim previsto no art. 362.

Art. 356. Se houver urgência, a precatória, que conterá em resumo os requisitos enumerados no art. 354, poderá ser expedida por via telegráfica, depois de reconhecida a firma do juiz, o que a estação expedidora mencionará.

Art. 357. São requisitos da citação por mandado:

I – leitura do mandado ao citando pelo oficial e entrega da contrafé, na qual se mencionarão dia e hora da citação;

II – declaração do oficial, na certidão, da entrega da contrafé, e sua aceitação ou recusa.

Art. 358. A citação do militar far-se-á por intermédio do chefe do respectivo serviço.

Art. 359. O dia designado para funcionário público comparecer em juízo, como acusado, será notificado assim a ele como ao chefe de sua repartição.

Art. 360. Se o réu estiver preso, será pessoalmente citado.

Art. 361. Se o réu não for encontrado, será citado por edital com o prazo de quinze dias.

Art. 362. Verificando-se que o réu se oculta para não ser citado, a citação far-se-á por edital, com o prazo de cinco dias.

Art. 363. A citação ainda será feita por edital:

I – quando inacessível, em virtude de epidemia, de guerra ou por outro motivo de força maior, o lugar em que estiver o réu;

II – quando incerta a pessoa que tiver de ser citada.

Art. 364. No caso do artigo anterior, nº I, o prazo será fixado pelo juiz entre quinze e noventa dias, de acordo com as circunstâncias, e, no caso do nº II, o prazo será de trinta dias.

Art. 365. O edital de citação indicará:

I – o nome do juiz que a determinar;

II – o nome do réu, ou, se não for conhecido, os seus sinais característicos, bem como sua residência e profissão, se constarem do processo;

III – o fim para que é feita a citação;

IV – o juízo e o dia, a hora e o lugar em que o réu deverá comparecer;

V – o prazo, que será contado do dia da publicação do edital na imprensa, se houver, ou da sua afixação.

Parágrafo único. O edital será afixado à porta do edifício onde funcionar o juízo e será publicado pela imprensa, onde houver, devendo a afixação ser certificada pelo oficial que a tiver feito e a publicação provada por exemplar do jornal ou certidão do escrivão, da qual conste a página do jornal com a data da publicação.

Os arts. 366, 367, 368, 369 e 370 tiveram sua redação alterada pela Lei 9.271/96, passando a vigorar como segue:

Art. 366. Se o acusado, citado por edital, não comparecer, nem constituir advogado, ficarão suspensos o processo e o curso do prazo prescricional, podendo o juiz determinar a produção antecipada das provas consideradas urgentes e, se for o caso, decretar prisão preventiva, nos termos do disposto no art. 312.

§ 1º – As provas antecipadas serão produzidas na presença do Ministério Público e do defensor dativo.

§ 2º – Comparecendo o acusado, ter-se-á por citado pessoalmente, prosseguindo o processo em seus ulteriores atos.

Art. 367. O processo seguirá sem a presença do acusado que, citado ou intimado pessoalmente para qualquer ato, deixar de comparecer sem motivo justificado, ou, no caso de mudança de residência, não comunicar o novo endereço ao juízo.

Art. 368. Estando o acusado no estrangeiro, em lugar sabido, será citado mediante carta rogatória, suspendendo-se o curso do prazo de prescrição até o seu cumprimento.

Art. 369. As citações que houverem de ser feitas em legações estrangeiras serão efetuadas mediante carta rogatória.

Art. 370. Nas intimações dos acusados, das testemunhas e demais pessoas que devam tomar conhecimento de qualquer ato, será observado, no que for aplicável, o disposto no Capítulo anterior.

§ 1º – A intimação do defensor constituído, do advogado do querelante e do assistente far-se-á por publicação no órgão incumbido da publicidade dos atos judiciais da comarca, incluindo, sob pena de nulidade, o nome do acusado.

§ 2º – Caso não haja órgão de publicação dos atos judiciais na comarca, a intimação far-se-á diretamente pelo escrivão, por mandado, ou via postal com comprovante de recebimento, ou por qualquer outro meio idôneo.

§ 3º – A intimação pessoal, feita pelo escrivão, dispensará a aplicação a que alude o § 1º.

§ 4º – A intimação do Ministério Público e do defensor nomeado será pessoal.

Observa-se que as intimações tratadas no art. 370 do CPP, em razão da Lei 9.099/95, nos casos da sua competência, poderão ser feitas conforme dispõem seus arts. 67 e 68 (p. 395).

Após a citação, se comparecer, o réu será interrogado, sempre com o acompanhamento de seu advogado ou de um que será nomeado apenas para o momento do interrogatório. Será defendido por defensor dativo, se não tiver, não quiser, ou não puder pagar por um profissional de sua escolha, para fazer sua defesa. (O interrogatório, hoje, é contraditório.)

JURISPRUDÊNCIA

Direito de constituir defensor de sua confiança negado pelo juiz — Constrangimento ilegal configurado — Recurso de *habeas corpus* provido — Inteligência dos arts. 263 e 366 do CPP (STF) — *RT* 610/433.

Réu que indicou defensor — Nomeação, não obstante, de dativo, que acompanhou a instrução — Nulidade — (Ement.) — *RT* 545/343.

Se o réu não comparecer, embora citado, nem justificar a ausência, terá a revelia decretada, conforme está no art. 366 do CPP (cf. p. 305).

O decreto de revelia não induz, como no cível, ao julgamento imediato do feito, nem presume confissão, posto que no Direito Penal vigora o princípio da verdade real, por meio do qual o juiz é obrigado a buscar, de todas as formas permitidas possíveis, a sua verdade sobre os fatos para poder julgar. Isso não se aplica ao JEC, nos casos de acordo, transação ou suspensão,quando não se chega à análise do mérito.

Por isso é que a própria confissão do acusado, mesmo em juízo, é insuficiente para alicerçar um decreto condenatório, devendo ela, se ocorrer, estar robustecida por outros elementos que lhe dêem credibilidade, para ter valor.

Código de Processo Penal

Art. 197. O valor da confissão se aferirá pelos critérios adotados para os outros elementos de prova, e para a sua apreciação o juiz deverá confrontá-la com as demais provas do processo, verificando se entre ela e estas existe compatibilidade ou concordância.

Assim, declarado revel, o acusado citado pessoalmente, mesmo não acompanhando o processo, terá um defensor, ainda que nomeado, para lhe fazer a defesa.

É óbvio que esse trabalho será grandemente limitado pelo desconhecimento que o advogado terá dos fatos, mas a nomeação e ampla defesa são garantias de que ninguém será julgado nem condenado sem oportunidade plena de se defender.

Esse princípio é tão amplo que, mesmo sendo revel, o acusado poderá constituir defensor, vez que a revelia pode ocorrer também em razão de o réu não querer comparecer em juízo e não só nos casos em que não seja encontrado.

JURISPRUDÊNCIA

Réu revel impedido de constituir defensor — Constrangimento ilegal caracterizado — Recurso de *habeas corpus* provido — Inteligência do art. 263 do CPP — *RT* 603/444.

Um condenado em vários processos findos e cujas penas somadas atingiam cerca de 150 anos resolveu não comparecer mais em juízo para responder aos outros procedimentos que ainda estavam se iniciando, tendo em todos eles a revelia decretada, muito embora tivesse sido regularmente citado para se defender e estivesse preso.

Observa-se ainda que no Direito Criminal inexiste a citação com hora certa.

Mesmo que o réu compareça para ser interrogado, confesse e declare que não quer se defender, ainda assim lhe será nomeado defensor, que o defenderá até final.

O revel que aparecer futuramente será, em qualquer fase do processo, até o trânsito da sentença, interrogado, conforme manda o art. 185 do CPP (cf. p. 309).

Comparecendo, o réu será interrogado, observando-se que hoje, o interrogatório é contraditório, (art. 188).

> Código de Processo Penal
>
> Art. 188. Após proceder ao interrogatório, o juiz indagará das partes se restou algum fato para ser esclarecido, formulando as perguntas correspondentes se o entender pertinente e relevante.

JURISPRUDÊNCIA

Interrogatório — Ato não-realizado — Petição subscrita pelo advogado requerendo designação de data para efetivação — Providência que corresponde ao comparecimento em juízo, nos termos do art. 185 do CPP — Não-apreciação do pedido, com realização de audiência de instrução sem comunicação ao acusado, que caracteriza cerceamento de defesa, tanto sob o aspecto da omissão como sob o da realização de início de instrução sem conhecimento do réu — Processo anulado a partir dessa audiência, com determinação de que o magistrado, no refazimento do ato, designe previamente data para interrogatório — Aplicação dos arts. 564, III, e 572, I, do CPP (TJSP) — *RT* 662/282.

Conforme dispõe o art. 194 do CPP (cf. p. 311), se o réu for menor (entre 18 e 21 anos) ou emancipado, seu depoimento em juízo deve, obrigatoriamente, ser feito em presença de curador nomeado exclusivamente para o ato, sob pena de nulidade.

Essa nomeação recairá no próprio defensor, se estiver presente ou em qualquer outro advogado que tenha sido nomeado para assisti-lo no ato.

Sobre a exigência de nomeação de curador ao réu menor (com idade compreendida entre 18 e 21 anos) ver nossas considerações, às fls. 198.

JURISPRUDÊNCIA[1]

Réu menor — Ato realizado na data em que completou 21 anos de idade — Incapacidade relativa que vai até o transcurso integral do dia do aniversário — Exigibilidade, portanto, da nomeação de curador — Ausência que implica nulidade insanável (TARS) — *RT* 652/338.

Réu menor — Falta de nomeação de curador — Nulidade de caráter absoluto, não condicionada à prova da ocorrência de efetivo prejuízo (TACrimSP) — *RT* 661/294.

Edital — Nulidade — Mandado que consigna erradamente o endereço declinado pelo réu nos autos — Revelia decretada — Inadmissibilidade (TJMS) — *RT* 616/355.

Os dispositivos que tratam do interrogatório e sua forma de realização estão no Código de Processo Penal, nos artigos compreendidos entre o 185 e o 196.

> Código de Processo Penal
>
> Art. 185. O acusado que comparecer perante a autoridade judiciária, no curso do processo penal, será qualificado e interrogado na presença de seu defensor, constituído ou nomeado.
>
> § 1º O interrogatório do acusado preso será feito no estabelecimento prisional em que se encontrar, em sala própria, desde que estejam garantidas a segurança do juiz e auxiliares, a presença do defensor e a publicidade do ato. Inexistindo a segurança, o interrogatório será feito nos termos do Código de Processo Penal.
>
> § 2º Antes da realização do interrogatório, o juiz assegurará o direito de entrevista reservada do acusado com seu defensor.

[1] A jurisprudência transcrita é anterior à vigência do atual Código Civil. Por se tratar de legislação muito recente, ainda não temos um posicionamento uniforme sobre a revogação ou não das normas relativas à figura do curador ao réu menor.

Art. 186. Depois de devidamente qualificado e cientificado do inteiro teor da acusação, o acusado será informado pelo juiz, antes de iniciar o interrogatório, do seu direito de permanecer calado e de não responder perguntas que lhe forem formuladas.

Parágrafo único. O silêncio, que não importará em confissão, não poderá ser interpretado em prejuízo da defesa.

Art. 187. O interrogatório será constituído de duas partes: sobre a pessoa do acusado e sobre os fatos.

§ 1º. Na primeira parte o interrogando será perguntado sobre a residência, meios de vida ou profissão, oportunidades sociais, lugar onde exerce a sua atividade, vida pregressa, notadamente se foi preso ou processado alguma vez e, em caso afirmativo, qual o juízo do processo, se houve suspensão condicional ou condenação, qual a pena imposta, se a cumpriu e outros dados familiares e sociais.

§ 2º Na segunda parte será perguntado sobre:

I – ser verdadeira a acusação que lhe é feita;

II – não sendo verdadeira a acusação, se tem algum motivo particular a que atribuí-la, se conhece a pessoa ou pessoas a quem deva ser imputada a prática do crime, e quais sejam, e se com elas esteve antes da prática da infração ou depois dela;

III – onde estava ao tempo em que foi cometida a infração e se teve notícia desta;

IV – as provas já apuradas;

V – se conhece as vítimas e testemunhas já inquiridas ou por inquirir, e desde quando, e se tem o que alegar contra elas;

VI – se conhece o instrumento com que foi praticada a infração, ou qualquer objeto que com esta se relacione e tenha sido apreendido;

VII – todos os demais fatos e pormenores que conduzam à elucidação dos antecedentes e circunstâncias da infração;

VIII – se tem algo mais a alegar em sua defesa.

Art. 188. Após proceder ao interrogatório, o juiz indagará das partes se restou algum fato para ser esclarecido, formulando as perguntas correspondentes se o entender pertinente e relevante.

Art. 189. Se o interrogando negar a acusação, no todo ou em parte, poderá prestar esclarecimentos e indicar provas.

Art. 190. Se confessar a autoria, será perguntado sobre os motivos e circunstâncias do fato e se outras pessoas concorreram para a infração, e quais sejam.

Art. 191. Havendo mais de um acusado, serão interrogados separadamente.

Art. 192. O interrogatório do mudo, do surdo ou do surdo-mudo será feito pela forma seguinte:

I – ao surdo serão apresentadas por escrito as perguntas, que ele responderá oralmente;

II – ao mudo as perguntas serão feitas oralmente, respondendo-as por escrito;

III – ao surdo-mudo as perguntas serão formuladas por escrito e do mesmo modo dará as respostas.

Parágrafo único. Caso o interrogando não saiba ler ou escrever, intervirá no ato, como intérprete e sob compromisso, pessoa habilitada a entendê-lo.

Art. 193. Quando o interrogando não falar a língua nacional, o interrogatório será feito por meio de intérprete.

Art. 194. Se o acusado for menor, proceder-se-á ao interrogatório na presença de curador[2] (Revogado pela Lei 10.792/2003).

Art. 195. Se o interrogado não souber escrever, não puder ou não quiser assinar, tal fato será consignado no termo.

Art. 196. A todo tempo, o juiz poderá proceder a novo interrogatório de ofício ou a pedido fundamentado de qualquer das partes.

Após o interrogatório será obrigatoriamente concedido prazo ao defensor para oferecimento facultativo da defesa prévia, conforme dispõe o art. 395 do CPP (p. 301).

Jurisprudência

Realização por precatória — Defesa prévia — Prazo — Tríduo que começa a fluir da juntada da carta aos autos — Peça ofertada pelo sistema de protocolo integrado, que a isto não se presta, porém ingressada no juízo da causa antes da fluência do lapso e reapresentada, com pedido de reconsideração, no curso daquele —

[2] Este é o único artigo que se entende pacificamente estar revogado, porque hoje, independentemente da idade do réu, seu interrogatório sempre será feito com a presença e participação de seu advogado, ou de um "ad hoc".

Indeferimento inadmissível — Aplicação dos arts. 4º do Provimento CSM — MCMXCI/84 e 1º, § 1º, do Provimento CSM — 339/88 e do Provimento CSM — 50/89, cap. IX, item 5 (TJSP) — *RT* 652/280.

Defesa prévia — Prazo — Tríduo que começa a fluir a partir do interrogatório — Necessidade de intimação do advogado apenas na hipótese de se tratar de réu a quem se nomeie defensor dativo no próprio ato — Aplicação do art. 395 do CPP (TJSP) — *RT* 643/293.

A defesa prévia é peça facultativa, sendo todavia importante oferecê-la por ser a única oportunidade que tem o defensor para arrolar suas testemunhas.

JURISPRUDÊNCIA

Rol de testemunhas — Falta de apresentação — Juntada requerida por novo causídico constituído — Admissibilidade — Princípio da ampla defesa que dota o juiz de critério de conveniência e oportunidade — Decisão que determina a produção da prova mantida — Inteligência dos arts. 5º, LV, da CF e 157, 499 e 798, § 4º, do CPP (TARS) — *RT* 652/335.

Nulidade — Defensor dativo que não oferece defesa prévia — Ato facultativo — Circunstância que não caracteriza, pois, por si só, ausência de defesa — *Habeas corpus* denegado — Inteligência dos arts. 395 e 396 do CPP (STF) — *RT* 533/420.

Observa-se que, ao contrário do cível, no crime não se protesta pelo oferecimento oportuno do rol de testemunhas que se pretende ouvir, de sorte que as testemunhas devem ser arroladas de imediato e no prazo de três dias após o interrogatório, sob pena de preclusão (não mais ser possível refazer o ato). Todavia, há decisão em sentido contrário.

JURISPRUDÊNCIA

Réu citado por edital — Defesa prévia — Reabertura de prazo para a sua apresentação — Aplicação do princípio da garantia da ampla defesa (TJRS) — *RT* 605/355.

A defesa prévia pode ser feita por cota nos autos ou por petição, não devendo jamais fazer qualquer referência ao mérito da acusação, mas apenas se limitando a algum requerimento, se houver necessidade (art. 399 do CPP; cf. p. 301) e a oferecer o rol das testemunhas que o defensor pretende ouvir, até o máximo de oito por réu, no rito ordinário. Esse número é o mesmo que tem a acusação para arrolar na denúncia (art. 398 do CPP; cf. p.301).

PETIÇÕES

(modelo I)

Modelo de defesa prévia por petição (Ação penal privada)

Exmo. Sr. Dr. Juiz de Direito da ... Vara Criminal da Comarca de ....

(deixar espaço)

Proc. nº...
Cartório. ... Ofício Criminal

J. R., qualificado nos autos de processo-crime que lhe move J. S., perante esse DD. Juízo e respectivo Cartório, por seu procurador, vem, tempestivamente, à presença de V. Exa., a fim de oferecer sua defesa prévia, reservando-se para rebater os fatos da inicial, futuramente.

Arrola, abaixo, as testemunhas que pretende ouvir, requerendo sejam intimadas nos seus respectivos endereços.

Termos em que,

Pede deferimento.

...., ...de.... de ......

(assinatura do advogado)

Rol das testemunhas:

1) A. S.

Rua .....

2) M. C.

Rua .....

3) M. D.

Rua .....

(modelo II)

Defesa prévia por petição

Exmo. Sr. Dr. Juiz de Direito da .... Vara Criminal da Comarca de ....

(deixar espaço)

Proc. nº ...
Cartório .... Ofício Criminal

Fulano, qualificado nos autos de processo-crime que lhe move a Justiça Pública desta Comarca, perante esse DD. Juízo e respectivo Cartório, por sua procuradora, vem, respeitosamente, à presença de V. Exa., a fim de oferecer o rol das testemunhas que pretende ouvir em audiência a ser designada, requerendo sejam intimadas nos respectivos endereços e reservando-se para rebater a acusação a final.

Termos em que,

Pede deferimento.

...., ... de .... de .....

(assinatura da advogada)

Rol de testemunhas:

1) Fulano

Endereço

2) Sicrano

Endereço

3) Beltrano

Endereço

(modelo III)

Defesa prévia por cota nos autos

(abaixo do carimbo de vista)

(deixar espaço)

MM. Juiz:

A defesa falará a final.

São suas testemunhas:

1) João

Endereço

2) Maria

Endereço

...., ... de .... de ......

(assinatura do advogado)

Com o oferecimento da defesa prévia, ou sem ela, mas com certidão nos autos referente ao seu não-oferecimento, será designada data para a oitiva das testemunhas de acusação e que foram arroladas na denúncia.

No dia marcado, com a presença do Ministério Público e do defensor constituído ou nomeado ou ainda com a participação de um defensor *ad hoc* se o advogado do réu não comparecer, tendo sido intimado, serão inquiridas pelo juiz as testemunhas de acusação, com perguntas posteriores da acusação e do defensor.

Jurisprudência

Instrução criminal — Realização sem a presença do réu — Impossibilidade de comparecimento em razão de doença — Nomeação de defensor *ad hoc* — Ausência de prejuízo — Cerceamento de defesa inexistente — Preliminar de nulidade afastada (TJSP) — *RT* 622/255.

O prazo máximo previsto no art. 401 (cf. p. 301) para que sejam ouvidas as testemunhas de acusação é também aplicado para a oitiva das testemunhas de defesa, as quais serão ouvidas em audiência designada para esse fim, após a que se realizou para que fossem inquiridas as testemunhas de acusação.

Finda a instrução, ou seja, ouvidas as testemunhas de ambas as partes, segue-se a fase de requerimentos últimos.

O prazo previsto no art. 499 (cf. p. 302) corre em cartório, independentemente de intimação, sendo facultativa a manifestação, só devendo ser feita pelo defensor, se houver algum requerimento final necessário.

Transcorrido o prazo, com ou sem manifestação, segue-se ao determinado no art. 500 (cf. p. 302).

Nessas alegações finais, as partes discorrem amplamente sobre tudo que foi produzido durante o andamento do feito, alegando, inclusive, em preliminar, qualquer nulidade havida, eventual cerceamento de defesa ou ocorrência de causa de extinção da punibilidade.

O Ministério Público se manifesta em primeiro lugar e a defesa em seguida.

ALEGAÇÕES

(modelo)

Alegações finais

Exmo. Sr. Dr. Juiz de Direito da .... Vara Criminal da Comarca de ....

(deixar espaço)

Proc. nº ....
Cartório .... Ofício Criminal

W. M. B., nos autos da Ação Penal que lhe move a Justiça Pública, por seu procurador infra-assinado, vem, mui respeitosamente, à presença de Vossa Excelência, a fim de requerer a juntada aos autos, das inclusas *alegações finais*, nos termos do art. 500 do CPP.

Termos em que,

Pede deferimento.

...., ... de .... de .....

(assinatura do advogado)[3]

Alegações Finais de W. M. B. (Proc. Nº ....)

M.M. Juiz

(deixar espaço)

Não procede a denúncia de fls. 02 oferecida pelo Ilmo. representante do Ministério Público.

Com efeito, conforme se depreende de tudo o que foi exposto, apurado e provado nos autos, conclui-se, indiscutivelmente, pela não-tipificação do delito previsto no art. 171, § 2º, VI, do Código Penal, que se quer imputar ao réu, razão pela qual deve o presente pedido ser julgado improcedente, absolvendo-se o acusado. Se não, vejamos.

1. *Dos fatos*

a) Segundo relato extraído da denúncia apresentada (fls. 2), em .../.../...,o réu contraiu, com A. M. Jr., um empréstimo no valor de R$ .... (....), obrigando-se a saldá-lo em data certa, razão pela qual emitiu, em garantia, um cheque pré-datado no valor total do débito (fls. ....);

b) vencido o prazo para o pagamento do empréstimo, o ofendido, de posse do cheque dado em garantia, dirigiu-se à instituição do sacado, a fim de receber o valor constante do título, já que o réu não apresentou qualquer manifestação em sentido contrário;

c) todavia, referido cheque foi devolvido pelo banco sacado, sob o fundamento de que o mesmo não dispunha de fundos suficientes para sua liquida-

[3] Carlos Eduardo de Oliveira.

ção, frustrando, assim, o pagamento ao credor e, configurando, pois, no entender do Ministério Público, a tipificação do delito previsto no art. 171, § 2º, VI, do Código Penal;

d) não obstante a "aparente" razão lógica que procura impor o entendimento esposado pela acusação, há que se concluir pelo vício de tal silogismo que, diante dos fatos apurados, jamais admitirá a conclusão de que o réu tenha cometido o crime que se lhe imputa a autoria.

2. *Cheque como título de crédito*

a) O cheque é um instituto de direito comercial, inserido no contexto mercantil, entre os títulos de crédito, como sendo uma de suas várias espécies;

b) caracteriza-se por alguns requisitos essenciais, sem os quais não se poderá falar propriamente em *cheque*, razão pela qual todos devem ser observados sob pena de, à falta de algum, não se ter configurado o *cheque*, mas sim, outro título de crédito qualquer.

Isto posto, no entender de Fábio Ulhoa Coelho:

> O cheque é uma ordem de pagamento à vista, sacado contra um banco e com base em suficiente provisão de fundos depositados pelo sacador em mãos do sacado ou decorrente de contrato de cobertura de crédito entre ambos (*in Manual de Direito Comercial*, Saraiva, 2ª ed., p. 240).

c) Por sua vez, o renomado comercialista Rubens Requião assim conceitua o aludido título de crédito:

> O cheque é também, como a letra de câmbio, uma ordem de pagamento, *mas à vista* (*in Curso de Direito Comercial*, Saraiva, 6ª ed., p. 477).

d) Assim, vale ressaltar, característica essencial para a configuração do título de crédito como sendo um cheque é ser ele *uma ordem de pagamento à vista*;

e) aliás, quando versa sobre o cheque pré-datado, o prof. Requião assim relata:

> "Constitui requisito essencial do cheque a indicação da data em que é passado (art. 1º, alínea 5). Essa data é importante, pois dele passa a correr o prazo de apresentação, de que resultam alguns efeitos. Por isso deve ser *autêntica*, registrando o dia em que efetivamente emitido."

E conclui:

> "Não se admite, conseqüentemente, o cheque pós-datado, pois isso tirar-lhe-ia a natureza de *meio de pagamento à vista*, tornando-o um simples título de crédito, fazendo vezes de letra de câmbio" (*in op. cit.*, p. 503).

f) No caso presente, provado nos autos está que o *cheque*, objeto caracterizado do estelionato, foi pré-datado (fls. ....), sendo tal afirmação confirmada pelo próprio ofendido, em depoimento prestado às fls .... Assim, quando inquirido por esse DD. Juízo se o cheque havia sido emitido com data posterior à transação, respondeu:

> "... o réu emitiu um cheque pré-datado para ser sacado após .... dias da data do empréstimo, pois que à sua época não contava com fundos suficientes à cobertura do mesmo."

g) Some-se ainda o fato de que a própria acusação reconheceu que o cheque fora emitido com data alterada e como garantia de dívida, segundo se depreende das razões finais apresentadas (fls. ....);

h) assim, diante das provas documental e testemunhal constantes dos autos e, pelos ensinamentos doutrinários trazidos à colação, conclui-se, indubitavelmente, *pela não-caracterização do título de crédito emitido como sendo um cheque*, visto que lhe faltou um requisito essencial à sua configuração, qual seja, "ser uma ordem de pagamento à vista".

3. *Do direito*

a) O Código Penal, em seu art. 171, define a conduta criminosa caracterizadora do estelionato. No mesmo sentido, o § 2º, inciso VI, do mesmo artigo, dispõe que incorrerá nas mesmas penas quem:

> "Emite *cheque*, sem suficiente provisão de fundos em poder do sacado ou lhe frustra o pagamento" (grifo nosso).

b) Ou seja, somente estará tipificado o delito em pauta quando o acusado emitir um *cheque* — entendido como sendo uma ordem de pagamento à vista — sem provisão de fundos ou se lhe frustrar o pagamento. No caso presente, como já demonstrado anteriormente, não há que se falar em cheque, pois que faltam requisitos essenciais à sua caracterização; logo, não há que se falar, também, na prática do delito previsto no art. 171, § 2º, VI;

c) Ora, em não existindo o cheque, não há a subsunção do fato ocorrido com a norma disposta no diploma legal, pela falta de adequação do primeiro ao segundo, uma vez que o art. 171, § 2º, VI, do CP define como estelionatário aquele que emite *cheque* sem a devida provisão de fundos e, no caso *sub judice*, comprovado está que não houve a caracterização do título como sendo cheque, o que descaracteriza por completo a prática do crime em pauta;

d) Ademais, este também é o ensinamento preconizado pelo professor Júlio Fabrinni Mirabete, embasado em vasta jurisprudência:

> "Não se configura o delito, por saber a vítima da inexistência de fundos, *quando o título é desvirtuado de sua finalidade específica de ordem de pagamento à vista, quando é dado sem data ou pós-datado; quando é dado em garantia de dívida ou promessa de pagamento*" (*in Manual de Direito Penal*, v. 2, Atlas, 6ª ed., p. 292). (grifo nosso)

No mesmo sentido, Damásio E. de Jesus:

> "O cheque é emitido para pagamento à vista. Não se trata de título como a nota promissória, em que o pagamento não é de pronto, mas a prazo. Em face disso, *não há crime quando o cheque é dado como garantia de dívida*. Neste caso, na verdade, não funciona como cheque, mas como título de efeitos idênticos à nota promissória, para garantia de pagamento futuro" (*in Direito Penal*, Saraiva) (grifo nosso).

4. *Da jurisprudência*

a) Não obstante a plena comprovação da falta de tipificação do crime que se quer imputar ao réu no caso presente, pede vênia o acusado para trazer à colação julgados que sedimentam de forma lapidar a tese esposada.

Estelionato — Emissão de cheque sem fundos — Delito não-configurado — Título dado em garantia de dívida — Descaracterização — Ausência de Justa Causa para Ação Penal — Cheque emitido sob certa condição não é ordem de pagamento à vista, mas mero título de crédito — *RT* 567/380.

Estelionato — Emissão de cheque sem fundos — Delito não-configurado — Título emitido para pagamento 12 dias após como garantia de obrigação — Desvirtuamento da natureza do instituto — *RT* 571/393.

Tratando-se de cheque pós-datado, não se configura o crime do art. 171, § 2º, VI, do CP, porque a pretensa vítima conhecia de antemão a inexistência de fundos no dia em que recebeu o título — *RT* 576/396.

b) Por sua vez, o Colendo Tribunal Regional Federal da Quinta Região assim decidiu em apelação criminal entre partes, Valdemiro Valírio da Costa (apelante) e Justiça Pública (apelada), com o voto vencedor do relator Hugo Machado.

> "... eu tenho como procedente o apelo porque a jurisprudência é tranqüila no sentido de que estando o recebedor ciente de que o cheque, no momento em que o recebe, não tem suficiente provisão de fundos, não se configura o estelionato " (*in JSTJ* e *TRF* v. 12/414).

c) Por fim, traz-se à colação a ementa do acórdão proferido pelo Egrégio Supremo Tribunal Federal, *in* Recurso de *Habeas corpus* nº 61.353-5 PR, onde a 1ª Turma, por unanimidade de votos, deu provimento ao recurso interposto por Ênio Cardoso Duarte contra o Tribunal de Alçada do Estado do Paraná:

Ementa – Cheque – Emissão sem fundos. *Habeas corpus* – A vítima, aceitando o cheque pré-datado para descontá-lo no banco sacado dezessete dias depois de sua emissão, concorreu para que o cheque fosse desfigurado de ordem de pagamento à vista para processo de pagamento a prazo e, assim, o fato perdeu a tipicidade do crime previsto no art. 171, § 2º, VI, do Código Penal (*in JSTF, Lex* 62/380-382).

5. *Conclusão*

Diante de todo o exposto, requer a *absolvição do réu*, como medida do mais puro bom senso e de sublime consagração da Justiça!

....., data retro.

(assinatura do advogado)[4]

Havendo um só defensor, poderá retirar os autos mediante carga, para oferecimento das alegações finais.

ALEGAÇÕES

(modelo I)

Alegações finais com preliminar

Exmo. Sr. Dr. Juiz de Direito da .... Vara Criminal da Comarca de ....

(deixar espaço)

Proc. nº....
Cartório ... Ofício Criminal

Fulano, qualificado nos autos de processo-crime que lhe move a Justiça Pública desta Comarca, perante esse DD. Juízo e respectivo Cartório, por seu procurador, vem, respeitosamente, à presença de V. Exa., a fim de apresentar suas *alegações finais*, fazendo-o da forma que segue:

---

[4] Carlos Eduardo de Oliveira.

Preliminarmente: extinção da punibilidade

Conforme se vê às fls. ...., ao acusado é imputada a prática do delito previsto no art. 155 do CP, que tem como pena máxima abstrata o período de 4 anos.

Assim, com base no art. 109 do mesmo diploma legal, o prazo prescricional da ação é de 8 anos.

Todavia, trata-se de réu menor, posto que, à época dos fatos, contava somente 19 anos de idade, motivo pelo qual se beneficia com o previsto no art. 115 do CP, que reduz pela metade o período permitido para que o Estado exerça o direito de punir.

Logo, por simples cálculo aritmético, percebe-se que extinta está a punibilidade, desde o ano de 19..., posto que a peça acusatória foi recebida aos ..../..../19....

Dessa forma, a extinção da punibilidade deve ser decretada, com o conseqüente arquivamento dos autos.

Todavia, se assim não entender esse E. Juízo, o que se admite apenas como argumentação, no *mérito* não há como se condenar o acusado.

Com efeito, provou-se à saciedade, durante a instrução criminal, que no dia dos fatos João não se encontrava nesta cidade, nem no País, pois participava de um congresso realizado em ...., ...

Dessa forma, evidentemente, não foi o autor do delito capitulado na inicial, motivo pelo qual deve ser absolvido, por ser de Justiça.

Termos em que, j. esta aos autos,

Pede deferimento.

...., ...de .... de ......

(assinatura do advogado)

(modelo II)

Alegações finais com preliminar

Exmo. Sr. Dr. Juiz de Direito da ..... Vara Criminal da Comarca de ...

(deixar espaço)

Proc. nº.....
Ofício Criminal

A. C. da C., já qualificado nos autos do processo crime, que lhe move a Justiça Pública, em trâmite perante esse DD. Juízo e Cartório respectivo, sob número supra, vem, respeitosamente, à presença de V. Exa., por sua procuradora que esta subscreve, apresentar suas *alegações finais*, fazendo-o nos seguintes termos:

Preliminarmente: Nulidade em procedimento especial.
Crime de responsabilidade de funcionário público.

Conforme se observa às fls. ..., ao acusado é imputada a prática do crime descrito no art. 321 do CP, sob a rubrica "advocacia administrativa".

Trata-se, portanto, de crime de responsabilidade de funcionário público ao qual se impõe o rito processual estabelecido nos arts. 513 a 518 do CPP.

Dispõe o art. 514 que nos crimes de responsabilidade dos funcionários públicos, estando a denúncia em devida forma, o juiz mandará autuá-la e ordenará a notificação do acusado para responder, por escrito, no prazo de 15 dias.

Ensina a professora Ada Pellegrini Grinover que

> a falta de notificação resulta em nulidade absoluta, pois impede a realização de fase essencial para a defesa do réu, mesmo que anterior ao recebimento da acusação. O fato de o acusado poder depois, durante o desenvolvimento da relação jurídica processual, efetivar a sua defesa não afasta a nulidade, pois não é possível saber se, com a resposta antecipada, não poderia ter evitado a instauração da causa. Ademais, há, na espécie, interesse público da Administração em não ver seus funcionários indevidamente processados.

Também é essa a orientação seguida por nossos Tribunais, afirmando tratar-se de nulidade absoluta, porque desse modo ficaria irremediavelmente afetado o direito de defesa, entendimento este defendido em inúmeras jurisprudências, entre elas: *RT* 523/316, 527/305, 551/342, 561/326, 572/412.

Da análise dos autos depreende-se que o acusado não foi notificado, nos termos do art. 514 do CPP, o que anula todos os atos processuais praticados até o momento.

Caso não seja esse o entendimento desse E. Juízo, o que se admite apenas a título de argumentação, no *mérito* não há como se condenar o acusado.

O tipo exige que o agente pleiteie, defenda interesse alheio, aproveitando-se das facilidades que sua condição de funcionário público lhe proporciona.

Ora, em momento algum restou provada tal atitude por parte do acusado, remanescendo assim a dúvida, motivo pelo qual impõe-se a aplicação do princípio básico do Direito penal, *in dubio pro reo*, com a conseqüente absolvição do acusado por falta de provas, por ser de Justiça.

Termos em que,

Pede deferimento

....., ... de ..... de ......

(assinatura da advogada)[5]

Finalmente estão os autos prontos para a sentença, conforme prevê o art. 502 (ver p. 303).

3. Rito Sumário

Código de Processo Penal

Art. 539. Nos processos por crime a que não for, ainda que alternativamente, cominada a pena de reclusão, recebida a queixa ou a denúncia, observado o disposto no art. 395, feita a intimação a que se refere o art. 534, e ouvidas as testemunhas arroladas pelo querelante ou pelo Ministério Público, até o máximo de cinco, prosseguir-se-á na forma do disposto nos arts. 538 e seguintes.

§ 1º – A defesa poderá arrolar até cinco testemunhas.

---

[5] Kelli Giovanna Altieri.

> § 2º – Ao querelante ou ao assistente será, na audiência de julgamento, dada a palavra pelo tempo de vinte minutos, prorrogável por mais dez, devendo o primeiro falar antes do Ministério Público e o último depois.
>
> § 3º – Se a ação for intentada por queixa, observar-se-á o disposto no art. 60, nº III, salvo quando se tratar de crime de ação pública (art. 29).
>
> Art. 540. No processo sumário, observar-se-á, no que lhe for aplicável, o disposto no Capítulo I do Título I deste livro.

Em razão de a pena cominada aos crimes apenados com detenção ser de pequena quantidade, estão quase todos eles, hoje, abrangidos pela Lei 9.099/95, seguindo o rito nela previsto, restando o sumário aqui exposto para os delitos que fugirem de sua competência (cf. p. 393).

> Art. 538. Após o tríduo para a defesa, os autos serão conclusos ao juiz, que, depois de sanadas as nulidades, mandará proceder às diligências indispensáveis ao esclarecimento da verdade, quer tenham sido requeridas, quer não, e marcará para um dos oito dias seguintes a audiência de julgamento, cientificados o Ministério Público, o réu e seu defensor.
>
> § 1º – Se o réu for revel, ou não for encontrado no domicílio indicado (arts. 533, § 3º, e 534), bastará para a realização da audiência a intimação do defensor nomeado ou por ele constituído.
>
> § 2º – Na audiência, após a inquirição das testemunhas de defesa, será dada a palavra, sucessivamente, ao órgão do Ministério Público e ao defensor do réu ou a este, quando tiver sido admitido a defender-se, pelo tempo de vinte minutos para cada um, prorrogável por mais dez, a critério do juiz, que em seguida proferirá a sentença.
>
> § 3º – Se o juiz não se julgar habilitado a proferir decisão, ordenará que os autos lhe sejam imediatamente conclusos e, no prazo de cinco dias, dará sentença.
>
> § 4º – Se, inquiridas as testemunhas de defesa, o juiz reconhecer a necessidade de acareação, reconhecimento ou outra diligência, marcará para um dos cinco dias seguintes a continuação do julgamento, determinando as providências que o caso exigir.

A grande maioria dos delitos apenados com detenção também tem um rito comum a eles e que é chamado sumário da detenção, por ser mais rápido e compacto que o ordinário, em razão da menor gravidade da infração.

Esse procedimento começa, conforme dispõe o art. 539 do CPP (p. 325), com o recebimento da denúncia ou queixa, ocasião em que o juiz designa data para o interrogatório e manda citar o réu, da mesma forma como ocorre no rito da reclusão.

A diferença começa com o número de testemunhas que podem ser arroladas pelas partes e que neste rito é de cinco para o Ministério Público e defensor, sendo esse limite computado por réu.

Citado por uma das formas já vistas no rito da reclusão, o acusado será interrogado ou terá a revelia decretada se não comparecer (art. 396; cf. p. 301).

Após o interrogatório, igualmente como acontece no rito comum, terá o réu o prazo de três dias para oferecer, se quiser, sua defesa prévia, fazendo os requerimentos necessários e arrolando as testemunhas que futuramente pretende ouvir.

Findo o tríduo da prévia, com ou sem ela, será designada data para ouvida das testemunhas de acusação, com reperguntas do Ministério Público e da defesa.

O processo se desenvolve até aqui da mesma forma como foi exposto no rito ordinário, que deste difere, até o presente momento, apenas quanto ao número de testemunhas que podem ser arroladas pelas partes (no rito comum são oito e no sumário cai para o máximo de cinco por réu).

Ouvidas as testemunhas de acusação, haverá um despacho saneador, no qual o juiz sanará possíveis irregularidades e designará data para a audiência de instrução e julgamento, onde serão ouvidas as testemunhas de defesa e que foram arroladas na prévia para, logo em seguida e na mesma audiência, ser dada a palavra sucessivamente ao Ministério Público e ao defensor para que façam suas alegações orais, ou seja, os fundamentos das partes são ditados ao escrevente que os reduzirá a termo (art. 538; cf. p. 326).

Essas alegações também são chamadas de debates, o que leva muitos a crer que tudo ocorre com platéia, como se fosse num Tribunal do Júri.

Todavia, não é assim, vez que não há apartes nem interrupções, passando-se na sala de audiências do juiz singular, sendo comum, inclusive, que tanto acusador como defesa e até o próprio juiz concentrem suas atenções em outras atividades, enquanto quem está com a palavra dita suas razões ao escrevente.

Atualmente tem ocorrido de haver solicitação, tanto do Ministério Público como do defensor, de prazo para juntada de memoriais o que tem sido aceito pela maioria dos juízes.

JURISPRUDÊNCIA

Procedimento sumário — Deferimento de prazo para memoriais ao invés de debates orais — Infração à norma adjetiva que não influiu na apuração da verdade — Inexistência de prejuízo — Nulidade inexistente — Aplicação dos arts. 563 e 566 do CPP (TACrimSP) — *RT* 658/306.

Na audiência de instrução e julgamento permite-se que qualquer das partes (normalmente a defesa) leve memorial pronto, requerendo sua juntada quando lhe for dada a palavra.

Embora tal expediente facilite o trabalho de quem não tem prática na advocacia criminal, pode prejudicar grandemente a defesa do réu, pois o fato de se levar memorial pronto impede que se faça nele qualquer referência a possível depoimento importante de testemunha, nessa audiência.

Isso porque a testemunha é ouvida nessa própria audiência e momentos antes de ser dada a palavra ao defensor, de sorte que ele não pode prever, de antemão, tudo o que será dito naquela oportunidade.

O que deve ser feito, e é aconselhável que seja, se necessário, é complementar-se oralmente o memorial, com argumentos que porventura tenham sido afirmados pelas testemunhas, nessa audiência.

Da mesma forma como ocorre no rito comum, na fase do art. 500 (cf. p. 302), é na oportunidade das alegações orais que toda e qualquer nulidade, causa de extinção da punibilidade ou possível cerceamento de defesa devem ser alegados em preliminar.

Mas, mesmo havendo preliminar, a análise do mérito deve ser feita, porque se a preliminar for rejeitada, a defesa será analisada.

Alegações

(modelo I)

Termo de audiência de instrução e julgamento

Proc. nº..... — Réu: ....
Art. 303, CTB

Aos .... dias do mês de .... de ....., nesta cidade de ...., no Palácio da Justiça, na sala de audiências da .... Vara Criminal, onde presentes se achavam o Exmo. Sr. Dr. ...., MM. Juiz Titular da aludida Vara, o DD. Promotor Público, Dr. ...., o réu, ..., bem como seu defensor, o Dr. ...., iniciou-se a presente audiência, não tendo sido ouvida nenhuma testemunha. Iniciados os debates, com a palavra o Dr. Promotor, que disse: "MM. Juiz: procede a presente ação, pois a materialidade está comprovada pelo laudo de exame de corpo de delito de fls. .... A culpa do réu também está provada. Tanto a vítima quanto a testemunha de acusação (fls. .... e ......) confirmaram que a primeira teve a frente de sua Vespa interceptada pelo veículo do réu que, desrespeitando a preferencial, cortou a rua pretendendo ingressar em um estacionamento. O croqui de fls. .... ilustra corretamente como se deu o evento, provando que o mesmo ocorreu exatamente como exposto na denúncia. Diante disso a procedência da presente ação penal se impõe." Nada mais. Pelo Dr. Defensor foi dito a seguir: "MM. Juiz: improcede a ação penal, sendo descabido o pedido de condenação feito. O acusado negou em seu interrogatório judicial ter agido com culpa, informando que ao iniciar a travessia apenas viu um caminhão, não tendo avistado a Vespa dirigida pela vítima, acreditando que esta entrou na avenida no exato momento em que ocorreu o acidente. Tanto pelo croqui quanto pelos elementos dos autos verifica-se que no instante do evento o acusado já havia ultrapassado o eixo mediano da avenida encontrando-se praticamente a adentrar o estacionamento quando a vítima se chocou contra a lateral da perua, praticamente na entrada do estacionamento. Além disso a carteira de habilitação da vítima, cuja cópia se encontra anexada aos autos a habilita apenas para dirigir automóveis de passeio e não outro tipo de veículos, como fazia na ocasião. Diante do exposto e considerando-se a inabilitação e inexperiência da vítima, conclui-se que foi ela quem deu origem ao acidente, pois tivesse o mínimo de condições técnicas teria evitado o choque. Assim, por estar presente a dúvida, deve o acusado ser absolvido, por ser de Justiça." Nada mais. Pelo MM. Juiz foi dito que após verificados os autos voltem os mesmos conclusos para sentença. Nada mais. Eu, ..., escrivão, dato e subscrevo.

MM. Juiz .....

Promotor .....

Defensor .....

Réu ....

(modelo II)

Termo de audiência de instrução e julgamento
com juntada de memorial

Proc. nº ..... — Réu: ......
Art. 303, parágrafo único, CTB

Aos .... dias do mês de .... de ......, nesta cidade e Comarca de ...., no Palácio da Justiça, na sala de audiências da .... Vara Criminal, onde presentes se achavam o Exmo. Sr. Dr. ....., MM. Juiz de Direito da referida Vara, o DD. Promotor Público, Dr. ...., o réu ..... e seu defensor, Dr. ...., iniciou-se a presente audiência. Pelo MM. Juiz foi dito que homologava a desistência de ouvida da testemunha ....., arrolada pela defesa, a seu pedido. Em papel apartado foram ouvidas duas testemunhas. Iniciando-se os debates foi dada a palavra ao Dr. Promotor, que disse: "MM. Juiz: a presente ação penal tem procedência. Restou provado que o réu, motorista profissional, movimentou o ônibus sem fechar suas portas, causando a queda da vítima ...., que em razão disso sofreu os ferimentos descritos no laudo de fls. .... O próprio réu admitiu em juízo que *estava saindo devagar, quando a vítima caiu*. Assim, não há como se deixar de responsabilizá-lo por crime culposo. A materialidade está comprovada pelo laudo de fls. ...... Diante disso, aguarda-se a procedência do pedido, com a condenação de ...." Nada mais. Pelo Dr. Defensor foi dito que requeria a juntada de memorial, acrescentando que às fls. .... o cobrador do ônibus afirma que "é normal o aglomerado de pessoas no terminal pretendendo adentrar ao coletivo, o que obriga o motorista a sair devagar para depois fechar a porta". Dessa forma, pelo que ora se expõe e pelo que consta do memorial agora apresentado, aguarda a defesa pela absolvição do réu, por ser de Justiça. Nada mais. Pelo MM. Juiz foi dito que deferia o pedido da defesa, juntando-se aos autos o memorial apresentado e após verificados os autos voltem conclusos para sentença. Nada mais. Eu, ..., escrivão, dato e subscrevo.

MM. Juiz .....

Promotor .....

Defensor .....

Réu ....

(modelo III)

Memorial pelo acusado

Proc. ....
Juízo de Direito da .... Vara Criminal

(deixar espaço)

Ínclito julgador:

Analisando-se o conjunto probatório verifica-se que ele está longe de autorizar uma condenação.

O acusado negou, sempre, que os fatos se deram da forma como foram relatados.

A própria vítima dá conta de sua imprudência, confessando ter subido no ônibus em movimento.

As testemunhas ouvidas a nada assistiram, tendo apenas socorrido Pedro, após a queda.

Não há provas de que o motorista tenha movimentado o coletivo com a vítima nas escadas. O que aconteceu foi que ela tentou ganhar as escadarias do ônibus quando este já estava se movimentando, o que causou sua queda.

A prova de acusação é frágil e não autoriza um decreto condenatório, de forma que a absolvição se impõe, por ser de Justiça.

...., ... de .... de ......

(assinatura do advogado)

(modelo IV)

Memorial com preliminar [6]

Memorial do acusado ....
Proc. nº .....
Juízo de Direito da .... Vara Criminal

(deixar espaço)

Meritíssimo Juiz:
Preliminarmente, extinção da punibilidade, pela ocorrência da prescrição.

O réu está sendo processado por suposta infração ao art. 234, *caput*, do CP, cuja pena máxima cominada é de 2 anos.

A denúncia foi recebida em .../.../..., tendo decorrido, até a presente data, ... anos e ...... meses.

Portanto, diante do art. 109, V, do CP, ocorreu a prescrição da pretensão punitiva estatal, estando, por isso, extinta a punibilidade.

No *mérito*, inexistiria embasamento para a condenação, caso não fosse acolhida a preliminar suscitada.

Com efeito, não ficou comprovado que o material apreendido se destinava a comércio, como sustentou a acusação.

[6] Embora este delito, pela pena cominada, pertença ao JECrim, pode ter havido algum incidente que o retirou do Juizado, motivo pelo qual está seguindo o rito sumário.

Aliás, nos depoimentos de fls. ... e ..., as testemunhas arroladas pelo próprio Ministério Público nada confirmaram.

Isto posto, a *absolvição* se impõe, como medida de JUSTIÇA.

...., ... de .... de ......

(assinatura do advogado)

Procedimentos especiais para crimes apenados com detenção

Da mesma forma como ocorre com os crimes apenados com reclusão, também para os delitos cuja pena seja a detenção, há situações em que o rito a ser seguido não é o comum a esse tipo de infração, mas um procedimento previsto para cada tipo penal.

Assim é que, embora apenados com detenção, seguem rito próprio os seguintes delitos: infanticídio e auto-aborto, falimentar, cometidos pela imprensa, referentes a abuso de autoridade, de responsabilidade de prefeitos, contra a economia popular, contra a honra, de responsabilidade de funcionários públicos, contra a propriedade imaterial e entorpecentes (hoje com ritos diferentes, quer se trate de uso ou de tráfico).

Então, não importa a pena prevista para esse grupo de delitos. Sejam eles apenados com reclusão ou detenção, seu rito é único, previsto para o tipo de infração e não para a pena cominada, exceto entorpecentes que como se disse, hoje tem dois ritos diferentes.

4. Rito das Contravenções

Até a CF/88 havia um rito próprio para as contravenções, denominado sumário das contravenções e que se iniciava por uma das formas previstas no art. 531 do CPP.

Hoje, por ser a ação penal pública, de promoção exclusiva do Ministério Público, extinto está esse procedimento, revogados, conseqüentemente, os arts. 531 a 537 do CPP.

Todas as contravenções, incluídas as previstas em leis especiais são, hoje, de competência do JEC. e seguem o rito previsto na Lei 9.099/95. Não sendo possível (ver p. 46) seguirão o rito sumário da detenção, previsto nos arts. 538 a 540 (cf. p. 325), prevalecendo, hoje, o entendimento de que persiste o número de três testemunhas para cada parte.

5. RITO PREVISTO PARA OS CRIMES CONTRA A HONRA

Nos crimes contra a honra (calúnia, injúria e difamação), conforme determinação do art. 519 do CPP, ou seja, quando não forem praticados pela imprensa, não estiverem relacionados na Lei de Segurança Nacional, não forem tratados no Código Eleitoral e não se referirem a pessoas que gozem de foro privilegiado por prerrogativa de função, o rito a ser seguido será o mesmo destinado ao procedimento comum para os crimes apenados com reclusão (arts. 394 e ss.; cf. p. 301), mas com as modificações constantes a partir do art. 520, lembrando-se que , agora, por determinação da Lei que criou os Juizados Especiais Criminais Federais, todos se incluem na competência do JEC.

> Código de Processo Penal
>
> Art. 519. No processo por crime de calúnia ou injúria, para o qual não haja outra forma estabelecida em lei especial, observar-se-á o disposto nos Capítulos I e III, Título I, deste livro, com as modificações constantes dos artigos seguintes.
>
> Art. 520. Antes de receber a queixa, o juiz oferecerá às partes oportunidade para se reconciliarem, fazendo-as comparecer em juízo e ouvindo-as, separadamente, sem a presença de seus advogados, não se lavrando termo.
>
> Art. 521. Se, depois de ouvir o querelante e o querelado, o juiz achar provável a reconciliação, promoverá entendimento entre eles, na sua presença.
>
> Art. 522. No caso de reconciliação, depois de assinado pelo querelante o termo da desistência, a queixa será arquivada.
>
> Art. 523. Quando for oferecida a exceção da verdade ou da notoriedade do fato imputado, o querelante poderá contestar a exceção no prazo de dois dias, podendo ser inquiridas as testemunhas arroladas na queixa, ou

outras indicadas naquele prazo, em substituição às primeiras, ou para completar o máximo legal.

Por serem crimes de exclusiva ação privada, exceto nas situações previstas no art. 145 do CP, a ação penal se inicia com a queixa oferecida pelo querelante a um juiz criminal, por meio de procurador habilitado.

> Código Penal
>
> Art. 145. Nos crimes previstos neste Capítulo somente se procede mediante queixa, salvo quando no caso do art. 140, § 2º, da violência resulta lesão corporal.
>
> Parágrafo único. Procede-se mediante requisição do Ministro da Justiça, no caso do nº I do art. 141, e mediante representação do ofendido, no caso do nº II do mesmo artigo.
>
> Art. 140. Injuriar alguém, ofendendo-lhe a dignidade ou o decoro.
>
> (...)
>
> § 2º – Se a injúria consiste em violência ou vias de fato, que, por sua natureza ou pelo meio empregado, se considerem aviltantes.
>
> Art. 141. As penas cominadas neste Capítulo aumentam-se de um terço, se qualquer dos crimes é cometido:
>
> I – contra o Presidente da República, ou contra chefe de governo estrangeiro;
>
> II – contra funcionário público, em razão de suas funções.

Então, excetuados os casos previstos no art. 145 do CP, os crimes contra a honra são de exclusiva ação privada, que se inicia com a queixa, podendo ser arroladas até oito testemunhas.

A queixa equivale à denúncia dos crimes de ação pública e tem os mesmos requisitos que ela (art. 41 do CPP; cf. p. 259). Pode estar alicerçada em inquérito policial instaurado anteriormente a pedido da vítima ou em elementos suficientes que o dispensem

A procuração deve conter os requisitos do art. 44 do CPP.

Código de Processo Penal

Art. 44. A queixa poderá ser dada por procurador com poderes especiais, devendo constar do instrumento do mandato o nome do querelado e a menção do fato criminoso, salvo quando tais esclarecimentos dependerem de diligências que devem ser previamente requeridas no juízo criminal.

Distribuída a inicial a uma Vara Criminal, antes de seu recebimento, o juiz oferecerá às partes (querelante e querelado) a oportunidade para se reconciliarem (arts. 520 a 522; cf. p. 334). Não havendo reconciliação e estando a vestibular em ordem, antes de ser recebida, será feita a proposta de transação penal. Infrutífero esse acordo e recebida a inicial, haverá manifestação do querelado sobre se aceita a proposta de suspensão do processo para só posteriormente ser designada data para interrogatório, caso ele também não aceite esse segundo benefício. É assim que entendemos deva ser o rito para esses crimes.

O artigo seguinte (395, cf. p. 301) refere-se à defesa prévia e, embora, fale em oferecimento de alegações escritas, na realidade elas não devem ocorrer, limitando-se o defensor a arrolar as testemunhas que pretende ouvir, até o máximo de oito por querelado (ver modelos de defesa prévia, pp. 313 a 315).

Exceção da verdade (calúnia, injúria e difamação)

a) Calúnia

Nos crimes de calúnia é possível ao querelado, no prazo da prévia, oferecer a exceção da verdade, com o fim de provar que a imputação feita é verdadeira, elidindo dessa forma o crime, que consiste em se imputar falsamente a alguém, fato definido como crime. Se a imputação for verdadeira, crime de calúnia não haverá.

A exceção da verdade não será admitida nas situações previstas nos incisos I, II e III do § 3º do art. 138 do CP.

Código Penal

Art. 138. Caluniar alguém, imputando-lhe falsamente fato definido como crime:

Pena – detenção, de seis meses a dois anos, e multa.

(...)

§ 3º – Admite-se a prova da verdade, salvo:

I – se constituindo o fato imputado crime de ação privada, o ofendido não foi condenado por sentença irrecorrível;

II – se o fato é imputado a qualquer das pessoas indicadas no nº I do art. 141;

III – se do crime imputado, embora de ação pública, o ofendido foi absolvido por sentença irrecorrível.

A exceção da verdade se processa conforme dispõe o art. 523 do CPP (cf. p. 334), devendo ser oferecida no prazo da defesa prévia.

Petição

(modelo)

Exceção da verdade

Exmo. Sr. Dr. Juiz de Direito da ... Vara Criminal da Comarca de ....

(deixar espaço)

Proc. nº...
Cart. do ... Ofício Criminal

J. R., qualificado nos autos da ação penal que lhe move J. da S., perante esse DD. Juízo e respectivo Cartório, por seu procurador, tempestivamente vem interpor *exceção da verdade*, juntando, para tanto, certidões criminais e do Cartório do Distribuidor local, comprobatórias de que o querelante realmente foi processado e condenado por tráfico de entorpecentes, com sentença trânsita.

Diante do exposto, não cometeu crime algum, motivo pelo qual espera pelo arquivamento deste feito, por ser de Justiça.

Termos em que, j. esta em apenso, aos autos,

com os inclusos documentos.

Pede deferimento.

...., ... de .... de ...

(assinatura do advogado)

JURISPRUDÊNCIA

Exceção da verdade — Oferecimento que se deve dar no prazo da defesa prévia de que trata o art. 395 do CPP (TJSP) — *RT* 664/255.

Todavia, já se entendeu de forma diversa.

JURISPRUDÊNCIA

Exceção da verdade — Oferecimento somente ao ensejo das razões de apelação, na forma de produção de prova documental — Admissibilidade — Absolvição decretada — Voto vencido — Inteligência dos arts. 231, 400 e 523 do CPP (TACrimSP) — *RT* 607/307.

b) Difamação

Código Penal

Art. 139. Difamar alguém, imputando-lhe fato ofensivo à sua reputação.

Pena – detenção, de três meses a um ano, e multa.

Parágrafo único. A exceção da verdade somente se admite se o ofendido é funcionário público e a ofensa é relativa ao exercício de suas funções.

No crime de difamação, só se permite a exceção da verdade se o querelante for funcionário público e a ofensa do querelado for relativa ao exercício das funções do ofendido.

Observa-se que na conformidade com o disposto no parágrafo único do art. 145 do CP (cf. p. 335), a ação penal por difamação sofrida por funcionário público no exercício de sua função, deixa de ser privada, para ser pública condicionada à representação, podendo, conseqüentemente, receber proposta de transação e de suspensão condicional do processo (Lei 9.099/95, art. 89, cf. p. 400).

c) Injúria

Nos crimes de injúria não há como se opor a exceção da verdade, porque esse delito atinge a honra subjetiva do ofendido.

No rito processual para esses crimes, passada a fase da reconciliação, a citação, o interrogatório e a defesa prévia, serão ouvidas as testemunhas da queixa, em audiência designada para esse fim.

Posteriormente será realizada outra audiência, para oitiva das testemunhas de defesa.

Na seqüência, as partes podem se manifestar na fase dos requerimentos finais (art. 499; cf. p. 302), seguindo-se as alegações finais (art. 500; cf. p. 302) e finalmente a sentença.

Na fase das alegações finais o querelante deve pedir a condenação do querelado, sob pena de ocorrer a perempção (art. 60; cf. p. 288).

Alegações

(modelo I)

Alegações finais do querelante

Exmo. Sr. Dr. Juiz de Direito da ... Vara Criminal da Comarca de ....

(deixar espaço)

Proc. nº...
Cartório do ... Ofício Criminal

Fulano, nos autos da queixa-crime que promove a Sicrano, perante esse DD. Juízo e respectivo Cartório, por seu procurador, vem, respeitosamente, à presença de V. Exa., a fim de oferecer suas *Alegações Finais,* fazendo-o da forma que segue:

1) Restou sobejamente provado, pelos elementos constantes dos autos, bem como dos depoimentos testemunhais, que o querelado Sicrano, aos .../.../..., atribuiu

ao querelante a condição de traficante de entorpecentes, tendo chegado a afirmar que ele respondia a vários processos, por vender cocaína a estudantes do colégio ....;

2) restou mais claramente provado, todavia, que tudo não passou de invenção e maldade, posto que em nenhum momento processual provou-se, sequer em tese, a veracidade do afirmado;

3) na realidade, o que se provou foi a excelente conduta do querelante, homem de posição invejável na sociedade local, portador de excelentes antecedentes e ficha criminal limpa;

4) o querelado se perdeu em afirmações gratuitas, sem qualquer resquício de veracidade, atingindo e tentando denegrir a imagem de um homem do comércio, sem máculas e que não pode deixar de ver punido quem agiu com tanta leviandade.

Dessa forma, provada integralmente a inicial, deve o querelado .... ser condenado, para que se faça Justiça.

Termos em que, j. esta aos autos,
Pede deferimento.
...., ... de.... de ...
(assinatura do advogado)

(modelo II)

Alegações finais pelo querelado

Exmo. Sr. Dr. Juiz de Direito da ... Vara Criminal da Comarca de ....

(deixar espaço)

Proc. nº...
Cartório do ... Ofício Criminal

Fulano, nos autos de processo-crime que lhe move Sicrano, perante esse DD. Juízo e respectivo Cartório, por seu procurador, vem, respeitosamente, à presença de V. Exa., a fim de oferecer suas *Alegações Finais,* fazendo-o da forma que segue:

1) Alega Sicrano em sua inicial que o querelado teria cometido o crime de injúria, ao dizer para os demais moradores do edifício, onde as partes residem, que o querelante é "burro, ignorante e que por isso vive causando problemas com o elevador, já que devido à sua pouca inteligência, não consegue conduzi-lo para onde deseja, fazendo com que venha parando, de andar em andar";

2) desde a audiência prévia de conciliação, negou o querelado qualquer dessas absurdas afirmações e, durante a instrução, não conseguiu o acusador provar, por qualquer forma, o que levianamente afirmara;

3) as próprias testemunhas de acusação disseram unanimemente que ficaram sabendo dos fatos pelo próprio querelante, o qual lhes disse que o querelado falara isso e aquilo;

4) na realidade, ninguém afirmou ter ouvido diretamente do querelado ou de outra pessoa além do querelante, tais palavras injuriosas;

5) do exposto se conclui que a própria vítima injuriou-se a si mesma, porque foi quem divulgou fatos que nunca foram falados por quem quer que seja.

Assim, provada a total leviandade do querelante e a ausência de responsabilidade do querelado pelos mentirosos fatos que lhe são atribuídos, a absolvição se impõe, por ser de Justiça.

Termos em que, j. esta aos autos,

Pede deferimento.

...., ... de.... de ...

(assinatura do advogado)

6. Rito para Entorpecentes

Até a entrada em vigor da Lei 10.409/02, independentemente de ser o delito relacionado a entorpecentes apenado com detenção ou reclusão, tivesse ou não havido flagrante, o rito processual era único e seguia a Lei 6.368/76 (que dispõe sobre medidas de prevenção e repressão ao tráfico ilícito e uso indevido de substâncias entorpecentes...).

Nesses casos o inquérito policial deveria estar concluído em 30 (trinta) dias, se o indiciado estivesse solto, ou em 5 (cinco) dias, se tivesse havido flagrante e prisão.

Em todos os casos de flagrante, independentemente da lei que se discuta, deve haver comunicação imediata ao juiz, acompanhada de cópia do auto e do laudo de constatação (provisório), peça fundamental para dar validade à prisão e condição para o oferecimento da denúncia.

O laudo provisório é firmado por um perito ou, na sua falta, por alguém que ateste a probabilidade de a substância encontrada com o preso ser tóxica.

Posteriormente, em razão da Lei dos Juizados Especiais Criminais Federais, os crimes relacionados nos arts. 15, 16 e 17 da Lei 6.368 passaram a ser de competência do JEC, de modo que não há mais flagrante nessas hipóteses, existindo apenas um TCO.

O usuário de drogas somente será autuado se não assumir o compromisso, por ocasião da lavratura do TCO, de comparecer em juízo, podendo eventualmente, nesse caso, beneficiar-se, após a autuação, com a liberdade mediante fiança.

A proibição legal de se autuar hoje, um viciado, está levando boa parte da polícia a autuá-lo como traficante, fato que está gerando uma série de arbitrariedades.

Havendo flagrante, o auto de prisão dará início ao inquérito, fazendo cessar a competência do JEC e conseqüentemente seguindo-se conforme dispõe a Lei 6.368, somente no tocante aos usuários.

De acordo com essa Lei, recebendo o inquérito, o Ministério Público tem três dias para denunciar, podendo arrolar, na inicial, até cinco testemunhas, por réu.

Ao receber a denúncia, o juiz tem 24 (vinte e quatro) horas para mandar citar o réu, designando dia e hora para o interrogatório que se realizará em cinco dias.

Nessa audiência o preso será perguntado sobre eventual dependência.

Segue-se o prazo de três dias para o oferecimento da defesa prévia, podendo ser arroladas até cinco testemunhas, por réu.

Em seqüência há um despacho saneador, sendo designada para um dos oito dias seguintes a data para a audiência de instrução e julgamento, quando serão ouvidas as testemunhas de acusação, as de defesa e se realizarão os debates, falando o Ministério Público por vinte minutos e o defensor por igual prazo, em seguida.

O julgamento será adiado se o laudo toxicológico (definitivo) não estiver anexado aos autos, nesse momento, sendo o réu libertado, se estiver preso.

Esse laudo é elaborado por dois peritos oficiais e comprobatório de ser a substância entorpecente.

Findos os debates, o juiz sentenciará na hora, ou em cinco dias.

Se foi lavrado TCO, e conseqüentemente não houve autuação em flagrante, o rito será o da Lei 9.099, com audiência preliminar, etc.

Deve-se observar na Lei nº 10.409, que seu art. 27 inserido no Capítulo IV e que trata do procedimento penal, diz o seguinte:

> Art. 27. O procedimento relativo aos processos por crimes definidos nesta Lei rege-se pelo disposto neste Capítulo, aplicando-se, subsidiariamente, as disposições do Código Penal, do Código de Processo Penal e da Lei de Execução Penal.

Ocorre que o Capítulo III, da nova lei, que definia os crimes relacionados a entorpecentes foi integralmente vetado pelo Presidente da República, de modo que temos todo um capítulo referente ao rito processual a ser aplicado a nenhum crime. Por isso é que a doutrina tem dito que se trata de uma alma sem corpo. Dessa forma, o intérprete é obrigado a se valer da Lei 6.368, no que se refere à tipificação. Assim, o crime de seu art. 16 segue a Lei 9.099 e o do art. 12 segue o rito da nova Lei. É o entendimento dominante.[7]

Então, tratando-se de prisão com base no art. 12 da Lei nº 6.368 (que continua em vigor no tocante à definição dos tipos penais, não relacionados pela lei nova), proceder-se-á da seguinte forma:

> Art. 28. (VETADO).
>
> § 1º Para efeito da lavratura do auto de prisão em flagrante e estabelecimento da autoria e materialidade do delito, é suficiente o laudo de constatação da natureza e quantidade do produto, da substância ou da droga ilícita, firmado por perito oficial ou, na falta desse, por pessoa idônea, escolhida, preferencialmente, entre as que tenham habilitação técnica.
>
> ....
>
> Art. 29. O inquérito policial será concluído no prazo máximo de 15 (quinze) dias, se o indiciado estiver preso, e de 30 (trinta), quando solto.
>
> Parágrafo único. Os prazos a que se refere este artigo podem ser duplicados pelo juiz, mediante pedido justificado da autoridade policial.

[7] Ler a respeito, o artigo *A Lei 10.409/02 e o Instituto da Delação Premiada*, de João José Leal, publicado no Boletim IBCCrim nº 118, setembro de 2002, p. 2

Recebidos os autos, serão remetidos ao M.P. que poderá tomar as seguintes providências:

> Art. 37. Recebidos os autos do inquérito policial em juízo, dar-se-á vista ao Ministério Público para, no prazo de 10 (dez) dias, adotar uma das seguintes providências:
>
> I – requerer o arquivamento;
>
> II – requisitar as diligências que entender necessárias;
>
> III – oferecer denúncia, arrolar até 5 (cinco) testemunhas e requerer as demais provas que entender pertinentes;
>
> IV – deixar, justificadamente, de propor ação penal contra os agentes ou partícipes de delitos.
>
> O inciso IV desse artigo está ligado ao parágrafo segundo do art. 32, que diz o seguinte:
>
> Art. 32. (VETADO).
>
> §1º (VETADO).
>
> § 2º O sobrestamento do processo ou a redução da pena podem ainda decorrer de acordo entre o Ministério Público e o indiciado que, espontaneamente, revelar a existência de organização criminosa, permitindo a prisão de um ou mais dos seus integrantes, ou a apreensão do produto, da substância ou da droga ilícita ou que, de qualquer modo, justificado no acordo, contribuir para os interesses da Justiça.

A péssima redação desse parágrafo está gerando sérios problemas aos que colaboram com a investigação e não são beneficiados pelo que ele determina.

É evidente que se está falando de colaboração efetiva e espontânea, na fase policial, posto que o legislador diz expressamente " indiciado", o que implica dizer que ele não será denunciado.

A revelação sobre a existência de organização criminosa só pode estar se referindo a quadrilha ou bando, porque não existe em nossa legislação qualquer definição sobre o que seja organização criminosa.

Esses argumentos estão explicitados no § 3°., que diz:

> § 3º. Se o oferecimento da denúncia tiver sido anterior à revelação, eficaz, dos demais integrantes da quadrilha, grupo, organização ou bando, ou da

> localização do produto, substância ou droga ilícita, o juiz, por proposta do representante do Ministério Público, ao proferir a sentença, poderá deixar de aplicar a pena, ou reduzi-la, de 1/6 (um sexto) a 2/3 (dois terços), justificando a sua decisão.

Isso significa que o sobrestamento referido no § 2°. impede a ação penal, exatamente porque a colaboração foi anterior a ela, porque, se for posterior, aplicar-se-á o § 3°.

O rito processual para os crimes de tráfico e afins também foi alterado, existindo agora, após o oferecimento da denúncia, mas antes de seu recebimento, uma defesa preliminar, que não se confunde com a defesa prévia e que deve analisar o mérito, rebater a denúncia e oferecer provas, inclusive o rol das testemunhas, tudo com o objetivo de convencer o juiz a não receber a inicial.

Outro problema intransponível está previsto no art. 38 da nova Lei, e que diz o seguinte:

> Art. 38. Oferecida a denúncia, o juiz, em 24 (vinte e quatro) horas, ordenará a citação do acusado para responder à acusação, por escrito, no prazo de 10 (dez) dias, contado da data da juntada do mandato aos autos ou da primeira publicação do edital de citação, e designará dia e hora para o interrogatório que se realizará dentro dos 30 (trinta) dias seguintes, se o réu estiver solto, ou em 5 (cinco) dias, se preso.

Acontece que o que será juntado é o mandado e não o mandato, como disse o legislador. Além disso, por se tratar de prisão em virtude de acusação por tráfico, é evidente que o indiciado estará preso. E mais, é impossível que seja interrogado em cinco dias, uma vez que terá dez para responder à acusação, contados da juntada do mandado e que se não fizer essa defesa, ser-lhe-á nomeado defensor para, em outros dez dias, oferecê-la.

Esse interrogatório prévio é absolutamente impossível de ocorrer, ficando para a instrução, esse ato, que a própria lei já prevê como um segundo interrogatório.

> Art. 41. Na audiência de instrução e julgamento, após o interrogatório do acusado e a inquirição das testemunhas, será dada a palavra, sucessivamente ao representante do Ministério Público e ao defensor do acusado pelo prazo de 20 (vinte) minutos para cada um, prorrogável por mais 10 (dez), a critério do juiz, que, em seguida, proferirá a sentença.

Como se vê, existem hoje duas leis referentes a entorpecentes. A Lei 6.368, definindo os tipos penais e sendo a aplicável para o art.16, se o fato, por qualquer incidente, sair da esfera da Lei 9.099 e a Lei 10.409 que disciplina o rito para o art. 12, definido na Lei 6.368, e que também não tem sido seguido.

7. RITO DO JÚRI

Compete ao Tribunal do Júri julgar os crimes dolosos contra a vida, consumados ou tentados, geralmente apenados com reclusão, sendo excepcionalmente punidos com detenção o infanticídio, o auto-aborto, etc.

O procedimento para esse tipo de crimes é escalonado, desenvolvendo-se em duas fases.

A primeira compreende os atos praticados desde a denúncia, até a sentença de pronúncia e a segunda se inicia com o libelo e termina com o julgamento pelo Tribunal do Júri.

O procedimento para esse rito está previsto nos arts. 394 a 405 (cf. pp. 301 e 302) e 406 a 497 do CPP, dos quais alguns serão vistos.

A primeira fase, que se estende do art. 394 até o 405 (cf. pp. 301 e 302) corresponde ao rito ordinário previsto para os crimes apenados com reclusão, exceto que não há aqui, os requerimentos do art. 499 (cf. p. 302), e que as alegações estão previstas no art. 406 e não no art. 500 (cf. p. 302).

> Código de Processo Penal
>
> Art. 406. Terminada a inquirição das testemunhas, mandará o juiz dar vista dos autos, para alegações, ao Ministério Público, pelo prazo de cinco dias, e, em seguida, por igual prazo, e em cartório, ao defensor do réu.
>
> § 1º – Se houver querelante, terá este vista do processo, antes do Ministério Público, por igual prazo, e, havendo assistente, o prazo lhe correrá conjuntamente com o Ministério Público.
>
> § 2º – Nenhum documento se juntará aos autos nesta fase do processo.

Todos os atos dessa primeira fase se processam perante o juiz da Vara do Júri, em sua sala de audiências, como ocorre nos demais ritos, e não no plenário do Tribunal do Júri, que é o local onde apenas se realizará o julgamento.

Feitas as alegações e inexistindo diligências a serem realizadas ou nulidades a serem sanadas, quatro alternativas se apresentam ao juiz:

a) impronúncia;

b) absolvição sumária;

c) desclassificação;

d) pronúncia.

Impronúncia

Código de Processo Penal

Art. 409. Se não se convencer da existência do crime ou de indício suficiente de que seja o réu seu autor, o juiz julgará improcedente a denúncia ou a queixa.

Parágrafo único. Enquanto não estiver extinta a punibilidade, poderá, em qualquer tempo, ser instaurado processo contra o réu, se houver novas provas.

Se o juiz não se convencer da existência do crime ou não houver indícios suficientes de que seja o réu o autor, julga a acusação improcedente, impronunciando o réu.

JURISPRUDÊNCIA

Rejeição — Peça embasada em elementos de prova que não contêm as evidências mínimas necessárias ao desencadeamento da ação penal — *Fumus boni juris* inexistente — Despacho mantido (TJSC) — *RT* 659/295.

Impronúncia — Decretação em face da inexistência de indícios suficientes de autoria — Matéria de fato, inapreciável em recurso extraordinário — Não-conhecimento — Inteligência do art. 409 do CPP e da Súmula 279 (STF — Ement.) — *RT* 537/416.

Pronúncia — Indícios de autoria insuficientes — Aplicação do aforismo *in dubio pro reo* e não do *in dubio pro societate* — Impronúncia mantida — Inteligência do art. 409 do CPP (TJPR — Ement.) — *RT* 534/416.

Dessa decisão cabe para o Ministério Público ou assistente, o recurso em sentido estrito (art. 581, IV; cf. p. 411), sendo vedado ao réu recorrer, pretendendo provar sua inocência, porque a impronúncia equivale a um arquivamento de inquérito policial, por falta de provas, tanto que poderá vir a ser instaurado futuro processo, enquanto não estava extinta a punibilidade, se novas provas surgirem, exatamente como ocorre com um inquérito arquivado.

Havendo recurso da acusação, o juiz pode mudar sua decisão para pronunciar o réu que, aí sim, em cinco dias, sem oferecimento de razões, pode recorrer (art. 589, parágrafo único).

Código de Processo Penal

Art. 589. Com a resposta do recorrido ou sem ela, será o recurso concluso ao juiz, que, dentro de dois dias, reformará ou sustentará o seu despacho, mandando instruir o recurso com os traslados que lhe parecerem necessários.

Parágrafo único. Se o juiz reformar o despacho recorrido, a parte contrária, por simples petição, poderá recorrer da nova decisão, se couber recurso, não sendo mais lícito ao juiz modificá-la. Neste caso, independentemente de novos arrazoados, subirá o recurso nos próprios autos ou em traslado.

Absolvição sumária

Código de Processo Penal

Art. 411. O juiz absolverá desde logo o réu, quando se convencer da existência de circunstância que exclua o crime ou isente de pena o réu (arts. 20, 21, 22, 23, 26, *caput,* e 28, § 1º, do Código Penal), recorrendo, de ofício, da sua decisão. Este recurso terá efeito suspensivo e será sempre para o Tribunal de Apelação.

O art. 411 se refere a uma sentença absolutória, porque restou sobejamente provada na instrução (primeira fase), que a atitude do réu foi lícita ou isenta de pena.

JURISPRUDÊNCIA

Legítima defesa — Caracterização — Irrelevância da inexistência de testemunhas presenciais do homicídio e ter o agente fugido após atingir a vítima — Excludente que encontra arrimo na palavra do acusado e em outros elementos dos autos — Absolvição sumária decretada — Aplicação do art. 411 do CPP (TJSP) — *RT* 619/283.

Absolvendo sumariamente, deve o juiz recorrer de ofício. Todavia, esse recurso obrigatório não impede o voluntário, que está previsto no art. 581, VI, do CPP (cf. p. 411).

JURISPRUDÊNCIA

Crime da competência do Júri — Cumulação com delitos afetos ao juízo comum, sujeitos, pela conexidade, a julgamento pelo Tribunal Popular — Decretação na fase de pronúncia em relação a todos os ilícitos — Inadmissibilidade — Hipótese em que excluídas da apreciação do Júri as causas conexas, sobrestado seu julgamento na dependência do cumprimento da regra do art. 411 do CPP, que exige a confirmação da absolvição pela 2ª instância e seu trânsito em julgado, remetendo-as ao juízo comum competente caso confirmada aquela — Errônea invocação, ademais, do art. 386, III, do CPP como fundamento da decisão, só aplicável à sentença absolutória do juiz comum — Aplicação analógica do disposto no art. 410, segundo período, do referido Código — Sentença anulada (TJSP) — *RT* 629/320.

Hoje o recurso de ofício, nos casos de absolvição sumária, não tem mais o efeito suspensivo, de sorte que se o réu estiver preso, poderá ser colocado em liberdade, enquanto se processa o recurso, não sendo mais obrigado a esperar a decisão superior, segregado.

Há forte entendimento atual, no sentido de que o recurso de ofício não mais existe, conforme exposto à página 112.

Desclassificação

Código de Processo Penal

Art. 410. Quando o juiz se convencer, em discordância com a denúncia ou queixa, da existência de crime diverso dos referidos no art. 74, § 1º, e não for o competente para julgá-lo, remeterá o processo ao juiz que o seja. Em qualquer caso, será reaberto ao acusado prazo para defesa e indicação de testemunhas, prosseguindo-se, depois de encerrada a inquirição, de acordo com os arts. 499 e ss. Não se admitirá, entretanto, que sejam arroladas testemunhas já anteriormente ouvidas.

Parágrafo único. Tendo o processo de ser remetido a outro juízo, à disposição deste passará o réu, se estiver preso.

Estando os autos conclusos, pode o juiz desclassificar a acusação feita, para um outro delito também de competência do júri, ainda que mais grave (exemplo: réu acusado de aborto, que vem a ser pronunciado por homicídio), ou mais leve (exemplo: ré denunciada por homicídio, que vem a ser pronunciada por infanticídio).

Nessas hipóteses houve desclassificação, mas a competência ainda é do Tribunal do Júri.

JURISPRUDÊNCIA

Admissão de qualificadora do homicídio não articulada na denúncia — Inadmissibilidade — Surpresa para o réu — Desclassificação operada — Inteligência do art. 408 do CPP (TJRS) — *RT* 553/392.

Todavia, pode o juiz entender, por exemplo, que não houve tentativa de homicídio, mas crime de lesões corporais. Essa desclassificação tira a competência do Tribunal do Júri para julgar o crime praticado contra a integridade física, motivo pelo qual os autos serão remetidos, por distribuição, a um dos juízes criminais da comarca, onde serão julgados.

O juiz da Vara do Júri, ao desclassificar o delito para outro que foge à competência do Tribunal do Júri, não entra no mérito da nova infração, limitando-se a afirmar que o ilícito atribuído ao réu foge à competência do júri. Dessa decisão cabe recurso em sentido estrito (art. 581, II; cf. p. 411).

Pronúncia

A sentença de pronúncia não é de mérito, motivo pelo qual o réu não é condenado nem absolvido. Essa decisão tem por finalidade, encerrar a primeira fase do procedimento, admitindo o direito de acusar e mandando o réu a julgamento pelo júri, onde poderá, inclusive, ser absolvido.

Código de Processo Penal

Art. 408. Se o juiz se convencer da existência do crime e de indícios de que o réu seja o seu autor, pronunciá-lo-á, dando os motivos do seu convencimento.

§ 1º – Na sentença de pronúncia o juiz declarará o dispositivo legal em cuja sanção julgar incurso o réu, recomendá-lo-á na prisão em que se achar, ou expedirá as ordens necessárias para sua captura.

§ 2º – Se o réu for primário e de bons antecedentes, poderá o juiz deixar de decretar-lhe a prisão ou revogá-la, caso já se encontre preso.

§ 3º – Se o crime for afiançável, será, desde logo, arbitrado o valor da fiança que constará do mandado de prisão.

§ 4º – O juiz não ficará adstrito à classificação do crime, feita na queixa ou denúncia, embora fique o réu sujeito à pena mais grave, atendido, se for o caso, o disposto no art. 410 e seu parágrafo.

§ 5º – Se dos autos constarem elementos de culpabilidade de outros indivíduos não-compreendidos na queixa ou na denúncia, o juiz, ao proferir a decisão de pronúncia ou impronúncia, ordenará que os autos voltem ao Ministério Público, para aditamento da peça inicial do processo e demais diligências do sumário.

Estão revogados os §§ 1º e 2º deste artigo; o primeiro, na parte em que mandava lançar o nome do réu no rol dos culpados e o último ao determinar a prisão em decorrência da pronúncia.

Dessa sentença podem as partes recorrer em sentido estrito (art. 581, IV; cf. p. 411), sendo possível ao juiz rever sua decisão, para impronunciar, ou mantê-la e o réu vir a ser impronunciado, em razão do recurso, pelo Tribunal.

Em qualquer caso, havendo impronúncia após uma sentença de pronúncia, terá ocorrido o que se chama de despronúncia.

JURISPRUDÊNCIA

Acusados que, após ludibriarem a vítima e serem por ela perseguidos, a eliminam — Confissão na Polícia — Existência de outros elementos nos autos autorizando sejam eles submetidos a julgamento pelo Júri — Recurso provido — Inteligência do art. 408 do CPP (Ement.) — *RT* 550/303.

Descaracterização — Falta de prova da intenção da mãe de matar o próprio filho ou assumir o risco de fazê-lo — Delito em que inexiste a forma culposa — Despronúncia operada (TJES) — *RT* 632/331.

Pronúncia — Dúvida sobre a idade do réu — Imputabilidade presumível — Exame radiológico que não elidiu a dúvida — Recurso provido — Despronúncia decretada — Voto vencido (Ement.) — *RT* 541/367.

Despronúncia, então, é a impronúncia surgida em razão de reconsideração do juiz pronunciante ou pelo provimento, do Tribunal, ao recurso contra a decisão de pronúncia.

Após a preclusão do prazo para recurso, a pronúncia não pode ser mais alterada, a menos que surja fato novo, que altere a classificação do crime. Exemplo: a vítima de tentativa de homicídio vem a falecer após a sentença de pronúncia, fato que modificará a acusação, de tentativa de homicídio para homicídio consumado, devendo nova sentença de pronúncia ser prolatada.

Até na hora do julgamento, se a acusação vier a saber, em plenário, por exemplo, que a vítima morreu, requererá a suspensão da sessão, com a dissolução do Conselho de Sentença, havendo nova pronúncia em razão desse fato modificativo da acusação.

Intimação da sentença de pronúncia

Código de Processo Penal

Art. 413. O processo não prosseguirá até que o réu seja intimado da sentença de pronúncia.

Parágrafo único. Se houver mais de um réu, somente em relação ao que for intimado prosseguirá o feito.

Se o crime pelo qual o réu responde for afiançável, a intimação da sentença de pronúncia será feita por uma das formas previstas no art. 415.

Código de Processo Penal

Art. 415. A intimação da sentença de pronúncia, se o crime for afiançável, será feita ao réu:

I – pessoalmente, se estiver preso;

II – pessoalmente, ou ao defensor por ele constituído, se tiver prestado fiança antes ou depois da sentença;

III – ao defensor por ele constituído se, não tendo prestado fiança, expedido o mandado de prisão, não for encontrado e assim o certificar o oficial de justiça;

IV – mediante edital, no caso do nº II, se o réu e o defensor não forem encontrados e assim o certificar o oficial de justiça;

V – mediante edital, no caso do nº II, se o defensor que o réu houver constituído também não for encontrado e assim o certificar o oficial de justiça;

VI – mediante edital, sempre que o réu, não tendo constituído defensor, não for encontrado.

§ 1º – O prazo do edital será de trinta dias.

§ 2º – O prazo para recurso correrá após o término do fixado no edital, salvo se antes for feita a intimação por qualquer das outras formas estabelecidas neste artigo.

Porém, se o crime for inafiançável, mesmo que o réu não esteja preso e que o juiz não lhe tenha decretado a prisão, deverá ser intimado pessoalmente da sentença de pronúncia, ficando os autos paralisados, enquanto não houver essa intimação pessoal, porque enquanto a sentença comportar recurso não é possível dar-se andamento ao feito.

Código de Processo Penal

Art. 414. A intimação da sentença de pronúncia, se o crime for inafiançável, será sempre feita ao réu pessoalmente.

JURISPRUDÊNCIA

Crime inafiançável — Pronúncia — Intimação pessoal do réu da sentença ainda não realizada — Circunstância que impede a marcha do processo e, conseqüentemente, o recebimento do recurso em sentido estrito interposto — Carta testemunhável indeferida — Inteligência do art. 414 do CPP (TJMS) — *RT* 651/324.

Intimação pessoal da sentença — Hipótese de crime inafiançável — Indispensabilidade — Recurso em sentido estrito interposto da decisão — Certidão da intimação não juntada aos autos — Falta que impede o prosseguimento do processo e, conseqüentemente, do julgamento do recurso, que deve ser transformado em diligência para a providência — Aplicação dos arts. 413 e 414 do CPP (TJMS) — *RT* 644/316.

Libelo

Após a intimação do réu, pessoalmente, por seu defensor ou por edital, conforme prevêem os arts. 413 a 415 (cf. nesta e p. 353), e não havendo recurso, ocorre a preclusão, encerrando-se a primeira fase e indo os autos para o Ministério Público, a fim de que ofereça o libelo, que inicia a segunda fase do rito.

Código de Processo Penal

Art. 416. Passada em julgado a sentença de pronúncia, que especificará todas as circunstâncias qualificativas do crime e somente poderá ser alterada pela verificação superveniente de circunstância que modifique a classificação do delito, o escrivão imediatamente dará vista dos autos ao órgão do Ministério Público, pelo prazo de cinco dias, para oferecer o libelo acusatório.

Se a ação penal for privada subsidiária da pública, o libelo será ofertado pelo querelante.

O que vem a ocorrer com a sentença de pronúncia é a preclusão e não o trânsito, por não ser ela, uma sentença de mérito.

O libelo equivale à denúncia e é a peça processual que inicia a segunda fase dos processos de competência do júri.

Nele serão arroladas as testemunhas que a acusação pretende ouvir em plenário, até o máximo de cinco por réu e que podem ser ou não, as mesmas que foram ouvidas na primeira fase, observando-se que agora o informante é contado no número permitido.

Se houver várias infrações, haverá um libelo em série, e, se houver mais de um réu, será feito um libelo para cada.

A sentença de pronúncia bitola o libelo, de sorte que este não pode se afastar dela, sob pena de ser rejeitado.

Código de Processo Penal

Art. 418. O juiz não receberá o libelo a que faltem os requisitos legais, devolvendo-o ao órgão do Ministério Público, para apresentação de outro, no prazo de quarenta e oito horas.

Art. 420. No caso de queixa, o acusador será intimado a apresentar o libelo dentro de dois dias; se o não fizer, o juiz o haverá por lançado e mandará os autos ao Ministério Público.

Quando a ação se iniciou por queixa, o querelante tem dois dias para oferecer o libelo, sob pena de ser lançado (excluído) se não o fizer.

Nos casos em que a ação privada tenha início com base no art. 29 do CPP (v. p. 261), não tendo o querelante oferecido libelo, será lançado e a titularidade retornará ao Ministério Público, ou seja, nessa hipótese, o até então querelante somente poderá voltar à ação como assistente do Ministério Público e não mais como titular.

Tendo havido denúncia e queixa em razão de conexão entre um crime de alçada pública e um de iniciativa privada, se o querelante não oferecer o libelo no prazo do art. 416 (cf. p. 354), será lançado, ocorrendo a perempção quanto ao crime de ação privada (art. 60, III; cf. p. 288) e prosseguindo-se na segunda fase, somente no que tange ao crime de ação pública.

Contrariedade ao libelo

> Código de Processo Penal
>
> Art. 421. Recebido o libelo, o escrivão, dentro de três dias, entregará ao réu, mediante recibo de seu punho ou de alguém a seu rogo, a respectiva cópia, com o rol de testemunhas, notificado o defensor para que, no prazo de cinco dias, ofereça a contrariedade; se o réu estiver afiançado, o escrivão dará cópia ao seu defensor, exigindo recibo, que se juntará aos autos.
>
> Parágrafo único. Ao oferecer a contrariedade, o defensor poderá apresentar o rol de testemunhas que devam depor no plenário, até o máximo de cinco, juntar documentos e requerer diligências.

Assim como a defesa prévia, a contrariedade ao libelo também é facultativa. Todavia, é a única oportunidade que a defesa tem, para arrolar as testemunhas que pretende ouvir em plenário, não podendo seu número ultrapassar de cinco por réu, incluindo-se nesse total as informantes.

PETIÇÃO

(modelo)

Contrariedade ao libelo (nos autos, por cota)

(deixar espaço)

Diz, Fulano, na melhor forma de direito e contrariando o libelo-crime acusatório, que:

E. S. N.

Provará:

1) que na noite de .../.../..., aproximadamente às ... horas, em frente do prédio de nº ... da Rua ....., investiu contra ....., para impedir a consumação de um crime de roubo por este cometido contra .....;

2) que, para defender-se e defender a ....., entrou em luta corporal com ....., desarmando-o, o qual acabou sendo atingido pela mesma arma que usava para praticar o roubo;

3) que agiu moderadamente, usando dos meios necessários para repelir a injusta agressão a terceiro, que era atual e não-provocada;

4) que o fato se encontra amparado pelo art. 25 do CP.

Assim, oferece esta contrariedade para que, a final provada, culmine com sua absolvição.

Requer sejam intimadas para depor em plenário, as pessoas abaixo arroladas.

...., ... de .... de ...

(assinatura do advogado)

Testemunhas:

1) ....

2) ....

3) ....

Jurisprudência

Libelo-crime — Inconformidade da defesa com seus termos — Recurso em sentido estrito interposto do despacho de recebimento — Não-conhecimento, mesmo como apelação — Saneamento somente admissível através de contrariedade — Inteligência e aplicação dos arts. 581, 593, II, 418, 421 e 425 do CPP (TJSP) — *RT* 615/275.

Desaforamento

Código de Processo Penal

Art. 424. Se o interesse da ordem pública o reclamar, ou houver dúvida sobre a imparcialidade do júri ou sobre a segurança pessoal do réu, o Tribunal de Apelação, a requerimento de qualquer das partes ou mediante representação do juiz, e ouvido sempre o procurador-geral, poderá desaforar o julgamento para a comarca ou termo próximo, onde não subsistam aqueles motivos, após informação do juiz, se a medida não tiver sido solicitada, de ofício, por ele próprio.

Parágrafo único. O Tribunal de Apelação poderá ainda, a requerimento do réu ou do Ministério Público, determinar o desaforamento, se o julgamento não se realizar no período de um ano, contado do recebimento do libelo, desde que para a demora não haja concorrido o réu ou a defesa.

Desaforamento é a transferência do julgamento, de uma comarca para outra, se estiverem presentes os requisitos do art. 424.

O pedido pode ser feito por qualquer das partes, incluído o assistente de acusação, ao tribunal, que ouvirá o juiz, se não foi ele quem pediu.

PETIÇÃO

(modelo)

Pedido de desaforamento

Excelentíssimo Senhor Doutor Desembargador-Presidente do Egrégio Tribunal de Justiça do Estado de ....

(deixar espaço)

João, qualificado nos autos de processo-crime que lhe move a Justiça Pública da Comarca de ...., por suposta infração ao art. 121 do CP, vem, respeitosamente, por seu procurador, à presença desse E. Tribunal, a fim de requerer o *desaforamento* de seu julgamento, pelo que expõe:

1) O requerente está pronunciado, aguardando julgamento pelo E. Tribunal do Júri da Comarca de ...., para o próximo mês de ....;

2) ocorre que a vítima gozava de imenso prestígio na cidade, onde inclusive pertencia ao Conselho de Sentença do E. Tribunal do Júri local;

3) com efeito, não há tranqüilidade nem isenção de ânimos para que referido julgamento se realize em ...., posto que os próprios jurados comentam abertamente que por certo haverá condenação.

O clima, como se percebe, é tenso, influindo na imparcialidade do julgamento, motivo pelo qual, apoiado no art. 424 do CPP, requer o desaforamento, para que seja julgado em outra comarca, de escolha desse E. Tribunal.

Termos em que,

Pede deferimento.

...., ... de .... de ...

(assinatura do advogado)

Jurisprudência

Desaforamento — Dúvida sobre a imparcialidade dos jurados — Pedido fundado em declarações firmadas por membros do corpo de jurados já reformulado, colhidos unilateralmente pela defesa — Informações contrárias do juiz processante — Indeferimento (STF) — *RT* 639/397.

Desaforamento — Pedido formulado pelo assistente do Ministério Público — Ilegitimidade para tal ato — *Habeas corpus* concedido (STF) — *RT* 649/357.

Desaforamento — Providência que não viola o princípio do juiz natural que é o Tribunal do Júri — Variação do local do julgamento se ocorrentes algumas das hipóteses previstas no art. 424 do CPP que não é inconstitucional e não enseja a formação de tribunal de exceção (STF) — *RT* 661/363.

Se os motivos que determinaram o desaforamento cessarem, pode ocorrer o reaforamento, que é a volta do processo à comarca de origem, para aí ser julgado.

JURISPRUDÊNCIA

Desaforamento — Subsistência das razões que o determinam — Reaforamento inadmissível — *Habeas corpus* indeferido — Inteligência do art. 424 do CPP (STF) — *RT* 661/364.

Organização do júri

Código de Processo Penal

Art. 439. Anualmente, serão alistados pelo juiz-presidente do júri, sob sua responsabilidade e mediante escolha por conhecimento pessoal ou informação fidedigna, trezentos a quinhentos jurados no Distrito Federal e nas comarcas de mais de cem mil habitantes e oitenta a trezentos nas comarcas ou nos termos de menor população. O juiz poderá requisitar às autoridades locais, associações de classe, sindicatos profissionais e repartições públicas a indicação de cidadãos que reúnam as condições legais.

Parágrafo único. A lista geral, publicada em novembro de cada ano, poderá ser alterada de ofício, ou em virtude de reclamação de qualquer do povo, até a publicação definitiva, na segunda quinzena de dezembro, com recurso, dentro de vinte dias, para a superior instância, sem efeito suspensivo.

Art. 434. O serviço do júri será obrigatório. O alistamento compreenderá os cidadãos maiores de vinte e um anos, isentos os maiores de sessenta.

Art. 433. O Tribunal do Júri compõe-se de um juiz de direito, que é o seu presidente, e de vinte e um jurados que se sortearão dentre os alistados, sete dos quais constituirão o Conselho de Sentença em cada sessão de julgamento.

Art. 442. No dia e à hora designados para reunião do júri, presente o órgão do Ministério Público, o presidente, depois de verificar se a urna contém as cédulas com os nomes dos vinte e um jurados sorteados, mandará que o escrivão lhes proceda à chamada, declarando instalada a sessão, se comparecerem pelo menos quinze deles, ou, no caso contrário, convocando nova sessão para o dia útil imediato.

Art. 457. Verificado publicamente pelo juiz que se encontram na urna as cédulas relativas aos jurados presentes, será feito o sorteio de sete para a formação do Conselho de Sentença.

PETIÇÃO

(modelo)

Pedido de dispensa do júri

Exmo. Sr. Dr. Juiz de Direito, Presidente do Tribunal do Júri

(deixar espaço)

João, (qualificar), vem, respeitosamente, à presença de V. Exa., a fim de expor e requerer o que segue:

1) Conforme se vê da anexa cópia, o requerente teve seu nome incluído na lista geral de jurados desta Comarca, publicada aos .../.../...;

2) ocorre que, conforme provam os documentos também anexos, o requerente é policial, estando, dessa forma, incluído nos casos previstos no art. 436, VII, do CPP;

3) diante disso, respeitosamente, requer digne-se V. Exa. isentá-lo do serviço do júri, determinando seja seu nome excluído da lista geral.

Termos em que,

Pede deferimento.

...., ... de .... de ...

(assinatura de João)

O Tribunal do Júri é composto por um juiz de direito, que é seu presidente e 21 (vinte e um) jurados.

A sessão será instalada se comparecerem pelo menos 15 (quinze) dos 21 (vinte e um) jurados sorteados na lista de 300 (trezentos) ou 500 (quinhentos) nomes, servindo 7 (sete) em cada Conselho de Sentença.

Comparecendo entre 15 (quinze) e 20 (vinte) jurados, serão sorteados, na hora, os suplentes, em número igual ao de faltantes, sendo eles intimados para comparecer na próxima sessão designada, completando, assim, o número legal de 21 (vinte e um) jurados por sessão.

JURISPRUDÊNCIA

Sorteio de jurados suplentes — Ato que se realiza antes de apregoadas as partes, sendo próprio e exclusivo do juiz presidente do Tribunal do Júri — Falta de participação da acusação ou da defesa que não enseja nulidade — Inteligência e aplicação dos arts. 445 e 447 do CPP (TJRS) — *RT* 659/298.

Da exclusão de jurado da lista geral, o excluído poderá recorrer em 20 (vinte) dias (art. 586, parágrafo único) ao Presidente do Tribunal de Justiça, por meio de recurso em sentido estrito, conforme está no art. 581, XIV (p. 417).

Da inclusão de nome, na lista definitiva de jurados, qualquer pessoa pode recorrer, também no prazo de 20 (vinte) dias, por meio de recurso em sentido estrito, igualmente endereçado ao Presidente do Tribunal de Justiça, que decidirá (art. 581, XIV).

Código de Processo Penal

Art. 458. Antes do sorteio do Conselho de Sentença, o juiz advertirá os jurados dos impedimentos constantes do art. 462, bem como das incompatibilidades legais por suspeição, em razão de parentesco com o juiz, com o promotor, com o advogado, com o réu ou com a vítima, na forma do disposto neste Código sobre os impedimentos ou a suspeição dos juízes togados.

§ 1º – Na mesma ocasião, o juiz advertirá os jurados de que, uma vez sorteados, não poderão comunicar-se com outrem, nem manifestar sua opinião sobre o processo, sob pena de exclusão do Conselho e multa de quatrocentos cruzeiros a mil cruzeiros.

§ 2º – Dos impedidos entre si por parentesco servirá o que houver sido sorteado em primeiro lugar.

Art. 586. O recurso voluntário poderá ser interposto no prazo de cinco dias.

Parágrafo único. No caso do art. 581, XIV, o prazo será de vinte dias, contado da data da publicação definitiva da lista de jurados.

Uma vez sorteados, os jurados não poderão mais se comunicar com ninguém, nem manifestar-se a respeito do processo, sendo-lhes proibida qualquer opinião, com quem quer que seja e mesmo com os outros jurados, sobre a causa que irão julgar, sob pena de nulidade do julgamento.

A incomunicabilidade visa assegurar a independência do jurado, sendo seu voto secreto. Nos intervalos do julgamento, sempre sob a fiscalização do juiz, poderão os membros do Conselho de Sentença conversar entre si, nunca com estranhos ao júri, sobre assuntos vários que, em nenhuma hipótese, poderão versar sobre o julgamento.

Nem o telefone é permitido usar, nos intervalos do julgamento, enquanto se encontram em sala própria para descanso ou refeição.

Jurisprudência

Sigilo das votações — Providência mantida após o advento da Constituição Federal de 1988, que não aboliu a denominada "sala secreta" — Votação do Conselho de Sentença em plenário que importa nulidade absoluta do julgamento — Inteligência e aplicação dos arts. 5º, XXXVIII, "b", da CF e 476, 480 e 481 do CPP (TJRJ) — *RT* 658/321.

Nulidade — Magistrado que, indagado por jurado sobre questão de fato, sugere qual dos elementos de convicção em conflito merece maior crédito — Atitude contrária à lei e que pode influenciar o convencimento do Conselho de Sentença e seu veredicto (TJSP) — *RT* 661/271.

> Código de Processo Penal
>
> Art. 459. Os jurados excluídos por impedimento ou suspeição serão computados para a constituição do número legal.
>
> § 1º – Se, em conseqüência das suspeições ou das recusas, não houver número para a formação do Conselho, o julgamento será adiado para o primeiro dia desimpedido.
>
> § 2º – À medida que as cédulas forem tiradas da urna, o juiz as lerá, e a defesa e, depois dela, a acusação poderão recusar os jurados sorteados, até três cada uma, sem dar os motivos da recusa.

As partes poderão recusar, na hora do sorteio, até três jurados cada, sem precisar dar os motivos da recusa.

Pessoas que não podem servir no Conselho de Sentença

Além dos casos previstos nos arts. 458 (cf. p. 362) e 459 já vistos, também não podem servir no Conselho de Sentença, as seguintes pessoas:

> Código de Processo Penal
>
> Art. 462 – São impedidos de servir no mesmo Conselho marido e mulher, ascendentes e descendentes, sogro e genro ou nora, irmãos, cunhados, durante o cunhadio, tio e sobrinho, padrasto ou madrasta e enteado.

Competência do júri

O Tribunal do Júri julga os crimes dolosos contra a vida, consumados ou tentados e que são: homicídio, infanticídio, instigação, induzimento ou prestação de auxílio ao suicídio, aborto consentido e auto-aborto.

O júri é soberano, de sorte que os jurados decidem, votando secretamente os quesitos que lhes são apresentados e explicados pelo juiz-presidente, na sala secreta, cabendo ao juiz aplicar a pena, conforme a decisão votada, sendo-lhe proibido conduzir ou alterar o voto, mesmo que intimamente esteja contra essa decisão.

Ao jurado é permitido inquirir, por meio do juiz-presidente, qualquer testemunha.

> Código de Processo Penal
>
> Art. 467. Terminado o relatório, o juiz, o acusador, o assistente e o advogado do réu e, por fim, os jurados que o quiserem, inquirirão sucessivamente as testemunhas de acusação.
>
> Art. 468. Ouvidas as testemunhas de acusação, o juiz, o advogado do réu, o acusador particular, o promotor, o assistente e os jurados que o quiserem inquirirão sucessivamente as testemunhas de defesa.
>
> Art. 593. Caberá apelação, no prazo de cinco dias:

(...)

III – das decisões do Tribunal do Júri, quando:

a) ocorrer nulidade posterior à pronúncia;

b) for a sentença do juiz-presidente contrária à lei expressa ou à decisão dos jurados;

c) houver erro ou injustiça no tocante à aplicação da pena ou da medida de segurança;

d) for a decisão dos jurados manifestamente contrária à prova dos autos.

O Tribunal de Justiça não pode alterar a decisão de um Conselho de Sentença, podendo, isso sim, se provocado por meio de apelação, sem reexaminar o mérito, mandar o réu a novo julgamento, se entender que a decisão dos jurados foi manifestamente contrária à prova dos autos.

JURISPRUDÊNCIA

Decisão contrária à prova dos autos — Necessidade, para invalidar o julgamento, ante o princípio da soberania dos veredictos (CF, art. 5º, XXXVIII, "c") de que a contrariedade seja "manifesta" (art. 593, III, "d", do CPP) — Opção do jurados por uma das versões conflitantes e razoavelmente equivalentes que a tanto não presta ainda que haja provas indiciárias em sentido contrário e não havendo provas diretas (TJSP) — *RT* 669/299.

Crimes conexos — Decisão dos jurados manifestamente contrária à prova dos autos somente em relação a um deles — Possibilidade de o tribunal, em grau recursal, reconhecer a nulidade do julgamento somente quanto a este delito, com realização de novo julgamento, mantida a decisão no que respeita ao outro (TJSP) — *RT* 674/302.

Nulidade — Jurado surpreendido dormindo durante os debates — Fato não consignado em ata, suprida, porém, a omissão, ainda que inusitadamente, em autos apartados de justificação procedida posteriormente à sessão — Tese da defesa rejeitada por apenas um voto — Prejuízo evidenciado — Preliminar acolhida — Novo julgamento ordenado (TJSP) — *RT* 642/279.

Decisão do Tribunal do Júri — Erro no julgamento no referente à circunstância qualificadora do homicídio — Elemento do crime, e não circunstância da pena — Recurso fulcrado, portanto, na letra "d" do inciso III do art. 593 (contrariedade à prova dos autos), e não na letra "c" (erro ou injustiça na aplicação da pena) — Provimento que implica submissão do réu a novo julgamento, não podendo o tribunal efetuar a desclassificação e retificar a pena — Aplicação do § 3º do dispositivo citado (STF) — *RT* 665/357.

Sentença que indefere requisição de prova — Falta de demonstração de sua necessidade — Decisão inapelável, por não ser definitiva ou com força de definitiva — Não-enquadramento nas disposições do art. 593, II, do CPP — Não-recebimento (TJSP) — *RT* 652/268.

Apelação — Nova interposição da decisão do júri por manifesta contrariedade à prova dos autos — Inadmissibilidade — Irrelevância de ter sido o apelo anterior interposto pela parte *ex adversa* — Aplicação do art. 593, III, d, e § 3º, *in fine*, do CPP (TJSC) — *RT* 630/338.

O Tribunal pode ainda, receber a apelação para corrigir[8] erros quanto à aplicação da pena ou para retificar sentença contrária à decisão dos jurados, mas jamais se pronunciando quanto ao mérito.

Em resumo, uma decisão do júri só pode ser modificada por outra decisão do júri e jamais pelo Tribunal.

JURISPRUDÊNCIA

Nulidade — *Reformatio in pejus* indireta — Agravamento da pena em novo julgamento, anulado o primeiro em recurso exclusivo do réu — Inadmissibilidade — Hipótese em que, respeitadas a soberania do Tribunal Popular e sua liberdade para decidir diferentemente, respondeu da mesma forma que o primeiro quanto ao crime e às circunstâncias influentes na pena — Impossibilidade de ser o *quantum* da reprimenda anterior exasperado quando de sua dosagem pelo magistrado — Recurso de *habeas corpus* provido (STF) — *RT* 635/405.

---

[8] Trata-se de correção ou retificação de erros de datilografia ou digitação, por exemplo.

Do jurado

O jurado tem que ser brasileiro nato ou naturalizado, sendo escolhido dentre cidadãos de notória idoneidade.

Código de Processo Penal

Art. 436. Os jurados serão escolhidos dentre cidadãos de notória idoneidade.

Parágrafo único. São isentos do serviço do júri:

I – o Presidente da República e os Ministros de Estado;

II – os governadores ou interventores de Estados ou Territórios, o prefeito do Distrito Federal e seus respectivos secretários;

III – os membros do Parlamento Nacional, do Conselho de Economia Nacional, das Assembléias Legislativas dos Estados e das Câmaras Municipais, enquanto durarem suas reuniões;

IV – os prefeitos municipais;

V – os magistrados e órgãos do Ministério Público;

VI – os serventuários e funcionários da Justiça;

VII – o chefe, demais autoridades e funcionários da Polícia e Segurança Pública;

VIII – os militares em serviço ativo;

IX – as mulheres que não exerçam função pública e provem que, em virtude de ocupações domésticas, o serviço do júri lhes é particularmente difícil;

X – por um ano, mediante requerimento, os que tiverem efetivamente exercido a função de jurado, salvo nos lugares onde tal isenção possa redundar em prejuízo do serviço normal do júri;

XI – quando o requererem e o juiz reconhecer a necessidade da dispensa:

a) os médicos e os ministros de confissão religiosa;

b) os farmacêuticos e as parteiras.

O jurado tem que ter mais de 21 (vinte e um) anos, não valendo a emancipação. Deve ser alfabetizado, estar no gozo dos direitos políticos, deve morar na comarca e não pode ser surdo-mudo ou cego (art. 434; cf. p. 360).

JURISPRUDÊNCIA

Composição irregular — Presença de menor de 21 anos — Impedimento — Nulidade, todavia, não-decretada — Participação que não influiu no resultado da votação — Prejuízo às partes não-verificado — Falta, ainda, de vigilância do Ministério Público na feitura da lista de jurados — Vício que, ademais, se verificado, não poderia ser alegado pelo órgão, que para ele concorreu — Aplicação dos arts. 563, 565 e 566 do CPP (STF) — *RT* 620/396.

O efetivo exercício, não bastando a mera inclusão do nome na lista, nem o sorteio, mas a participação em um Conselho de Sentença, é considerado serviço público relevante, estando o jurado incluído no conceito de funcionário público do art. 327 do CP, de modo que pode responder por crime de responsabilidade.

Código Penal

Art. 327 – Considera-se funcionário público, para os efeitos penais, quem, embora transitoriamente ou sem remuneração, exerce cargo, emprego ou função pública.

§ 1º – Equipara-se a funcionário público quem exerce cargo, emprego ou função em entidade paraestatal, e quem trabalha para empresa prestadora de serviço contratada ou conveniada para a execução de atividade típica da Administração Pública.

§ 2º – A pena será aumentada da terça parte quando os autores dos crimes previstos neste Capítulo forem ocupantes de cargos em comissão ou de função de direção ou assessoramento de órgão da administração direta, sociedade de economia mista, empresa pública ou fundação instituída pelo poder público.

A função é obrigatória e estabelece presunção de idoneidade com o efetivo exercício. O jurado tem direito a prisão especial se for processado criminalmente e terá, em igualdade de condições, preferência nas concorrências.

Código de Processo Penal

Art. 437. O exercício efetivo da função de jurado constituirá serviço público relevante, estabelecerá presunção de idoneidade moral e assegurará prisão especial, em caso de crime comum, até o julgamento definitivo, bem como preferência, em igualdade de condições, nas concorrências públicas.

O julgamento pelo júri

Aberta a sessão, com a presença do Ministério Público e de pelo menos 15 (quinze) dos 21 (vinte e um) jurados intimados, o juiz-presidente fará o sorteio de 7 (sete) deles, para formarem o Conselho de Sentença, podendo a defesa, e depois a acusação, recusar, sem justificativa, até 3 (três) jurados, cada.

Formado o Conselho de Sentença, os jurados prestarão compromisso.

Código de Processo Penal

Art. 464. Formado o conselho, o juiz, levantando-se, e com ele todos os presentes, fará aos jurados a seguinte exortação: *Em nome da lei, concito-vos a examinar com imparcialidade esta causa e a proferir a vossa decisão, de acordo com a vossa consciência e os ditames da justiça.*

Os jurados, nominalmente chamados pelo juiz, responderão: *Assim o prometo.*

Instalada a sessão, será o réu interrogado.

Código de Processo Penal

Art. 465. Em seguida, o presidente interrogará o réu pela forma estabelecida no Livro I, Título VII, Capítulo III, no que for aplicável.

Em seguida serão lidas as peças do processo que as partes, ou qualquer jurado requerer.

Código de Processo Penal

Art. 466. Feito e assinado o interrogatório, o presidente, sem manifestar sua opinião sobre o mérito da acusação ou da defesa, fará o relatório do processo e exporá o fato, as provas e as conclusões das partes.

§ 1° – Depois do relatório, o escrivão lerá, mediante ordem do presidente, as peças do processo cuja leitura for requerida pelas partes, ou por qualquer jurado.

§ 2º – Onde for possível, o presidente mandará distribuir aos jurados cópias datilografadas ou impressas, da pronúncia, do libelo e da contrariedade, além de outras peças que considerar úteis para o julgamento da causa.

Na seqüência serão inquiridas as testemunhas de acusação e as de defesa (arts. 467 e 468; cf. p. 364).

Terminada a fase dos depoimentos, a acusação e depois a defesa terão a palavra por duas horas cada e mais meia hora para réplica da acusação, se quiser, e outra meia hora para tréplica da defesa.

Código de Processo Penal

Art. 471. Terminada a inquirição das testemunhas, o promotor lerá o libelo e os dispositivos da lei penal em que o réu se achar incurso e produzirá a acusação.

§ 1º – O assistente falará depois do promotor.

§ 2º – Sendo o processo promovido pela parte ofendida, o promotor falará depois do acusador particular, tanto na acusação como na réplica.

Art. 472. Finda a acusação, o defensor terá a palavra para defesa.

Art. 473. O acusador poderá replicar e a defesa treplicar, sendo admitida a reinquirição de qualquer das testemunhas já ouvidas em plenário.

Art. 474. O tempo destinado à acusação e à defesa será de duas horas para cada um, e de meia hora a réplica e outro tanto para a tréplica.

§ 1º – Havendo mais de um acusador ou mais de um defensor, combinarão entre si a distribuição do tempo, que, na falta de entendimento, será marcado pelo juiz, por forma que não sejam excedidos os prazos fixados neste artigo.

§ 2º – Havendo mais de um réu, o tempo para a acusação e para a defesa será, em relação a todos, acrescido de uma hora e elevado ao dobro o da réplica e da tréplica, observado o disposto no parágrafo anterior.

Findos os debates, serão lidos os quesitos, recolhendo-se os integrantes do julgamento à sala secreta, para votação.

Código de Processo Penal

Art. 480. Lidos os quesitos, o juiz anunciará que se vai proceder ao julgamento, fará retirar o réu e convidará os circunstantes a que deixem a sala.

Art. 481. Fechadas as portas, presentes o escrivão e dois oficiais de justiça, bem como os acusadores e os defensores, que se conservarão nos seus lugares, sem intervir nas votações, o conselho, sob a presidência do juiz, passará a votar os quesitos que lhe forem propostos.

Parágrafo único. Onde for possível, a votação será feita em sala especial.

Art. 482. Antes de dar o seu voto, o jurado poderá consultar os autos, ou examinar qualquer outro elemento material de prova existente em juízo.

Art. 483. O juiz não permitirá que os acusadores ou os defensores perturbem a livre manifestação do Conselho, e fará retirar da sala aquele que se portar inconvenientemente, impondo-lhe multa, de quarenta centavos a um cruzeiro.

A formulação dos quesitos obedecerá às regras do art. 484 do CPP.

Código de Processo Penal

Art. 484. Os quesitos serão formulados com observância das seguintes regras:

I – o primeiro versará sobre o fato principal, de conformidade com o libelo;

II – se entender que alguma circunstância, exposta no libelo, não tem conexão essencial com o fato ou é dele separável, de maneira que este possa existir ou subsistir sem ela, o juiz desdobrará o quesito em tantos quantos forem necessários;

III – se o réu apresentar, na sua defesa, ou alegar, nos debates, qualquer fato ou circunstância que por lei isente de pena ou exclua o crime, ou o desclassifique, o juiz formulará os quesitos correspondentes, imediatamente depois dos relativos ao fato principal, inclusive os relativos ao excesso doloso ou culposo quando reconhecida qualquer excludente de ilicitude (inciso III com redação determinada pela Lei 9.113, de 16 de outubro de 1995).

IV – se for alegada a existência de causa que determine aumento de pena em quantidade fixa ou dentro de determinados limites, ou de causa que determine ou faculte diminuição de pena, nas mesmas condições, o juiz formulará os quesitos correspondentes a cada uma das causas alegadas;

V – se forem um ou mais réus, o juiz formulará tantas séries de quesitos quantos forem eles. Também serão formuladas séries distintas, quando diversos os pontos de acusação;

VI – quando o juiz tiver que fazer diferentes quesitos, sempre os formulará em proposições simples e bem distintas, de maneira que cada um deles possa ser respondido com suficiente clareza.

Parágrafo único. Serão formulados quesitos relativamente às circunstâncias agravantes e atenuantes, previstas nos arts. 44, 45 e 48 do Código Penal, observado o seguinte:

I – para cada circunstância agravante, articulada no libelo, o juiz formulará um quesito;

II – se resultar dos debates o conhecimento da existência de alguma circunstância agravante, não articulada no libelo, o juiz, a requerimento do acusador, formulará o quesito a ela relativo;

III – o juiz formulará, sempre, um quesito sobre a existência de circunstâncias atenuantes, ou alegadas;

IV – se o júri afirmar a existência de circunstâncias atenuantes, o juiz o questionará a respeito das que lhe parecerem aplicáveis ao caso, fazendo escrever os quesitos respondidos afirmativamente, com as respectivas respostas.

QUESITOS

(modelo)

Proc. nº ....

1. No dia .... de .... de ..., por volta das .... horas, nas imediações do ...., às margens da Rodovia ...., quilômetro ...., nesta Comarca, V. F. P. efetuou disparo de

arma de fogo contra a pessoa de P. M. M., causando-lhe os ferimentos descritos no laudo necroscópico de fls. ....?

2. Os ferimentos, por sua natureza e sede, deram causa à morte da vítima?
3. O réu, assim agindo, repeliu agressão contra a sua pessoa?
4. O réu repeliu uma agressão *injusta*?
5. O réu repeliu uma agressão *atual*?
6. O réu repeliu uma agressão *iminente*?
7. O réu usou dos meios necessários para repelir tal agressão?
8. O réu usou *moderadamente* dos meios necessários?
9. O réu excedeu culposamente os limites da legítima defesa?
10. Há circunstâncias atenuantes em favor do réu?

...., ... de .... de ...

(nome e assinatura do juiz)

Após a explicação de cada quesito aos jurados, já na sala secreta, ser-lhes-á distribuída uma cédula com a palavra SIM, e outra com a palavra NÃO, para que, secretamente, depositem na sacola que o oficial de justiça portar, a que for correspondente ao voto válido, cabendo a outro oficial, logo em seguida, recolher, também secretamente, as cédulas não-usadas.

Código de Processo Penal

Art. 485. Antes de proceder-se à votação de cada quesito, o juiz mandará distribuir pelos jurados pequenas cédulas, feitas de papel opaco e facilmente dobráveis, contendo umas a palavra *sim* e outras a palavra *não*, a fim de, secretamente, serem recolhidos os votos.

Art. 486. Distribuídas as cédulas, o juiz lerá o quesito que deva ser respondido e um oficial de Justiça recolherá as cédulas com os votos dos jurados, e outro, as cédulas não utilizadas. Cada um dos oficiais apresentará, para esse fim, aos jurados, uma urna ou outro receptáculo que assegure o sigilo da votação.

Terminada a votação, o juiz lavrará na hora e ainda na sala secreta, a sentença, que será exatamente igual à decisão dos jurados, cabendo ao presidente, apenas, fixar o *quantum* da pena, se houver condenação, ou absolver o réu, se assim foi decidido pela votação secreta.

Se o Conselho de Sentença, ao votar os quesitos, entender, por exemplo, que não houve tentativa de homicídio, mas crime de lesão corporal, estará desclassificado o delito, para outro cuja competência é do juiz singular e não do júri, por não ser crime contra a vida, mas contra a integridade física.

Ocorrendo tal fato, imediatamente se encerra a função dos jurados e o juiz-presidente, como se fosse um juiz singular, proferirá, naquele mesmo instante, a sentença que entender cabível.

8. ASSISTENTE DE ACUSAÇÃO

A vítima, seu representante ou sucessores poderá habilitar-se por intermédio de procurador, nos processos de competência do Juízo Comum, para participar da acusação (art. 268 do CPP).

> Código de Processo Penal
>
> Art. 268. Em todos os termos da ação pública, poderá intervir, como assistente do Ministério Público, o ofendido ou seu representante legal, ou, na falta, qualquer das pessoas mencionadas no art. 31.

A Lei 9.099/95 não se refere ao instituto da assistência, de modo que sua aplicação é perfeitamente possível no JEC, uma vez que o CPP tem aplicação subsidiária no Juizado, conforme dispõe o art. 92 dessa lei.

> Art. 92. Aplicam-se subsidiariamente as disposições dos Códigos Penal e de Processo Penal, no que não forem incompatíveis com esta Lei.

Então, depois de recebida a denúncia, na audiência de instrução, a vítima através de seu advogado, poderá requerer sua admissão como assistente. Se o pedido for indeferido e estando preenchidos os requisitos legais, será cabível Mandado de Segurança, com pedido de liminar, como entende o Professor Ismar Estulano Garcia.[9]

O pedido de habilitação só pode ser feito após o início da ação penal pública, ou seja, posteriormente ao recebimento da denúncia, sempre se ouvindo o Ministério Público, previamente à aceitação.

> Código de Processo Penal
>
> Art. 272. O Ministério Público será ouvido previamente sobre a admissão do assistente.
>
> Art. 269. O assistente será admitido enquanto não passar em julgado a sentença e receberá a causa no estado em que se achar.

Assim, o assistente só pode ser admitido após o início da ação penal e embora possa propor qualquer meio de prova, conforme lhe autoriza o art. 271, não poderá arrolar testemunhas, porque elas já foram arroladas com a denúncia, que é anterior ao início da ação penal.

> Código de Processo Penal
>
> Art. 271. Ao assistente será permitido propor meios de prova, requerer perguntas às testemunhas, aditar o libelo e os articulados, participar do debate oral e arrazoar os recursos interpostos pelo Ministério Público, ou por ele próprio, nos casos dos arts. 584, § 1º, e 598.
>
> § 1º – O juiz, ouvido o Ministério Público, decidirá acerca da realização das provas propostas pelo assistente.

---

[9] *Juizados Especiais Criminais,* Goiânia: Ed. AB, 1996, p. 149

§ 2º – O processo prosseguirá independentemente de nova intimação do assistente, quando este, intimado, deixar de comparecer a qualquer dos atos da instrução ou do julgamento, sem motivo de força maior devidamente comprovado.

O pedido de habilitação será deferido se o assistente provar ter legitimidade e se o crime for daqueles que produzem prejuízo ressarcível.

PETIÇÕES

(modelo I)

Pedido de habilitação como assistente de acusação, nos autos

Exmo. Sr. Dr. Juiz de Direito da .... Vara Criminal da Comarca de ....

(deixar espaço)

Proc. nº ....
Cartório .... Ofício Criminal

Fulano, (qualificar), na qualidade de pai da vítima fatal, Sicrana (doc. anexo), por seu procurador (documento junto), vem, respeitosamente, à presença de V. Exa., a fim de requerer sua *habilitação como assistente de acusação*, nos autos do processo-crime que a Justiça Pública desta Comarca move a B. P., por infração ao art. 121, § 3º, do CP.

Termos em que, com os inclusos documentos,

Pede deferimento.

...., ... de .... de ...

(assinatura do advogado)[10]

---

[10] Ricardo de Oliveira Regina.

(modelo II)

Petição de habilitação como assistente de acusação

Exmo. Sr. Dr. Juiz de Direito da .... Vara Criminal da Comarca de ....

(deixar espaço)

Proc. nº....
Cartório .... Ofício Criminal

João de Tal, brasileiro, casado, operário, residente e domiciliado nesta cidade, à Rua .... nº ...., por seu procurador, documento anexo, vem, respeitosamente, à presença de V. Exa., a fim de requerer sua habilitação como assistente de acusação, nos autos do processo-crime que a Justiça Pública desta Comarca move a Pedro de Tal, por infração ao art. 121, § 3º, do CP.

Esclarece ser pai da vítima Maria de Tal, falecida em conseqüência do evento, juntando certidões de nascimento e óbito, comprobatórias de seu interesse e legitimidade.

Termos em que, j. esta aos autos,

Pede deferimento.

...., ... de .... de ...

(assinatura do advogado)

Jurisprudência

Assistente de acusação — Admissão, nessa qualidade, da esposa da vítima — Admissibilidade — Agente passivo do delito impossibilitado de se habilitar nos autos, por estar privado de lucidez — Inexistência, ademais, de prejuízo — Preliminar de nulidade repelida — Inteligência e aplicação dos arts. 31 e 268 do CPP (TACrimSP) — *RT* 646/295.

Assistente de acusação — Intervenção como tal do Poder Público — Admissibilidade — Hipótese de crime contra a Administração Pública em que o Estado, além de sujeito passivo constante, é também sujeito passivo eventual ou material, findos seus interesses diretos — Aplicação do art. 268 do CPP — Voto vencido (TJPR) — *RT* 649/298.

Assim, por exemplo, não será possível a ninguém habilitar-se como assistente de acusação num delito de posse de entorpecentes, sendo, todavia, perfeitamente possível a habilitação num acidente que cause morte.

O interesse do assistente é o de obter a condenação, para executar no cível a sentença criminal, possibilitando o recebimento do que lhe é devido em razão do ilícito praticado pelo réu, de sorte que não lhe é permitido recorrer para agravamento da pena imposta, vez que seu objetivo não pode ser a vingança, mas tão-somente a condenação.

Eventual recurso para agravamento da pena é de exclusividade do Ministério Público.

JURISPRUDÊNCIA

Assistente da acusação — Ilegitimidade recursal — Apelação por ele interposta visando ao agravamento da pena imposta ao condenado — Inadmissibilidade — Falta de interesse — Hipótese em que só pode pedir a condenação do réu — Voto vencido (TAMG) — *RT* 628/357.

Todavia, já se admitiu o contrário.

JURISPRUDÊNCIA

Assistente de acusação — Legitimidade recursal — Apelação interposta visando ao agravamento da pena — Admissibilidade — Inexistência de recurso ministerial — Legítimo interesse reconhecido — Inteligência do art. 598 do CPP (STF) — *RT* 639/376.

Capítulo VIII

Da Ação Civil *Ex Delicto*[1]

1. Introdução; 2. Objetivos da ação penal e da ação civil; 3. Titularidade para a ação civil; 4. Dano moral; 5. Abrangência da reparação do dano proveniente de crime; 6. Objeto da ação civil; 7. Sentença absolutória.

Código Civil

Art. 186. Aquele que, por ação ou omissão voluntária, negligência ou imprudência, violar direito e causar dano a outrem, ainda que exclusivamente moral, comete ato ilícito.

Art. 935. A responsabilidade civil é independente da criminal, não se podendo questionar mais sobre a existência do fato, ou sobre quem seja o seu autor, quando estas questões se acharem decididas no juízo criminal.

Código Penal

Art. 91. São efeitos da condenação:

I – tornar certa a obrigação de indenizar o dano causado pelo crime.

1. Introdução

Quando alguém sofre um prejuízo decorrente de um ilícito civil (danos materiais em virtude de um acidente de trânsito sem vítimas, por exemplo), recorre ao juízo cível para garantir seu ressarcimento.

---

[1] Legitimação executória ativa do Ministério Público em razão dos efeitos civis pan-processuais da sentença penal condenatória dos delitos ambientais. *RT* 667/57 (leitura complementar).

Todavia, se o prejuízo for proveniente de um ilícito penal, a par de o infrator ser processado criminalmente no juízo comum, poderá ainda ser responsabilizado pela vítima, no cível, para satisfazer os prejuízos que ela sofreu.

> Código de Processo Penal
>
> Art. 63. Transitada em julgado a sentença condenatória, poderão promover-lhe a execução, no juízo cível, para o efeito da reparação do dano, o ofendido, seu representante legal ou seus herdeiros.

Conforme determina esse art. 63, a sentença condenatória criminal trânsita, do juízo comum, faz coisa julgada no cível, quer dizer, é título executivo certo, porém ilíquido.

Isso significa que, por meio de execução civil, não se discutirá mais se o executado (réu no crime) deve ou não, mas apenas o quanto deve pagar.

A execução civil de sentença condenatória trânsita somente é possível contra o autor do ilícito, motivo pelo qual, se o réu não dispuser de bens suficientes para garantir o pagamento e se se pretender, por exemplo, cobrar de seu patrão a quantia devida, em virtude da presunção civil de responsabilidade do preponente por ato de preposto, isso não poderá ser feito por meio de execução, mas por meio de ação ordinária, provando-se que o motorista, por exemplo, estava em serviço, quando ocorreu o ilícito.

Essa ação civil que objetiva a satisfação de um dano resultante de um ilícito penal se chama ação civil *ex delicto*.

Porém, não é todo ilícito penal que gera a obrigação de indenizar (por exemplo, porte de tóxico).

Da mesma forma, há situações delituosas em que o infrator não precisa necessariamente ser criminalmente processado para que se veja obrigado a ressarcir. Assim, no crime de dano, em que a ação é de iniciativa privada, a vítima pode optar tão-somente pela propositura da ação civil, com o fim de receber o equivalente aos prejuízos sofridos, deixando de lado a ação penal.

2. OBJETIVOS DA AÇÃO PENAL E DA AÇÃO CIVIL

A ação penal visa a aplicação de uma pena, não se discutindo valores no crime, enquanto a ação civil tem como objetivo o ressarcimento.

Além disso, o processo-crime geralmente é de iniciativa do Ministério Público, enquanto que a titularidade da ação civil pertence à vítima, ao seu representante ou herdeiros.

E, mais. A ação penal só pode ser proposta contra o autor da infração, em virtude do princípio da intranscendência, enquanto que a ação civil pode ser ajuizada contra o responsável pelo ilícito, seu representante legal e herdeiros.

Havendo um crime, o ofendido tem dois caminhos a seguir, se pretender o ressarcimento: ou aguarda a decisão criminal para, após seu trânsito, executar civilmente a condenação ou ingressa imediatamente com a ação civil *ex delicto* no juízo cível de seu domicílio ou do local do fato, à sua escolha.

Código de Processo Penal

Art. 64. Sem prejuízo do disposto no artigo anterior, a ação para ressarcimento do dano poderá ser proposta no juízo cível, contra o autor do crime e, se for caso, contra o responsável civil.

Parágrafo único. Intentada a ação penal, o juiz da ação civil poderá suspender o curso desta, até o julgamento definitivo daquela.

Existindo ação penal em andamento e proposta a ação civil, deverá esta ser suspensa pelo juiz do cível, até que se decida definitivamente a ação penal, exatamente para se evitar decisões contraditórias e porque a decisão criminal condenatória trânsita faz coisa julgada no cível.

O título executivo se configura por meio de carta de sentença, que deve conter a autuação, a denúncia, a sentença e o trânsito.

A discussão civil em execução de sentença condenatória criminal versa apenas sobre os valores a serem pagos e por ser título executivo ilíquido deverá ser liquidado no cível, o que é feito, geralmente, por artigos.

Agora, com a Lei 9.099/95 (Juizados Especiais Criminais), que tem como um de seus objetivos primeiros, a rápida reparação dos danos à vítima, de sorte a evitar a pendência civil e o processo criminal, deve ser enormemente reduzido o número de ações indenizatórias civis.

Isso porque a composição dos danos cíveis, conforme dispõem os arts. 72 e 74, conduz ao encerramento do procedimento criminal, se se tratar de delito de ação privada ou condicionada, caracterizando-se, então, em uma forma de despenalização e de solução civil.

> Lei 9.099/95
>
> Art. 72 – Na audiência preliminar, presente o representante do Ministério Público, o autor do fato e a vítima e, se possível, o responsável civil, acompanhados por seus advogados, o Juiz esclarecerá sobre a possibilidade da composição dos danos e da aceitação da proposta de aplicação imediata de pena não privativa de liberdade.
>
> Art. 74. A composição dos danos civis será reduzida a escrito e, homologada pelo Juiz mediante sentença irrecorrível, terá eficácia de título a ser executado no juízo civil competente.
>
> Parágrafo único. Tratando-se de ação penal de iniciativa privada ou de ação penal pública condicionada à representação, o acordo homologado acarreta a renúncia ao direito de queixa ou representação.

Já para os casos de ação incondicionada, o acordo não encerra a ação penal, passando-se para a fase do art. 76, se essa tentativa restar infrutífera.

> Art. 76. Havendo representação ou tratando-se de crime de ação penal pública incondicionada, não sendo caso de arquivamento, o Ministério Público poderá propor a aplicação imediata de pena restritiva de direitos ou multas, a ser especificada na proposta.
>
> (...)

3. Titularidade para a Ação Civil

Tanto a liquidação como a execução civil são promovidas pelo interessado.

> Código de Processo Penal
>
> Art. 68. Quando o titular do direito à reparação do dano for pobre (art. 32, §§ 1º e 2º), a execução da sentença condenatória (art. 63) ou a ação civil (art. 64) será promovida, a seu requerimento, pelo Ministério Público.

Se a vítima for pobre e não puder contratar advogado para propor a ação civil ou a execução, elas serão promovidas a seu pedido, pelo Ministério Público.

Jurisprudência

Ministério Público — Legitimidade *ad processum* — Permissivo legal da promoção ministerial que não foi revogado pela nova Constituição Federal — Inteligência e aplicação dos arts. 68 da CPP e 129, IX, da CF (TJSP) — *RT* 653/113.

Essa determinação não nos parece justa, porque em razão da sucumbência, quem irá pagar honorários e custas será o réu, motivo pelo qual não se compreende não ser um advogado o patrocinador, por nomeação, de qualquer das causas.

Somente é possível a execução da sentença criminal no cível, contra a pessoa do infrator, de sorte que se ele não dispuser de recursos para cobrir o valor devido e se se pretender, em razão de disposição civil, art. 932, III, do CC, cobrar essa quantia do preponente, por exemplo, deve-se provar, por meio de ação ordinária, que o empregado estava a seu serviço quando praticou o ilícito, cabendo ao patrão o ônus da prova de não ter sido negligente, descuidando-se do dever de vigilância. Isso porque a lei presume a culpa do preponente, restringindo seu direito de defesa.

Código Civil

Art. 932. São também responsáveis pela reparação civil:

(...)

III – o empregador ou comitente, por seus empregados, serviçais e prepostos, no exercício do trabalho que lhes competir, ou em razão dele.

4. Dano Moral

Constituição da República Federativa do Brasil

Art. 5º. Todos são iguais perante a lei, sem distinção de qualquer natureza, garantindo-se aos brasileiros e aos estrangeiros residentes no País a inviolabilidade do direito à vida, à liberdade, à igualdade, à segurança e à propriedade, nos termos seguintes:

(...)

V – é assegurado o direito de resposta, proporcional ao agravo, além da indenização por dano material, moral ou à imagem.

Código Civil

Art. 953. A indenização por injúria, difamação ou calúnia consistirá na reparação do dano que delas resulte ao ofendido.

Parágrafo único. Se o ofendido não puder provar prejuízo material, caberá ao juiz fixar, eqüitativamente, o valor da indenização, na conformidade das circunstâncias do caso.

O cálculo para reparação de dano moral é feito por arbitramento e atualizado.

Súmulas do STF

Súmula 491 – É indenizável o acidente que causa a morte de filho menor, ainda que não exerça trabalho remunerado.

Súmula 562 – Na indenização de danos materiais decorrentes de ato ilícito cabe a atualização de seu valor, utilizando-se, para esse fim, dentre outros critérios, dos índices de correção monetária.

A Lei de Imprensa (Lei 5.250/67), no Capítulo VI cuida de Responsabilidade Civil, prevendo, a partir do art. 51 o valor de indenização a ser paga por jornalista que concorra para o dano.

5. Abrangência da Reparação do Dano Proveniente de Crime

O valor da reparação abrange os juros ordinários, contados proporcionalmente ao valor do dano e desde o tempo do crime, juros compostos e lucros cessantes (arts. 398, 949 e 950 do CC).

Quando não existir critério para se apurar o valor da indenização, por ser a vítima menor, por exemplo, o parâmetro para esse cálculo é feito com base no salário mínimo.

Encontrado o valor devido a título de pensão, durante o tempo provável de vida da vítima, pode ser determinado que se constitua um capital que deverá render mensalmente o valor da pensão. Esse capital ficará vinculado até que a obrigação seja integralmente satisfeita, quando então poderá ser levantado pelo réu.

Código Civil

Art. 398. Nas obrigações provenientes de ato ilícito, considera-se o devedor em mora, desde que o praticou.

Art. 949. No caso de lesão ou outra ofensa à saúde, o ofensor indenizará o ofendido das despesas do tratamento e dos lucros cessantes até ao fim da convalescença, além de algum outro prejuízo que o ofendido prove haver sofrido.

Art. 950. Se da ofensa resultar defeito pelo qual o ofendido não possa exercer o seu ofício ou profissão, ou se lhe diminua a capacidade de trabalho, a indenização, além das despesas do tratamento e dos lucros cessantes até ao fim da convalescença, incluirá pensão correspondente à importância do trabalho para que se inabilitou, ou da depreciação que ele sofreu.

Parágrafo único. O prejudicado, se preferir, poderá exigir que a indenização seja arbitrada e paga de uma só vez.

6. Objeto da Ação Civil

Restituição

Código de Processo Penal

Art. 118. Antes de transitar em julgado a sentença final, as coisas apreendidas não poderão ser restituídas enquanto interessarem ao processo.

Art. 119. As coisas a que se referem os arts. 74 e 100 do Código Penal não poderão ser restituídas, mesmo depois de transitar em julgado a sentença final, salvo se pertencerem ao lesado ou a terceiro de boa-fé.

Art. 120. A restituição, quando cabível, poderá ser ordenada pela autoridade policial ou juiz, mediante termo nos autos, desde que não exista dúvida quanto ao direito do reclamante.

§ 1º – Se duvidoso esse direito, o pedido de restituição autuar-se-á em apartado, assinando-se ao requerente o prazo de cinco dias para a prova. Em tal caso, só o juiz criminal poderá decidir o incidente.

§ 2º – O incidente autuar-se-á também em apartado e só a autoridade judicial o resolverá, se as coisas forem apreendidas em poder de terceiro de boa-fé, que será intimado para alegar e provar o seu direito, em prazo igual e sucessivo ao do reclamante, tendo um e outro dois dias para arrazoar.

§ 3º – Sobre o pedido de restituição será sempre ouvido o Ministério Público.

§ 4º – Em caso de dúvida sobre quem seja o verdadeiro dono, o juiz remeterá as partes para o juízo cível, ordenando o depósito das coisas em mãos de depositário ou do próprio terceiro que as detinha, se for pessoa idônea.

§ 5º – Tratando-se de coisas facilmente deterioráveis, serão avaliadas e levadas a leilão público, depositando-se o dinheiro apurado, ou entregues ao terceiro que as detinha, se este for pessoa idônea e assinar termo de responsabilidade.

Restituição é a forma mais simples de satisfação do dano, significando a devolução da própria coisa ao dono, sendo muito comum nos crimes contra o patrimônio. Essa satisfação pode existir na esfera penal, sem necessidade de propositura da ação civil. Exemplo, furto de um animal. Apreendido, é simplesmente restituído ao seu proprietário, dispensando a *actio civilis*.

JURISPRUDÊNCIA

Automóvel — Apreensão por ordem de autoridade policial — Restituição pretendida pelo adquirente — Da busca e apreensão como remédio processual adequado — Possibilidade, entretanto, de valer-se o prejudicado do mandado de segurança — Aplicação do art. 120 do Código de Processo Penal.

Automóvel — Vendedor vítima de estelionato — Impossibilidade de o reaver de quem o detenha mediante aquisição regular — Inadmissibilidade de sua apreensão pela autoridade policial — Segurança concedida (TJSP) — *RT* 510/86.

Inquérito policial — Apreensão da coisa relacionada com o crime — Bem alienado a terceiro — Restituição pretendida pelo adquirente em mandado de segurança — Admissibilidade — Remédio mais pronto e eficaz do que o pedido de restituição do art. 120 do CPP — Carência afastada — Julgamento do mérito determinado (TACrimSP) — *RT* 632/311.

Automóvel — Apreensão pela Polícia — Veículo adquirido de vendedor que obtivera por meio de estelionato — Segurança concedida (TJPR) — *RT* 489/177.

Mandado de segurança — Apreensão de veículo por autoridade policial — Alegação de apuração de crime — Título de propriedade exibido pelo possuidor — Segurança concedida (TJSP — Ementário).

Competência — Mandado de Segurança — Apreensão de veículo por autoridade policial, após notícia de estelionato — Pedido de restituição — Escolha da via mandamental que não autoriza a apreciação da matéria pelo Juízo Cível — Incompetência *ratione materiae* — Competência do Juízo Criminal — Sentença concessiva da segurança anulada — Remessa à Comarca de origem para redistribuição do feito (TJSP) — *RJTJESP LEX* 138/58.

Ressarcimento

É o pagamento do principal, lucros cessantes, juros ordinários e compostos

JURISPRUDÊNCIA

Além dos juros ordinários, contados proporcionalmente ao valor do dano e desde o tempo do crime, incidem os juros compostos, nos termos dos arts. 962 e 1.544 do CC (STF) — *RTJ* 97/867. [2]

[2] Redação conforme o anterior Código Civil.

Reparação

É o pagamento por um dano moral, com o objetivo de minorar a dor sofrida pela vítima.

Indenização

É o pagamento feito pelo Estado, em razão de um dano que causou.

Além disso, as cautelares criminais (seqüestro, arresto e hipoteca legal) garantem futura satisfação pelo ilícito.

7. SENTENÇA ABSOLUTÓRIA

Código de Processo Penal

Art. 386. O juiz absolverá o réu, mencionando a causa na parte dispositiva, desde que reconheça:

I – estar provada a inexistência do fato;

II – não houver prova da existência do fato;

III – não constituir o fato infração penal;

IV – não existir prova de ter o réu concorrido para a infração penal;

V – existir circunstância que exclua o crime ou isente o réu de pena;

VI – não existir prova suficiente para a condenação.

Parágrafo único. Na sentença absolutória o juiz:

I – mandará, se for o caso, pôr o réu em liberdade;

II – ordenará a cessação das penas acessórias provisoriamente aplicadas;

III – aplicará medida de segurança, se cabível.

Se o réu for absolvido por uma das razões expostas no art. 386, a via civil para cobrança de indenização ficará aberta ou não à vítima, dependendo do fundamento da absolvição, de modo que se ela se fundou no inciso I, por ter o juiz criminal reconhecido categoricamente que o fato não ocorreu na conformidade com o que dispõe o art. 66 do CPP c.c. o art. 935 do CC (cf. p. 379), está impedida a ação civil de reparação de danos.

> Código de Processo Penal
>
> Art. 66. Não obstante a sentença absolutória no juízo criminal, a ação civil poderá ser proposta quando não tiver sido, categoricamente, reconhecida a inexistência material do fato.

O inciso II do art. 386, já citado, dispõe sobre a absolvição criminal por ausência de prova suficiente para uma condenação. É o *in dubio pro reo* que ocorre quando a acusação não consegue provas convincentes para alicerçar um decreto condenatório. A absolvição com fundamento nesse inciso não impede a ação civil, já que nesse juízo poderá ser provada a existência do fato.

Invocando o inciso III do art. 386 (cf. p. 388), o juiz criminal absolve o réu por reconhecer que o fato praticado é atípico, ou seja, não é crime. Essa fundamentação também não impede a ação civil, porque, ainda que não seja ilícito penal, o fato praticado pode caracterizar um ilícito civil.

O inciso IV do art. 386 (cf. p. 388) trata da absolvição quando o juiz, por falta de elementos convincentes sobre a autoria, absolve o réu, mas não reconheceu, na sentença, de forma segura, não ter sido ele o autor do fato delituoso. Neste caso está aberta também a via civil para que a vítima pleiteie ressarcimento.

Todavia, se o juiz reconhecer categoricamente que não foi o réu o autor do fato, impedida está a via civil.

O inciso V do art. 386 (cf. p. 388) cuida da absolvição quando o juiz reconhecer ter o réu agido sob o abrigo de uma causa excludente de antijuridicidade ou de culpabilidade.

As excludentes de antijuridicidade, também chamadas justificativas, são as previstas no art. 23 do CP e geralmente impedem a ação civil.

As excludentes de culpabilidade, chamadas dirimentes, são as descritas nos arts. 21, *caput*, 22, 1ª e 2ª partes, 26, *caput*, 27 e 28, § 1º, todos do CP, e geralmente não impedem a ação civil.

Código de Processo Penal

Art. 65. Faz coisa julgada no cível a sentença penal que reconhecer ter sido o ato praticado em estado de necessidade, em legítima defesa, em estrito cumprimento de dever legal ou no exercício regular de direito.

Código Civil

Art. 188. Não constituem atos ilícitos:

I – os praticados em legítima defesa ou no exercício regular de um direito reconhecido;

II – a deterioração ou destruição da coisa alheia, ou a lesão a pessoa, a fim de remover perigo iminente.

Parágrafo único. No caso do inciso II, o ato será legítimo somente quando as circunstâncias o tornarem absolutamente necessário, não excedendo os limites do indispensável para a remoção do perigo.

O art. 65 deve ser interpretado isoladamente, porque, em regra, o reconhecimento de uma excludente de antijuridicidade impede a ação civil, não a impedindo apenas em duas situações:

a) Se alguém, em estado de necessidade, lesou o patrimônio de outrem, será absolvido criminalmente com fundamento no art. 386, V, do CPP (cf. p. 388). Todavia, se o dono da coisa não foi o culpado pelo perigo, terá direito a indenização para se ressarcir do prejuízo.

Se o perigo foi causado por terceiro, a ação será proposta contra quem causou o dano e que foi criminalmente absolvido, tendo este direito de regresso contra o terceiro causador do perigo.

Código Civil

Art. 929. Se a pessoa lesada, ou o dono da coisa, no caso do inciso II do art. 188, não forem culpados do perigo, assistir-lhes-á direito à indenização do prejuízo que sofreram.

Art. 930. No caso do inciso II do art. 188, se o perigo ocorrer por culpa de terceiro, contra este terá o autor do dano ação regressiva para haver a importância que tiver ressarcido ao lesado.

Parágrafo único. A mesma ação competirá contra aquele em defesa de quem se causou o dano (art. 188, inciso I).

b) Legítima defesa com *aberratio ictus*. Se alguém é injustamente agredido e legitimamente reage a essa agressão, mas ao reagir acaba atingindo terceira pessoa que não seja o agressor, praticou um fato lícito chamado de legítima defesa real, com erro de execução.

O agente será absolvido com fundamento no art. 386, V, do CPP (cf. p. 388), mas os herdeiros do terceiro erroneamente atingido têm direito ao ressarcimento por parte de quem o atingiu e este, que foi absolvido criminalmente, em razão de ter agido em legítima defesa, terá ação de regresso contra quem o agrediu injustamente.

Em resumo, no tocante à absolvição com fundamento em causa excludente de antijuridicidade, não é possível o ajuizamento de ação civil, salvo nas situações expostas de estado de necessidade e legítima defesa com *aberratio ictus*.

Se a legítima defesa foi praticada contra o autor da agressão, fica impedida a ação civil.

Quando alguém, por erro justificável em razão das circunstâncias existentes, julga estar agindo em legítima defesa, estamos diante da legítima defesa putativa, que surge da combinação dos arts. 20, 23, II, e 25 do CP, criando causa putativa de exclusão de culpabilidade que, embora absolva criminalmente o réu, não impede a ação civil, a qual, como se disse, somente estará impedida, nos casos de legítima defesa real contra o agressor.

Em geral as dirimentes não impedem a ação civil. Dessa forma, se um inimputável, por exemplo, foi absolvido com fundamento no art. 26, *caput*, do CP, a ação civil será possível se a vítima provar, nesse juízo, a responsabilidade de quem respondia pela guarda do inimputável.

Em resumo, poderá haver ação civil, em regra, ainda que no juízo criminal o agente tenha sido isentado pela prática do fato sob o amparo de erro de proibição, coação moral irresistível, obediência hierárquica, inimputabilidade por doença mental ou idade e por embriaguez total decorrente de caso fortuito ou força maior.

Também não impedem a ação civil os casos previstos no art. 67 do CPP.

Código de Processo Penal

Art. 67. Não impedirão igualmente a propositura da ação civil:

I – o despacho de arquivamento do inquérito ou das peças de informação;

II – a decisão que julgar extinta a punibilidade;

III – a sentença absolutória que decidir que o fato imputado não constitui crime.

Capítulo IX

Do Juizado Especial Criminal (Lei 9.099/95)

1. *Lei 9.099/95;* 2. *Fluxogramas*

Capítulo I

Disposições gerais

1. Lei 9.099/95

Art. 1º. Os Juizados Especiais Cíveis e Criminais, órgãos da Justiça Ordinária, serão criados pela União, no Distrito Federal e nos Territórios, e pelos Estados, para conciliação, processo, julgamento e execução, nas causas de sua competência.

Art. 2º. O processo orientar-se-á pelos critérios da oralidade, simplicidade, informalidade, economia processual e celeridade, buscando, sempre que possível, a conciliação ou a transação.

Capítulo II

Dos Juizados Especiais Cíveis

(...)

Capítulo III

Dos Juizados Especiais Criminais

Disposições gerais

Art. 60. O Juizado Especial Criminal, provido por Juízes togados ou togados e leigos, tem competência para a conciliação, julgamento e a execução das infrações penais de menor potencial ofensivo.

Art. 61. Consideram-se infrações penais de menor potencial ofensivo, para os efeitos desta Lei, as contravenções penais e os crimes a que a lei comine pena máxima não superior a um ano, excetuados os casos em que a lei preveja procedimento especial. [1]

Art. 62. O processo perante o Juizado Especial, orientar-se-á pelos critérios da oralidade, informalidade, economia processual e celeridade, objetivando, sempre que possível, a reparação dos danos sofridos pela vítima e a aplicação de pena não privativa de liberdade.

SEÇÃO I

Da competência e dos atos processuais

Art. 63. A competência do Juizado será determinada pelo lugar em que foi praticada a infração penal.

Art. 64. Os atos processuais serão públicos e poderão realizar-se em horário noturno e em qualquer dia da semana, conforme dispuserem as normas de organização judiciária.

Art. 65. Os atos processuais serão válidos sempre que preencherem as finalidades para as quais foram realizados, atendidos os critérios indicados no art. 62 desta Lei.

§ 1º – Não se pronunciará qualquer nulidade sem que tenha havido prejuízo.

§ 2º – A prática de atos processuais em outras comarcas poderá ser solicitada por qualquer meio hábil de comunicação.

§ 3º – Serão objeto de registro escrito exclusivamente os atos havidos por essenciais. Os atos realizados em audiência de instrução e julgamento poderão ser gravados em fita magnética ou equivalente.

Art. 66. A citação será pessoal e far-se-á no próprio Juizado, sempre que possível, ou por mandado.

[1] Ver Lei 10.259, de 10.07.2001, que instituiu os Juizados Especiais Federais Cíveis e Criminais, que revogou esse artigo, ampliando a pena máxima abstrata para dois anos e abrangendo todos os crimes e contravenções, independentemente do procedimento que tenham.

Parágrafo único. Não encontrado o acusado para ser citado o Juiz encaminhará as peças existentes ao Juízo comum para adoção do procedimento previsto em lei.

Art. 67. A intimação far-se-á por correspondência, com aviso de recebimento pessoal ou, tratando-se de pessoa jurídica ou firma individual, mediante entrega ao encarregado da recepção, que será obrigatoriamente identificado, ou, sendo necessário, por oficial de justiça, independentemente de mandado ou carta precatória, ou ainda por qualquer meio idôneo de comunicação.

Parágrafo único. Dos atos praticados em audiência considerar-se-ão desde logo cientes as partes, os interessados e defensores.

Art. 68. Do ato de intimação do autor do fato e do mandado de citação do acusado, constará a necessidade de seu comparecimento acompanhado de advogado, com a advertência de que, na sua falta, ser-lhe-á designado defensor público.

SEÇÃO II

Da fase preliminar

Art. 69. A autoridade policial que tomar conhecimento da ocorrência lavrará termo circunstanciado e o encaminhará imediatamente ao Juizado, com o autor do fato e a vítima, providenciando-se as requisições dos exames periciais necessários.

Parágrafo único. Ao autor do fato que, após a lavratura do termo, for imediatamente encaminhado ao Juizado ou assumir o compromisso de a ele comparecer, não se imporá prisão em flagrante, nem se exigirá fiança.

Art. 70. Comparecendo o autor do fato e a vítima, e não sendo possível a realização imediata da audiência preliminar, será designada data próxima, da qual ambos sairão cientes.

Art. 71. Na falta do comparecimento de qualquer dos envolvidos, a Secretaria providenciará sua intimação e, se for o caso, a do responsável civil, na forma dos arts. 67 e 68 desta Lei.

Art. 72. Na audiência preliminar, presente o representante do Ministério Público, o autor do fato e a vítima e, se possível, o responsável civil, acompanhados por seus advogados, o Juiz esclarecerá sobre a possibilidade da composição dos danos e da aceitação da proposta de aplicação imediata de pena não privativa de liberdade.

Art. 73. A conciliação será conduzida pelo Juiz ou por conciliador sob sua orientação.

Parágrafo único. Os conciliadores são auxiliares da Justiça, recrutados, na forma da lei local, preferentemente entre bacharéis em Direito, excluídos os que exerçam funções na administração da Justiça Criminal.

Art. 74. A composição dos danos civis será reduzida a escrito e, homologada pelo Juiz mediante sentença irrecorrível, terá eficácia de título a ser executado no juízo civil competente.

Parágrafo único. Tratando-se de ação penal de iniciativa privada ou de ação penal pública condicionada à representação, o acordo homologado acarreta a renúncia ao direito de queixa ou representação.

Art. 75. Não obtida a composição dos danos civis, será dada imediatamente ao ofendido a oportunidade de exercer o direito de representação verbal, que será reduzida a termo.

Parágrafo único. O não oferecimento da representação na audiência preliminar não implica decadência do direito, que poderá ser exercido no prazo previsto em lei.

Art. 76. Havendo representação ou tratando-se de crime de ação penal pública incondicionada, não sendo caso de arquivamento, o Ministério Público poderá propor a aplicação imediata de pena restritiva de direitos ou multas, a ser especificada na proposta.

§ 1º – Nas hipóteses de ser a pena de multa a única aplicável, o Juiz poderá reduzi-la até a metade.

§ 2º – Não se admitirá a proposta se ficar comprovado:

I – ter sido o autor da infração condenado, pela prática de crime, à pena privativa de liberdade, por sentença definitiva;

II – ter sido o agente beneficiado anteriormente, no prazo de cinco anos, pela aplicação de pena restritiva ou multa, nos termos deste artigo;

III – não indicarem os antecedentes, a conduta social e a personalidade do agente, bem como os motivos e as circunstâncias, ser necessária e suficiente a adoção da medida.

§ 3º – Aceita a proposta pelo autor da infração e seu defensor, será submetida à apreciação do Juiz.

§ 4º – Acolhendo a proposta do Ministério Público aceita pelo autor da infração, o Juiz aplicará a pena restritiva de direitos ou multa, que não importará em reincidência, sendo registrada apenas para impedir novamente o mesmo benefício no prazo de cinco anos.

§ 5º – Da sentença prevista no parágrafo anterior caberá a apelação referida no art. 82 desta Lei.

§ 6º – A imposição da sanção de que trata o § 4º desde artigo não constará de certidão de antecedentes criminais, salvo para os fins previstos no mesmo dispositivo, e não terá efeitos civis, cabendo aos interessados propor ação cabível no juízo cível.

SEÇÃO III

Do procedimento sumaríssimo

Art. 77. Na ação penal de iniciativa pública, quando não houver aplicação de pena, pela ausência do autor do fato, ou pela não-ocorrência da hipótese prevista no art. 76 desta Lei, o Ministério Público oferecerá ao Juiz, de imediato, denúncia oral, se não houver necessidade de diligências imprescindíveis.

§ 1º – Para o oferecimento da denúncia, que será elaborada com base no termo de ocorrência referido no art. 69 desta Lei, com dispensa do inquérito policial, prescindir-se-á do exame de corpo de delito quando a materialidade do crime estiver aferida por boletim médico ou prova equivalente.

§ 2º – Se a complexidade ou circunstâncias do caso não permitirem a formulação da denúncia, o Ministério Público poderá requerer ao Juiz o encaminhamento das peças existentes, na forma do parágrafo único do art. 66 desta Lei.

§ 3º – Na ação penal de iniciativa do ofendido poderá ser oferecida queixa oral, cabendo ao Juiz verificar se a complexidade e as circunstâncias do caso determinam a adoção das providências previstas no parágrafo único do art. 66 desta Lei.

Art. 78. Oferecida a denúncia ou queixa, será reduzida a termo, entregando-se cópia ao acusado, que com ela ficará citado e imediatamente cientificado da designação de dia e hora para a audiência de instrução e julgamento, da qual também tomarão ciência o Ministério Público, o ofendido, o responsável civil e seus advogados.

§ 1º – Se o acusado não estiver presente, será citado na forma dos arts. 66 e 68 desta Lei e cientificado da data da audiência de instrução e julgamento, devendo a ela trazer suas testemunhas ou apresentar requerimento para a intimação, no mínimo cinco dias antes de sua realização.

§ 2º – Não estando presentes o ofendido e o responsável civil, serão intimados nos termos do art. 67 desta Lei para comparecerem à audiência de instrução e julgamento.

§ 3º – As testemunhas arroladas serão intimadas na forma prevista no art. 67 desta Lei.

Art. 79. No dia e hora designados para a audiência de instrução e julgamento, se na fase preliminar não tiver havido possibilidade de tentativa de conciliação e de oferecimento de proposta pelo Ministério Público, proceder-se-á nos termos dos arts. 72, 73, 74 e 75 desta Lei.

Art. 80. Nenhum ato será adiado, determinando o Juiz, quando imprescindível, a condução coercitiva de quem deva comparecer.

Art. 81. Aberta a audiência, será dada a palavra ao defensor para responder à acusação, após o que o Juiz receberá, ou não, a denúncia ou queixa; havendo recebimento, serão ouvidas as vítimas e as testemunhas de acusação e defesa, interrogando-se a seguir o acusado, se presente, passando-se imediatamente aos debates orais e à prolação da sentença.

§ 1º – Todas as provas serão produzidas na audiência de instrução e julgamento, podendo o Juiz limitar ou excluir as que considerar excessivas, impertinentes ou protelatórias.

§ 2º – De todo o ocorrido na audiência será lavrado termo, assinado pelo Juiz e pelas partes, contendo breve resumo dos fatos relevantes ocorridos em audiência e a sentença.

§ 3º – A sentença, dispensado o relatório, mencionará os elementos de convicção do Juiz.

Art. 82. Da decisão de rejeição da denúncia ou queixa e da sentença caberá apelação que poderá ser julgada por turma composta de três Juízes em exercício no primeiro grau de jurisdição, reunidos na sede do Juizado.[2]

§ 1º – A apelação será interposta no prazo de dez dias, contados da ciência da sentença pelo Ministério Público, pelo réu e seu defensor, por petição escrita, da qual constarão as razões e o pedido do recorrente.

§ 2º – O recorrido será intimado para oferecer resposta escrita no prazo de dez dias.

§ 3º – As partes poderão requerer a transcrição da gravação da fita magnética a que alude o § 3º do art. 65 desta Lei.

§ 4º – As partes serão intimadas da data da sessão de julgamento pela imprensa.

§ 5º – Se a sentença for confirmada pelos próprios fundamentos, a súmula do julgamento servirá de acórdão.

Art. 83. Caberão embargos de declaração quando, em sentença ou acórdão, houver obscuridade, contradição, omissão ou dúvida.

§ 1º – Os embargos de declaração serão opostos por escrito ou oralmente, no prazo de cinco dias, contados da ciência da decisão.

§ 2º – Quando opostos contra sentença, os embargos de declaração suspenderão o prazo para o recurso.

§ 3º – Os erros materiais podem ser corrigidos de ofício.

SEÇÃO IV
Da execução

Art. 84. Aplicada exclusivamente pena de multa, seu cumprimento far-se-á mediante pagamento na Secretaria do Juizado.

---

[2] No Estado de São Paulo foram instituídos os Colégios Recursais Criminais, as quais cabe o julgamento dos recursos oriundos de decisões proferidas pelos Juizados Especiais Criminais, nos termos do art. 82 da Lei 9.099/95, e do art. 52 do Provimento 806/03, do E. Conselho Superior da Magistratura (DOE, Poder Judiciário, edição de 05.08.2003, p. 02) cabendo ao Colégio Recursal Criminal da Comarca da Capital, em funcionamento desde 18.12.2003, o julgamento de tais recursos (RT. 835/575).

Parágrafo único. Efetuado o pagamento, o Juiz declarará extinta a punibilidade, determinando que a condenação não fique constando dos registros criminais, exceto para fins de requisição judicial.

Art. 85. Não efetuado o pagamento de multa, será feita a conversão em pena privativa da liberdade, ou restritiva de direitos, nos termos previstos em lei.[3]

Art. 86. A execução das penas privativas de liberdade e restritivas de direitos, ou de multa cumulada com estas, será processada perante o órgão competente, nos termos da lei.

SEÇÃO V

Das despesas processuais

Art. 87. Nos casos de homologação do acordo civil e aplicação de pena restritiva de direitos ou multa (arts. 74 e 76, § 4º), as despesas processuais serão reduzidas, conforme dispuser lei estadual.

SEÇÃO VI

Disposições finais

Art. 88. Além das hipóteses do Código Penal e da legislação especial, dependerá de representação a ação penal relativa aos crimes de lesões corporais leves e lesões culposas.

Art. 89. Nos crimes em que a pena mínima cominada for igual ou inferior a um ano, abrangidos ou não por esta Lei, o Ministério Público, ao oferecer a denúncia, poderá propor a suspensão do processo, por dois a quatro anos, desde que o acusado não esteja sendo processado ou não tenha sido condenado por outro crime, presentes os demais requisitos que autorizariam a suspensão condicional da pena (art. 77 do Código Penal).

[3] A multa não paga não pode mais ser convertida em detenção, conforme dispõe o art. 51 da Lei 9.268, de 2 de abril de 1996.

§ 1º – Aceita a proposta pelo acusado e seu defensor, na presença do Juiz, este, recebendo a denúncia, poderá suspender o processo, submetendo o acusado a período de prova, sob as seguintes condições:

I – reparação de dano, salvo impossibilidade de fazê-lo;

II – proibição de freqüentar determinados lugares;

III – proibição de ausentar-se da comarca onde reside, sem autorização do Juiz;

IV – comparecimento pessoal e obrigatório a juízo, mensalmente, para informar e justificar suas atividades.

§ 2º – O Juiz poderá especificar outras condições a que fica subordinada a suspensão, desde que adequadas ao fato e à situação pessoal do acusado.

§ 3º – A suspensão será revogada se, no curso do prazo, o beneficiário vier a ser processado por outro crime ou não efetuar, sem motivo justificado, a reparação do dano.

§ 4º – A suspensão poderá ser revogada se o acusado vier a ser processado, no curso do prazo, por contravenção ou descumprir qualquer outra condição imposta.

§ 5º – Expirado o prazo sem revogação, o Juiz declarará extinta a punibilidade.

§ 6º – Não correrá a prescrição durante o prazo de suspensão do processo.

§ 7º – Se o acusado não aceitar a proposta prevista neste artigo, o processo prosseguirá em seus ulteriores termos.

Art. 90. As disposições desta Lei não se aplicam aos processos penais cuja instrução já estiver iniciada.

Art. 91. Nos casos em que esta Lei passa a exigir representação para a propositura da ação penal pública, o ofendido ou seu representante legal será intimado para oferecê-la no prazo de trinta dias, sob pena de decadência.

Art. 92. Aplicam-se subsidiariamente as disposições dos Códigos Penal e de Processo Penal, no que não forem incompatíveis com esta Lei.

Capítulo IV

Disposições finais comuns

Art. 93. Lei Estadual disporá sobre o Sistema de Juizados Especiais Cíveis e Criminais, sua organização, composição e competência.

Art. 94. Os serviços de cartório poderão ser prestados, e as audiências realizadas fora da sede da Comarca, em bairros ou cidades a ela pertencentes, ocupando instalações de prédios públicos, de acordo com audiências previamente anunciadas.

Art. 95. Os Estados, Distrito Federal e Territórios criarão e instalarão os Juizados Especiais no prazo de seis meses, a contar da vigência desta Lei.

Art. 96. Esta Lei entra em vigor no prazo de sessenta dias após sua publicação.

Art. 97. Ficam revogadas a Lei 4.611, de 2 de abril de 1965, e a Lei 7.244, de 7 de novembro de 1984.

2. Fluxogramas

FASE PRELIMINAR - PROCEDIMENTO PRÉ-JUDICIAL*

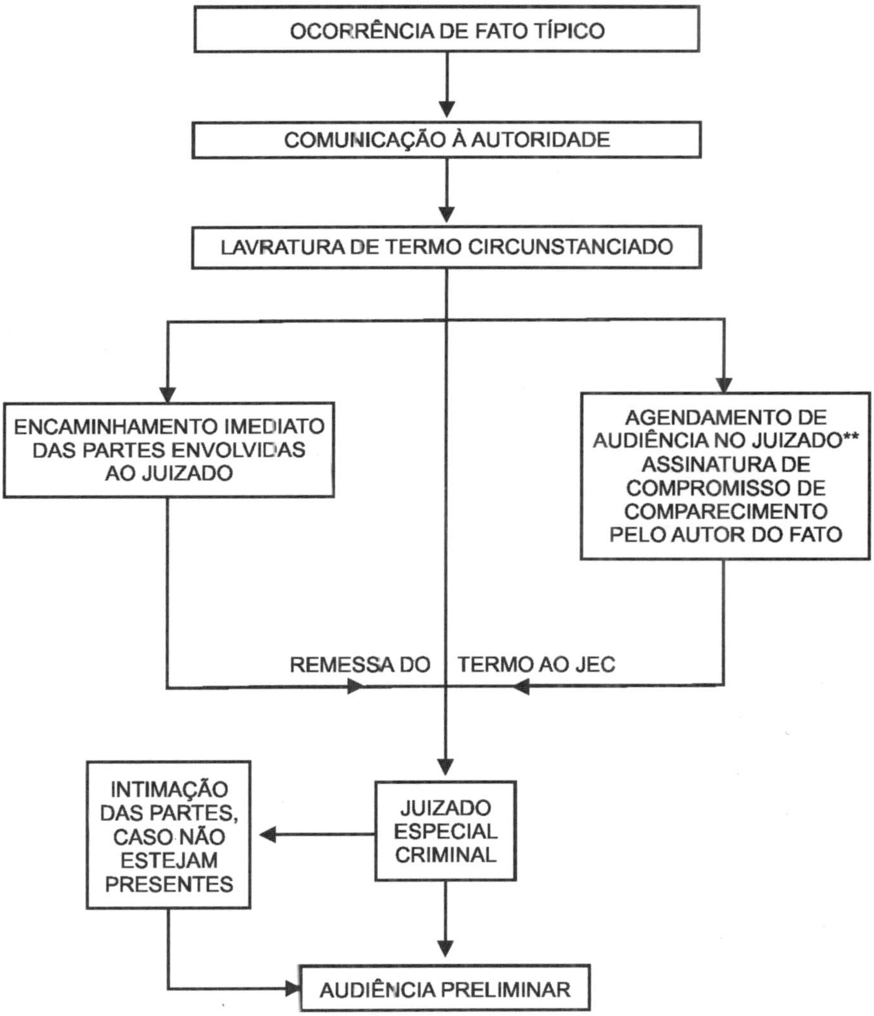

* Comum para as ações de iniciativa pública e privada.
** Do qual as partes, se presentes, sairão cientes.

AÇÃO PÚBLICA INCONDICIONADA

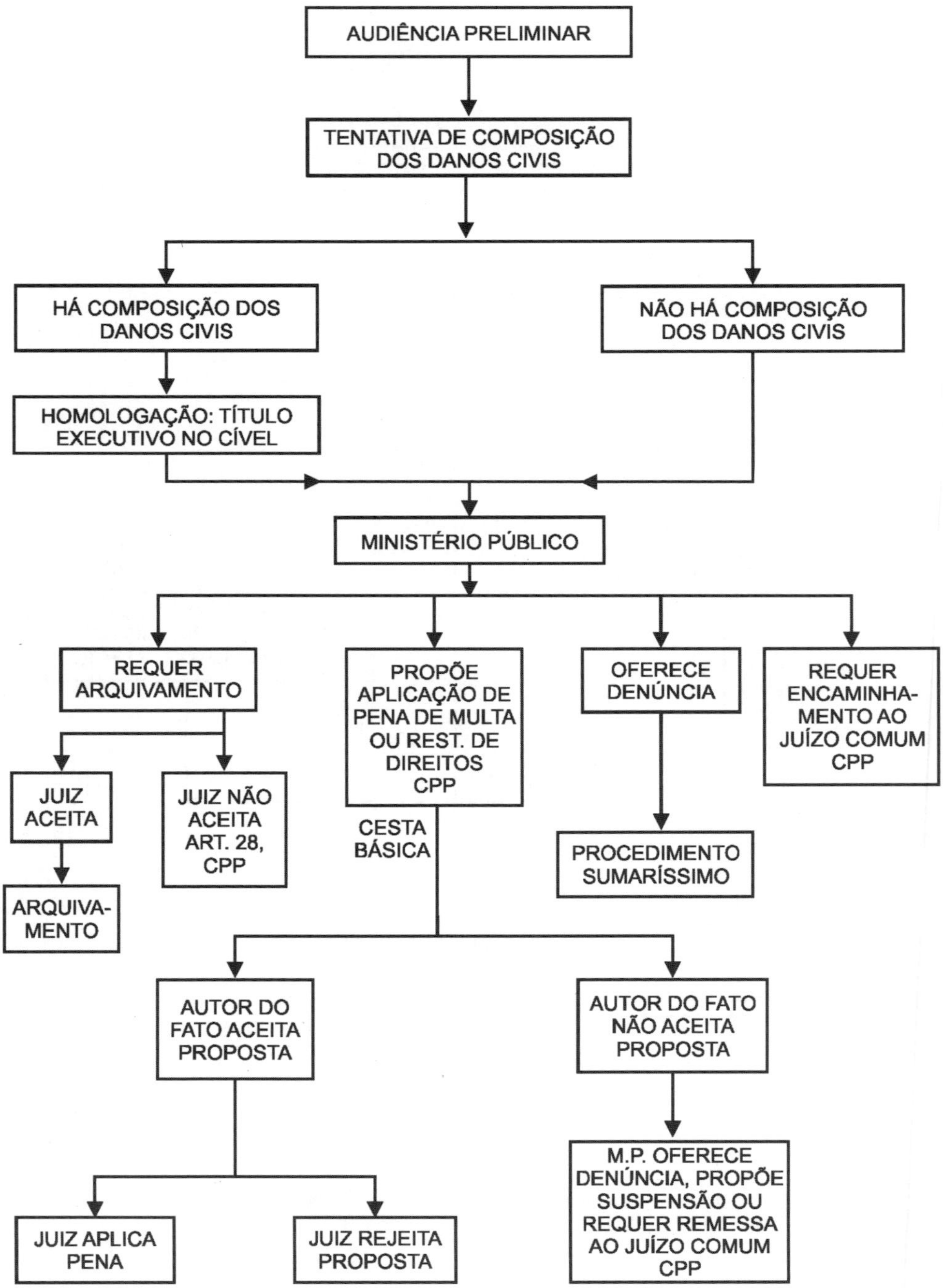

AÇÃO PÚBLICA CONDICIONADA

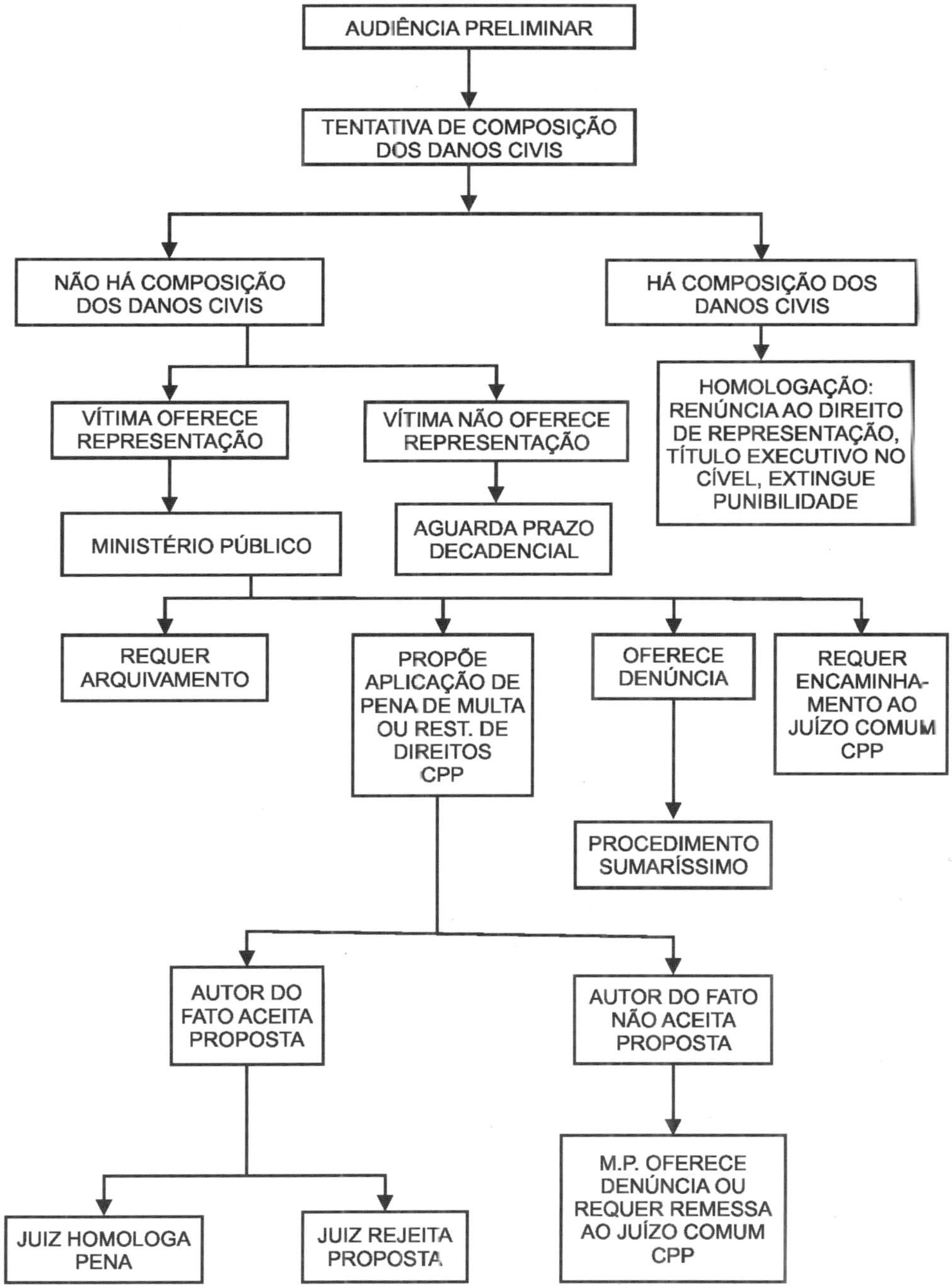

AÇÃO PRIVADA

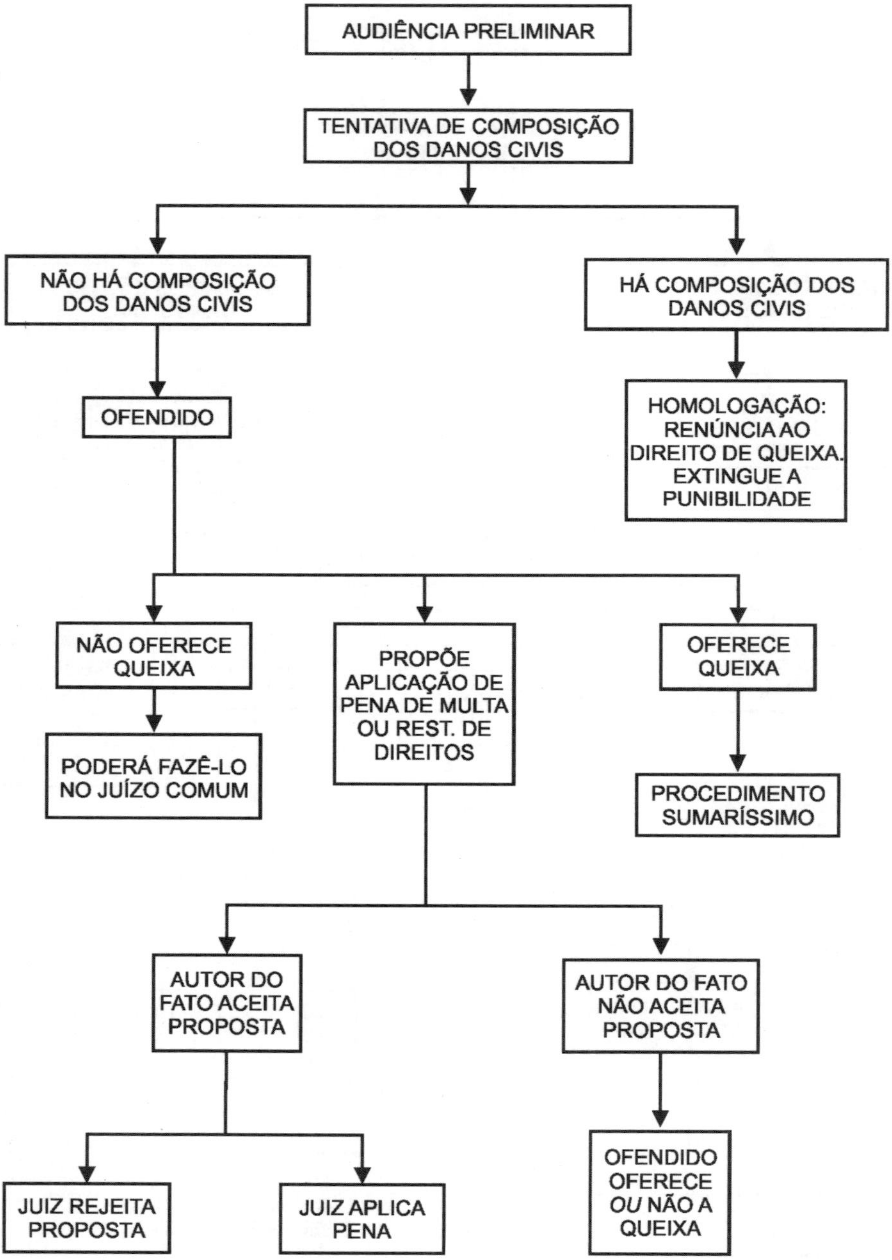

PROCEDIMENTO SUMARÍSSIMO - AÇÃO PÚBLICA INCONDICIONADA

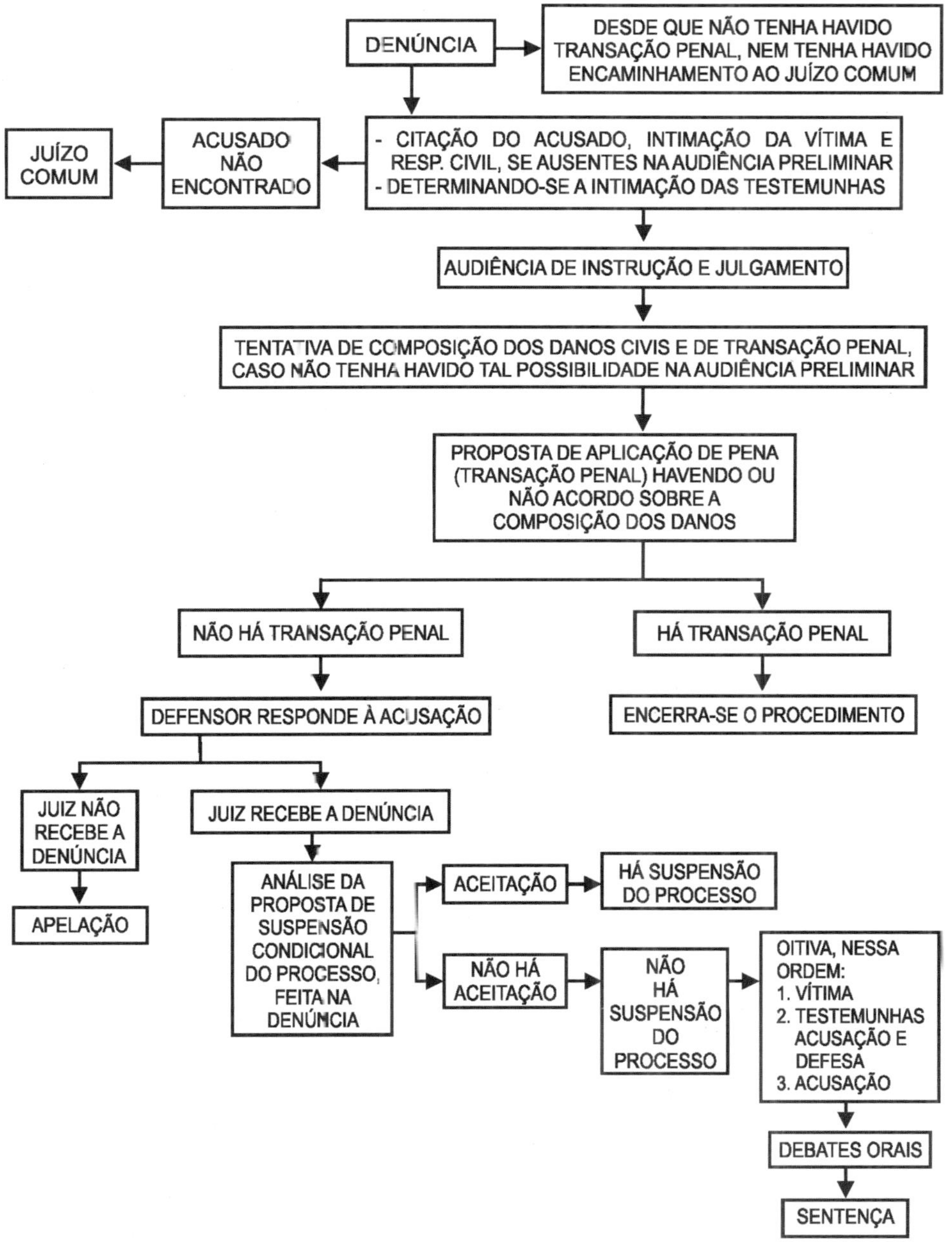

PROCEDIMENTO SUMARÍSSIMO
AÇÃO PENAL PÚBLICA CONDICIONADA E PRIVADA

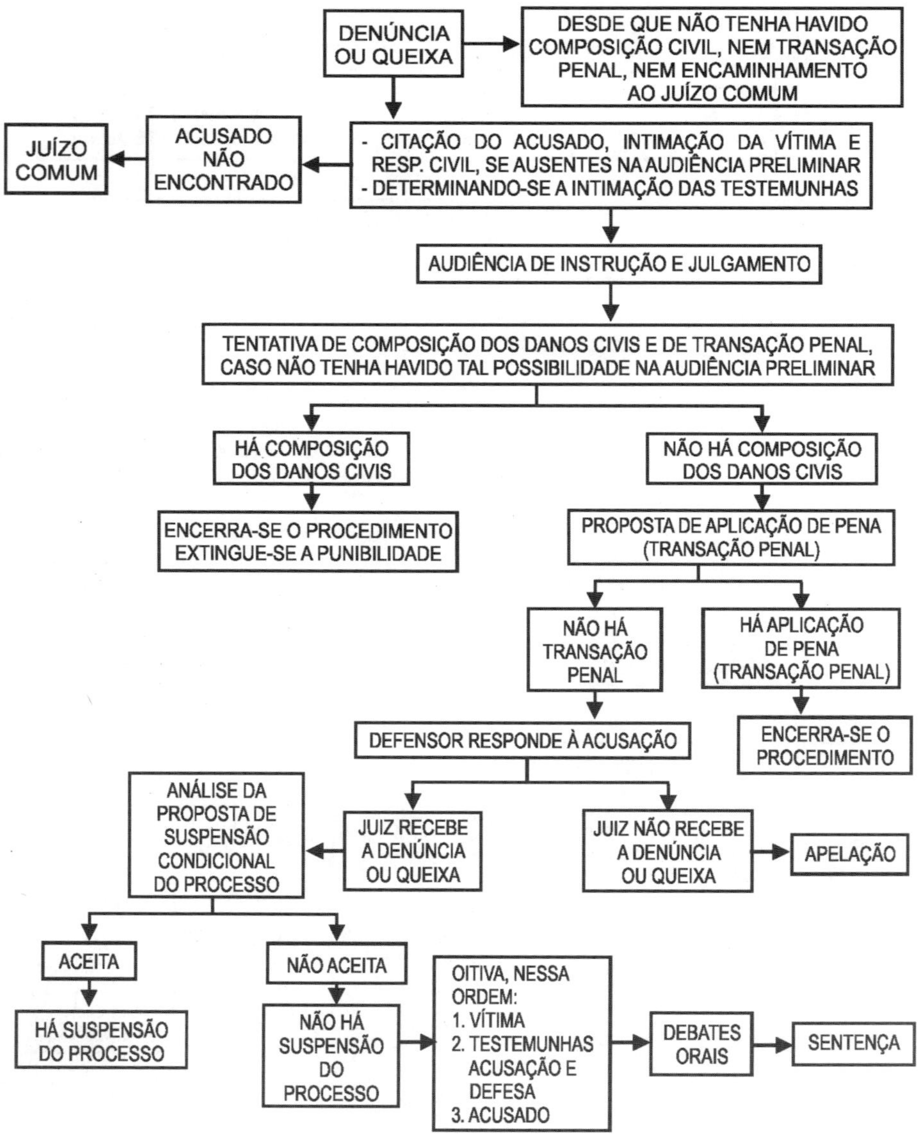

OBSERVAÇÃO: Em razão da Lei do JEC Federal, todos os casos de ação privada estão abrangidos hoje, pelo rito dessa lei.

Capítulo X

Dos Recursos

1. Conceito; 2. Recurso em sentido estrito; 3. Apelação; 4. Protesto por novo júri; 5. Embargos infringentes e de nulidade; 6. Embargos declaratórios; 7. Carta testemunhável; 8. Correição parcial; 9. Recurso extraordinário e especial; 10. Recurso ordinário ao STF; 11. Recurso ordinário ao STJ; 12. Agravo de instrumento; 13. Agravo inominado; 14. Agravo regimental; 15. Recurso inominado.

1. Conceito

Recurso é um pedido previsto em lei, geralmente endereçado a autoridade diversa da que prolatou uma decisão desfavorável e contra a qual se pede nova apreciação, para que seja alterada a decisão recorrida.

O Código de Processo Penal inclui indevidamente, no capítulo destinado aos recursos, o *habeas corpus* e a revisão, que na realidade são verdadeiras ações destinadas a corrigir ilegalidades, funcionando muitas vezes como autênticas rescisórias, posto que alcançam também as decisões trânsitas.

Pressupostos recursais objetivos

Um recurso deve estar previsto em lei, vigorando, ao lado dessa exigência de previsibilidade legal, o princípio da fungibilidade (ou teoria do tanto-vale), segundo o qual um recurso interposto erroneamente será aceito como se fosse o correto, se a interposição for tempestiva, quer dizer, o recurso errado tem que ter sido oferecido no prazo do correto, que evidentemente deve existir na legislação processual, devendo ainda ter sido interposto de boa-fé.

> Código de Processo Penal
>
> Art. 579. Salvo a hipótese de má-fé, a parte não será prejudicada pela interposição de um recurso por outro.
>
> Parágrafo único. Se o juiz, desde logo, reconhecer a impropriedade do recurso interposto pela parte, mandará processá-lo de acordo com o rito do recurso cabível.

JURISPRUDÊNCIA

Decisão do juízo das execuções — Meio inidôneo — Conhecimento como Agravo em razão da identidade dos recursos e por incidência do princípio da fungibilidade recursal — Aplicação dos arts. 197 da Lei 7.210/84 e 579, parágrafo único, do CPP (TACrimSP) — *RT* 660/309.

Decisão que indefere pedido de reabilitação criminal — Conhecimento como Apelação — Possibilidade, já que interposto dentro do prazo legal e sem vislumbramento de má-fé — Lei anterior que considera o fato como causa extintiva da punibilidade, com fundamento no art. 581, IX, do CPP, modificada por lei nova que não mais o considera como tal — Simples medida de política criminal que visa à restauração jurídica da dignidade social — Recurso adequado de Apelação, eis que tal decisão tem força definitiva — Aplicação do art. 593, II, inteligência do art. 743 do CPP e da Lei 7.209/84 (TACrimSP) — *RT* 647/313.

Apelação — Concessão de prisão-albergue — Interposição pela Justiça Pública — Conhecimento, embora cabível seja o recurso em sentido estrito — Discussão acadêmica a respeito em face da fungibilidade dos recursos previstos na lei processual penal — Inteligência dos arts. 579, 581 e 593 do CPP — *RT* 583/344.

Contra-razões — Oferecimento na superior instância — Providência condicionada ao exercício, pelo apelante, do direito potestativo que lhe confere o § 4º do art. 600 do CPP — Impossibilidade de o apelado valer-se da prerrogativa autonomamente (STF) — *RT* 659/357.

Geralmente o prazo para se recorrer é de cinco dias (art. 586), sendo fatal, contínuo e peremptório (art. 798).

Código de Processo Penal

Art. 586. O recurso voluntário poderá ser interposto no prazo de cinco dias.

Parágrafo único. No caso do art. 581, XIV, o prazo será de vinte dias, contado da data da publicação definitiva da lista de jurados.

Art. 798. Todos os prazos correrão em cartório e serão contínuos e peremptórios, não se interrompendo por férias, domingo ou dia feriado.

§ 1º – Não se computará no prazo o dia do começo, incluindo-se, porém, o do vencimento.

§ 2º – A terminação dos prazos será certificada nos autos pelo escrivão; será, porém, considerado findo o prazo, ainda que omitida aquela formalidade, se feita a prova do dia em que começou a correr.

§ 3º – O prazo que terminar em domingo ou dia feriado considerar-se-á prorrogado até o dia útil imediato.

§ 4º – Não correrão os prazos, se houver impedimento do juiz, força maior, ou obstáculo judicial oposto pela parte contrária.

§ 5º – Salvo os casos expressos, os prazos correrão:

a) da intimação;

b) da audiência ou sessão em que for proferida a decisão, se a ela estiver presente a parte;

c) do dia em que a parte manifestar nos autos ciência inequívoca da sentença ou despacho.

São também pressupostos recursais objetivos, as formalidades legais que compreendem o prazo, a forma de interposição, a motivação e o preparo quando exigível.

Código de Processo Penal

Art. 578. O recurso será interposto por petição ou por termo nos autos, assinado pelo recorrente ou por seu representante.

§ 1º – Não sabendo ou não podendo o réu assinar o nome, o termo será assinado por alguém, a seu rogo, na presença de duas testemunhas.

> § 2º – A petição de interposição de recurso, com o despacho do juiz, será, até o dia seguinte ao último do prazo, entregue ao escrivão, que certificará no termo da juntada a data da entrega.
>
> § 3º – Interposto por termo o recurso, o escrivão, sob pena de suspensão por dez a trinta dias, fará conclusos os autos ao juiz, até o dia seguinte ao último do prazo.
>
> Art. 806. Salvo o caso do art. 32, nas ações intentadas mediante queixa, nenhum ato ou diligência se realizará, sem que seja depositada em cartório a importância das custas.
>
> (...)
>
> § 2º – A falta do pagamento das custas, nos prazos fixados em lei, ou marcados pelo juiz, importará renúncia à diligência requerida ou deserção do recurso interposto.

No Estado de São Paulo não havia pagamento de taxa judiciária nas causas criminais de qualquer espécie, por força do art. 6º, I, da Lei 4.952/85, revogada pela Lei Estadual 11.608, de 29/12/2003, que dispõe sobre a Taxa judiciária incidente sobre os serviços públicos de natureza forense, explicitando na parte penal, o seguinte:

> Art. 4º. O recolhimento da taxa judiciária será feito da seguinte forma:
>
> ....
>
> § 9º – Nas ações penais, salvo aquelas de competência do Juizado Especial Criminal – Jecrim, em primeiro grau de jurisdição, o recolhimento da taxa judiciária será feito da seguinte forma:
>
> a) nas ações penais, em geral, o valor equivalente a 100 (cem) Ufesps, será pago, a final, pelo réu, se condenado;
>
> b) nas ações penais privadas, será recolhido o valor equivalente a 50 (cinquenta) Ufesps no momento da distribuição, ou, na falta desta, antes do despacho inicial, bem como o valor equivalente a 50 (cinqüenta) Ufesps no momento da interposição do recurso cabível, nos termos do disposto no § 2º do art. 806 do Código de Processo Penal.

A ausência de motivação gera a inépcia do recurso, exceto na Apelação, que permite ao réu o oferecimento das razões em segunda instância e no protesto por novo júri que não exige motivação.

Pressupostos recursais subjetivos

> Código de Processo Penal
>
> Art. 577. O recurso poderá ser interposto pelo Ministério Público, ou pelo querelante, ou pelo réu, seu procurador ou seu defensor.
>
> Parágrafo único. Não se admitirá, entretanto, recurso da parte que não tiver interesse na reforma ou modificação da decisão.

Evidentemente que quem recorre deve ter interesse na reforma da decisão recorrida.

Além disso, deve ter legitimidade, incluindo-se como partes legítimas o Ministério Público, o querelante, o réu, seu procurador e, às vezes, a vítima.

> Código de Processo Penal
>
> Art. 598. Nos crimes de competência do Tribunal do Júri, ou do juiz singular, se da sentença não for interposta apelação pelo Ministério Público no prazo legal, o ofendido ou qualquer das pessoas enumeradas no art. 31, ainda que não se tenha habilitado como assistente, poderá interpor apelação, que não terá, porém, efeito suspensivo.
>
> Parágrafo único. O prazo para interposição desse recurso será de quinze dias e correrá do dia em que terminar o do Ministério Público.

Também tem legitimidade em situações excepcionais o ofendido que não tenha se habilitado como assistente de acusação e que por isso é considerado estranho à lide que se desenvolve entre o Estado e o réu, mas que poderá recorrer, caso não o faça o MP, sendo judicialmente conhecido como assistente não-habilitado.

Igualmente nos casos de decisão judicial, declarando o quebramento de fiança, poderá recorrer o estranho que a tenha prestado. Trata-se, como no exemplo anterior, de sucumbência reflexa atingindo pessoas fora da relação processual.

Finalmente tem legitimidade para recorrer, qualquer do povo, nos casos do art. 581, XIV (cf. p. 411), e do parágrafo único do art. 439 (cf. p. 429).

Efeitos

Todo recurso tem efeito devolutivo, que significa levar-se ao conhecimento do juízo *ad quem* o reexame da matéria decidida no juízo *a quo* e contra o qual se recorre.

Quanto ao efeito suspensivo, que implica no impedimento de que a decisão seja executada enquanto o destinatário do recurso não o examine, esse fenômeno ocorrerá ou não, dependendo fundamentalmente da situação do recorrente por ocasião do recurso, ou seja, se está preso ou solto.

Porém o recurso terá efeito suspensivo, ou melhor, o recorrente poderá aguardar a decisão em liberdade, se tiver sido condenado por infração que lhe permitiu livrar-se solto (art. 321; cf. p. 71).

Poderá também recorrer em liberdade, mesmo em infrações inafiançáveis, se for primário e de bons antecedentes.

> Código de Processo Penal
>
> Art. 594. O réu não poderá apelar sem recolher-se à prisão, ou prestar fiança, salvo se for primário e de bons antecedentes, assim reconhecido na sentença condenatória, ou condenado por crime de que se livre solto.

Se a infração for afiançável (cf. p. 82), ainda que o recorrente seja reincidente e de maus antecedentes, poderá, igualmente, recorrer em liberdade.

> Código de Processo Penal
>
> Art. 596. A apelação da sentença absolutória não impedirá que o réu seja posto imediatamente em liberdade.
>
> Parágrafo único. A apelação não suspenderá a execução da medida de segurança aplicada provisoriamente.

JURISPRUDÊNCIA

Nulidade — Decisão absolutória cassada — Novo julgamento ordenado — Restauração automática da prisão preventiva — Inadmissibilidade — Necessidade de novo decreto devidamente fundamentado — Aplicação do art. 596 do CPP — Declaração de voto (STF) — *RT* 640/357.

Situações em que os recursos não têm efeito suspensivo

O recurso não terá efeito suspensivo se o réu preso for condenado com *sursis*, de modo que recorrerá em liberdade, não se executando a sentença enquanto estiver pendente o inconformismo.

O réu preso, absolvido, será posto em liberdade, ainda que haja recurso da acusação contra essa sentença, porque esse recurso também não tem o poder de suspender os efeitos do alvará de soltura.

Não terá efeito suspensivo, ainda, o recurso contra a sentença condenatória do réu preso por crime inafiançável, de sorte que recorrerá preso.

Classificação dos recursos

De acordo com a CF/88 (arts. 102, II e III; 105, III), há três espécies de recurso:

Constituição da República Federativa do Brasil

Art. 102. Compete ao Supremo Tribunal Federal, precipuamente, a guarda da Constituição, cabendo-lhe:

(...)

II – julgar, em recurso ordinário:

a) o *habeas corpus*, o mandado de segurança, o *habeas data* e o mandado de injunção decididos em única instância pelos Tribunais Superiores, se denegatória a decisão;

b) o crime político.

III – julgar, mediante recurso extraordinário, as causas decididas em única ou última instância, quando a decisão recorrida:

a) contrariar dispositivo desta Constituição;

b) declarar a inconstitucionalidade de tratado ou lei federal;

c) julgar válida lei ou ato de governo local contestado em face desta Constituição.

Art. 105. Compete ao Superior Tribunal de Justiça:

(...)

III – julgar, em recurso especial, as causas decididas, em única ou última instância, pelos Tribunais Regionais Federais ou pelos Tribunais dos Estados, do Distrito Federal e Territórios, quando a decisão recorrida:

a) contrariar tratado ou lei federal, ou negar-lhes vigência;

b) julgar válida lei ou ato de governo local contestado em face de lei federal;

c) der a lei federal interpretação divergente da que lhe haja atribuído outro tribunal.

Compreende-se, então, que as espécies de recurso são:

a) extraordinário, destinado ao conhecimento de questão de ordem constitucional;

b) especial, previsto para conhecimento de questão federal não-constitucional; e

c) ordinário, que compreende, por exclusão, todos os demais.

Além desses, há o *habeas corpus* e a revisão, que, embora sejam ações, são tratados pelo CPP como recursos.

No Juizado Especial Criminal (JEC), há apenas dois recursos: a Apelação, cabível nas hipóteses dos arts. 76, § 5º, e 82, *caput*, da Lei 9.099/95 (cf. pp. 396 e 399) e os Embargos de Declaração, nas situações expressas do art. 83 da mesma lei (p. 399).

Existe, ali, ainda, a possibilidade de impetração de *habeas corpus* e de pedido de revisão criminal que, como se sabe, são ações.

Há autores que entendem ser possível o uso de algumas hipóteses previstas nos incisos do art. 581, conforme se verá a seguir.

Recursos exclusivos do réu

São recursos exclusivos do réu, e que serão vistos detalhadamente à frente, o protesto por novo júri, os embargos infringentes e os de nulidade.

2. RECURSO EM SENTIDO ESTRITO

Código de Processo Penal

Art. 581. Caberá recurso, no sentido estrito, da decisão, despacho ou sentença:

I – que não receber a denúncia ou a queixa;

II – que concluir pela incompetência do juízo;

III– que julgar procedentes as exceções, salvo a da suspeição;

IV – que pronunciar ou impronunciar o réu;

V – que conceder, negar, arbitrar, cassar ou julgar inidônea a fiança, indeferir requerimento de prisão preventiva ou revogá-la, conceder liberdade provisória ou relaxar a prisão em flagrante;

VI – que absolver o réu, nos casos do art. 411;

VII – que julgar quebrada a fiança ou perdido o seu valor;

VIII – que decretar a prescrição ou julgar, por outro modo, extinta a punibilidade;

IX – que indeferir o pedido de reconhecimento da prescrição ou de outra causa extintiva da punibilidade;

X – que conceder ou negar a ordem de *habeas corpus*;

XI – que conceder, negar ou revogar a suspensão condicional da pena;

XII – que conceder, negar ou revogar livramento condicional;

XIII – que anular o processo da instrução criminal, no todo ou em parte;

XIV – que incluir jurado na lista geral ou desta o excluir;

XV – que denegar a apelação ou a julgar deserta;

XVI – que ordenar a suspensão do processo, em virtude de questão prejudicial;

XVII – que decidir sobre a unificação de penas;

XVIII – que decidir o incidente de falsidade;

XIX – que decretar medida de segurança, depois de transitar a sentença em julgado;

XX – que impuser medida de segurança por transgressão de outra;

XXI – que mantiver ou substituir a medida de segurança, nos casos do art. 774;

XXII – que revogar a medida de segurança;

XXIII – que deixar de revogar a medida de segurança, nos casos em que a lei admita a revogação;

XXIV – que converter a multa em detenção ou em prisão simples.

O Recurso em Sentido Estrito, na grande maioria dos casos contemplados em seus incisos, não existe no JEC, estando a hipótese do inciso I do art. 581 do CPP expressada pela Lei 9.099/95 como apelação, em dez dias (art. 82 e parágrafos; cf. p. 399).

Os incisos II, III, V, VII, IX, XV, XVI e XXIV poderão eventualmente ser aplicados em situações especiais ou se houver previsão na Lei Estadual que instalará o JEC.

JURISPRUDÊNCIA

Decisão não prevista nas hipóteses elencadas no art. 581 do CPP — Rol taxativo, e não exemplificativo, que não comporta ampliação — Não-conhecimento (TACrimSP) — *RT* 666/315.

Em geral as decisões interlocutórias são irrecorríveis, só podendo ser contestadas em futuro recurso contra a decisão que as seguir.

Todavia, nos casos taxativamente previstos no art. 581 (cf. p. 417), e que na grande maioria se referem a essas decisões interlocutórias, permitiu o legislador que o inconformado recorra, em sentido estrito, para obter a reforma da decisão impugnada.

As hipóteses previstas nesse artigo não permitem ampliação por analogia, autorizando, entretanto, que certas situações específicas sejam consideradas como pertencendo ao caso expresso nos incisos.

Jurisprudência

Sentido estrito — Decisão que revoga prisão preventiva — Cabimento — Irrelevância de não prevista expressamente a hipótese no art. 581 do CPP — Aplicação analógica de seu nº V, permitida pelo art. 3º do mesmo diploma (STF) — *RT* 626/404.

Sentido estrito — Sentença concessiva de liberdade provisória — Cabimento — Decisão equivalente a que concede relaxamento da prisão em flagrante — Aplicação analógica do nº V do art. 581 do CPP (TJSP) — *RT* 633/274.

Diz-se que o recurso em sentido estrito se refere, na grande maioria dos casos, aos despachos interlocutórios, porque em algumas situações previstas, abrange outro tipo de decisão podendo, eventualmente, alcançar até uma sentença.

É um recurso que permite o juízo de retratação, ou seja, o juiz pode mudar sua decisão, acolhendo as razões do recorrente, depois que ambas as partes tiverem arrazoado.

Excetuando-se o caso previsto no inciso XIV, todas as demais hipóteses são de recurso interposto perante o juiz, mas endereçado ao tribunal, com as exceções expostas na página 417.

Pode ser formulado por petição ou por termo nos autos e equivale, pelo menos por enquanto, ao antigo agravo de instrumento no cível (art. 586; cf. p. 411) recentemente modificado pela Lei 9.139, de 30.11.95. Todavia, continua com o rito antigo do agravo no cível.

Código de Processo Penal

Art. 588. Dentro de dois dias, contados da interposição do recurso, ou do dia em que o escrivão, extraído o traslado, o fizer com vista ao recorrente, este oferecerá as razões e, em seguida, será aberta vista ao recorrido por igual prazo.

Parágrafo único. Se o recorrido for o réu, será intimado do prazo na pessoa do defensor.

Não há impedimento algum a que o recorrente ofereça suas razões junto com a interposição do recurso.

Código de Processo Penal

Art. 589. Com a resposta do recorrido ou sem ela, será o recurso concluso ao juiz, que, dentro de dois dias, reformará ou sustentará o seu despacho, mandando instruir o recurso com os traslados que lhe parecerem necessários.

Parágrafo único. Se o juiz reformar o despacho recorrido, a parte contrária, por simples petição, poderá recorrer da nova decisão, se couber recurso, não sendo mais lícito ao juiz modificá-la. Neste caso, independentemente de novos arrazoados, subirá o recurso nos próprios autos ou em traslado.

Art. 591. Os recursos serão apresentados ao juiz ou tribunal *ad quem*, dentro de cinco dias da publicação da resposta do juiz *a quo*, ou entregues ao Correio dentro do mesmo prazo.

Art. 582. Os recursos serão sempre para o Tribunal de Apelação, salvo nos casos dos n^{os} V, X e XIV.

Parágrafo único. O recurso, no caso do nº XIV, será para o presidente do Tribunal de Apelação.

Os recursos serão endereçados ao Tribunal de Justiça (que corresponde ao antigo Tribunal de Apelação), subindo nos próprios autos quando for interposto de ofício ou nas situações previstas nos incisos I, III, IV, VI, VIII e X do art. 581 (cf. p. 417), ou ainda, nas hipóteses do art. 583, III, do CPP.

Código de Processo Penal

Art. 583 – Subirão nos próprios autos os recursos:

(...)

III – quando o recurso não prejudicar o andamento do processo.

Sobem por traslado nos demais casos previstos no art. 581 (cf. p. 417) ou sempre que houver mais de um réu e algum deles não recorrer (parágrafo único do art. 583).

Código de Processo Penal

Art. 583 – Subirão nos próprios autos os recursos:

(...)

Parágrafo único. O recurso da pronúncia subirá em traslado, quando, havendo dois ou mais réus, qualquer deles se conformar com a decisão ou todos não tiverem sido ainda intimados da pronúncia.

Recursos

(modelo I)

Recurso em sentido estrito

Exmo. Sr. Dr. Juiz de Direito da .... Vara Criminal da Comarca de ....

(deixar espaço)

Proc. nº ....
.... Vara Criminal de ....

J. da S., brasileiro, casado, industriário, residente e domiciliado à Rua .... nº ...., por sua advogada infrafirmada (documento ....), vem, respeitosamente, à presença de V. Exa., nos autos do processo-crime que lhe move a Justiça Pública, como incurso nas penas do art. 137, *caput*, do Código Penal Brasileiro, salientar que, não se conformando com a respeitável decisão de fls. ...., negando-se a lhe arbitrar fiança, vem da mesma recorrer, com fundamento no art. 581, V, do CPP, para o Egrégio Tribunal de Justiça.

Caso V. Exa. venha a manter a respeitável decisão que ora se combate, requer seja o presente recurso processado e encaminhado à Superior Instância.

Devendo subir por instrumento, requer, outrossim, seja determinado ao Sr. Escrivão proceda a extração e traslado, nos termos dos arts. 587 e 588 do CPP, das seguintes peças:

a) ....;

b) ....;

c) ....;

d) ....;

e) da referida decisão que ora se combate.

f) da intimação da decisão impugnada.

Termos em que,

Pede deferimento.

...., ... de .... de ...

(assinatura da advogada)[1]

(modelo II)

Razões do recurso em sentido estrito

Egrégio Tribunal
Colenda Câmara Criminal

(deixar espaço)

Entendeu o Exmo. Julgador de 1º grau, na r. decisão de fls. ...., não arbitrar fiança ao réu, ora recorrente, processado como incurso nas penas do art. 137, *caput*.

Entretanto, a mencionada sentença não espelha a aplicação do melhor Direito.

Com efeito, o acusado demonstrou, com todos os documentos pertinentes que, se colocado em liberdade após o pagamento da fiança, não oferecerá qualquer perigo à sociedade e muito menos prejudicará a instrução criminal e respectiva eventual futura aplicação da lei penal.

[1] Maria Beatriz Iglesias Guatuna.

Ocorre que o digníssimo representante do Ministério Público colocou-se contra o arbitramento da fiança (fls. ....) sem que fosse juntada aos autos a certidão de antecedentes criminais.

Ora, o réu só conta 18 anos e, sendo assim, até completar essa idade, em junho p.p., era inimputável e portanto tal certidão torna-se irrelevante.

Diante do exposto, pugna a Defesa pelo arbitramento da fiança e espera, o recorrente, pela reforma da r. decisão de (fls. ....), como medida de inteira Justiça!

...., ... de .... de ....

(assinatura da advogada)[2]

(modelo III)

Recurso em sentido estrito

Exmo. Sr. Dr. Juiz de Direito da .... Vara Criminal da Comarca de ....

(deixar espaço)

Proc. nº ....

A. C. S., já qualificado nos autos do processo em epígrafe, que lhe move J. de A. por se sentir ofendido em sua honra subjetiva, cuja queixa-crime foi distribuída a essa r. Vara, por sua advogada, não se conformando com a r. decisão de fls. ..., que indeferiu o pedido de reconhecimento de extinção da punibilidade pela decadência do direito de ação do querelante, vem, respeitosamente, da mesma recorrer em sentido estrito, nos termos do art. 581, IX, do Código de Processo Penal.

Se porventura V. Exa. vier a manter a decisão guerreada, requer seja o presente recurso devidamente processado com as razões anexas e encaminhado ao Egrégio Tribunal de Alçada Criminal.

Requer, outrossim, em caso de formação do instrumento para a subida do recurso, o traslado das seguintes peças, nos termos dos arts. 587 e 588 do Código de Processo Penal:

1) Boletim de ocorrência de fl. ....;

2) Petição inicial (queixa-crime), fl. ....;

[2] Maria Beatriz Iglesias Guatuna.

3) Despacho de recebimento da queixa-crime, fl. ....;

4) Petição de pedido de reconhecimento da extinção da punibilidade pela decadência, fl. ....;

5) R. despacho indeferindo o pedido supramencionado, fl. ....;

6) Certidão de intimação do despacho recorrido, fl. .....

Termos em que,

Pede deferimento.

...., ... de .... de ...

(assinatura da advogada)[3]

(modelo IV)

Razões do recurso em sentido estrito

(deixar espaço)

Proc. nº ....
... Vara Criminal da Comarca de ....

Recorrente: A. C. S.
Recorrido: J. de A.

Razões do recorrente

Egrégio Tribunal
Colenda Câmara

Em que pesem as reiteradas decisões de alta sabedoria do nobre magistrado *a quo*, na presente decisão recorrida não agiu com o costumeiro acerto, daí porque merecer integral reforma a referida decisão.

Como se pode ver das cópias dos autos do inquérito policial que instruiu a queixa-crime, o fato tido como ofensivo à honra do querelante ocorreu em 25 de julho de 2001.

Tal inquérito tramitou pelo .... Distrito Policial de .... até 28 de dezembro de 2001, data em que a d. autoridade policial relatou-o e o enviou à Justiça Pública.

[3] Andréa Buragas.

Somente em 2 de fevereiro de 2002 é que o ofendido exerceu seu direito ao oferecimento da queixa-crime, conforme se verifica da certidão do cartório do distribuidor, na primeira página da peça inaugural.

Ora, o Código Penal, em seu art. 140, determina que os crimes previstos no capítulo V, e dentre eles o de difamação (art. 139), no qual o querelante afirma ter o recorrente infringido, ofendendo-o em sua honra subjetiva, só se procedem mediante queixa.

Reza, ainda, o art. 103 do mesmo diploma legal, que o ofendido decai desse direito se não o exercer dentro do prazo de seis meses, contado do dia em que veio a saber quem é o autor do crime.

Pois bem, o recorrido, no pedido de instauração de inquérito feito à autoridade policial do .... Distrito de .... já afirmava que o fato tido como criminoso teria sido praticado pelo recorrente no dia 25 de julho de 2001. Portanto, no mesmo dia em que o fato ocorreu, o recorrido já sabia quem era seu autor e, assim, nesse dia passou a correr o prazo decadencial de seis meses previsto no citado art. 103.

O fato de ter requerido a instauração de inquérito policial não significa que o prazo se interrompeu ou que o seu direito de exercício da ação penal estivesse garantido. Nesse sentido estão as r. decisões que seguem: *JTACrimSP* 66:236 e 82:145; *RJTJSP* 10:427, *RTJ* 78:142; *RT* 509:368, 513:383, 511:400, 564:384, 598:298 e 524:402.

Ainda, no mesmo entendimento:

> Nos delitos de ação penal privada, o prazo para o exercício do direito de queixa começa no mesmo dia em que o querelante tomou conhecimento dos fatos, e não no subseqüente, sendo irrelevante ter o último dia, que não se prorroga, recaído em domingo ou feriado. Na decadência não se pode falar em interrupção ou prorrogação do prazo, que é sempre fatal e improrrogável. RJDTAcrim, volume 1, janeiro/março, 1989, p. 207, Relator: Lourenço Filho.

Se assim é, tem-se que o dia 24 de janeiro de 2002 era o prazo fatal para o recorrido oferecer a competente queixa, resguardando com isso o seu direito de ver processado aquele que entendia ser o autor do delito a ele ofensivo.

Como tal atitude só foi tomada no dia 02 de fevereiro de 2002, deveria o nobre magistrado ter indeferido o pedido por ele formulado em razão da decadência, o que não foi feito.

Por essa razão é que a defesa, tão logo assumiu o patrocínio da causa, requereu o reconhecimento da decadência, bem como da extinção da punibilidade, cujo despacho foi contrário a sua pretensão e, portanto, objeto deste recurso.

Pelos fatos e provas apresentadas, é curial que o nobre magistrado *a quo* deveria ter se retratado e reconhecido que o recorrido decaíra de seu direito de queixa e, via de conseqüência, declarar extinta a punibilidade do recorrente.

Assim, é o presente para requerer a Vossas Excelências a reforma da r. decisão combatida, para que seja declarada extinta a punibilidade pela decadência do direito de queixa, nos termos do art. 107, IV, 2ª figura, do Código Penal.

...., 10 de agosto de 2003

(assinatura da advogada)[4]

(modelo V)

Recurso em sentido estrito

Exmo. Sr. Dr. Juiz de Direito da .... Vara Criminal da Comarca de ....

(deixar espaço)

Proc. nº ....

L. E. C., já qualificado nos autos do processo em epígrafe, fls. ...., por sua procuradora, instrumento de procuração anexo, com escritório à Rua ...., nº ...., conjunto ...., Centro, nesta cidade, vem, respeitosamente, perante V. Exa., não se conformando com a r. decisão exarada às fls. ..., que indeferiu o pedido de reconhecimento da prescrição, da mesma recorrer em sentido estrito, dentro do qüinqüídio legal, nos termos do art. 581, IX, do Código de Processo Penal.

Se porventura V. Exa. entender manter a r. decisão guerreada, requer seja o presente recurso, com as razões anexas, encaminhado para o Egrégio Tribunal de Alçada Criminal.

---

[4] Andréa Buragas.

Devendo ser processado por instrumento, requer seja determinado ao sr. escrivão proceda a extração de traslados, nos termos dos arts. 587 e 588 do Código de Processo Penal, das seguintes peças:

1) boletim de ocorrência de fl. ....;

2) denúncia de fls. ....;

3) despacho de recebimento da denúncia, fl. ....;

4) certidão de nascimento de fl. ....;

5) petição de pedido de reconhecimento da prescrição, fl. ....;

6) r. decisão da qual ora se recorre, fl. ....;

7) certidão de intimação da decisão guerreada, fl. .....

Termos em que,

Pede deferimento.

...., ... de .... de 19...

(assinatura da advogada)[5]

(modelo VI)

Razões do recurso em sentido estrito

(deixar espaço)

Proc. nº ....
... Vara Criminal da Comarca de ....

Recorrente: L. E. C.
Recorrida: Justiça Pública

Razões do recorrente

Egrégio Tribunal
Colenda Câmara

Em que pese a cultura e o descortino das decisões do honrado magistrado *a quo*, no presente caso não agiu como de costume, deixando de reconhecer a

[5] Juliana Corrêa.

ocorrência da prescrição, sob a alegação do não-transcurso de prazo, de sorte que a r. decisão combatida deverá ser totalmente reformada.

O recorrente era, ao tempo da ação, 25 de dezembro de 1999, menor de vinte e um anos de idade, conforme se verifica da certidão de nascimento de fls. .... Contava, portanto, àquela época, com dezenove anos.

O trâmite do inquérito policial se deu até 17 de junho de 2003, tendo o nobre representante do Ministério Público oferecido denúncia em 28 de junho do mesmo ano, fls. 2, cujo recebimento se deu em 3 de julho, conforme despacho de fls. ....

Foi o recorrente denunciado como infrator ao disposto no art. 309 do Código de Trânsito Brasileiro — Lei 9.503, de 23 de setembro de 1997 — por ter, segundo a denúncia, sido surpreendido por policiais militares, quando dirigia veículo automotor em via pública, sem ser legalmente habilitado para tal.

A pena prevista para esse crime é de detenção de seis meses a um ano, ou multa e, portanto, ainda que lhe fosse aplicada a pena máxima prevista, que evidentemente não ocorreria, devido aos seus antecedentes, ainda assim, nos termos do art. 109 do Código Penal, teria ocorrido a prescrição punitiva.

Ora, se o despacho que recebe a denúncia é uma das causas que interrompe o curso da prescrição (art. 117, I, do Código Penal), e se essa prescrição para os acusados menores de vinte e um anos à época do fato é contada pela metade (art. 115 do Código Penal), é evidente que em 3 de julho de 2003 já havia se operado a prescrição da pretensão punitiva do Estado, nos termos dos arts. 110 e parágrafos e 111, todos do Código Penal, vez que transcorrera período superior a dois anos entre uma data e outra.

O direito ao reconhecimento da prescrição da pretensão estatal é inegável e não poderia ter o MM. Juízo *a quo* decidido da forma como decidiu, negando tal reconhecimento.

A propósito:

> Prescrição da pretensão punitiva — Lesão corporal — Biênio transcorrido entre a data do recebimento da denúncia e a do julgamento no Juízo *ad quem* — Extinção operada.
>
> — Dá-se a prescrição da pretensão punitiva quando entre a data do recebimento da denúncia e a do julgamento no Juízo *ad quem* decorre prazo

superior a dois anos. *RJDTAcrim*, volume 4, outubro/dezembro, 1989, p. 55, Relator: Rubens Gonçalves.

Como medida de inegável Justiça, requer o reconhecimento da prescrição da pretensão punitiva do Estado reformando-se, dessa forma, a respeitável decisão combatida, com a conseqüente extinção da punibilidade (art. 117, IV, 1ª figura, do Código Penal) determinando-se ao MM. Juízo *a quo* o arquivamento do feito com as anotações de estilo.

Justiça.
...., ... de .... de 19...
(assinatura da advogada)[6]

(modelo VII)

Recurso contra sentença de pronúncia
arts. 581, IV, e 588 do CPP

Exmo. Sr. Dr. Juiz de Direito da Vara do Júri

(deixar espaço)

Proc. nº ....
Cartório do Júri

João, qualificado nos autos de processo-crime que lhe move a Justiça Pública desta Comarca, por infração ao art. 121 do CP, por seu procurador, não se conformando, *data maxima venia*, com os termos da respeitável sentença de pronúncia prolatada às fls. ...., vem, tempestivamente, da mesma recorrer, com base no art. 581, IV, do CPP, requerendo o recebimento deste recurso e seu regular processamento.

Termos em que,
Pede deferimento.
...., ... de .... de ...
(assinatura do advogado)

[6] Juliana Corrêa.

(modelo VIII)

Razões do recurso em sentido estrito

(deixar espaço)

Recorrente: ....
Recorrida: Justiça Pública

Razões do Recurso

Egrégio Tribunal
Colenda Câmara

À evidência não poderia ter o recorrente sido pronunciado, pois essa decisão se insurge contra toda a prova colhida, tanto na polícia, quanto em juízo.

Com efeito, agiu ele em legítima defesa de terceiro, posto ter atingido a vítima com a própria faca por ela empunhada, no momento em que assaltava Maria, sua vizinha.

O ladrão, velho conhecido da polícia e com longa ficha criminal, investiu contra o recorrente, no momento em que este tentou salvar Maria, que estava em poder do meliante.

Na luta corporal que se seguiu, "Calunga", como era conhecido, veio a ser mortalmente atingido com a mesma arma que momentos antes usava para cometer o assalto.

Note-se que o recorrente, após o fato, ainda o socorreu, transportando-o até o Hospital ...., onde veio a falecer.

Preso em flagrante, teve sua liberdade provisória imediatamente concedida e, exatamente com base no *caput* do art. 310 do CPP, o que implica dizer que já àquela época foi reconhecida a excludente de antijuridicidade.

Todavia, agora, finda a instrução, inexplicavelmente, vez que nenhuma alteração houve no quadro probatório, S. Exa., o MM. Juiz *a quo*, houve por bem pronunciar o réu, para surpresa até do Ministério Público.

Assim, provada à saciedade a existência da excludente apontada, outra alternativa não tem, senão a de recorrer, pleiteando sua absolvição, por ser de Justiça.

De Campinas para São Paulo, ... de .... de .....

(assinatura do advogado)

Modificações sofridas pelo art. 581 do CPP

A Lei de Execução Penal (Lei 7.210, de 11.07.84) alterou profundamente o art. 581 (cf. p. 417), de sorte que atualmente todo e qualquer incidente ocorrido na fase de execução de sentença é atacável via agravo e não mais por meio de recurso em sentido estrito.

Assim, o art. 581 trata hoje, de dois tipos de recursos, sabendo-se qual deles é o aplicável, conforme o momento processual da decisão atacada.

Nas hipóteses previstas nos vinte e quatro incisos desse artigo, há que se observar que, se a decisão impugnada for proferida na fase de conhecimento, ou seja, antes do trânsito da sentença condenatória, o recurso será em sentido estrito.

Todavia, se a irresignação ocorrer depois do trânsito, ou melhor, quando o réu já iniciou o cumprimento da pena, mesmo estando em liberdade, havendo uma das situações previstas no art. 581, o recurso cabível será o agravo.

Segundo o Dr. Fernando da Costa Tourinho Filho, em se tratando do inciso VII do referido dispositivo (cf. p. 417), mesmo que a perda da fiança seja decretada pelo juiz da execução, o recurso será em sentido estrito e não agravo, porque essa hipótese não foi prevista na Lei de Execução Penal.

Todas as vezes que ocorrer uma das causas dos incisos VI e X do art. 581 (cf. p. 417), o juiz deverá obrigatoriamente recorrer de ofício, o que não impede o recurso voluntário.

Todavia, o entendimento atual, conforme demonstrado anteriormente (p. 417), é de que esse recurso de ofício está revogado, em virtude da CF/88.

Pela Lei 7.780/89 foram acrescidos ao inciso V as hipóteses de revogação da preventiva e concessão de liberdade provisória.

São situações de recurso em sentido estrito as hipóteses tratadas nos incisos I, II, III, IV, V, VI, VII, VIII, IX, X, XIII, XIV, XV, XVI e XVIII do art. 581 (cf. pp. 417 e 418).

Algumas poucas situações poderão dar ensejo à propositura do Recurso em Sentido Estrito no JEC.

Jurisprudência

Decisão denegatória de apelação — Meio inidôneo de impugnação — Impetração de *habeas corpus* — Descabimento — Remédio heróico que não pode ser usado como substituto do recurso próprio (art. 581, XV, do CPP) (TACrimSP) — *RT* 660/295.

Decisão que indefere desmembramento de processo, confirmando a competência do juízo — Não conhecimento — Irrecorribilidade — Questão que poderá ser levantada em grau de *habeas corpus* ou por ocasião da apelação — Inteligência do art. 581, II, do CPP (TJMS) — *RT* 646/317.

Sentido estrito — Revogação de prisão preventiva — Efeito suspensivo pretendido em mandado de segurança — Admissibilidade — Réu portador de flagrante periculosidade — Processamento no efeito simplesmente devolutivo que poderia colocar em risco a integridade física da vítima — Ordem concedida — Declaração de votos (TJSP) — *RT* 637/250.

Sentido estrito — Interposição da decisão de pronúncia — Réu preso — Fuga após ter recorrido — Deserção pretendida — Inadmissibilidade — Instituto somente aplicável à apelação — Inteligência dos arts. 581, IV, e 595 do CPP (TAPR) — *RT* 617/327.

São casos de agravo os incisos XII, XVII, XIX, XX, XXI, XXII e XXIII do art. 581 (v. pp. 417 e 418).

O inciso XXIV, que também previa o recurso de Agravo para as hipóteses de conversão da multa não paga, em detenção ou prisão simples, perdeu a razão de ser, diante da Lei nº 9.268/96 que deu nova redação ao art. 51 do CP que agora assim dispõe:

> Art. 51. Transitada em julgado a sentença condenatória, a multa será considerada dívida de valor, aplicando-se-lhe as normas da legislação relativa à dívida ativa da Fazenda Pública, inclusive no que concerne às causas interruptivas e suspensivas de prescrição.

Foram revogados os parágrafos desse art. 51, de modo que o valor da multa deve ser inscrito como dívida ativa para a Fazenda Pública, o que, no nosso entender, atravancará ainda mais o Judiciário e pouco ou nenhum efeito terá.

Recursos

(modelo I)

Agravo de execução

Exmo. Sr. Dr. Juiz de Direito da Vara de Execuções Criminais da Comarca de ...

Execução Criminal nº ....

(deixar espaço)

A. V., devidamente qualificado nos autos, preso e recolhido na Cadeia Pública do .... nesta cidade, à disposição da Justiça Pública, vem, por intermédio de seu advogado e bastante procurador (fls. ....), interpor o presente agravo de execução por não se conformar, *data venia*, com a r. decisão de fls. .... do apenso de prisão-albergue e requer, caso V. Exa. mantenha a decisão de indeferimento do pedido de concessão do regime aberto, sejam os autos encaminhados ao Egrégio Tribunal de Alçada Criminal, oferecendo, desde já, as razões de agravo conforme documento anexo.

Termos em que,

Pede deferimento.

...., ... de .... de ....

(assinatura do advogado)[7]

(modelo II)

Agravo de execução

(deixar espaço)

Ex. de Sentença nº ....

Agravante: A. V.
Agravada: Justiça Pública

Razões do agravo

Egrégio Tribunal de Justiça
Colenda Câmara

[7] João Carlos Calil Júnior.

O agravante pleiteou o benefício do regime aberto perante o MM. Juízo de primeira instância, o que foi indeferido.

No entanto, o sentenciado preenche todos os requisitos para que cumpra o restante da pena privativa de liberdade sob o benefício do regime aberto, pelo seguinte:

1) Atualmente, o sentenciado cumpre pena em regime semi-aberto, benefício que lhe foi concedido quando cumpriu 1/3 da pena em estabelecimento prisional de regime fechado;

2) no dia .../.../... cumpriu 1/6 do total da pena privativa de liberdade, o que é requisito essencial para que se dê a progressão de regime e uma vez que preenche todas as condições previstas no art. 114 da L.E.P., não há que se lhe negar o benefício;

3) além do mais, tem emprego imediato e garantido na Construtora .... (fls. ....); sua folha de antecedentes criminais evidencia a inexistência de qualquer outro delito (fls. ....); apresenta boa conduta carcerária (fls. ....) e os exames a que foi submetido evidenciam que suas condições de se reintegrar normalmente à sociedade (fls. .... a ....).

Por todo o exposto, é medida de Justiça que se lhe conceda o benefício do regime aberto.

...., ... de .... de ......

(assinatura do advogado)[8]

JURISPRUDÊNCIA

Recebimento como tal do agravo interposto da decisão proferida em pedido de unificação de penas — Aplicação do inciso XVII do art. 581 do CPP, não revogado pelo art. 197 da Lei 7.210/84 (TJSP) — *RT* 656/288.

Com relação ao inciso XI do art. 581 (cf. p. 417), há que se observar a fase processual em que ocorreu o fato. Se, por exemplo, o *sursis* foi concedido na senten-

[8] João Carlos Calil Júnior.

ça e a acusação quer cancelá-lo, deve usar da apelação, em virtude do que dispõe o art. 593, § 4º, do CPP. Se em fase de execução, a medida correta será o agravo.

Código de Processo Penal

Art. 593. Caberá apelação, no prazo de cinco dias:

(...)

§ 4º – Quando cabível a apelação, não poderá ser usado o recurso em sentido estrito, ainda que somente de parte da decisão se recorra.

No tocante aos incisos XIX, XX, XXI, XXII e XXIII do art. 581 (cf. p. 418), que dispõem sobre situações relativas a medida de segurança, deve-se lembrar que atualmente existem apenas dois tipos delas, consistentes em tratamento ambulatorial e internação.

Então, no caso do inciso XX, se houver conversão do tratamento ambulatorial para internação, contra essa determinação judicial o recurso previsto é o agravo.

No tocante ao inciso XXI, cite-se como exemplo a situação de um réu submetido a tratamento ambulatorial e que vem a ser acometido de doença mental, convertendo o juiz esse tratamento em internação. Contra essa decisão, o recurso também é o agravo.

Quanto ao inciso XXIV, vê-se que o agravo é o recurso previsto para todo e qualquer tipo de conversão, incluída até, a prestação de serviços.

O inciso XIV permite que qualquer pessoa, no prazo de vinte dias possa interpor recurso em sentido estrito ao Presidente do Tribunal de Justiça contra a inclusão de alguém na lista geral de jurados, enquanto que o excluído poderá, também em vinte dias, recorrer em sentido estrito da decisão que o excluir da lista.

3. Apelação

Esgotada a função jurisdicional por meio de um exame de mérito, o juiz não pode rever sua decisão, cabendo à instância superior o reexame da matéria, com a conseqüente alteração, se for provido o recurso.

Código de Processo Penal

Art. 593. Caberá apelação no prazo de cinco dias:

I – das sentenças definitivas de condenação ou absolvição proferidas por juiz singular;

II – das decisões definitivas, ou com força de definitivas, proferidas por juiz singular nos casos não previstos no capítulo anterior;

III – das decisões do Tribunal do Júri, quando:

a) ocorrer nulidade posterior à pronúncia;

b) for a sentença do juiz-presidente contrária à lei expressa ou à decisão dos jurados;

c) houver erro ou injustiça no tocante à aplicação da pena ou da medida de segurança;

d) for a decisão dos jurados manifestamente contrária à prova dos autos.

§ 1º – Se a sentença do juiz-presidente for contrária à lei expressa ou divergir das respostas dos jurados aos quesitos, o Tribunal *ad quem* fará a devida retificação.

§ 2º – Interposta a apelação com fundamento no nº III, letra *c*, deste artigo, o Tribunal *ad quem*, se lhe der provimento, retificará a aplicação da pena ou da medida de segurança.

§ 3º – Se a apelação se fundar no nº III, letra *d*, deste artigo, e o Tribunal *ad quem* se convencer de que a decisão dos jurados é manifestamente contrária à prova dos autos, dar-lhe-á provimento para sujeitar o réu a novo julgamento; não se admite, porém, pelo mesmo motivo, segunda apelação.

§ 4º – Quando cabível a apelação, não poderá ser usado o recurso em sentido estrito, ainda que somente de parte da decisão se recorra.

JURISPRUDÊNCIA

Exceção de incompetência rejeitada — Descabimento — Decisão irrecorrível — Não inclusão entre as apeláveis (art. 593, II, do CPP), nem tampouco no rol das atacáveis por recurso em sentido estrito, só admissível se acolhida a exceção (art. 581, II) (TJRJ) — *RT* 644/308.

Caberá apelação, então, nas seguintes hipóteses:

a) das sentenças de mérito proferidas por juiz singular, absolvendo ou condenando;

b) das decisões definitivas ou com força de definitivas, que encerram a relação, julgam o mérito, mas não absolvem nem condenam, se para elas não estiver previsto o recurso em sentido estrito. Exemplo: decisão que indefere pedido de especialização da hipoteca legal;

c) das decisões do Tribunal do Júri, nos casos previstos no inciso III do art. 593 (cf. p. 436). Havendo nulidade ou decisão dos jurados manifestamente contrária à prova dos autos, o tribunal pode, provocado por meio de apelação, anular o julgamento para que o réu seja submetido a outro, não podendo jamais alterar a decisão do Conselho de Sentença (art. 593, § 3º; cf. p. 436).

d) caberá apelação, ainda, nos casos previstos nos arts. 82, *caput*, e 76, § 5º, da Lei 9.099/95, a ser interposta na forma e prazo previstos no art. 82 da mesma Lei.

Já nas situações expressas nas letras *b* e *c*, do inciso III, do art. 593, o Tribunal corrige o erro ou distorção, aplicando a pena correta. Isso não significa alterar a decisão do júri, mas corrigir falhas na aplicação da pena.

Observa-se finalmente que se a decisão impugnada estiver na sentença do juiz singular, o recurso cabível será a apelação, sendo o agravo se a irresignação for posterior ao trânsito.

Assim, se a acusação estiver satisfeita com uma condenação, irresignando-se apenas no que tange à suspensão condicional da pena e pretender recorrer para cancelar esse benefício exclusivamente, não o fará através de recurso em sentido estrito, nem de agravo, mas por meio da apelação (art. 593, § 4º; cf. p. 436).

Porém, nem toda sentença absolutória ou de condenação comporta Apelo.

O recurso cabível para a absolvição sumária (art. 411), que é decisão de mérito, é em sentido estrito (art. 581, VI), sendo novamente oportuna a observação, de que o recurso de ofício, embora previsto no CPP, deixou de existir, segundo se entende atualmente.

O réu, condenado por um só crime, pelo Tribunal do Júri, a uma pena igual ou maior que vinte anos, poderá recorrer uma única vez por meio do protesto por novo júri (art. 607).

Finalmente, quando os tribunais decidem uma causa de sua competência originária, dessa decisão também não cabe apelação.

Interposição

A apelação é interposta por petição ou por termo nos autos, desacompanhada de razões que em regra são ofertadas futuramente, nos casos da Justiça Comum, ao passo que no Juizado Especial Criminal, de acordo com a Lei nº 9.099/95, esse prazo é de dez dias, devendo as Razões ser oferecidas já no ato de interposição, que será escrita, porque o legislador, aqui, não previu a possibilidade de apelação por termo.

RECURSOS

(modelo I)

Termo de recurso

(deixar espaço)

Comarca ....
... Vara ....
Cartório do .... Ofício ....
Proc. nº ....

Aos .... dias ... do mês de .... de ......, nesta cidade ...., no(a) ..., perante o(a) escrevente ...., lotado(a) no Cartório do ... Ofício ....., compareceu o(a) réu(ré) ...... e por ele(a) foi declarado que, não se conformando com a r. sentença proferida em .... de.... de ...., pelo(a) Juiz(a) de Direito da .... Vara ...., que o(a) condenou como incurso(a) no(s) artigo(s) ...., quer da mesma recorrer para a superior instância, requerendo que, uma vez recebido o recurso, seja o mesmo processado na forma da lei. Para constar, foi lavrado o presente termo que, lido e achado conforme, vai devidamente assinado. Eu, ..., escrevente, datilografei e subscrevi.

....

Réu(Ré) ou Defensor

(modelo II)

Apelação por petição

Exmo. Sr. Dr. Juiz de Direito da .... Vara Criminal da Comarca de ....

(deixar espaço)

Proc. nº ....
Cartório .... Ofício Criminal

Fulano, qualificado nos autos de processo-crime que lhe move a Justiça Pública desta Comarca, perante esse DD. Juízo e respectivo Cartório, por sua procuradora, não se conformando, *data maxima venia*, com os termos da r. decisão de fls. ...., vem, respeitosa e tempestivamente à presença de V. Exa., a fim de recorrer da mesma, requerendo seja o presente Apelo recebido e regularmente processado, para futuro oferecimento das Razões.

Termos em que,

Pede deferimento.

...., ... de .... de ......

(assinatura da advogada)

O prazo para a apelação é de cinco dias e para o oferecimento das Razões, oito dias (art. 600) no Juízo Comum.

Código de Processo Penal

Art. 600. Assinado o termo de apelação, o apelante e, depois dele, o apelado terão o prazo de oito dias cada um para oferecer razões, salvo nos processos de contravenção, em que o prazo será de três dias.

§ 1º – Se houver assistente, este arrazoará, no prazo de três dias, após o Ministério Público.

§ 2º – Se a ação penal for movida pela parte ofendida, o Ministério Público terá vista dos autos, no prazo do parágrafo anterior.

§ 3º – Quando forem dois ou mais os apelantes ou apelados, os prazos serão comuns.

§ 4º – Se o apelante declarar, na petição ou no termo, ao interpor a apelação, que deseja arrazoar na Superior Instância, serão os autos remetidos ao Tribunal *ad quem* onde será aberta vista às partes, observados os prazos legais, notificadas as partes pela publicação oficial.

Tomando ciência da sentença, no Juízo Comum, o recorrente (condenado ou defensor) pode, no mesmo instante, no cartório, pedir um termo de apelação, que já existe impresso, assiná-lo, entregando-o ao escrevente e ir embora. Já terá recorrido.

Esse termo será juntado aos autos e, após determinação judicial, o recorrente será intimado para, só aí, na conformidade com o art. 600 (acima), oferecer suas razões.

Há juízes que não permitem o apelo por termo, dos advogados constituídos, exigindo que seja feito por petição.

Nos processos contravencionais, o prazo para razões e contra-razões é de três dias, desde que não tramitem pelo JEC, quando então se aplicam as disposições da Lei nº 9.099/95.

Se forem dois ou mais os apelantes ou apelados, com procuradores diversos, o prazo é comum e os autos não podem sair do cartório.

Não há qualquer impedimento para que as partes, em qualquer recurso, juntem documentos (art. 600, § 4º; ver p. 439).

Se o apelante for o réu, poderá requerer a juntada de suas razões na instância superior. Devendo o Ministério Público ofertar as contra-razões, os autos retornarão à instância de origem para essa providência ou serão elas apresentadas por qualquer membro do Ministério Público que atue no gabinete da Procuradoria Geral, nos locais onde houver.

JURISPRUDÊNCIA

Apelação — Apresentação das razões em 2ª instância — Admissibilidade — Inteligência do art. 600, § 4º, do CPP (STF) — *RT* 605/413.

De todos os recursos que exigem motivação, a apelação é o único que permite o oferecimento das razões em segunda instância, exceto no JEC.

Recursos

(modelo I)

Razões de apelação

Exmo. Sr. Dr. Juiz de Direito da ... Vara Criminal da Comarca de ....

(deixar espaço)

Proc. nº ...
Cartório ... Ofício Criminal

R., nos autos de processo-crime que lhe move a Justiça Pública desta Comarca, perante esse DD. Juízo e respectivo Cartório, por sua procuradora, vem, respeitosamente, à presença de V. Exa., a fim de oferecer as anexas *razões de apelação*, requerendo sua juntada aos referidos autos.

Termos em que,
Pede deferimento.
...., ... de .... de ......
(assinatura da advogada)

(modelo II)

Razões de Apelação

(deixar espaço)

Processo-crime nº .../...
1ª Vara Criminal de ......

Razões de apelação
Apelante:
Apelada: A Justiça Pública

Egrégio Tribunal
Colenda Câmara Criminal
Eminentes Julgadores

Processado como suposto infrator do disposto pelo art. 12 da Lei 6.368/76, foi o ora apelante condenado à pena de três anos de reclusão e cinqüenta dias-multa, tudo conforme se extrata do r. decisório de fls. ....

Preliminar

A r. Sentença condenatória padece de vício insanável, devendo, assim, ser anulada, e isso porque foi dada com base num mero laudo de constatação, uma vez que o Exame Químico Toxicológico definitivo só foi juntado aos autos após a prolação da Sentença.

Com efeito, a r. decisão foi prolatada em 19.02 do corrente ano, sendo que o MM. Juiz *a quo* só fez referência ao laudo de constatação, de fls. 09. Isso porque somente em data de 22.02, às fls. 84, é que ocorreu a juntada do laudo definitivo, sobre o qual, aliás, a defesa não foi chamada a se manifestar. Em sendo assim, não podia haver decisão, enquanto não viesse para os autos a comprovação da materialidade delitiva, não sendo o auto de constatação suficiente para demonstrála, porque, como o próprio nome diz, trata-se de mera constatação de caráter provisório.

Nesse sentido, tem-se ampla orientação jurisprudencial:

> Nos crimes contra a saúde pública — tóxicos — as provas testemunhais e o laudo de constatação, por si sós, não autorizam condenação. É indispensável a prova material, consubstanciada no competente laudo pericial (TJMT — Rel. Des. Milton Figueiredo Mendes — *RT* 549/352).
>
> Nula é a sentença proferida em processo por infração do art. 12 da Lei nº 6.368/76 sem ter presentes os laudos toxicológicos... (TACrimSP — HC 79.154 — Rel. Juiz Roberto Martins).
>
> Nulidade — Prolação, em caso de posse de entorpecentes, sem que dos autos constasse o exame químico toxicológico — Inadmissibilidade — (*RT* 547/326).
>
> Nulidade — Prolação sem que à Defesa fosse dado ciência do exame toxicológico... — Concessão de *habeas corpus* (*RT* 506/373).

Não há, pois, se confundir o laudo de constatação de substância entorpecente, que tem o restrito escopo de levar a efeito uma prisão em flagrante e possibilitar o oferecimento da denúncia, com o laudo de exame toxicológico definitivo, do qual depende o Magistrado para a prolação de sentença, e que, de acordo com o art. 25 da Lei de Tóxicos, deve ser encaminhado para os autos até a data da audiência de instrução e julgamento.

Assim, como haverão de convir Vossas Excelências, deve ser a r. Sentença anulada, para que outra seja proferida, observando-se, evidentemente, o disposto pelos arts. 617 e 626 do CPP, que impossibilita o *reformatio in pejus* indireta, em caso de anulação de sentença, pleiteada somente pelo réu (veja-se o entendimento do STF (RHC 53.933, *DJU* 18.02.77, p. 887; *RTJ* 88/1018 e 95/1081; *RT* 548/418).

Mérito

O réu negou autoria e materialidade delitivas, tanto na Polícia (fls. ...), como em Juízo (fls. ...), esclarecendo que a lanterna, em cujo interior teria sido encontrada a porção de droga, pertencia a seu irmão, e que não tinha qualquer conhecimento acerca de seu conteúdo, dizendo ainda que, não lhe pertencia a balança apresentada pelos policiais.

Toda a prova dos autos leva à conclusão de que o ora apelante falou a verdade. Veja-se que os policiais estiveram no local, diligenciando, com o fito de apurar informações obtidas contra o indivíduo alcunhado de "Mato Grosso", irmão do réu. Enquanto faziam busca no interior da residência dessa pessoa, o ora apelante foi indagar o que acontecia, quando, então, os policiais lhe solicitaram autorização para efetuar uma busca também em sua casa, ao que o acusado imediatamente concordou, permitindo que os policiais ali adentrassem.

Ora, se estivesse consciente acerca do conteúdo da lanterna, ou, mesmo, em tese, se fosse a droga de sua propriedade e a estivesse traficando, jamais iria ao encontro dos policiais ou permitiria que se fizesse busca em sua residência.

A inocência do apelante está, portanto, espelhada nos autos, diante da evidente demonstração de ir ao encontro dos policiais e franquear sua residência para a realização de revista.

Até mesmo os policiais que efetuaram a diligência, convenceram-se de que o réu, em verdade, nada sabia acerca do tóxico que teria ali sido encontrado, em vista das circunstâncias em que se deu a apreensão, conforme se disse.

Nesse sentido, o policial, ouvido às fls. ...., solidifica, ainda mais, a versão ofertada pelo ora apelante:

> ... segundo informações ..., soube que um indivíduo, conhecido como "Mato Grosso" estaria vendendo entorpecente a viciados na cidade de .... que, enquanto prosseguiam as buscas, chegou ao local o acusado, que é irmão de "Mato Grosso"; que então entabularam conversações no sentido de prosseguir-se com as buscas também na casa do acusado, que é irmão de "Mato Grosso"; que este franqueou aos policiais sua residência, dizendo apenas, em tom de brincadeira, que não fizessem muita bagunça. Disse também que seu irmão Mato Grosso havia deixado alguns objetos em seu poder, tais como Revistas e uma lanterna... Que o acusado demonstrou-se surpreso com a apreensão e disse que jamais havia imaginado que seu irmão pudesse fazer uma coisa dessas com ele; que o acusado negou que fizesse uso ou comercializasse a substância tóxica, sendo que, pelo contrário, o depoente reparou que havia diversas medalhas no local indicando ser o denunciado um esportista; que a reação do acusado no momento em que os policiais encontraram a droga foi de indignação...
>
> O outro policial, às fls., ... , declarou que
>
> ... um indivíduo conhecido como "Mato Grosso", traficava entorpecente... enquanto procediam buscas no interior daquela casa, apareceu o irmão de "Mato Grosso"... foi dito que "Mato Grosso" guardara alguns objetos na casa do acusado;
>
> ... que o acusado mostrou-se surpreso quando os policiais encontraram o entorpecente. Que segundo entende o depoente, talvez o acusado tenha entrado de "laranja" nesta história, pois franqueou sua casa de maneira espontânea aos policiais...
>
> ... o acusado deu demonstrações de que desconhecia as atividades ilícitas de seu irmão...

Fulano, também investigador de Polícia, deu versão similar, às fls. ....., acrescentando que

> ... a busca destinava-se exclusiva e tão-somente à residência do "Mato Grosso" e que se o acusado não tivesse se identificado não teriam procedido buscas em sua casa. Que o acusado demonstrou-se surpreso com a apreensão da droga e ao saber das atividades ilícitas de seu irmão. Que não é comum às pessoas envolvidas em atividades ilícitas apresentarem-se perante diligências policiais, posto que geralmente procuram fugir do local.

Não restaram dúvidas, assim, quanto à inocência do acusado, que até mesmo os policiais acabaram por reconhecer em seus depoimentos. Ademais, nenhuma razão teria o réu para incriminar falsamente o próprio irmão, depreendendo-se, pois, que falou a verdade.

O ora apelante é primário, com bons antecedentes, honesto e benquisto por todos, sendo que nada foi provado no sentido de desmerecer sua versão, que se coaduna, com perfeição e logicidade, aos fatos narrados no processo em questão, devendo, pois, ser acreditado.

Assim, não obstante S. Exa. na r. Sentença, tenha procurado justificar a injustificável condenação, afirmando que as testemunhas de acusação "prestigiam a peça denunciante, trazendo ao Juízo a certeza de que o acusado é um traficante de cocaína", vê-se que, ao contrário, os próprios policiais acabaram reconhecendo que o ora apelante era inocente, inclusive afirmando que ele "entrou como um verdadeiro laranja".

Nenhuma testemunha, ademais, afirmou que o réu traficava qualquer tipo de entorpecente, ou que, sequer tivesse conhecimento de que seu irmão estava envolvido em delitos dessa natureza.

Ora, já se tem sustentado que o simples encontro da substância com o suspeito não basta para erigir uma prova de autoria, que deve estar definida em termos do dolo do agente. A posse deve estar, sempre, ligada à sua vontade consciente em consumir ou traficar. Daí, afirmar-se que o simples encontro pode configurar a materialidade do fato, que nem sempre é criminoso. A simples posse pode ser um elemento a solidificar a prova de autoria, que deve ficar demonstrada, atendendo-se ao princípio da inocência presumida do acusado. Finalmente, é preciso que as circunstâncias evidenciem o dolo do agente, para que se autorize um édito condenatório. Veja-se, nesse sentido, que

> o encontro de tóxico escondido em veículo não basta, por si só, à condenação do respectivo motorista. Indispensável a tal desiderato é a existência de provas de ter sido ele consciente transportador da substância proibida ou usuário do entorpecente (TACrimSP — Rel. Juiz Francis Davis — *JUTACRIM* 54/305).

O mesmo ocorre no caso em questão, não tendo sido provado que o réu tinha conhecimento do entorpecente ali ocultado (ficando, ao contrário, evidente que não o sabia), ou que o tinha ali para seu uso ou venda. Assim sendo, ao contrário do que entendeu o I Magistrado, *a quo* a autoria não restou "induvidosa", estando ausente qualquer prova quanto ao elemento subjetivo na espécie.

A prova da traficância, ademais, deve ser feita, amplamente, pelo órgão acusador, não bastando, para a condenação, presunções de natureza subjetiva, mas a demonstração clara de que o agente se enquadra no art. 12 da Lei de Tóxicos; quando alguma dúvida restar, o melhor é absolver.

Nesse sentido, tem-se:

> Encontro de maconha em residência não basta para responsabilizar sua proprietária que, com visos de veracidade, alega ignorar a existência de tóxico em sua casa, assiduamente freqüentada por um seu companheiro, com antecedentes penais por envolvimento em caso semelhante... — (Rel. Juiz Azevedo Franceschini — *JUTACRIM* 25/214).
>
> Em matéria criminal, tudo deve ser preciso e certo, sem que ocorra possibilidade de desencontro na apreciação da prova. Desde que o elemento probante não se apresenta com cunho de certeza, a absolvição do réu se impõe — (TJSP — AC — Rel. Des. Hoeppner Dutra — *RJTJSP* 10/545).

A prova deve ser, portanto, certa, indubitável e exata como a expressão algébrica, a sobrelevar a evidência da verdade e a tranqüilizar o espírito do Julgador, não sendo lícito forçá-la com artifícios e presunções de ordem subjetiva, sem qualquer cunho de veracidade. Existindo dúvida e incerteza, a absolvição do réu é de rigor, pela necessidade de jamais se impor pena a um inocente.

Ante o exposto, aguarda-se que esse Egrégio Tribunal, em sua alta sabedoria, haja por bem acolher o presente recurso, anulando a r. sentença condenatória ou absolvendo o apelante da presente imputação, com o que estará realizando a mais esperada Justiça.

...., ... de .... de ......

(assinatura do advogado)[9]

[9] Eunice Damaris A. Pereira.

Efeitos do apelo

A apelação não tem efeito suspensivo, de sorte que se um réu preso for absolvido, será posto em liberdade enquanto se decide na instância superior o apelo do Ministério Público (art. 596; cf. p. 414).

Jurisprudência

Efeito suspensivo pretendido em mandado de segurança — Apelação interposta da decisão que concede regime prisional aberto a acusado com maus antecedentes e que não preenche o requisito do art. 114, I, da Lei 7.210/84 — *Periculum in mora* caracterizado — Ordem concedida (TJSP) — *RT* 651/272.

Se o acusado estiver solto e for condenado, somente se ocorrer uma das hipóteses que autorizaria um decreto de prisão preventiva será preso. Caso contrário, recorrerá em liberdade.

De qualquer forma, para que o réu seja preso em razão de decisão condenatória recorrível, deve haver motivação na sentença.

Intimação da sentença

Código de Processo Penal

Art. 392. A intimação da sentença será feita:

I – ao réu, pessoalmente, se estiver preso;

II – ao réu, pessoalmente, ou ao defensor por ele constituído, quando se livrar solto ou, sendo afiançável a infração, tiver prestado fiança;

III – ao defensor constituído pelo réu, se este, afiançável ou não, a infração, expedido o mandado de prisão, não tiver sido encontrado, e assim o certificar o oficial de justiça;

IV – mediante edital, nos casos do nº II, se o réu e o defensor que houver constituído não forem encontrados, e assim o certificar o oficial de justiça;

V – mediante edital, nos casos do nº III, se o defensor que o réu houver constituído também não for encontrado, e assim o certificar o oficial de justiça;

VI – mediante edital, se o réu, não tendo constituído defensor, não for encontrado, e assim o certificar o oficial de justiça;

§ 1º – O prazo do edital será de noventa dias, se tiver sido imposta pena privativa de liberdade por tempo igual ou superior a um ano, e de sessenta dias, nos outros casos.

§ 2º – O prazo para apelação correrá após o término do fixado no edital, salvo se, no curso deste, for feita a intimação por qualquer das outras formas estabelecidas neste artigo.

A intimação da sentença condenatória a réu preso deve ser feita pessoalmente. Se ele tiver defensor dativo, ambos deverão ser intimados, devendo a intimação do advogado ser posterior à do réu, sob pena de nulidade.

Se o réu estiver solto e tiver defensor dativo, deverá ser intimado pessoalmente ou por edital, se não for encontrado.

Findo o prazo do art. 600 (cf. p. 439), com ou sem razões, os autos sobem para apreciação superior (art. 601).

Código de Processo Penal

Art. 601. Findos os prazos para razões, os autos serão remetidos à instância superior, com as razões ou sem elas, no prazo de cinco dias, salvo no caso do art. 603, segunda parte, em que o prazo será de trinta dias.

§ 1º – Se houver mais de um réu, e não houverem todos sido julgados, ou não tiverem todos apelado, caberá ao apelante promover extração do traslado dos autos, o qual deverá ser remetido à instância superior no prazo de trinta dias, contado da data da entrega das últimas razões de apelação, ou do vencimento do prazo para a apresentação das do apelado.

§ 2º – As despesas do traslado correrão por conta de quem o solicitar salvo se o pedido for de réu pobre ou do Ministério Público.

Extinção da apelação

Normalmente, a apelação se extingue pelo acórdão, mas se o réu fugir, depois de ter apelado, mesmo que seja recapturado, a apelação será tida como deserta (art. 595), a menos que seja primário e de bons antecedentes, porque teria o direito de apelar em liberdade.

Código de Processo Penal

Art. 595. Se o réu condenado fugir depois de haver apelado, será declarada deserta a apelação.

Jurisprudência

Deserção — Inadmissibilidade — Apelação interposta pelo Ministério Público a favor do acusado como *custo legis* — Réu preso que se evadiu depois de recebido o apelo — Inaplicabilidade da sanção do art. 595 do CPP — Conhecimento determinado — Voto vencido (TJSP) — *RT* 620/284.

Deserção também ocorre no caso do art. 806, § 2º (cf. p. 412), quando a ação for exclusivamente privada.

Haverá ainda deserção pela desistência, fato não-aplicável ao Ministério Público que não pode desistir do apelo, depois de interposto (art. 42).

Código de Processo Penal

Art. 42. O Ministério Público não poderá desistir da ação penal.

O art. 594 (cf. p. 414) está revogado pela Constituição Federal de 1988 (art. 5º, LVII) bem como a parte final do art. 597, em razão da reforma penal de 1984.

Constituição da República Federativa do Brasil

Art. 5º. (...)

LVII – ninguém será considerado culpado até o trânsito em julgado de sentença penal condenatória.

Código de Processo Penal

Art. 597. A apelação de sentença condenatória terá efeito suspensivo, salvo o disposto no art. 393, a aplicação provisória de interdições de direitos e de medidas de segurança (arts. 374 e 378), e o caso de suspensão condicional de pena.

O Código de Processo Penal proíbe a *reformatio in pejus* (art. 617), autorizando a *reformatio in mellius*. Isso significa que se somente o réu apelar, jamais terá sua pena agravada. O tribunal a manterá, diminuirá ou absolverá o réu, jamais lhe aplicando pena maior que a imposta em primeira instância.

Código de Processo Penal

Art. 617. O Tribunal, câmara ou turma atenderá nas suas decisões ao disposto nos arts. 383, 386 e 387, no que for aplicável, não podendo, porém, ser agravada a pena, quando somente o réu houver apelado da sentença.

Já no tocante ao apelo da acusação, para agravar pena, quer nas ações públicas quer nas privadas, ainda que o réu não tenha apelado, em virtude da consagração da *reformatio in mellius*, tanto pode o tribunal manter a decisão recorrida, como agravar a pena em virtude do apelo, como pode diminuí-la em benefício do réu, ou até absolvê-lo.

O tribunal pode, inclusive, conceder *habeas corpus* de ofício (art. 654, § 2º).

Código de Processo Penal

Art. 654. O *habeas corpus* poderá ser impetrado por qualquer pessoa, em seu favor ou de outrem, bem como pelo Ministério Público.

(...)

§ 2º – Os juízes e os tribunais têm competência para expedir de ofício ordem de *habeas corpus*, quando no curso de processo verificarem que alguém sofre ou está na iminência de sofrer coação ilegal.

O assistente de acusação não pode apelar para agravar uma pena, por lhe faltar interesse, porque seu objetivo é apenas a condenação, que tornará certa a obrigação de indenizar, seja em que quantia for.

Todavia, já se entendeu de forma diversa (cf. p. 378).

4. Protesto por Novo Júri

Código de Processo Penal

Art. 607. O protesto por novo júri é privativo da defesa, e somente se admitirá quando a sentença condenatória for de reclusão por tempo igual ou superior a vinte anos, não podendo em caso algum ser feito mais de uma vez.

§ 1º – Não se admitirá protesto por novo júri, quando a pena for imposta em grau de apelação (art. 606).

§ 2º – O protesto invalidará qualquer outro recurso interposto e será feito na forma e nos prazos estabelecidos para interposição da apelação.

§ 3º – No novo julgamento não servirão jurados que tenham tomado parte no primeiro.

O protesto por novo júri é um dos três recursos exclusivos da defesa, usado por uma só vez contra decisões do Tribunal do Júri que condenam um réu, por um só crime, a uma pena igual ou maior que vinte anos.

Pode ser oferecido por petição ou por termo, sem razões, ao presidente do Tribunal do Júri, em cinco dias.

Recurso

(modelo)

Protesto por novo júri

Exmo. Sr. Dr. Juiz de Direito, Presidente do E. Tribunal do Júri da Comarca de ....

(deixar espaço)

Proc. nº ....
Cartório do Júri

João, qualificado nos autos do processo-crime que lhe move a Justiça Pública desta Comarca, perante esse DD. Juízo e respectivo Cartório, por seu procurador, vem, tempestivamente, à presença de V. Exa., a fim de protestar por novo julgamento, pois, conforme se vê às fls. ..., foi condenado por esse Egrégio Tribunal, por um só crime, à pena de vinte e um anos de reclusão.

Termos em que, recebida esta,

Pede deferimento.

...., ... de .... de ....

(assinatura do advogado)

Acolhido o protesto, o juiz mandará incluir o processo na pauta existente, para ser novamente julgado, não podendo funcionar no novo julgamento o jurado que tenha servido no primeiro Conselho.

Os requisitos para o acolhimento desse recurso são:

a) pena igual ou maior que 20 (vinte) anos;

b) ter sido apenado por um só crime;

c) recurso tempestivo;

d) interposição uma única vez.

Levado a novo julgamento, nada impede venha o réu a ser condenado a uma pena maior que a imposta no primeiro júri.

JURISPRUDÊNCIA

Réu condenado por homicídio qualificado e tentativa de homicídio em concurso material — Pedido indeferido — Delitos que, separadamente, não receberam, qualquer deles, pena superior a 20 (vinte) anos — Inteligência do art. 607 do CPP (TJSC — Ement.) — *RT* 547/396.

Protesto por novo julgamento — Procedência — Invalidação do primeiro julgamento, que se desconstitui para todos os efeitos jurídico-processuais, a fim de que um novo se realize — Impossibilidade de futuramente vir a ser alegada nulidade eventualmente ocorrida durante o primeiro julgamento, a qual, em conseqüência, reputa-se como não-verificada — Recurso que, porém, não afeta e nem desconstitui a sentença de pronúncia e o libelo-crime acusatório — Inteligência do art. 607 do CPP (STF) — *RT* 656/362.

5. Embargos Infringentes e de Nulidade

Código de Processo Penal

Art. 609. Os recursos, apelações e embargos serão julgados pelos Tribunais de Justiça, Câmaras ou Turmas criminais, de acordo com a competência estabelecida nas leis de organização judiciária.

Parágrafo único. Quando não for unânime a decisão de segunda instância, desfavorável ao réu, admitem-se embargos infringentes e de nulidade, que poderão ser opostos dentro de dez dias, a contar da publicação de acórdão, na forma do art. 613. Se o desacordo for parcial, os embargos serão restritos à matéria objeto de divergência.

Além do protesto por novo júri, os embargos infringentes e os de nulidade também são recursos exclusivos da defesa.

Assim, destinando-se ao tribunal, só podem ser interpostos por petição dirigida ao relator do acórdão e entregues na secretaria do tribunal, em dez dias da publicação do acórdão.

Cabem embargos infringentes da decisão de segunda instância, não-unânime, relativa ao mérito da causa, com voto vencido favorável ao réu.

Os embargos de nulidade são oponíveis de decisão de segunda instância não-unânime, relativa a matéria processual (incompetência, por exemplo), cujo voto vencido é favorável ao réu.

Em qualquer dos casos, se o voto vencido for desfavorável ao réu, não poderão ser opostos os embargos. Exemplos: o tribunal dá provimento ao apelo da acusação e condena o réu, não-unanimemente, a um ano e o voto vencido era no sentido de ser condenado a três anos: não cabem embargos. Se o tribunal der provimento a um apelo da acusação e condenar, não-unanimemente, o réu a um ano e o voto vencido entender que ele deveria ser absolvido ou mesmo condenado a uma pena menor que um ano, cabem os embargos. Se os membros da Câmara entenderem que o réu deve ser condenado sem *sursis* e o voto vencido entender que a condenação está correta, mas que o *sursis* deveria ser concedido, os embargos deverão se restringir ao pedido de *sursis* (parte final do parágrafo único do art. 609; cf. p. 453).

As razões devem ser ofertadas junto com o recurso, que uma vez aceito fará com que a Câmara, na sua totalidade ou através de grupo de Câmaras, reveja a matéria.

Os Embargos Infringentes e os de Nulidade são endereçados ao Tribunal competente para conhecimento das apelações (Tribunal de Justiça) e desaparecerão depois que forem criadas as Turmas Recursais, para os casos de competência da Lei nº 9.099/95.

RECURSO

(modelo)

Embargos infringentes (interposição)

Excelentíssimo Senhor Doutor Desembargador-Relator ....
Primeira Câmara do Egrégio Tribunal de Justiça de ....

(deixar espaço)

João, (qualificar), por seu procurador, vem, respeitosamente, à presença de Vossa Excelência, nos autos da apelação nº ...., em que figura como apelante, sendo apelada a Justiça Pública, tempestivamente, opor *embargos infringentes* aos termos do V. Acórdão de fls. ...., pelos fatos que expõe:

1) Condenado em primeira instância, pelo MM. Juízo de Direito da .... Vara Criminal de ...., ao cumprimento da pena de ...., por infração ao artigo .... do CP, foi-lhe concedido o direito de apelar em liberdade;

2) regularmente processado o apelo, houve por bem esse E. Tribunal, por intermédio dessa DD. Câmara, por unanimidade, negar provimento ao Apelo;

3) todavia, o eminente Desembargador ..., embora entendendo justa a condenação, votou pela concessão de *sursis* ao réu, posto estarem preenchidos os requisitos legais;

4) porém, tal entendimento restou isolado, sendo voto vencido no benefício exposto.

Assim, pelos sábios e ponderados fundamentos do voto de S. Exa., e pelas Razões anexas e por ser de Justiça, aguarda confiante pelo recebimento destes *embargos,* para que sejam julgados procedentes, concedendo-lhe o benefício da suspensão condicional da pena. Justiça.

Termos em que,

Pede deferimento.

...., ... de .... de.......

(assinatura do advogado)

As razões deste recurso devem ser oferecidas de imediato, restringindo-se aos termos do voto vencido, que foi favorável ao réu.

Neste caso específico, um Desembargador votou unanimemente com os outros, no sentido de manter a condenação, mas divergiu, isoladamente, quanto à forma de cumprimento de pena, entendendo que o apelante faz *jus* ao *sursis*, enquanto que os demais negaram o benefício, de modo que o fundamento das Razões deve se restringir à concessão, pelo Pleno, do *sursis* concedido no voto vencido, não se podendo mais pleitear a absolvição.

Observa-se que na Justiça Militar tanto os embargos infringentes quanto os de nulidade deixam de ser exclusivos do réu, podendo ser opostos por qualquer das partes, desde que a decisão favorável ou desfavorável ao réu não seja unânime.

Jurisprudência

Interesse recursal reconhecido — Prescrição da pretensão punitiva decretada em acórdão condenatório proferido por maioria de votos e ainda não transitado em julgado — Possibilidade de ser decretada a absolvição se prevalecente o voto minoritário — Conhecimento — Voto vencido (TJSP) — *RT* 641/311.

Embargos infringentes — Não interposição pelo defensor dativo contra a decisão condenatória — Irrelevância — Recurso voluntário e não-obrigatório — Independência da atuação do defensor — Cerceamento de defesa inexistente — *Habeas corpus* indeferido (STF) — *RT* 629/383.

Acórdão não-unânime proferido em agravo em execução — Descabimento — Recurso previsto somente para as decisões não-unânimes proferidas em grau de apelação ou recurso em sentido estrito — Inteligência do parágrafo único do art. 609 do CPP — Declaração de voto (TJSP) — *RT* 670/272.

Embargos infringentes — Interposição pelo próprio réu — Não-conhecimento — Ausência de capacidade postulatória — Inteligência da Lei 1.720-B/52 (TAPR) — *RT* 550/364.

Embargos infringentes e de nulidade — Voto vencido não declarado — Conhecimento, inobstante — Anotações nos autos quanto à divergência havida com a maioria — Preliminar repelida (TJPR — Ement.) — *RT* 554/421.

Alteração das condições do *sursis* — Inadmissibilidade, por não terem caráter infringente do julgado — Modificação somente possível via apelação (TACrimSP) — *RT* 660/301.

6. EMBARGOS DECLARATÓRIOS

O CPP prevê nos arts. 619 e 620, a possibilidade de serem opostos embargos declaratórios nos Tribunais, para esclarecimento de acórdãos obscuros, omissos ou contraditórios.

> Código de Processo Penal
>
> Art. 619. Aos acórdãos proferidos pelos Tribunais de Apelação, câmaras ou turmas, poderão ser opostos embargos de declaração, no prazo de dois dias contados da sua publicação, quando houver na sentença ambigüidade, obscuridade, contradição ou omissão.
>
> Art. 620. Os embargos de declaração serão deduzidos em requerimento de que constem os pontos em que o acórdão é ambíguo, obscuro, contraditório ou omisso.
>
> § 1° – O requerimento será apresentado pelo relator e julgado, independentemente de revisão, na primeira sessão.

§ 2º – Se não preenchidas as condições enumeradas neste artigo, o relator indeferirá desde logo o requerimento.

Esses embargos são feitos por petição dirigida ao relator do acórdão, em dois dias da sua publicação, podendo ser opostos por qualquer das partes, incluindo o assistente e não se ouvindo a parte contrária.

Recurso

(modelo)

Embargos de declaração

Excelentíssimo Senhor Doutor Desembargador-Relator .... do Egrégio Tribunal de Justiça de ....

(deixar espaço)

João, qualificado nos autos da apelação ...... em que figura como apelante, sendo apelada a Justiça Pública da Comarca de ....., vem, respeitosamente, à presença de Vossa Excelência, opor *embargos declaratórios* aos termos do V. Acórdão de fls. ...., publicado aos .../.../..., que deu provimento ao apelo do réu, para lhe diminuir a pena imposta em primeira instância, pelos seguintes motivos:

1) Conforme se vê da cópia anexa, por votação unânime, essa Colenda Câmara acolheu as razões do apelante e diminuiu sua anterior pena, consistente em .....;

2) todavia, por evidente equívoco, do final do V. Acórdão consta, ao invés da diminuição concedida, a fixação de pena superior à imposta originariamente, o que, *data venia*, contraria o julgamento e caracterizaria até a *reformatio in pejus*, o que é proibido por lei e não foi, evidentemente, a decisão dessa nobre casa.

Isto posto, tempestiva e respeitosamente, requer a Vossa Excelência o recebimento dos presentes *embargos*, para o fim de ser corrigido o engano nele contido.

Termos em que,

Pede deferimento.

...., ... de .... de ......

(assinatura do advogado)

JURISPRUDÊNCIA

Embargos de declaração — Recebimento, contrariando a votação do acórdão — Violação ao art. 619 do CPP (STF — Ement.) — *RT* 552/444.

Interposição visando a modificação do acórdão — Inadmissibilidade — Recurso que se presta somente a corrigir ambigüidade, obscuridade, contradição ou omissão na decisão — Aplicação do art. 619 do CPP (STF) — *RT* 670/337.

Embargos de declaração — Recebimento — Circunstâncias que importam, na espécie, anulação da decisão embargada — Admissibilidade — Inteligência dos arts. 619 e 620 do CPP — *RT* 606/295.

Contra o indeferimento liminar dos embargos, o recurso previsto é o agravo regimental.

Os embargos declaratórios não existem na Justiça comum de primeira instância, falando o legislador, no art. 382 do CPP, o seguinte:

> Código de Processo Penal
>
> Art. 382. Qualquer das partes poderá, no prazo de dois dias, pedir ao juiz que declare a sentença, sempre que nela houver obscuridade, ambigüidade, contradição ou omissão.

Por se tratar de uma petição comum, dirigida ao juiz de primeira instância e não sendo embargos de declaração que, como se disse, estão previstos apenas para esclarecer acórdãos, é conhecida como "embarguinho".

Todavia, agora e somente para os casos da Lei 9.099/95, cuidando do JEC, o art. 83 assim dispõe:

> Art. 83. Caberão embargos de declaração quando, em sentença ou acórdão, houver obscuridade, contradição, omissão ou dúvida.
>
> § 1º – Os embargos de declaração serão opostos por escrito ou oralmente, no prazo de cinco dias, contados da ciência da decisão.

§ 2º – Quando opostos contra sentença, os embargos de declaração suspenderão o prazo para o recurso.

§ 3º – Os erros materiais podem ser corrigidos de ofício.

Recebidos, os embargos suspendem os prazos para os demais recursos.

7. CARTA TESTEMUNHÁVEL

Código de Processo Penal

Art. 639. Dar-se-á carta testemunhável:

I – da decisão que denegar o recurso;

II – da que, admitindo embora o recurso, obstar à sua expedição e seguimento para o juízo *ad quem*.

Art. 640. A carta testemunhável será requerida ao escrivão, ou ao secretário do Tribunal, conforme o caso, nas quarenta e oito horas seguintes ao despacho que denegar o recurso, indicando o requerente as peças do processo que deverão ser trasladadas.

A carta testemunhável é cabível contra despachos que não recebam o recurso em sentido estrito, agravo e protesto por novo júri.

RECURSO

(modelo)

Carta testemunhável

Exmo. Sr. Escrivão da .... Vara Criminal da Comarca de ....

(deixar espaço)

Fulano, (qualificar), por seu advogado, procuração anexa, vem requerer Carta Testemunhável, pelos motivos seguintes:

1) Foi processado por essa E. Vara (autos nº ....) por infração ao artigo ... do CP, com sentença condenatória prolatada aos .../.../...;

2) intimado aos .../.../... e irresignado com a condenação, dela apelou aos .../.../...;

3) todavia, tal apelo foi denegado pelo DD. Magistrado dessa r. Vara, sob a alegação de intempestividade;

4) entendendo que o recurso foi tempestivo, contra essa decisão se insurgiu o requerente, recorrendo em sentido estrito, conforme determina o art. 581, XV, do CPP;

5) todavia, para maior surpresa sua, nova denegação ocorreu, posto que S. Exa. também se recusou a receber esse segundo recurso;

Assim, outra alternativa não tem, senão a de, com fundamento no art. 639, I, do CPP, requerer a presente *carta* para que, formado o instrumento, seja encaminhado à E. Superior Instância para decisão.

Requer o traslado das seguintes peças:

1) sentença de fls .....;

2) intimação da sentença, fls. ....;

3) termo de recurso, fls. ....;

4) despacho de denegação do recurso, fls. ....;

5) recurso em sentido estrito, fls. ....;

6) denegação ao recurso, fls. .....

Termos em que,

Pede deferimento.

...., ... de .... de ....

(assinatura do advogado)

Jurisprudência

Carta testemunhável — Interposição do despacho que indefere recurso em sentido estrito — Conhecimento — Inteligência do art. 639 do CPP (TACrimSP) — *RT* 553/375.

Carta testemunhável — Interposição da decisão que não recebe recurso em sentido estrito contra despacho que condiciona o recebimento de apelação do réu ao seu recolhimento à prisão — Sentenciado condenado ao cumprimento da pena em regime aberto — Fixação de condição inexeqüível — Incongruência entre a fundamentação e a conclusão do despacho — Revogação deste — Pedido deferido — Recebimento determinado (TJPR) — *RT* 614/329.

Carta testemunhável — Interposição mais de 48 (quarenta e oito) horas após o despacho que indeferiu recurso em sentido estrito — Não-conhecimento — Intempestividade — Desnecessidade de sua intimação às partes — Inteligência dos arts. 639, I, e 640 do CPP (Ement.) — *RT* 597/303.

A carta é requerida por petição ao escrivão do feito, em quarenta e oito horas do despacho que não receber o recurso, indicando-se as peças que deverão ser trasladadas.

Se um recurso de apelação não foi recebido, contra essa decisão existe o recurso em sentido estrito (art. 581, XV; cf. p. 417). Se este também não for recebido, aí sim caberá carta testemunhável, que permite ao juiz rever sua decisão, voltando atrás no despacho e recebendo o recurso anteriormente recusado.

8. Correição Parcial

Quando não houver recurso previsto em lei para atacar despachos de juízes que, por abuso ou erro, tumultuarem os atos processuais, caberá o pedido de correição parcial, no prazo de cinco dias da intimação do despacho contra o qual se insurge.

Se houver simplesmente um pedido de reconsideração e o juiz não o acolher, provavelmente o interessado terá perdido o prazo para interpor a correição parcial, porque os cinco dias são contados da intimação do primeiro despacho que indeferiu o pedido e não do segundo, que não reconsiderou a decisão.

É exemplo de correição parcial o indeferimento de requerimento feito na defesa prévia.

A competência para conhecê-la é do tribunal competente para a causa. Esse órgão corrige o erro e, se entender cabível, remete o caso para apreciação do Conselho Superior da Magistratura.

A correição parcial permite o juízo de retratação, de sorte que, depois de oferecidas as razões e contra-razões, os autos irão conclusos ao juiz, que poderá reformar sua decisão ou mantê-la, remetendo o feito à instância superior.

O rito a ser seguido é o mesmo para o antigo agravo de instrumento no cível, de sorte que, se for indeferida, caberá ao prejudicado impetrar mandado de segurança.

RECURSOS

(modelo I)

Correição parcial

Exmo. Sr. Dr. Juiz de Direito da .... Vara Criminal da Comarca de ....

(deixar espaço)

Proc. nº ....
Cartório .... Ofício

João, qualificado nos autos de processo-crime que lhe move a Justiça Pública desta Comarca, perante esse DD. Juízo e respectivo Cartório, por infração ao art. 302, do Código de Trânsito Brasileiro, por sua procuradora, vem, tempestivamente, à presença de V. Exa., a fim de interpor CORREIÇÃO PARCIAL para conhecimento da E. Superior Instância, por não se conformar, *data maxima venia*, com o r. despacho de fls. .... que indeferiu pedido de expedição de ofício feito na defesa prévia de fls. ....

Dessa forma, sendo mantido o r. despacho contra o qual se insurge, respeitosamente requer o recebimento deste e seu regular processamento, indicando as peças que pretende sejam trasladadas e oferecendo, anexas, suas *Razões*.

Peças a serem trasladadas:

1) defesa prévia de fls. ....,

2) despacho de indeferimento de fls. ....;

3) ciência do despacho, fls. .....

Nestes termos,

Pede deferimento.

...., ... de .... de ....

(assinatura da advogada)

(modelo II)

Correição parcial — Razões

Egrégio Tribunal
Colenda Câmara

(deixar espaço)

Fulano está sendo processado pela Justiça Pública da Comarca de .... porque teria cometido o delito previsto no art. 302, do Código de Trânsito Brasileiro.

Ocorre que, por ocasião do acidente em que faleceu Beltrano, o requerente, dirigindo o caminhão ...., pela Rodovia ...., em razão do choque frontal com a perua .... dirigida pela vítima, foi projetado violentamente pelo vidro dianteiro da cabine, caindo de cabeça no asfalto.

Em razão desse violento impacto foi socorrido e atendido na Santa Casa de ..., sendo em seguida removido para o Hospital ...., da cidade de ...., onde permaneceu internado durante .... dias, com traumatismo craniano.

Por ter sofrido graves lesões em conseqüência do acidente, procurou, de todas as formas, obter cópias das fichas médico-hospitalares comprobatórias dos seus ferimentos, sem sucesso, porque tanto os médicos, como os hospitais que o atenderam se recusaram a esse fornecimento, alegando que só poderiam atender a um pedido oficial.

Considerando-se que não consta dos autos qualquer referência a essas lesões sofridas e que sua comprovação é de fundamental importância à defesa, no tríduo legal após o interrogatório, foi requerida a expedição de ofícios, tanto à Santa Casa de ...., como ao Hospital ..., para que, por meio de determinação judicial, fornecessem esses indispensáveis documentos.

Porém, S. Exa., inexplicavelmente, indeferiu o pedido, alegando que a prova da defesa deve ser por ela providenciada e não pelo juízo.

Ora, não há meios de se obter cópias dos prontuários médicos, vez que, sob a alegação de ética e sigilo, recusam-se eles, terminantemente, a atender a qualquer pedido que não seja judicial.

Assim, criado o impasse e sendo extremamente relevante ao acusado provar nos autos, que foi gravemente atingido pelo evento, outra alternativa não tem, diante da inexistência de recurso específico para o caso, senão a de impetrar a presente *correição parcial* para que esse E. Tribunal, em sua costumeira sabedoria e Justiça, determine que sejam expedidos os ofícios tempestivamente requeridos, por ser de Justiça.

...., ... de .... de ....

(assinatura da advogada)

JURISPRUDÊNCIA

Ato jurisdicional — Inadmissibilidade — Exceção de incompetência rejeitada — Desconhecimento do estado do processo na jurisdição que se alega preventa — Decisão irrecorrível — Correição conhecida — Erro, porém, que, se existente, seria *in judicando*, e não *in procedendo* — Indeferimento no mérito (TJSP) — *RT* 615/277.

Error in procedendo — Caracterização — Indeferimento de juntada de declarações de testemunha, cuja oitiva fora negada pelo juiz, reduzidas a termo pela autoridade policial a pedido do Ministério Público — Alegação de se tratar de matéria já apreciada — Inadmissibilidade — Informes que constituem prova documental, e não testemunhal — Possibilidade de apresentação em qualquer fase do processo — Correição deferida — Inteligência do art. 232 do CPP (TJSP) — *RT* 627/293.

Inversão tumultuária da ordem dos atos processuais — Indeferimento de habilitação de assistente da acusação após sua regular admissão — Inexistência de recurso específico na lei processual — Hipótese de *error in procedendo* — Conhecimento (TJSP) — *RT* 618/294.

9. Recurso Extraordinário e Especial

O recurso extraordinário é dirigido ao STF só podendo ser interposto quando houver violação à Constituição Federal em seu art. 102, III, *a*, *b* e *c* (cf. p. 415), enquanto o recurso especial se destina ao STJ nos casos de ofensa ao art. 105, III, *a*, *b* e *c* da Lei Maior vigente (cf. p. 416).

Os dois recursos divergem apenas com relação à matéria, sendo no mais, absolutamente idênticos, tanto quanto à maneira de interposição como no seu procedimento e prazo.

A petição é interposta ao Presidente do Tribunal contra o qual se recorre, em quinze dias, abrindo-se vista posteriormente ao recorrido para o oferecimento de contra-razões.

Em seguida será encaminhado ao Presidente do Tribunal, que o aceitará ou não. Se o aceitar, será encaminhado ao STF ou ao STJ, conforme o caso. Não o aceitando, o recorrente poderá interpor o agravo de instrumento para a mais Alta Corte, em cinco dias.

Têm legitimidade para interpor qualquer dos recursos tratados os procuradores, o defensor e o querelante.

Tanto o recurso extraordinário como o especial só podem ser opostos se os tribunais (qualquer deles) tiverem negado provimento à matéria que obrigatoriamente deve ter sido exposta pela parte interessada, anteriormente.

Se um tribunal negar provimento a um apelo, sem fazer qualquer referência à matéria objeto desses recursos, porque o interessado não a alegou, ou por esquecimento, e o recorrente, através de embargos declaratórios, não provocou sua manifestação sobre essas questões, não poderá usar nem do recurso extraordinário, nem do especial, por falta de prequestionamento.

Explica-se: se um juiz de primeira instância condenar um réu com base exclusivamente em sua confissão judicial, totalmente divorciada de todos os demais elementos dos autos, haveria violação do CPP em seu art. 197 (cf. p. 307), motivo pelo qual, no Apelo, a questão deve ser ventilada. Ao julgar o recurso, o Tribunal deve se manifestar sobre esse fato argüido. Se não o fizer, cabe ao recorrente opor embargos declaratórios para forçar a segunda instância a se manifestar. Só assim poderá, caso venha a perder, interpor recurso especial para o STJ.

A legislação estadual que dispuser sobre o JEC deverá disciplinar estes e os outros recursos, referentemente aos casos da Lei 9.099/95.

JURISPRUDÊNCIA

Recurso Especial — Conversão de extraordinário — Recurso criminal fundado em alegações de negativa de vigência de textos legais e de dissídio de jurisprudência restrito ao âmbito legal — Competência do STJ — Recurso não conhecido e convertido em especial com fundamento nas letras *a* e *e* do inc. III do art. 105 da CF/88 — Remessa ao Tribunal competente determinada (STF) — *RT* 648/364.

Desconstituição da decisão em *habeas corpus* impetrado originariamente ao Plenário do STF — Inadmissibilidade — Hipótese em que a Turma, quando decide matéria de sua competência, representa o Supremo — Posicionamento não revogado pelo art. 102, I, i, da CF de 88 — Ordem não conhecida — Ressalva da possibilidade de interposição de revisão criminal se assim pretender o paciente no futuro, uma vez que a petição inicial não atende aos pressupostos dos arts. 263 e 266 do Regimento Interno — Aplicação da Súmula 606 (STF) — *RT* 644/358.

10. RECURSO ORDINÁRIO AO STF

Constituição da República Federativa do Brasil

Art. 102. Compete ao Supremo Tribunal Federal, precipuamente, a guarda da Constituição, cabendo-lhe:

(...)

II – julgar, em recurso ordinário:

(...)

b) o crime político.

O recurso ordinário previsto na CF/88 e endereçado ao STF se aplica apenas aos crimes políticos, funcionando a Suprema Corte como segunda ou terceira instância.

Assim, alguém processado por crime político perante um juiz federal recorrerá ao TRF e, em seguida ao STF como terceira instância.

Se se tratar de uma pessoa com foro privilegiado, respondendo a processo perante tribunal estadual por crime político, o recurso ordinário será ao STF, que funcionará como segunda instância.

Deve ser interposto por petição dirigida ao relator, em três dias, com prazo posterior de cinco, para o oferecimento de razões e contra-razões, após o que serão os autos encaminhados ao STF.

Outra possibilidade de recurso ordinário na mesma Corte está expressa no art. 102, II, *a,* da CF/88 (cf. p. 415) e se refere aos casos em que o STJ, o STM ou o TSE, funcionando em única instância, negaram ordem de *habeas corpus*, mandado de segurança, *habeas data* ou mandado de injunção.

11. Recurso Ordinário ao STJ

Nos casos em que um *habeas corpus* ou mandado de segurança forem negados em única ou última instância pelos Tribunais Estaduais, Tribunais Regionais Federais ou quando um tribunal não conhecer o pedido, caberá recurso ordinário ao STJ, conforme dispõe o art. 105, II, *a* e *b* da CF/88.

> Constituição da República Federativa do Brasil
>
> Art. 105. Compete ao Superior Tribunal de Justiça:
>
> (...)
>
> II – julgar em recurso ordinário:
>
> *a)* *habeas corpus* decididos em única ou última instância pelos Tribunais Regionais Federais ou pelos Tribunais dos Estados, do Distrito Federal e Territórios, quando a decisão for denegatória;
>
> *b)* os mandados de segurança decididos em única instância pelos Tribunais Regionais Federais ou pelos tribunais dos Estados, do Distrito Federal e Territórios, quando denegatória a decisão.

Então, contra ato de coação de um juiz de direito pode a parte impetrar *habeas corpus* ao tribunal estadual. Se o remédio não for conhecido ou for negado, caberá recurso ordinário ao STJ, interposto em cinco dias e dirigido ao presidente do tribunal.

JURISPRUDÊNCIA

Denegação pelo STF — *Habeas corpus* originário impetrado da decisão ao STF — Admissibilidade — Hipótese em que aquele, ao negar provimento, tornou-se coator — Aplicação dos arts. 102, I, "i", e 105, II, "a", da CF (STF) — *RT* 648/361.

Interposição no STJ — *Habeas corpus* impetrado originariamente no STF na sua pendência — Matéria idêntica em ambas as providências — Inadmissibilidade — Possibilidade de ensejar decisões conflitantes — Desrespeito ao princípio hierárquico e ao regime de sucessividade dos recursos — Não-conhecimento (STF) — *RT* 649/365.

12. AGRAVO DE INSTRUMENTO

Este recurso é oponível contra despacho de Presidente de Tribunal ao indeferir recurso que deve seguir para o STF ou STJ, ou quando não houver despacho algum, nem justificativa, em 30 (trinta) dias, ou quando a remessa de um processo para o Tribunal Superior for retardada sem justificação.

O rito é igual ao do antigo agravo no cível, devendo ser interposto em cinco dias, por petição, podendo o presidente do tribunal recebê-lo, mandando processar para subir ao STF ou ao STJ ou retratar-se, acolhendo o recurso anteriormente negado e mandando processá-lo.

Existe, ainda, outro tipo de agravo seguindo o mesmo rito, e que se encontra nos incisos XII, XVII, XIX, XX, XXI, XXII, XXIII e XXIV do art. 581 (cf. pp. 417 e 418), os quais, em virtude da Lei de Execução Penal (art. 197), deixaram de se elencar entre as situações que permitem o recurso em sentido estrito, por estarem na fase de execução, que se inicia após o trânsito.

Lei de Execução Penal

Art. 197. Das decisões proferidas pelo juiz caberá recurso de agravo, sem efeito suspensivo.

Jurisprudência

Agravo de instrumento — Interposição contra despacho que inadmite recurso extraordinário — Pedido de vista dos autos para apresentação de memorial negado ao recorrente — Admissibilidade — Ato de deliberação do relator — Agravo regimental improvido (STF) — *RT* 514/408.

13. Agravo Inominado[10]

Código de Processo Penal

Art. 557. O relator será o juiz da instrução do processo, com as atribuições que o Código confere aos juízes singulares.

Parágrafo único. Caberá agravo, sem efeito suspensivo, para o Tribunal, na forma do respectivo Regimento Interno, do despacho do relator que:

a) receber ou rejeitar a queixa ou a denúncia, ressalvado o disposto no art. 559;

b) conceder ou denegar fiança, ou a arbitrar;

c) decretar a prisão preventiva;

d) recusar a produção de qualquer prova ou a realização de qualquer diligência.

Excetuando-se os processos de competência originária do Senado, do STM e do STF, que têm rito próprio, em todos os demais casos caberá agravo inominado contra despacho do relator do tribunal, nas hipóteses previstas no parágrafo único do art. 557 do CPP, com a forma procedimental que o regimento desse tribunal determinar.

Esse recurso não é contraminutado e permite o juízo de retratação. Caso isso não ocorra, será julgado pelo colegiado competente para conhecer o feito.

[10] Terminologia usada pelo Doutor Fernando da Costa Tourinho Filho.

14. AGRAVO REGIMENTAL

Equivale ao agravo inominado, quando os tribunais estiverem funcionando como instâncias superiores e não com competência originária.

O rito é idêntico ao do agravo inominado, podendo ser interposto não só contra despacho do relator, como também do presidente.

JURISPRUDÊNCIA

Exceção de incompetência do tribunal — Agravo Regimental interposto pelo assistente do Ministério Público ao despacho do juiz — Legitimidade recursal — Hipótese em que a exceção pode até mesmo ser declarada de ofício pelo magistrado em qualquer fase do processo — Inteligência da Súmula 210 (STF) — *RT* 626/399.

15. RECURSO INOMINADO

Código de Processo Penal

Art. 625. O requerimento será distribuído a um relator e a um revisor, devendo funcionar como relator um desembargador que não tenha pronunciado decisão em qualquer fase do processo.

(...)

§ 3º – Se o relator julgar insuficientemente instruído o pedido e inconveniente ao interesse da justiça que se apensem os autos originais, indeferi-lo-á *in limine*, dando recurso para as câmaras reunidas ou para o tribunal, conforme o caso (art. 624, parágrafo único).

É recurso interno dos tribunais estaduais e do STF e ocorre quando o relator de um pedido de revisão criminal indeferi-la liminarmente.

Tem o mesmo rito do agravo regimental (cf. item anterior).

Capítulo XI

Das Exceções, das Incompatibilidades e dos Impedimentos

1. *Introdução;* 2. *Exceção de suspeição;* 3. *Exceção de incompetência;* 4. *Exceção de litispendência;* 5. *Exceção de ilegitimidade de parte;* 6. *Exceção de coisa julgada;* 7. *Incompatibilidades e impedimentos.*

1. Introdução

Código de Processo Penal

Art. 95. Poderão ser opostas as exceções de:

I – suspeição;

II – incompetência de juízo;

III – litispendência;

IV – ilegitimidade de parte;

V – coisa julgada.

Exceções são incidentes processuais que visam afastar o juiz ou o juízo, ou extinguir o feito.

Podem ser opostas pelas partes ou reconhecidas pelo juiz, de ofício.

As exceções de suspeição e incompetência são chamadas de dilatórias, porque objetivam tão-somente retardar o andamento do processo. Já as de litispendência, ilegitimidade e coisa julgada extinguem o feito, motivo pelo qual são peremptórias.

Qualquer delas será processada em autos apartados e geralmente não suspende a ação penal, exceto na situação prevista no art. 102.

> Código de Processo Penal
>
> Art. 102. Quando a parte contrária reconhecer a procedência da argüição, poderá ser sustado, a seu requerimento, o processo principal, até que se julgue o incidente da suspeição.
>
> Art. 111. As exceções serão processadas em autos apartados e não suspenderão, em regra, o andamento da ação penal.

2. EXCEÇÃO DE SUSPEIÇÃO

A exceção de suspeição deve ser oferecida pessoalmente pela parte interessada, só se admitindo seja feita por procurador se este tiver poderes especiais (art. 98).

> Código de Processo Penal
>
> Art. 98. Quando qualquer das partes pretender recusar o juiz, deverá fazê-lo em petição assinada por ela própria ou por procurador com poderes especiais, aduzindo as suas razões acompanhadas de prova documental ou do rol de testemunhas.

Os casos de suspeição estão previstos no art. 254, observando-se que é pessoal, e não do juízo.

> Código de Processo Penal
>
> Art. 254. O juiz dar-se-á por suspeito, e, se não o fizer, poderá ser recusado por qualquer das partes:
>
> I – se for amigo íntimo ou inimigo capital de qualquer deles;
>
> II – se ele, seu cônjuge, ascendente ou descendente, estiver respondendo a processo por fato análogo, sobre cujo caráter criminoso haja controvérsia;

III – se ele, seu cônjuge, ou parente, consangüíneo, ou afim, até o 3º grau, inclusive, sustentar demanda ou responder a processo que tenha de ser julgado por qualquer das partes;

IV – se tiver aconselhado qualquer das partes;

V – se for credor ou devedor, tutor ou curador, de qualquer das partes;

VI – se for sócio, acionista ou administrador de sociedade interessada no processo.

Petição

(modelo)

Exceção de suspeição

Exmo. Sr. Dr. Juiz de Direito da ... Vara Criminal da Comarca de ....

(deixar espaço)

Proc. nº ....
Cartório ... Ofício Criminal

João, qualificado nos autos de processo-crime que lhe move a Justiça Pública desta Comarca, perante esse DD. Juízo e respectivo Cartório, por seu procurador, com poderes especiais, vem, no prazo da Defesa Prévia, opor a presente *exceção de suspeição*, posto que, conforme provam os documentos anexados, V. Exa. é credor da suposta vítima, em razão da venda parcelada que lhe fez de um imóvel de sua propriedade.

Requer, assim, o recebimento e reconhecimento da presente *exceção*, para o fim de que sejam os autos remetidos ao substituto de V. Exa.

Termos em que, j. esta aos autos,

Pede deferimento.

...., ... de .... de ....

(assinatura do advogado)

Rol de testemunhas:

1) ....

2) ....

3) ....

Se a suspeição for aceita, a petição será juntada aos autos, que serão remetidos a outro juiz (art. 99). Caso contrário, o pedido será autuado em apartado, seguindo o que dispõe o art. 100.

Código de Processo Penal

Art. 99. Se reconhecer a suspeição, o juiz sustará a marcha do processo, mandará juntar aos autos a petição do recusante com os documentos que a instruam, e por despacho se declarará suspeito, ordenando a remessa dos autos ao substituto.

Art. 100. Não aceitando a suspeição, o juiz mandará autuar em apartado a petição, dará sua resposta dentro em três dias, podendo instruí-la e oferecer testemunhas, e, em seguida, determinará sejam os autos da exceção remetidos, dentro em vinte e quatro horas, ao juiz ou tribunal a quem competir o julgamento.

§ 1º – Reconhecida, preliminarmente, a relevância da argüição, o juiz ou tribunal, com citação das partes, marcará dia e hora para a inquirição das testemunhas, seguindo-se o julgamento, independentemente de mais alegações.

§ 2º – Se a suspeição for de manifesta improcedência, o juiz ou relator a rejeitará liminarmente.

Tanto a argüição de suspeição como de impedimento ou incompatibilidade abrangem não só a pessoa do juiz, como do Promotor de Justiça e auxiliares da justiça (arts. 104, 105 e 106 do CPP).

Código de Processo Penal

Art. 104. Se for argüida a suspeição do órgão do Ministério Público, o juiz, depois de ouvi-lo, decidirá, sem recurso, podendo antes admitir a produção de provas no prazo de três dias.

Art. 105. As partes poderão também argüir de suspeitos os peritos, os intérpretes e os serventuários ou funcionários de justiça, decidindo o juiz de plano e sem recurso, à vista da matéria alegada e prova imediata.

Art. 106. A suspeição dos jurados deverá ser argüida oralmente, decidindo de plano o presidente do Tribunal do Júri, que a rejeitará se, negada pelo recusado, não for imediatamente comprovada, o que tudo constará da ata.

Só não é possível opor-se exceção de suspeição contra autoridade policial (art. 107).

Código de Processo Penal

Art. 107. Não se poderá opor suspeição às autoridades policiais nos atos do inquérito, mas deverão elas declarar-se suspeitas, quando ocorrer motivo legal.

JURISPRUDÊNCIA

Juiz de direito — Oposição por procurador sem poderes especiais — Juntada posterior do mandato — Inadmissibilidade — Ilegitimidade ativa — Exceção não conhecida — Aplicação do art. 98 do CPP (TJSP) — *RT* 618/282.

3. EXCEÇÃO DE INCOMPETÊNCIA

Código de Processo Penal

Art. 69. Determinará a competência jurisdicional:

I – o lugar da infração;

II – o domicílio ou residência do réu;

III – a natureza da infração;

IV – a distribuição;

V – a conexão ou continência;

VI – a prevenção;

VII – a prerrogativa de função.

Se, em virtude do lugar, da matéria ou da pessoa, um juiz não puder se manifestar em um processo e o fizer, estará excedendo suas atribuições, sendo possível corrigir-se tal excesso por meio da exceção de incompetência (arts. 108 e 109).

Código de Processo Penal

Art. 108. A exceção de incompetência do juízo poderá ser oposta, verbalmente ou por escrito, no prazo de defesa.

§ 1° – Se, ouvido o Ministério Público, for aceita a declinatória, o feito será remetido ao juízo competente, onde, ratificados os atos anteriores, o processo prosseguirá.

§ 2° – Recusada a incompetência, o juiz continuará no feito, fazendo tomar por termo a declinatória, se formulada verbalmente.

Art. 109. Se em qualquer fase do processo o juiz reconhecer motivo que o torne incompetente, declará-lo-á nos autos, haja ou não alegação da parte, prosseguindo-se na forma do artigo anterior.

A incompetência do juízo anula apenas os atos decisórios (art. 567).

Código de Processo Penal

Art. 567. A incompetência do juízo anula somente os atos decisórios, devendo o processo, quando for declarada a nulidade, ser remetido ao juiz competente.

Todavia, há que se considerar a seguinte observação:

Agora, em face do texto expresso da Constituição de 1988, que erige em garantia do juiz natural a competência para processar e julgar (art. 5°, LIII, CF), não há como aplicar-se a regra do art. 567, CPP, aos casos de incompetência constitucional: não poderá haver aproveitamento dos atos não-decisórios, quando se tratar de competência de jurisdição, como também de competência funcional (hierárquica e recursal), ou de qualquer outra, estabelecida pela Lei Maior.[1]

Jurisprudência

Competência — Exceção formulada em processo por crime da competência recursal do TACrimSP — Falta de demonstração de que foi ou será oferecida autonomamente, caso em que o julgamento tocaria ao TJSP competente para processar e julgar a exceção com argüição autônoma, nos termos do Provimento 29/84 da Presidência do Tribunal de Justiça — Competência do Tribunal de Alçada, eis que endereçado o pedido ao amplo campo de defesa (TACrimSP) — *RT* 631/310.

Petição

(modelo)

Exceção de incompetência

Exmo. Dr. Sr. Juiz de Direito da ... Vara Criminal da Comarca de ....

(deixar espaço)

Proc. nº ....
Cartório do ... Ofício Criminal

João, qualificado nos autos de processo-crime que lhe move a Justiça Pública desta Comarca, por infração ao artigo ... do CP, por seu procurador, no prazo da defesa prévia, vem, respeitosamente, à presença de V. Exa., opor *exceção de incompetência* desse E. Juízo, posto que o crime, se houve, ocorreu na Comarca de ...., conforme se observa claramente do inquérito policial que deu origem a este processo.

[1] Grinover, Ada P. *As nulidades no Processo Penal,* São Paulo, Ed. Revista dos Tribunais, 8ª ed., 2004, p. 58

Requer, então, digne-se V. Exa. declarar-se incompetente, remetendo os autos ao MM. Juízo de ...., competente para conhecer e julgar o feito.

Termos em que,
Pede deferimento.
...., ... de .... de ......
(assinatura do advogado)

4. EXCEÇÃO DE LITISPENDÊNCIA

Código de Processo Penal

Art. 110. Nas exceções de litispendência, ilegitimidade de parte e coisa julgada, será observado, no que lhes for aplicável, o disposto sobre a exceção de incompetência do juízo.

§ 1º – Se a parte houver de opor mais de uma dessas exceções, deverá fazê-lo numa só petição ou articulado.

§ 2º – A exceção de coisa julgada somente poderá ser oposta em relação ao fato principal, que tiver sido objeto da sentença.

Ocorre a litispendência quando o mesmo autor, invocando o mesmo fato, formula o mesmo pedido contra o mesmo réu.

A exceção de litispendência pode ser argüida a qualquer tempo.

PETIÇÃO

(modelo)

Exceção de litispendência

Exmo. Sr. Dr. Juiz de Direito da ... Vara Criminal da Comarca de ....

(deixar espaço)

Proc. nº ....
Cartório .... Ofício Criminal

João, qualificado nos autos da ação penal que lhe move a Justiça Pública desta Comarca, por infração ao artigo ... do CP, por seu procurador, documento anexo, vem, respeitosamente, à presença de V. Exa., a fim de opor a presente *exceção de litispendência*, expondo para tanto o que segue:

1) Conforme se observa pelos anexos documentos, o excipiente está sendo processado na Comarca de ...., pelo mesmo fato objeto deste processo, figurando como vítima a mesma pessoa;

2) assim, sendo idênticas as ações e encontrando-se aquela em fase final de instrução, respeitosamente requer digne-se V. Exa. sustar o andamento desta ação penal, remetendo o feito, em seguida, ao MM. Juízo de Direito da .... Vara Criminal de ...., perante o qual tramita a outra ação.

Termos em que,

Pede deferimento.

...., ... de .... de ....

(assinatura do advogado)[2]

Jurisprudência

Dupla condenação pelo mesmo crime — Inadmissibilidade — Vedação absoluta do *bis in idem* — Exceção acolhida — Nulidade da segunda ação penal — Reconhecimento em *habeas corpus* — Admissibilidade — Ordem concedida (TJPR) — *RT* 616/335.

5. Exceção de Ilegitimidade de Parte

Observar os arts. 110 (cf. p. 478) e 564, II, do CPP.

Código de Processo Penal

Art. 564 – A nulidade ocorrerá nos seguintes casos:

(...)

II – por ilegitimidade de parte;

[2] Cf. "Revisão criminal", DJU 30.03.79, p. 2.410.

É um tipo de exceção peremptória que, se aceita, extingue o processo, posto que o autor ou o réu é parte ilegítima.

Pode ser reconhecida de ofício ou alegada em qualquer fase processual.

Se a ilegitimidade se referir ao exercício do direito de ação (exemplo: ação privada iniciada por denúncia), o processo será anulado (art. 564, IV), podendo ser instaurada nova ação penal, caso não esteja extinta a punibilidade.

> Código de Processo Penal
>
> Art. 564. A nulidade ocorrerá nos seguintes casos:
>
> (...)
>
> IV – por omissão de formalidade que constitua elemento essencial do ato.

Se se tratar de ilegitimidade do representante da parte, poderá ser regularizada, enquanto a punibilidade não estiver extinta (art. 568).

> Código de Processo Penal
>
> Art. 568. A nulidade por ilegitimidade do representante da parte poderá ser a todo tempo sanada, mediante ratificação dos atos processuais.

Observa-se que a ilegitimidade poderá ser sanada apenas se estiver relacionada a defeito de representação, não sendo possível nos casos de ilegitimidade para agir ou ser parte.

PETIÇÃO

(modelo)

Exceção de ilegitimidade

Exmo. Sr. Dr. Juiz de Direito da ... Vara Criminal da Comarca de ....

(deixar espaço)

Proc. nº ....
Cartório ... Ofício Criminal

João, qualificado nos autos de ação penal que lhe move a Justiça Pública desta Comarca, por infração ao art. 213 do CP, vem, por sua procuradora, documento anexo, respeitosamente, à presença de V. Exa., a fim de opor *exceção de ilegitimidade* de parte, contra o Dr. Promotor de Justiça, pelo que expõe:

1) O excipiente está sendo acusado de ter mantido relações sexuais com Maria, mediante grave ameaça;

2) todavia, conforme se observa nos autos, o pedido de instauração de inquérito policial foi feito por procurador habilitado, contratado pela vítima;

3) assim, em nenhum momento houve qualquer referência a sua miserabilidade, inexistindo também qualquer elemento que legitimasse a interveniência do Ministério Público para intentar ação penal pública contra o requerente;

4) pelo contrário, o que se observa é que findo o inquérito foi ele distribuído a essa E. Vara onde deveria ficar aguardando a manifestação da querelante, o que não ocorreu;

5) assim, tendo a Justiça Pública, por intermédio do Ministério Público, iniciado a ação penal, sem ter legitimidade para tanto, requer a declaração de sua nulidade, conforme determina o art. 564, II, do CPP.

Termos em que,

Pede deferimento.

...., ... de .... de ....

(assinatura da advogada)

6. Exceção de Coisa Julgada

Observar art. 110 do CPP (cf. p. 478).

Esta exceção pode ser oposta quando o mesmo autor pede novamente e sob o mesmo fundamento, contra o mesmo réu, a mesma coisa. Em razão da ocorrência da coisa julgada, a sentença e seus efeitos se tornam imutáveis, a menos que desfavoráveis ao réu que, por meio de *habeas corpus* ou revisão, pode vê-los rescindidos.

PETIÇÃO

(modelo)

Exceção de coisa julgada

Exmo. Sr. Dr. Juiz de Direito da ... Vara Criminal da Comarca de ....

(deixar espaço)

Proc. nº ....
Cartório ....

João, (qualificar), por seu procurador, documento anexo, vem, respeitosamente, à presença de V. Exa., opor a presente *exceção de coisa julgada*, pelos seguintes motivos:

1) Foi denunciado perante esse DD. Juízo, por suposta infração ao artigo ....;

2) ocorre que, conforme provam as cópias anexas, o requerente foi processado perante o MM. Juízo da ... Vara Criminal desta Comarca, pelo mesmo fato objeto deste feito, tendo sido absolvido, com sentença inclusive trânsita.

Assim, sendo nulo este segundo processo, posto que o caso já foi definitivamente julgado e encerrado, requer o reconhecimento da presente *exceção*, para o fim de serem estes autos arquivados.

Termos em que, com os inclusos documentos,

Pede deferimento.

...., ... de .... de ....

(assinatura do advogado)

JURISPRUDÊNCIA

Coisa julgada — Exceção inoponível — Homicídio — Decisão absolutória quanto à autoria material — Autoria intelectual imputada ao mesmo réu em nova ação penal — Admissibilidade — Fato diverso — Inteligência do art. 110, § 2º, do CPP — Declarações de votos vencedores e vencido (STF) — *RT* 615/358.

7. INCOMPATIBILIDADES E IMPEDIMENTOS

Código de Processo Penal

Art. 252. O juiz não poderá exercer jurisdição no processo em que:

I – tiver funcionado seu cônjuge ou parente, consangüíneo ou afim, em linha reta ou colateral até o 3º grau, inclusive, como defensor ou advogado, órgão do Ministério Público, autoridade policial, auxiliar da justiça ou perito;

II – ele próprio houver desempenhado qualquer dessas funções ou servido como testemunha;

III – tiver funcionado como juiz de outra instância, pronunciando-se, de fato ou de direito, sobre a questão;

IV – ele próprio ou seu cônjuge ou parente, consangüíneo ou afim, em linha reta ou colateral até o 3º grau, inclusive, for parte ou diretamente interessado no feito.

Art. 253. Nos juízos coletivos, não poderão servir no mesmo processo os juízes que forem entre si parentes, consangüíneos ou afins, em linha reta ou colateral até o 3º grau, inclusive.

Observar também o art. 254 do CPP (cf. p. 472).

As incompatibilidades e os impedimentos são situações que se equiparam à exceção de suspeição, atingindo não só o juiz, mas todas as pessoas referidas no art. 112.

Código de Processo Penal

Art. 112. O juiz, o órgão do Ministério Público, os serventuários ou funcionários de justiça e os peritos ou intérpretes abster-se-ão de servir no processo, quando houver incompatibilidade ou impedimento legal, que declararão nos autos. Se não se der a abstenção, a incompatibilidade ou impedimento poderá ser argüido pelas partes, seguindo-se o processo estabelecido para a exceção de suspeição.

As incompatibilidades estão previstas no art. 254 (cf. p. 472) e os impedimentos, nos arts. 252 e 253 e deixarão de existir nas hipóteses previstas no art. 255 do CPP.

Código de Processo Penal

Art. 255. O impedimento ou suspeição decorrente de parentesco por afinidade cessará pela dissolução do casamento que lhe tiver dado causa, salvo sobrevindo descendentes; mas, ainda que dissolvido o casamento sem descendentes, não funcionará como juiz o sogro, o padrasto, o cunhado, o genro ou enteado de quem for parte no processo.

JURISPRUDÊNCIA

Juiz de direito — Impedimento — Exceção oposta por procurador sem poderes especiais — Irrelevância — Argüição não fundada em ataque à pessoa do juiz — Preliminar de não conhecimento afastada (TJSP) — *RT* 628/294.

Petição

(modelo)

Exceção de Impedimento

Exmo. Sr. Dr. Juiz de Direito da.......Vara Criminal de.........

Proc. nº.......

Cart. do.....Ofício

Maria das Dores, já qualificada nos autos do processo crime em epígrafe, a que responde perante esse DD. Juízo, como incursa no crime de falso testemunho, vem, por seu defensor (instrumento anexo), oferecer a presente ***EXCEÇÃO DE IMPEDIMENTO*** do MM. Juiz de Direito dessa I. Vara, Dr............, pelo motivo a seguir exposto:

O depoimento inquinado de falso, pelo qual responde, a excipiente, à presente acusação, foi prestado nos autos do processo crime nº........, que tramitou perante essa DD. Vara, em audiência presidida pelo MM. Juiz apontado, aqui, como impedido.

Veja-se, *mutatis mutandis,* o que já decidiu o E.TJSP no HC 260.552-3 (*in* JTJ 219/320):

Crime praticado na presença de magistrado e voz de prisão – TJSP: "Magistrado – Impedimento – Ocorrência – Crime praticado na sua presença, em pleno exercício de sua função – Voz de prisão dada por ele e presidência do auto de flagrante – Irrelevância que se trate de crime de falso testemunho – Presunção legal de impedimento – Nulidade do processo a partir da intervenção do Juiz – Art. 564, inciso I, do Código de Processo Penal – Ordem concedida. *Habeas Corpus* nº 260.552-3 – Campinas – Impetrante: José Carlos........ – Paciente: Magno .... (Voto nº 10.176)" (JTJ 219/320).

Com efeito conforme se depreende a fl.....daqueles autos, cuja cópia instrui o feito, é do MM. Juiz exceto a deliberação no sentido de que as testemunhas teriam faltado com a verdade na referida audiência, ao fim do que restou determinada a extração de peças para as providências cabíveis à espécie.

Portanto, não há dúvida de que o MM. Juiz exceto já adiantou posicionamento sobre o mérito desta ação, ficando, assim, impedido de processá-la e julgá-la.

Dessa forma, requer-se o reconhecimento da causa de impedimento aqui alegada, para o fim de se determinar a remessa do feito para processamento e julgamento por outro Juiz ou, se assim não proceder V. Exa., a remessa desta medida, com documentos anexos, à instância julgadora competente, nos termos do art. 112 do CPP.

Termos em que,

P. deferimento.

............, ...de.......de........

assinatura do advogado

assinatura do excipiente

Capítulo XII

Da Revisão

1. Introdução; 2. Indenização.

1. Introdução

A revisão, assim como o *habeas corpus*, embora tratada no CPP, no Título II do Livro III (Dos Recursos em Geral), é, na realidade, verdadeira ação que visa rescindir sentença condenatória trânsita, sendo inadmissível nos casos de absolvição, visto não existir no Direito pátrio o instituto da revisão *pro societate*.

As três únicas hipóteses que a permitem estão nos incisos do art. 621.

> Código de Processo Penal
>
> Art. 621. A revisão dos processos findos será admitida:
>
> I – quando a sentença condenatória for contrária ao texto expresso da lei penal ou à evidência dos autos;
>
> II – quando a sentença condenatória se fundar em depoimentos, exames ou documentos comprovadamente falsos;
>
> III – quando, após a sentença, se descobrirem novas provas de inocência do condenado ou de circunstância que determine ou autorize diminuição especial da pena.

O inciso I prevê revisão de decisões condenatórias trânsitas contrárias à lei penal e à processual penal (art. 626), para anular o processo.

Código de Processo Penal

Art. 626. Julgando procedente a revisão, o Tribunal poderá alterar a classificação da infração, absolver o réu, modificar a pena ou anular o processo.

Parágrafo único. De qualquer maneira, não poderá ser agravada a pena imposta pela decisão revista.

Esse mesmo inciso (cf. p. 487) trata ainda, das hipóteses de decisão condenatória trânsita, sem apoio em nenhuma prova, quer dizer, mesmo inexistindo qualquer elemento favorável ou contrário ao réu, ainda assim ele foi condenado.

Já o inciso II permite a revisão contra decisão condenatória trânsita apoiada exclusivamente em prova falsa, desde que se demonstre, ao fazer o pedido, essa falsidade.

Finalmente, conforme dispõe o inciso III do mesmo art. 621 (cf. p. 487), também cabe revisão quando se constatar, após o trânsito da sentença condenatória, a existência de novas provas inocentando o réu ou mostrando que deveria ter-lhe sido aplicada pena menor.

A revisão é sempre requerida nos tribunais e não prescreve, de modo que é perfeitamente cabível após o cumprimento da pena e até pelos sucessores do condenado morto, porque seu objetivo é devolver a dignidade a alguém injustamente condenado.

Código de Processo Penal

Art. 622. A revisão poderá ser requerida em qualquer tempo, antes da extinção da pena ou após.

Parágrafo único. Não será admissível a reiteração do pedido, salvo se fundado em novas provas.

Podem requerê-la o próprio interessado, pessoalmente ou por procurador, além dos seus sucessores e o Ministério Público.

Código de Processo Penal

Art. 623. A revisão poderá ser pedida pelo próprio réu ou por procurador legalmente habilitado ou, no caso de morte do réu, pelo cônjuge, ascendente, descendente ou irmão.

Art. 624. As revisões criminais serão processadas e julgadas:

I – pelo Supremo Tribunal Federal, quanto às condenações por ele proferidas;

II – pelo Tribunal Federal de Recursos, Tribunais de Justiça ou de Alçada, nos demais casos.

§ 1º – No Supremo Tribunal Federal e no Tribunal Federal de Recursos o processo e julgamento obedecerão ao que for estabelecido no respectivo Regimento Interno.

§ 2º – Nos Tribunais de Justiça ou de Alçada, o julgamento será efetuado pelas Câmaras ou Turmas Criminais, reunidas em sessão conjunta, quando houver mais de uma, e, no caso contrário, pelo Tribunal Pleno.

§ 3º – Nos Tribunais onde houver quatro ou mais Câmaras ou Turmas Criminais, poderão ser constituídos dois ou mais Grupos de Câmaras ou Turmas para o julgamento de revisão, obedecido o que for estabelecido no respectivo Regimento Interno.

Observar art. 625 do CPP (cf. p. 470).

2. INDENIZAÇÃO

Constituição da República Federativa do Brasil

Art. 5º. Todos são iguais perante a lei, sem distinção de qualquer natureza, garantindo-se aos brasileiros e aos estrangeiros residentes no País a inviolabilidade do direito à vida, à liberdade, à igualdade, à segurança e à propriedade, nos termos seguintes:

(...)

LXXV – o Estado indenizará o condenado por erro judiciário, assim como o que ficar preso além do tempo fixado na sentença.

O acórdão que reconhecer o erro judiciário é título executivo judicial para que a Fazenda Pública, estadual ou federal, seja constrangida ao pagamento da indenização devida.

PETIÇÃO

(modelo)

Revisão criminal

Excelentíssimo Senhor Doutor Juiz-Presidente do Egrégio Tribunal de Justiça do Estado de ....

(deixar espaço)

P. S. da S., (qualificar), por seu bastante procurador e advogado que esta subscreve, vem, respeitosamente, perante esse Egrégio Tribunal, salientar que, não se conformando, *data venia*, com a respeitável sentença, já trânsita em julgado, que o condenou à pena de cinco anos e quatro meses de reclusão, com pagamento de multa equivalente a dez dias-multa, como incurso nas penas do art. 157, 2º, I e II, do Código Penal, proferida nos autos do processo-crime que a Justiça Pública lhe moveu pela ... Vara Criminal desta Comarca (processo nº ...), promover, com fundamento nos arts. 621, incisos I e II, e 626, ambos do Código de Processo Penal, o presente *pedido revisional*, pelos motivos abaixo alinhados:

1) O suplicante foi denunciado perante o MM. Juízo de Direito da .... Vara desta Comarca, em .... de .... de 19..., pelo fato de haver, em .... de .... de 19..., infringido o disposto no art. 157, § 2º, I e II, do Código Penal, conforme se constata pelos documentos anexos;

2) a peça vestibular da ação penal foi recebida aos .... de .... de 19... e o processo chegou ao seu termo em .... de .... de 19..., com a respeitável sentença que lhe impôs a pena de cinco anos e quatro meses de reclusão, com pagamento de multa equivalente a dez dias-multa;

3) embora tendo o sentenciado renunciado ao direito de recurso, recorreu por meio de apelação seu defensor dativo. No entanto, em .... de .... de 19..., negou-se provimento ao Apelo, transitando em julgado a respeitável sentença, conforme certidão de .... de .... de 19...;

4) pelo que dos autos se infere, entende o advogado que esta subscreve, haver nulidade processual da sentença de fls. ...., diante da não-observância do disposto no art. 68 do Código Penal.

> É norma constitucional, no Direito brasileiro, que a lei regulará a individualização da pena. A individualização é uma das chamadas garantias criminais repressivas, constituindo postulado básico de justiça (Júlio Fabrinni Mirabete).

A fixação de uma pena-base só não é necessária quando não houver qualquer circunstância atenuante ou agravante, ou causa de diminuição da pena, pois, neste caso, o que seria a pena-base é a própria pena.

No entanto, o preclaro julgador de primeiro grau de jurisdição não se ateve aos preceitos constitucionais e infraconstitucionais, não fixando a pena, no referido processo, em suas devidas etapas. Suprimiu as fases de fixação da pena, não permitindo o completo conhecimento da operação realizada e a exata determinação dos elementos incorporados à dosimetria da pena. Inclusive, não houve qualquer menção a respeito da circunstância atenuante prevista no art. 65, I, do Código Penal.

> Deve sempre o juiz fixar estritamente a pena-base para depois chegar à definitiva, bem como individualizá-la claramente, sob pena de nulidade (TAPR — Ac. 794/83 — Rel. Juiz Oswaldo Espíndola).

Assim, requer o deferimento do presente pedido, tornando-se sem efeito a respeitável sentença condenatória.

Termos em que,

Pede deferimento.

...., ... de .... de ....

(assinatura do advogado)[1]

[1] Flávio Eduardo Ingutto da Rocha.

Apêndice

Parte 1

Modelos diversos

Contrato particular de honorários profissionais

Pelo presente contrato particular de honorários profissionais, de um lado denominado(s) constituinte(s).. .... e, de outro lado, denominado(s) constituído(s), o(s) advogado(s) ...., brasileira, OAB ....., CPF ....., e ...., brasileiro, OAB ....., CPF ....., ambos com escritório nesta cidade de Campinas, à Rua ...., nº ...., os quais têm entre si, justos e contratados, mediante as cláusulas e condições abaixo, o seguinte:

a) O(s) advogado(s) obriga(m)-se, em conjunto ou separadamente, a prestar serviços ao(s) constituinte(s), no foro da(s) Comarca(s) de ....;

b) Em remuneração desse(s) serviço(s), o(s) constituinte(s) solidariamente pagará(ão), ao(s) advogado(s), os honorários de ....;

c) Será imediatamente exigível o total dos honorários ora contratados, se houver: desistência da ação; não-prosseguimento da ação por circunstâncias alheias à vontade do(s) advogado(s); revogação do mandato sem motivo justo ou qualquer outro ato que importe na violação do presente contrato por parte do(s) constituinte(s);

d) O(s) constituinte(s) obriga(m)-se a fornecer ao(s) advogado(s), assim que solicitado(s), numerários suficientes para fazer face às despesas judiciais e para o processamento e andamento normal da(s) ação(ões), inclusive despesas de viagem e estadias, se for o caso, bem como todas as informações e documentos que se fizerem necessários para a instrução da(s) ação(ões) contratada(s);

e) Fica desde já estipulada uma multa de 50% (cinqüenta por cento) do valor dos honorários contratados, devida sempre integralmente, independentemente daqueles que já houverem sido pagos, à parte que infringir ou der causa à infração do presente contrato;

f) Fica, desde já, eleito o foro da Comarca de .... para dirimir as dúvidas oriundas deste contrato, bem como eleito o rito de execução para cobrança dos honorários e eventual multa devida. E, por estarem assim justos e contratados, assinam o presente para que, se necessário for, faça valer seus legais efeitos.

.........., ... de .... de ....

Constituinte: ....

Constituído : ....

Testemunhas : ....

....

....

....

Procuração *Ad-Judicia*

J. S., brasileiro, solteiro, estudante, natural de ...., ..., nascido aos .... de .... de 19..., portador do RG .... e CPF ...., residente e domiciliado nesta cidade, à Rua ...., nº ...., pelo presente instrumento de procuração, nomeia(m) e constitui(em) seu(s) bastante procurador(es) o(s) advogado(s) Fulano de Tal, brasileiro, casado, inscrito na OAB/.... sob nº ....., com escritório nesta cidade, à Rua ...., nº ...., fone ...., a quem confere(m) amplos poderes para o foro em geral, com a cláusula *ad-judicia*.

Data ...., ... de .... de ......

Assinatura

Substabelecimento

Substabeleço (com/sem) reservas, na pessoa do Dr. ...., advogado inscrito na OAB/SP sob nº ...., com escritório nesta cidade, à Rua ...., nº ...., telefone ...., inscrito no CPF sob nº ...., os poderes que me foram outorgados por ...., para defendê-lo nos autos da ação penal de nº ...., que a Justiça Pública desta Comarca lhe promove, perante a E. ... Vara Criminal e respectivo cartório.

Campinas, ... de ..... de ....

Assinatura do advogado

....

OAB: ....

CPF: ....

Parte 2

Estatuto da OAB

....

Capítulo II

Dos Direitos do Advogado

Art. 6º. Não há hierarquia nem subordinação entre advogados, magistrados e membros do Ministério Público, devendo todos tratar-se com consideração e respeito recíprocos.

Parágrafo único – As autoridades, os servidores públicos e os serventuários da justiça devem dispensar ao advogado, no exercício da profissão, tratamento compatível com a dignidade da advocacia e condições adequadas a seu desempenho.

Art. 7º. São direitos do advogado:

I – exercer, com liberdade, a profissão em todo o território nacional;

II – ter respeitada, em nome da liberdade de defesa e do sigilo profissional, a inviolabilidade do seu escritório ou local de trabalho, de seus arquivos e dados, de sua correspondência e de suas comunicações, inclusive telefônicas ou afins, salvo caso de busca ou apreensão determinada por magistrado e acompanhada de representante da OAB;

III – comunicar-se com seus clientes, pessoal e reservadamente, mesmo sem procuração, quando estes se acharem presos, detidos ou recolhidos em estabelecimentos civis ou militares, ainda que considerados incomunicáveis;

IV – ter a presença de representante da OAB, quando preso em flagrante, por motivo ligado ao exercício da advocacia, para lavratura do auto respectivo, sob pena de nulidade e, nos demais casos, a comunicação expressa à seccional da OAB;

V – não ser recolhido preso, antes de sentença transitada em julgado, senão em sala de Estado Maior, com instalações e comodidades condignas, assim reconhecidas pela OAB, e, na sua falta, em prisão domiciliar;

VI – ingressar livremente:

a) nas salas de sessões dos tribunais, mesmo além dos cancelos que separam a parte reservada aos magistrados;

b) nas salas e dependências de audiências, secretarias, cartórios, ofícios de justiça, serviços notariais e de registro, e, no caso de delegacias e prisões, mesmo fora da hora de expediente e independentemente da presença de seus titulares;

c) em qualquer edifício ou recinto em que funcione repartição judicial ou outro serviço público onde o advogado deva praticar ato ou colher prova ou informação útil ao exercício da atividade profissional, dentro do expediente ou fora dele, e ser atendido, desde que se ache presente qualquer servidor ou empregado;

d) em qualquer assembléia ou reunião de que participe ou possa participar o seu cliente, ou perante a qual este deva comparecer, desde que munido de poderes especiais;

VII – permanecer sentado ou em pé e retirar-se de quaisquer locais indicados no inciso anterior, independentemente de licença;

VIII – dirigir-se diretamente aos magistrados nas salas e gabinetes de trabalho, independentemente de horário previamente marcado ou outra condição, observando-se a ordem de chegada;

IX – sustentar oralmente as razões de qualquer recurso ou processo, nas sessões de julgamento, após o voto do relator, em instância judicial ou administrativa, pelo prazo de quinze minutos, salvo se prazo maior for concedido;

X – usar da palavra, pela ordem, em qualquer juízo ou tribunal, mediante intervenção sumária, para esclarecer equívoco ou dúvida surgida em relação a fatos, documentos ou afirmações que influam no julgamento, bem como para replicar acusação ou censura que lhe forem feitas;

XI – reclamar, verbalmente ou por escrito, perante qualquer juízo, tribunal ou autoridade, contra a inobservância de preceito de lei, regulamento ou regimento;

XII – falar, sentado ou em pé, em juízo, tribunal ou órgão de deliberação coletiva da Administração Pública ou do Poder Legislativo;

XIII – examinar, em qualquer órgão dos Poderes Judiciário e Legislativo, ou da Administração Pública em geral, autos de processos findos ou em andamento, mesmo sem procuração, quando não estejam sujeitos a sigilo, assegurada a obtenção de cópias, podendo tomar apontamentos;

XIV – examinar em qualquer repartição policial, mesmo sem procuração, autos de flagrante e de inquérito, findo ou em andamento, ainda que conclusos à autoridade, podendo copiar peças e tomar apontamentos;

XV – ter vista dos processos judiciais ou administrativos de qualquer natureza, em cartório ou na repartição competente, ou retirá-los pelos prazos legais;

XVI – retirar autos de processos findos, mesmo sem procuração, pelo prazo de dez dias;

XVII – ser publicamente desagravado, quando ofendido no exercício da profissão ou em razão dela;

XVIII – usar os símbolos privativos da profissão de advogado;

XIX – recusar-se a depor como testemunha em processo no qual funcionou ou deva funcionar, ou sobre fato relacionado com pessoa de quem seja ou foi advogado, mesmo quando autorizado ou solicitado pelo constituinte, bem como sobre fato que constitua sigilo profissional;

XX – retirar-se do recinto onde se encontre aguardando pregão para ato judicial, após trinta minutos do horário designado e ao qual ainda não tenha comparecido a autoridade que deva presidir a ele, mediante comunicação protocolizada em juízo.

§ 1º – Não se aplica o disposto nos incisos XV e XVI:

1) aos processos sob regime de segredo de justiça;

2) quando existirem nos autos documentos originais de difícil restauração ou ocorrer circunstância relevante que justifique a permanência dos autos no cartório, secretaria ou repartição, reconhecida pela autoridade em despacho motivado, proferido de ofício, mediante representação ou a requerimento da parte interessada;

3) até o encerramento do processo, ao advogado que houver deixado de devolver os respectivos autos no prazo legal, e só o fizer depois de intimado.

§ 2º – O advogado tem imunidade profissional, não constituindo injúria, difamação ou desacato puníveis qualquer manifestação de sua parte, no exercício de sua atividade, em juízo ou fora dele, sem prejuízo das sanções disciplinares perante a OAB, pelos excessos que cometer.

§ 3º – O advogado somente poderá ser preso em flagrante, por motivo de exercício da profissão, em caso de crime inafiançável, observado o disposto no inciso IV deste artigo.

§ 4º – O Poder Judiciário e o Poder Executivo devem instalar, em todos os juizados, fóruns, tribunais, delegacias de polícia e presídios, salas especiais permanentes para os advogados, com uso e controle assegurados à OAB.

§ 5º – No caso de ofensa a inscrito na OAB, no exercício da profissão ou de cargo ou função de órgão da OAB, o conselho competente deve promover o desagravo público do ofendido, sem prejuízo da responsabilidade criminal em que incorrer o infrator.

....

Bibliografia

ACOSTA, Walter P. *O Processo Penal*. Do Autor.

ARANHA, Alberto José Q.T. de Camargo. *Dos recursos do Processo Penal*. Saraiva.

BOSCHI, José Antônio Paganella. *Ação penal*. Aide.

BRANCO, Tales Castelo. *Da prisão em flagrante*. Saraiva.

BRANCO, Vitorino Prata Castelo. *Como se faz uma defesa criminal*. Saraiva.

BUSSADA, Wilson. *Direito criminal nos tribunais* (coleção em 5 volumes). Brasiliense.

CÓDIGO PENAL e sua interpretação jurisprudencial, 4ª ed. Revista dos Tribunais.

COSTA JR., Paulo José da. *Curso de Direito Penal* (coleção em 3 volumes). Saraiva.

DELMANTO, Celso. *Código Penal comentado*. Renovar.

FELIPPE, Donaldo J. *Dicionário do advogado*. Julex.

FERREIRA, Pinto. *Teoria e prática do habeas corpus*. Saraiva.

FRANCO, Paulo Alves. *Inquérito policial*. Sugestões Literárias.

GRINOVER, Ada Pellegrini; FERNANDES, Antonio Scarance e GOMES FILHO, Antonio Magalhães. *As nulidades no Processo Penal*. Malheiros.

JESUS, Damásio Evangelista de. *Direito Penal* (coleção em 4 volumes). Saraiva.

________ *Código de Processo Penal anotado*. Saraiva.

________ *Código Penal anotado*. Saraiva.

________ *Prescrição penal*. Saraiva.

MEDEIROS, Flávio Meirelles. *Nulidades do Processo Penal*. Aide.

MEHMERI, Adilson. *Inquérito policial* – dinâmica. Saraiva.

MIRABETE, Júlio Fabrinni. *Processo Penal*. Atlas.

________ *Manual de Direito Penal* (coleção em 3 volumes). Atlas.

NASCIMENTO, Manuel Pereira e NASCIMENTO, Enir Pereira do. *Prática processual penal – formulário de marcha dos processos*. Saraiva.

NEGRÃO, Theotônio. *Código de Processo Civil*. Malheiros.

_______ *Código Civil*. Malheiros.

NORONHA, E. Magalhães. *Direito Penal* (coleção em 4 volumes). Saraiva.

_______ *Curso de Direito Processual Penal*. Saraiva.

PACHECO, José Ernani de Carvalho. *Habeas corpus*. Juruá – nº 2.

PARIZATTO, João Roberto. *Do habeas corpus*. Aide.

_______ *Medidas cautelares*. Aide.

SALLES JR., Romeu de Almeida. *Inquérito policial e ação penal*. Saraiva.

SILVA, De Plácido e, *Vocabulário jurídico*. Forense.

TORNAGHI, Hélio. *Curso de Processo Penal* (coleção em 2 volumes). Saraiva.

TOURINHO FILHO. Fernando da Costa. *Prática de Processo Penal*. Saraiva.

_______ *Processo Penal* (coleção em 4 volumes). Saraiva.

Impressão e acabamento:
IMPRENSA da FÉ